普通高等教育"十四五"系列教材

成本管理会计

主　编　晋晓琴　高　丽　杨　明
副主编　李红杰　胡德朝

中国水利水电出版社
www.waterpub.com.cn
·北京·

内 容 提 要

本教材共分 10 章，第 1 章为概论，其余 9 章涵盖了成本管理会计的三个模块：第 2～4 章内容为成本会计，主要讲解制造业企业的成本核算原理、成本核算程序、成本核算方法；第 5～8 章内容为决策和规划会计，主要讲解变动成本法、本量利分析、短期经营决策分析、全面预算；第 9～10 章内容为控制与绩效评价会计，主要讲解成本控制和绩效评价。

本教材既可作为高等学校经济管理类专业的教材，也可作为企业财务人员进行继续教育的用书。

图书在版编目（CIP）数据

成本管理会计 / 晋晓琴，高丽，杨明主编. -- 北京：中国水利水电出版社，2021.2
 普通高等教育"十四五"系列教材
 ISBN 978-7-5170-9447-0

Ⅰ. ①成… Ⅱ. ①晋… ②高… ③杨… Ⅲ. ①成本会计—高等学校—教材 Ⅳ. ①F234.2

中国版本图书馆CIP数据核字(2021)第036450号

书　　名	普通高等教育"十四五"系列教材 **成本管理会计** CHENGBEN GUANLI KUAIJI
作　　者	主　编　晋晓琴　高　丽　杨　明 副主编　李红杰　胡德朝
出版发行	中国水利水电出版社 （北京市海淀区玉渊潭南路1号D座　100038） 网址：www.waterpub.com.cn E-mail: sales@waterpub.com.cn 电话：(010) 68367658 (营销中心)
经　　售	北京科水图书销售中心（零售） 电话：(010) 88383994、63202643、68545874 全国各地新华书店和相关出版物销售网点
排　　版	中国水利水电出版社微机排版中心
印　　刷	清淞永业（天津）印刷有限公司
规　　格	184mm×260mm　16 开本　18.5 印张　450 千字
版　　次	2021 年 2 月第 1 版　2021 年 2 月第 1 次印刷
印　　数	0001—2000 册
定　　价	**56.00 元**

凡购买我社图书，如有缺页、倒页、脱页的，本社营销中心负责调换

版权所有·侵权必究

前言

"经济越发展，会计越重要"。成本会计学和管理会计学是会计学、财务管理、审计学等工商管理类学科专业的两门核心课程。本教材以财政部发布的《企业产品成本核算制度（试行）》及系列行业成本核算制度、管理会计指引体系为依据，立足于企业实务，将两门核心课程有机融合为《成本管理会计》，减少重复部分，使整本教材结构合理，体系完整。本教材既可作为高等学校经济管理类专业的教材，也可作为企业财务人员进行继续教育的用书。

本教材共分10章，第1章为概论，其余9章涵盖了成本管理会计的三个模块：第2～4章内容为成本会计，主要讲解制造企业的成本核算的基本原理、成本费用的归集与分配、成本核算方法；第5～8章内容为决策和规划会计，主要讲解变动成本法、本量利分析、短期经营决策分析、全面预算；第9～10章内容为控制与绩效评价会计，主要讲解成本控制和绩效评价。

本教材具有如下特点：

（1）内容新。本教材严格按照《中华人民共和国会计法》《企业产品成本核算制度（试行）》以及2017—2018年财政部发布的管理会计指引体系等编写，及时将成本管理会计理论和实务中的最新成果、最新发展融入教材，对有些问题进行了新的探索研究。

（2）结构新。每章都包括教学目标、重点难点，帮助读者快速了解本章内容；每章都有会计名言、课前案例，提高读者学习兴趣；对相关法律法规、相关理论的出处以及用处进行了补充和扩展，开阔读者眼界；每章设有小结和练习题，便于读者课后练习和测试；补充了最新年度的注册会计师、中级会计师、高级会计师的教材内容或习题，与时俱进。

（3）形态新。该教材融合了文字、音频、视频、图片等元素，表达更生动，趣味性较强，可以提高学生的学习积极性，有利于互动交流。

本教材由华北水利水电大学管理与经济学院晋晓琴、高丽以及东北农业大学杨明担任主编，华北水利水电大学李红杰、胡德朝担任副主编。全书共10章，晋晓琴编写了第1章、第2章第2~4节及第3章第1、2节，高丽编写了第3章第3节、第4章、第9章第1、2节，杨明编写了第2章第1节、第9章第4节，李红杰编写了第5、8章和第9章第3、5节，胡德朝编写了第6、7、10章，晋晓琴对全书进行了统稿。此外，华北水利水电大学硕士研究生张甜对部分章节进行了核对。

本教材为2018年华北水利水电大学教改重点项目以及2017年河南省高等教育教学改革研究与实践项目"互联网＋背景下高校卓越会计师人才培养模式研究"的重要成果，是校级会计学专业卓越教学团队的重要成果。2018年本教材获批为华北水利水电大学校内规划教材，并获得学校教材建设基金资助。

本教材编写过程中查阅了有关专家、教授编著的教材、专著以及期刊论文，在此表示由衷的感谢。由于近年来会计改革持续进行，更由于编者水平有限，书中难免有错误或不当之处，敬请各位专家和读者批评指正。

编　者
2020年8月

目　录

前言
第 1 章　概论 ... 1
1.1　成本管理会计的产生和发展 ... 2
1.2　成本管理会计的内容 ... 3
1.3　企业的成本管理会计法规和制度 ... 4
本章小结 ... 6
第 2 章　成本核算的基本原理 ... 7
2.1　成本核算的概念和意义 ... 8
2.2　成本核算的基本要求 ... 10
2.3　成本费用的分类 ... 14
2.4　成本核算的一般程序及主要账户 ... 17
本章小结 ... 22
练习题 ... 22
第 3 章　成本费用的归集与分配 ... 24
3.1　要素费用的归集与分配 ... 25
3.2　综合性费用的归集与分配 ... 45
3.3　生产费用在完工产品和在产品之间的分配 ... 65
本章小结 ... 76
练习题 ... 77
第 4 章　成本核算方法 ... 83
4.1　产品成本核算方法概述 ... 84
4.2　产品成本核算的品种法 ... 88
4.3　产品成本核算的分批法 ... 98
4.4　产品成本核算的分步法 ... 105
4.5　产品成本核算的分类法 ... 124

本章小结 ………………………………………………………… 132
　练习题 …………………………………………………………… 133

第 5 章　变动成本法 ……………………………………………… 139
　5.1　变动成本法概述 …………………………………………… 140
　5.2　成本性态分析 ……………………………………………… 142
　5.3　变动成本法与完全成本法的比较 ………………………… 149
　本章小结 ………………………………………………………… 152
　练习题 …………………………………………………………… 153

第 6 章　本量利分析 ……………………………………………… 156
　6.1　本量利分析概述 …………………………………………… 157
　6.2　盈亏平衡分析 ……………………………………………… 159
　6.3　目标利润分析 ……………………………………………… 172
　6.4　敏感性分析 ………………………………………………… 174
　本章小结 ………………………………………………………… 177
　练习题 …………………………………………………………… 177

第 7 章　短期经营决策分析 ……………………………………… 180
　7.1　短期经营决策概述 ………………………………………… 181
　7.2　生产决策 …………………………………………………… 187
　7.3　定价决策 …………………………………………………… 197
　本章小结 ………………………………………………………… 200
　练习题 …………………………………………………………… 201

第 8 章　全面预算 ………………………………………………… 203
　8.1　全面预算概述 ……………………………………………… 204
　8.2　全面预算编制原理 ………………………………………… 207
　8.3　全面预算的编制方法 ……………………………………… 215
　本章小结 ………………………………………………………… 223
　练习题 …………………………………………………………… 223

第 9 章　成本控制 ………………………………………………… 227
　9.1　成本控制概述 ……………………………………………… 228
　9.2　目标成本法 ………………………………………………… 233
　9.3　标准成本法 ………………………………………………… 237
　9.4　责任成本管理 ……………………………………………… 243
　9.5　作业成本法 ………………………………………………… 251
　本章小结 ………………………………………………………… 259
　练习题 …………………………………………………………… 259

第 10 章　绩效评价 …… 266
　10.1　绩效评价概述 …… 267
　10.2　财务评价模式 …… 270
　10.3　经济增加值法 …… 273
　10.4　关键绩效指标法 …… 277
　10.5　平衡计分卡 …… 280
　本章小结 …… 284
　练习题 …… 284

参考文献 …… 286

第 1 章　概　论

教学目标

通过本章的学习，了解成本管理会计的形成与发展、成本管理会计的内容、成本管理会计的法规和制度。

重点难点

企业成本管理会计法规和制度。

会计名言

成本会计学就像花茎甘蓝一样，无论你是否喜欢它，它一定有益于你。

——佚名

产业革命给成本会计的发展提供了实实在在的推动力，但机械技术的进步远远快于成本会计的进步。

——A. 佩能

由于成本会计运用于多种目的，它一般很难与管理会计区别开来。

——查尔斯·T. 霍恩格伦

课前案例

新冠肺炎疫情下我国钢铁行业的成本管理

我国是钢铁生产大国，粗钢产量约占全球一半以上。2020年年初，新冠肺炎疫情在全球蔓延，我国钢铁市场供需节奏短期内被打乱，库存高企，企业成本增加。83%样本企业一季度成本有所增长，其中材料成本涨幅较为明显。材料成本上涨主要源于疫情发生后，受发运量降低影响，叠加国产矿短缺，价格出现明显反弹。但随着疫情得以控制，行业上游供应商复工复产，交通运输逐渐恢复正常，预计2020年二季度起成本将有所压降，企业成本增速有望放缓。面对成本骤增的压力，各企业纷纷采取多种成本费用控制措施，旨在通过降低企业成本支出，提升企业经济效益。

［资料来源：管理会计行业调研报告及案例（第一辑），财政部管理会计咨询专家组，2020.6。］

点评：成本管理对企业很重要。

1.1 成本管理会计的产生和发展

1.1.1 以成本计算为基本特征的成本会计阶段

成本会计是社会经济发展的产物,是由于企业管理的需要而产生的,并随着商品货币经济的发展逐步从传统会计中分离出来的一个会计分支。

成本会计的萌芽产生于以简单协作为特征的资本主义工场手工业生产时期,大体上经历了从 16 世纪初到 19 世纪中期约 300 年的历史。19 世纪英国工业革命的浪潮,使企业数量日益增多,规模逐渐扩大,成本计算越来越受到重视;在此阶段,出现了股份公司这一新的企业组织形式并大量涌现。针对股份公司所有权与经营权相分离的特点,采用完整的会计方法对企业的财务与成本进行核算,并及时向股东提交会计报告就显得特别重要,这促使会计人员逐步把成本记录和计算与复式记账科目设置紧密地结合起来,实现成本记录与会计账簿的一体化,从而也就产生了成本会计。这个阶段的成本会计,实质上是一种汇集生产成本的制度,主要是用来计算和确定产品的生产成本和销售成本。该阶段也称原始的成本会计阶段。

1.1.2 以成本决策和财务控制为基本特征的标准成本管理阶段

20 世纪初,由于生产专业化、社会化程度的提高以及竞争日益激烈,企业的生存和发展不仅取决于产量的增加,更重要的是成本的降低,管理效率的重要性日益凸显。20 世纪 20 年代,泰罗提出的以提高劳动生产率、标准化生产和专业化管理为核心的科学管理学说在美国许多企业中受到重视,"标准成本控制""预算控制"和"差异分析"等旨在提高企业生产效率和经济效益的管理方法被引入企业内部的会计实务中,成本会计职能由原有的事后成本核算扩展到事前预算、事中控制及事后反馈。但由于泰罗的科学管理学说重局部、轻整体,后逐步被现代管理科学(一般认为它包括行为科学、预测、决策科学和运筹学等相关学科)所取代,出现了以现代管理科学为依据的预测决策会计和体现行为科学思想的责任会计。在此基础上,以杜邦公司为代表的大型企业倡导并发展了以权益报酬率指标为核心的杜邦财务指标体系,用来衡量各个部门的效率和整个企业的业绩。管理会计形成了以预算体系和成本会计系统为基础的成本决策和财务控制体系。1952 年,国际会计师联合会年会正式采用"管理会计"来统称企业内部会计体系,标志着管理会计正式形成,自此现代会计分为财务会计和管理会计两大分支。该阶段也称近现代成本会计阶段。

1.1.3 以管理控制与决策为基本特征的管理会计阶段

20 世纪 50 年代,随着信息经济学、交易成本理论和不确定性理论被广泛引进到管理会计领域,加上新技术如电子计算机大量应用于企业流程管理,管理会计向着精密的数量化技术方法方向发展。投入产出法、线性规划、存货控制和方差分析等计划决策模型在这一时期发展起来,建立了有关流程分析、战略成本管理等理论与方法体系,极大地推动了管理会计在企业的有效应用,管理会计职能转向为内部管理人员提供企业计划和控制信息。管理会计学者对新的企业经营环境下管理会计发展进行了探索,质量成本管理、作业成本法、价值链分析以及战略成本管理等创新的管理会计方法层出不穷,初步形成了一套新的成本管理控制体系。管理会计完成了从"为产品定价提供信息"到"为企业经营管理决策提供信息"的转变,由成本计算、标准成本制度、预算控制发展到管理控制与决策阶段。

1.1.4 以强调企业价值创造为基本特征的管理会计阶段

20世纪90年代以后,随着经济全球化和知识经济的发展,生产要素跨国、跨地区流动不断加快,世界各国经济联系和依赖程度日益增强,技术进步导致产品寿命缩短,企业之间因产品、产业链的分工合作日趋频繁,准确把握市场定位、客户需求等尤为重要。在此背景下,管理会计越来越容易受到外部信息以及非财务信息对决策相关性的冲击,企业内部组织结构的变化也迫使管理会计在管理控制方面有新的突破,需要从战略、经营决策、商业运营等各个层面掌握并有效利用所需的管理信息,为此管理会计发展了一系列新的决策工具和管理工具。主要包括两个方面:一是宏观性的决策工具和管理工具;二是精细化的决策工具和管理工具。主要是在企业内部管理方面更加精细,例如平衡计分卡。

综上所述,我们可以发现:①成本管理会计的形成和发展同经济、技术的发展,同管理实践的要求以及管理学的发展密切相关,管理学为成本管理会计提供了理论的指导,企业管理会计实践对会计方法的变革和发展起了重要的推动作用;②成本会计与管理会计密不可分,成本会计是管理会计产生的基础,管理会计是成本会计的延伸和发展。

1.2 成本管理会计的内容

1.2.1 管理会计和成本会计之间的区别和联系

1. 管理会计和成本会计之间的区别

从成本的内涵看,成本会计侧重于从过去到现在为止的产品每单位的平均成本,为企业对外编制财务报表提供成本数据;管理会计侧重于联系过去、着眼现在、面向未来的差量成本,为企业未来的经营决策提供成本数据。

从成本的分类看,成本会计除按成本的内容分为直接材料、直接人工、燃料和动力以及制造费用以外,着重把成本区分为直接成本和间接成本,为成本核算服务;管理会计则对成本进行多样化分类,如边际成本、机会成本、可控成本和不可控成本等,为企业从不同方面提高生产经营的经济效益服务。

2. 管理会计和成本会计之间的联系

管理会计和成本会计密不可分,两者有部分内容重复,如变动成本法、标准成本法等。

成本会计是管理会计产生的基础,管理会计是成本会计的延伸和发展。管理会计起源于成本核算和成本控制，但重心不在成本核算和成本控制，而在于通过成本核算收集成本资料，进行成本分析和决策；成本会计也要进行成本控制，但它一般是在既定产品成本项目上的成本控制。管理会计的范围远远大于成本控制、成本核算的范围。

理论界对成本会计和管理会计的界限模糊，尤其在西方人的观念中，成本会计与管理会计同质。美国著名的会计学家查尔斯·T.霍恩格伦认为：现代成本会计也常被称为"管理会计"。有关管理会计的定义说法众多。

资源1.1
管理会计的定义

1.2.2 成本管理会计的基本内容

（1）成本会计。成本会计的主要目标是运用传统的成本核算方法归集产品生产过程的耗费，最终计算出产品的单位成本和总成本。本教材第2章"成本核算的基本原理"、第3章"成本费用的归集与分配"和第4章"成本核算方法"涉及成本会计的内容。

（2）决策和规划会计。决策会计是指企业为实现决策目标，搜集、整理有关信息，选择科学的方法计算有关的评价指标，并做出正确的判断，最终选出最优的行动方案。决策作为企业经营管理的核心，贯穿于企业管理的各个方面和整个过程。规划会计是以经营决策为基础，把通过决策程序选定的有关方案所确定的目标分解落实，形成企业的生产经营预算，到合理有效地组织协调供、产、销以及人、财、物之间的关系，配置企业的各项资源，以期获得最大的经济利益。本教材的第5章"变动成本法"、第6章"本量利分析"、第7章"短期经营决策分析"和第8章"全面预算"涉及决策和规划会计的内容。

（3）控制与绩效评价会计。控制与绩效评价会计以决策和规划会计为基础，着重对企业经营活动的过程和效果进行评价和控制。本教材第9章"成本控制"和第10章"绩效评价"涉及控制与绩效评价会计的内容。

1.3 企业的成本管理会计法规和制度

成本管理会计法规和制度，是指成本管理会计机构和成本管理会计人员从事成本会计核算、管理会计工作应当遵循的行为标准，包括各种与其相关的法律、法规、准则、制度等。

1.3.1 会计法律

与成本管理会计相关的法律主要是《中华人民共和国会计法》（以下简称《会计法》）。《会计法》是我国会计工作的根本大法，具有最高的效力，其他法规和规章不得同《会计法》相抵触。《会计法》第二十五条规定：公司、企业必须根据实际发生的经济业务事项，按照国家统一的会计制度的规定确认、计量和记录资产、负债、所有者权益、收入、费用、成本和利润。第二十六条规定：公司、企业进行会计核算不得有下列行为：随意改变费用、成本的确认标准或者计量方法，虚列、多列、不列或者少列费用、成本。

1.3 企业的成本管理会计法规和制度

1.3.2 会计部门规章

成本管理会计部门规章主要包括《企业会计准则——基本准则》《企业财务通则》等。

《企业会计准则——基本准则》第三十五条规定：企业为生产产品、提供劳务等发生的可归属于产品成本、劳务成本等的费用，应当在确认产品销售收入、劳务收入等时，将已销售产品、已提供劳务的成本等计入当期损益。

《企业财务通则》第一章第三条规定：企业财务管理应当按照制定的财务战略，合理筹集资金，有效营运资产，控制成本费用，规范收益分配及重组清算财务行为，加强财务监督和财务信息管理。此外，第五章共 11 条对成本费用从控制和管理的角度做出了规定。

资源 1.2
《企业财务通则》第五章成本控制

1.3.3 会计规范性文件

涉及企业成本管理会计的规范性文件有企业会计具体准则及其应用指南、企业会计准则解释、《小企业会计准则》《会计基础工作规范》《企业产品成本核算制度（试行）》及行业成本核算制度、《会计改革与发展"十三五"规划纲要》、管理会计指引体系等，财政部以财会字文件印发。

各企业会计具体准则中有不少条款涉及产品成本核算，例如存货会计准则关于产品加工成本的内容，无形资产、固定资产会计准则中关于应计入产品成本的摊销和折旧的内容，职工薪酬会计准则中关于应计入产品成本的人工费用的要素范畴。《会计基础工作规范》和成本管理会计相关的主要有第 37 条、第 90 条、第 91 条、第 92 条、第 93 条和第 95 条。

资源 1.3
《会计改革与发展"十三五"规划纲要》（节选）

2013 年 8 月，财政部颁布了《企业产品成本核算制度（试行）》（财会〔2013〕17 号），要求该制度自 2014 年 1 月 1 日起在全国范围内的大中型企业中（除金融保险业以外）施行，同时鼓励其他企业也可参照执行。整个核算制度共五章五十三条，对全国十大类行业企业的产品成本核算的对象、项目和范围以及成本归集、分配和结转的方法做出了统一的要求。2015 年 11 月，财政部颁布了《企业产品成本核算制度——钢铁行业》；2016 年 9 月，财政部颁布了《企业产品成本核算制度——煤炭行业》；2018 年 11 月，财政部颁布了《企业产品成本核算制度——电网经营行业》。

管理会计指引体系包括基本指引、应用指引和案例库。

1.3.4 企业的成本管理会计制度或办法

企业为了具体规范本企业的成本管理会计工作，还会根据上述各种法规制度等，结合本企业生产经营特点和成本管理的要求，具体制定本企业的成本管理会计制度或办法。《会计基础工作规范》第九十五条规定：实行成本核算的单位应当建立成本核算制度。主要内容包括成本核算的对象、成本核算的方法和程序、成本分析等。《管理会计应用指引第 300 号——成本管理》第七条规定：企业应建立健全成本管理的制度体系，一般包括费用审报制度、定额管理制度、责任成本制度等。

资源 1.4
管理会计指引体系

本 章 小 结

成本管理会计的形成可以分为 4 个阶段。管理会计和成本会计之间既有联系也有区别。成本会计是管理会计产生的基础,管理会计是成本会计的延伸和发展。企业的成本管理会计法规和制度主要有《会计法》《企业财务通则》《企业产品成本核算制度(试行)》及行业成本核算制度、管理会计指引体系等。管理会计指引体系包括基本指引、应用指引和案例库。

第 2 章

成本核算的基本原理

> **教学目标**
>
> 通过本章的学习，了解成本核算的概念和意义；理解成本核算的要求和应主要设置的账户；掌握费用的两大基本分类、企业成本核算的一般程序。

> **重点难点**
>
> 费用按经济内容的分类、费用按经济用途的分类、五条费用界限的划分

> **会计名言**
>
> 实际上，可以不过分地说，成本核算程序的形成，有着伟大的功绩，它可以与创造按复式记录原则进行的簿记相媲美。
>
> ——利特尔顿
>
> 成本会计作为一种管理工具，是获取理想结果的最重要方法。
>
> ——保罗·加纳
>
> 企业家就是做两件事，一是营销，二是削减成本，其他都可以不做。
>
> ——彼得·德鲁克

> **课前案例**

高速公路与成本

截至 2018 年年末，我国公路总里程达到 484.65 万公里，其中，高速公路达到 14.26 万公里，里程规模位居世界第一。修建高速公路首先要把好材料关，合格优质的材料加上成熟的工艺和熟练的技能，才能确保公路工程质量。公路建设常使用的材料有钢材、水泥、粉煤灰、砂、碎石、混凝土外加剂、石油沥青、回填土等，材料费用一般占工程造价的 60%～70%，降低材料费用是提高工程经济效益的一个重要方面。

这个例子中的列出的材料费用，其实就是我们将在本章学习的要素费用。

点评：要素费用的归集和分配是计算产品成本的第一步骤。

2.1 成本核算的概念和意义

2.1.1 成本核算的相关概念
2.1.1.1 成本
成本是现代社会经济生活中人们经常碰到并广泛使用的一个概念。

1. 成本的经济实质

人们在日常生活中说到"成本",其中的"成"是指成果、成就等,其中的"本"则是指本钱或本金,两者合义,成本是"完成事之本钱",指人们为获得某一特定的事项成果而付出的本钱或代价。但成本的经济实质是什么呢?

马克思在《资本论》一书中,首次系统阐述了成本的经济学含义:"按照资本主义方式生产的每一个商品的价值(W),用公式来表示是 $W=c+v+m$。如果我们从这个商品价值中减去剩余价值 m,那么,在商品价值中剩下的就只是一个在生产要素上耗费的资本价值($c+v$)的等价物或补偿价值,只是补偿商品使资本家自身耗费的部分。对资本家来说,这就是商品的成本价格"。在这里,马克思称为商品的"成本价格"的那部分价值,指的就是商品成本。

社会主义市场经济虽然与资本主义市场经济有着本质区别,但作为商品货币经济,商品、价值、成本、利润等经济范畴是其共同的客观存在。社会主义企业作为自主经营、自负盈亏的商品生产者和经营者,其基本的经营目标也是向社会提供商品,满足社会需要,并以所取得的销售收入,抵偿自己在生产经营中所支出的各种劳动耗费,取得盈利。因此,在社会主义市场经济中,产品的价值仍然由 3 个部分组成:①已耗费的生产资料转移的价值(c);②劳动者为自己劳动所创造的价值(v);③劳动者为社会劳动所创造的价值(m)。从理论上讲,上述的前两部分即 $c+v$,是商品价值中的补偿部分,它构成商品的理论成本。

因此,成本的经济实质为企业所消耗的物化劳动和活劳动中必要劳动的货币表现。

2. 成本的现实含义

马克思政治经济学成本理论中的 $c+v$ 就是理论成本。

现实成本也称为应用成本、制度成本、报表成本或法定成本,是理论成本的具体化,是基于某种成本理论,以正常生产经营条件为前提,按照现行制度规定的成本开支范围,根据生产过程中实际消耗的物化劳动的转移价值和活劳动所创造的应纳入成本范围的那部分价值的货币表现所计算确定的成本。会计学意义上的各种成本概念,如单位成本和总成本、制造成本和期间成本等,一般属于现实意义上的成本。

在实际工作中,成本的开支范围是由国家通过有关法规制度来加以界定的。为了促使企业加强经济核算,减少生产损失,对于劳动者为社会劳动所创造的某些价值,如财产保险费等,以及一些不形成产品价值的损失性支出,如工业企业的废品损失、季节性和修理期间的停工损失等,也计入成本。上述废品损失、停工损失等损失性支出，从实质上看，并不是产品的生产性耗费，也不形成产品价值，按其性质并不属于成本的范围。只是考虑到经济核算的要求，才将其计入成本，使之得到必要的补偿。可见，实际工作中的成本开支范围与理论成本包括的内容是有一定差别的。当然，对于成本实际开支范围与成本经济实质的背离，必须严格限制，否则，成本的计算就失去了理论依据。

《企业产品成本核算制度（试行）》指出：产品成本是指企业在生产产品过程中所发生的材料费用、职工薪酬等，以及不能直接计入而按一定标准分配计入的各种间接费用。本教材第 3～5 章为成本会计内容，其成本是指产品成本。产品是指企业日常生产经营活动中持有以备出售的产成品、商品、提供的劳务或服务。

3. 成本的其他含义

美国会计学会（AAA）所属的"成本与标准委员会"在《成本概念与标准》报告中指出：成本是为了实现一定目的而付出（或可能要付出的），用货币测定的价值牺牲。该概念强调货币计量，强调收入和费用的配比原则，并试图将财务会计与管理会计对成本的理解统一起来。由于成本与管理相结合，成本内容往往要服从管理的需要，并且随着管理的发展而发展。不同目的和不同条件，形成了对成本信息的不同需求，产生了不同的成本概念。如为预测、决策需要的变动成本、固定成本、边际成本，为控制和考核需要的标准成本、可控成本、责任成本等。随着人们对成本认识的不断深化，形成了多元的成本概念体系。本教材第 6～10 章中涉及的成本，主要是基于管理的需要，含义更广泛、内容更丰富。

> **特别提示**
>
> 中国成本协会发布的 CCA2101：2005《成本管理体系术语》第 2.1.2 条认为：成本为过程增值和结果有效已付出或应付出的资源代价。应付出的资源代价，是指应该付出，但还未付出，而且要付出资源代价。资源代价是总合的概念。资源是指凡是能被人所利用的物质，在一个组织中，资源一般包括人力资源、物力资源、财力资源和信息资源等，这里的成本是广义的概念，不是狭义的概念。

2.1.1.2 成本核算

《管理会计应用指引第 300 号——成本管理》指出：成本核算是根据成本核算对象，按照国家统一的会计制度和企业管理要求，对营运过程中实际发生的各种耗费按照规定的成本项目进行归集、分配和结转，取得不同成本核算对象的总成本和单位成本，向有关使用者提供成本信息的成本管理活动。

2.1.2 成本核算的意义

产品成本核算既是企业的一项重要会计工作，也是企业的一项重要管理活动，是成本管理工作的关键和基础。工业企业正确组织成本核算工作具有非常重要的意义。通过成本核算，反映企业在生产和销售过程中各种费用的实际支出数额，可以正确确定产品实际成本，正确计算盈亏；通过成本核算，可以及时、有效地监督和控制企业生产经营过程中的各项费用开支，争取达到预期的成本目标；通过成本核算提供的信息，开展成本预测、成本决策、成本控制、成本考核及评价等管理活动。

2.2 成本核算的基本要求

2.2.1 满足成本核算环境的要求

成本核算是成本管理的一项基础性工作,成本管理为成本核算的不断完善提供了方向和环境。随着企业 IT 技术的运用,新制造环境的逐渐形成,企业使用现代信息技术来管理经营与生产,最大限度地发挥现有设备、资源、人和技术的作用,是产品核算和管理的趋势。因此企业如果具备现代信息技术条件的,应当在产品成本管理的整个过程中充分予以利用,提高产品成本管理包括成本核算的科学性、系统性,规范成本管理流程,提高成本管理的效率。企业内部管理有相关要求的,还可以利用现代信息技术,在确定多维度、多层次成本核算对象的基础上,对有关费用进行归集、分配和结转。

2.2.2 做好成本核算的各项基础工作

企业必须加强产品成本核算的各项基础工作,这是正确核算产品成本的重要前提。成本核算如果没有可靠的基础工作,就无法取得正确完整的原始数据,无法汇集应有的生产费用和进行合理的费用分配,无法计算出正确的产品成本。要做好成本核算的各项基础工作,需要会计部门和其他各部门密切配合。为了保证企业生产费用数据的真实、可靠,正确计算产品成本和经营管理费用,必须做好以下各项基础工作。

1. 建立定额管理制度

定额是企业在正常生产经营条件(指设备条件和技术条件等)及相对稳定的经济环境下,对于人力、物力的配备、利用和消耗等所规定应遵守和达到的数量标准。先进合理的定额是编制成本计划、分析和考核成本水平的依据,也是审核和控制成本的标准,而且在计算产品成本时,往往会用原材料和工时的定额消耗量或定额费用作为分配实际费用的依据。定额有现行定额和计划定额之分。现行定额是企业在各时期现有生产条件下应该达到的成本水平;计划定额是计划期内(通常为一年)内平均消耗定额。企业的定额主要有产量定额、材料消耗定额、动力消耗定额、工时定额、费用定额、生产设备利用率等。这些定额的制定都应该先进、合理、切实可行,并随着生产的发展、技术的进步、劳动生产率的提高,不断修订,以充分发挥其应有的作用。定额管理制度主要包括:定额管理的范围;制定和修订定额的依据、程序和方法;定额的执行;定额考核和奖惩办法等。

2. 建立健全各项财产物资的计量、验收、领退及清查制度

为了进行成本管理和成本核算,还必须对原材料、在产品、半成品等各项物资的收发、领退和结存进行计量,建立和健全财产物资(也包括固定资产、低值易耗品等)的计量、收发、领退、报废和清查盘点制度。材料物资的收发、领退,在产品、半成品的内部转移和产成品的入库等,均应填制相应的凭证,经过一定的审批手续,并经过计量、验收与交接,防止任意领发和转移。计量验收制度主要包括:计量检测手段和方法;计量验收管理的要求;计量验收人员的责任和奖惩办法。

库存的原材料、半成品和产成品,以及车间的在产品和半成品,均应按照规定的制度进行盘点、清查,以保证账实相符,保证成本计算的正确性和财产物资的安全完整。财产清查制度主要包括:财产清查的范围;财产清查的组织;财产清查的期限和方法;对财产清查中发现问题的处理办法;对财产管理人员的奖惩办法。

3. 建立和健全与成本有关的原始记录管理制度

原始记录是反映生产经营活动的原始资料,是进行成本预测、编制成本计划、执行成本核算、分析消耗定额和成本计划执行情况的依据。原始记录管理制度主要包括:原始记录的内容和填制方法;原始记录的格式;原始记录的审核;原始记录填制人的责任;原始记录签署、传递、汇集要求。在成本核算中,企业应建立健全的原始记录主要包括:①生产方面的原始记录,包括生产计划、工时消耗统计表、完工通知单、废品通知单、产成品入库单等;②原材料方面的原始记录,包括材料入库单、出库单、退库单、报废单、盘存单等;③固定资产方面的原始记录,包括固定资产卡片、设备调拨单、处置和报废的计量、使用情况记录等;④工资方面的原始记录,包括考勤记录、工资费用分配表。加强和完善成本数据的收集、记录、传递、汇总和整理工作,确保成本基础信息记录真实、完整。

4. 做好企业内部计划价格的制定和修订工作

在计划管理基础较好的企业中,为了分清企业内部各单位的经济责任,便于分析和考核内部各单位成本计划的完成情况,还应对原材料、半成品和厂内各车间相互提供的劳务(如修理、运输等)制定内部计划价格,作为内部结算和考核的依据。内部计划价格应该尽可能接近实际并保持相对稳定,一般在年度内不作变动。在制定了内部计划价格的企业中,对于材料领用、半成品转移以及各车间、部门之间相互提供劳务,都应按内部计划价格结算,月末再采用一定的方法计算和调整价格差异,将产品的计划价格成本调整为实际成本。

2.2.3 正确划分各种费用界限

《企业产品成本核算制度(试行)》第五条规定:企业应当根据所发生的有关费用能否归属于使产品达到目前场所和状态的原则,正确区分产品成本和期间费用。企业为了正确地计算产品实际成本和企业损益,应正确划分以下5个方面的费用界限。

1. 正确划分生产性费用与非生产性费用的界限

生产性费用指的是企业在日常的经营管理过程中所发生的各项生产经营活动直接相关的各项支出,包括应计入产品成本的各项支出以及应计入期间费用的支出;非生产性费用指的是与当期生产费用和期间费用无关的其他支出。例如,企业购置和建造固定资产,购买无形资产以及进行对外投资,这些经济活动都不是企业日常的生产经营活动,其支出都属于资本性支出,不应计入生产性费用。又如企业的盘亏损失、非流动资产毁损报废损失、公益性捐赠支出、罚款支出等,都不是由于日常的生产经营活动而发生的,也不应计入生产性费用,应计入营业外支出。企业应按照国家关于成本开支范围的有关规定,正确核算产品成本和期间费用。凡不属于企业日常生产经营管理方面的支出,均不得计入产品成本或期间费用,不得乱挤成本;凡属于企业日常生产经营管理方面的支出,应全部计入产品成本或期间费用,不得有遗漏。乱挤或少计成本费用，都会使成本费用不实，从而导致利润不实，不能如实反映企业的财务状况和经营成果，不利于企业成本管理。

2. 正确划分生产成本与期间费用的界限

在分清楚企业生产性费用与非生产性费用界限的基础上，企业还必须进一步将计入产品成本的生产成本与不计入产品成本的期间费用区分开来。生产车间发生的各项生产和管理费用，一般列入生产成本，生产成本最后都要计入产品成本。但是，生产车间以外的行政管理部门发生的管理费用，销售部门为销售产品发生的销售费用以及为筹集生产经营资金发生的财务费用（不符合资本化条件的）等经营管理费用一般都列入期间费用，不计入产品成本，直接计入当月损益。应当防止混淆产品生产成本与期间费用的界限，借以调节各月产品成本和各月损益的错误做法。

3. 正确划分各月份的费用界限

按照权责发生制原则，凡是当月已经发生的或应当负担的费用，不论款项是否支付，都应当作为当月的费用；凡是不属于当月的费用，即使款项已在当月支付，也不应当作为当月的费用。正确划分各月的费用界限，是正确计算各月产品成本和损益的前提。企业对于本月份支付但属于本月及以后各月份受益的费用，应作为预付费用合理分摊计入各月成本费用；对于本月未支付但应由本月负担的费用，应预提计入本月的成本费用。为了正确划分各月的费用界限，要求企业不能提前结账，将本月成本费用的一部分作为下月成本费用处理；也不能延期入账，将下月费用作为本月费用处理。为了简化核算工作，按照重要性原则，对于数额较小的应跨期摊提的费用，也可以将其全部计入支付当月的成本费用中。正确划分各期的费用界限，实质上是从时间上确定各个成本计算期的费用和产品成本，防止人为调节各月损益。

4. 正确划分各种产品的费用界限

如果企业生产两种以上的产品，对计入到当月产品成本的生产成本，还应在各种产品之间分配。属于某种产品单独发生，能够直接计入该种产品成本的费用，应直接计入该种产品的成本。属于几种产品共同发生，不能直接计入某种产品成本的，则应采用适当的分配方法，分配计入这几种产品的成本，防止在盈利产品与亏损产品、可比产品与不可比产品之间任意增减生产成本，以盈补亏、掩盖超支，防止人为调节各种产品成本和利润。

5. 正确划分完工产品与在产品的费用界限

通过以上 4 种费用界限的划分，已将各项生产成本分别计入各种产品以后，月末如果某种产品都已完工，则该种产品明细账所归集的全部生产成本就是该种产品的完工产品的总成本。如果某种产品都未完工，则该种产品明细账所归集的全部生产成本就是该种产品的月末在产品成本。如果某种产品一部分已经完工，另一部分尚未完工，则应采用适当的分配方法将该种产品明细账所归集的全部生产成本在完工产品与月末在产品之间进行分配，分别计算完工产品成本和月末在产品成本，以准确计算完工产品成本。防止人为调节完工产品成本，从而调节利润。

以上 5 个方面费用界限的划分过程，也是产品成本的计算和各项期间费用的归集过程。在这一过程中，应贯彻受益原则，以保证某种产品成本核算的正确无误。受益原则是指成本核算在分配费用时，按照"谁受益，谁负担，不受益，不负担；受益大，负担多，受益小，负担少"的原则分配费用，使费用分配合理、准确。

2.2.4 正确确定财产物资的计价和价值结转的方法

资源 2.1
五条费用
界限习题

工业企业在生产经营过程中所消耗的财产物资的价值，要转移到产品成本和期间费用中去。如固定资产的正确计价和价值结转，应包括其原值的计算方法、折旧方法、折旧率的高低以及固定资产与低值易耗品的划分标准。低值易耗品和包装物，在按其取得时实际成本计价的同时，还要合理制定其摊销方法。各种原材料应按实际采购成本计价，其价值的结转，在材料按实际成本进行日常核算时，企业可以根据情况，对发出材料选用个别计价法、先进先出法、加权平均法、移动加权平均法等确定其实际成本；在材料按计划成本进行日常核算时，应当按期结转其成本差异，将计划成本调整为实际成本。这些物资的计价及结转方法会直接影响产品成本和期间费用的计算。为了正确计算产品成本和期间费用，对于各种财产物资的计价和价值的结转，以及各种费用的分配，都应严格按照国家相关政策、法规和制度执行，同时结合企业自身生产经营活动的特点和管理要求，制定科学、合理、简便、易行的方法。这些方法一经确定，应保持相对稳定，不应任意改变，以保证成本信息的可比性。要防止任意改变财产物资计价和价值结转的方法，借以人为调节成本和费用的错误做法。

2.2.5 选择适当的成本计算方法

产品成本是在生产过程中形成的，产品生产组织和生产工艺特点及管理要求的不同是影响产品成本计算方法选择的重要因素。工业企业生产按产品生产组织特点，有大量生产、成批生产和单件生产 3 种类型；按生产工艺过程特点，有单步骤生产和多步骤生产两种类型；按加工方式，有连续式生产和装配式生产两种类型。企业采用何种成本计算方法，在很大程度上取决于产品生产的特点。计算产品成本是为了管理成本，管理要求不同的产品，也应该采用不同的成本计算方法。同一企业可以采用一种成本计算方法，也可以采用多种成本计算方法，即多种成本计算方法同时使用或多种成本计算方法结合使用。成本计算方法一经选定，一般不宜经常变动。

2.2.6 算管结合，算为管用

算管结合，算为管用，就是成本核算应当与加强企业经营管理相结合，所提供的成本信息应当满足企业经营管理和决策的需要。具体应做到以下 3 点：

（1）成本核算不仅要对各项费用支出进行事后的核算，提供事后的成本信息，而且必须以国家有关的法规、制度和企业成本计划和相应的消耗定额为依据，加强对各项费用支出的事前审核和事中控制，并及时进行信息反馈。对于合法、合理、有利于发展生产提高经济效益的开支，要积极予以支持，否则就要坚决加以抵制，确实已经无法制止的要追究责任。采取措施，防止以后再发生；对于各项费用的发生情况，以及费用脱离定额（或计划）的差异进行日常的计算和分析，及时进行反馈；对于定额或计划不符合实际情况的，要按规定程序予以修订。

（2）成本核算必须正确、及时。只有成本资料的正确，才能据以考核和分析成本计划的完成情况。同时，成本计算的正确与否，衡量的标准首先要看提供的核算资料能否满足管理的需要。在成本计算中，既要防止片面的简单化、不能满足成本管理要求的做法，也要防止为算而算、脱离成本管理实际需要的做法。成本核算应从管理要求出发，按照重要性原则分清主次，区别对待，主要从细，次要从简，细而有用，简而有理，为企业的经营管理和经营决策提供必要的成本信息。

（3）成本核算不仅要按照国家有关的法规、制度提供产品成本和期间费用的核算资料，还应当为不同管理目的提供不同的管理成本信息，如变动成本信息和固定成本信息、作业成本信息等。

2.3 成本费用的分类

工业企业在生产经营过程中的耗费是多种多样的，为了科学地进行成本管理，正确计算产品成本和期间费用，需要对种类繁多的费用进行合理分类。费用的分类是进行产品成本核算的前提，也是成本核算的重要内容之一。费用可以按不同的标准分类，其中按经济内容和经济用途分类是最基本的分类方式。

2.3.1 费用的分类
2.3.1.1 按经济内容分类

工业企业的产品生产过程，是物化劳动和活劳动的耗费过程，因此生产经营过程中所发生的费用，按照其经济内容可以划分为：劳动对象消耗的费用、劳动手段消耗的费用和活劳动中必要劳动消耗的费用。这三类称为制造企业费用的三大要素。为了具体反映制造企业各种费用的构成和水平，这三大类一般还可进一步分为以下7个费用要素：

（1）外购材料。指企业为进行生产经营而耗用的从外部购入的原料及主要材料、半成品、辅助材料、修理用备件、包装物和低值易耗品等。

（2）外购燃料。指企业为进行生产经营而耗用的从外部购入的各种燃料，包括固体燃料、液体燃料、气体燃料。

（3）外购动力。指企业为生产经营而耗用的从外部购进的各种动力，如外购的电力、蒸汽动力等。

（4）职工薪酬。指企业为获得职工提供的服务而给予各种形式的报酬以及其他相关支出，包括：职工工资、奖金、津贴和补贴；职工福利费；医疗保险费、失业保险费、工伤保险费和生育保险费等社会保险费；住房公积金；工会经费和职工教育经费；非货币性福利；因解除与职工的劳动关系给予的补偿；其他与获得职工提供的服务相关的支出等。

（5）折旧费。指企业按照规定方法，对固定资产计提的折旧费用。

（6）利息费用。指企业按规定计入生产费用的借款利息支出减去利息收入后的净额。

（7）其他费用。指不属于以上各要素的费用但应计入产品成本或期间费用的费用支出，如差旅费、办公费、邮电费、租赁费、外部加工费、保险费和诉讼费等。

2.3 成本费用的分类

以上按照费用要素分类反映的费用，称为要素费用。不同行业企业的费用要素不完全相同。

将费用划分为若干要素进行反映有以下作用：①反映企业在一定时期内发生了哪些费用，数额是多少，借以分析各个时期各种要素费用的结构和水平；②反映企业外购材料、外购燃料及职工薪酬的实际数额，可以为编制材料采购资金计划、职工薪酬计划以及核定储备资金定额、考核储备资金周转速度提供资料。该分类主要涉及原材料、周转材料、应付账款、应付职工薪酬、累计折旧、应付利息、库存现金、银行存款等账户。这种分类不能反映各种费用的经济用途，不便于分析各种费用的支出是否节约、合理。因此，对于工业企业的这些费用还必须按经济用途进行分类。

资源 2.2
不同行业企业的费用要素内容

2.3.1.2 按经济用途分类

企业的各种生产费用按照不同的经济用途可以做如下分类：首先，企业的全部费用可以划分为用于日常生产经营的生产性费用（即收益性支出）和用于其他有关方面的非生产性费用（即资本性支出）；其次，生产性费用按照是否用于产品生产分为计入产品成本的生产费用和直接计入当期损益的期间费用两大类。下面分别讲述这两类费用按照经济用途的分类。

（1）计入产品成本的生产费用按经济用途的分类。计入产品成本的生产费用按经济用途可以进一步可以划分为若干项目，即产品成本项目。企业应当根据生产经营特点和管理要求，按照成本的经济用途和生产要素内容相结合的原则或者成本性态等设置成本项目。

制造企业一般设置直接材料、燃料和动力、直接人工和制造费用等成本项目。具体内容为：①直接材料。指直接用于产品生产、构成产品实体的原材料以及有助于产品形成的主要材料和辅助材料。②直接人工。指直接从事产品生产的工人的职工薪酬。③燃料和动力。指直接用于产品生产的燃料和动力。④制造费用。指企业为生产产品和提供劳务而发生的各项间接费用。

> **特别提示**
>
> 据统计，一般制造业产品成本构成中，材料成本所占比重通常在 70%～90%，有的制造业，如装备制造业，其比重甚至超过 90%。据统计，1970 年以前的间接费用仅为直接人工成本的 50%～60%，而今天大多数公司的间接费用为直接人工成本的 400%～500%；以往直接人工成本占产品成本的 40%～50%，而今天还不到 10%，甚至仅占产品成本的 3%～5%。

企业可根据生产的特点和管理要求对上述成本项目做适当调整。对于管理上需要单独反映、控制和考核的费用，以及成本中比重较大的费用，应专设成本项目；否则，为了简化核算，不必专设成本项目。例如，如果工艺上耗用的燃料和动力较多，可设置"燃料和动力"项目，如果工艺上耗用的燃料和动力不多，为了简化核算，可将其中的工艺用燃料费用并入"直接材料"成本项目，将其中的工艺用动力费用并入"制造费用"成本项目。再如，如果废品损失在产品成本中所占比重较大，在管理上

第 2 章 成本核算的基本原理

需要对其进行重点控制和考核，则应单设"废品损失"成本项目。

不同行业的企业应设置的成本项目不完全相同。

资源 2.3 不同行业企业的成本项目设置

（2）期间费用按经济用途的分类。工业企业的期间费用按经济用途的分类可分为管理费用、财务费用和销售费用三项。

管理费用是指企业行政管理部门为管理和组织生产经营活动而发生的各项费用；财务费用是指企业为筹集生产经营所需资金等而发生的各种筹资费用；销售费用是指企业在销售产品和材料、提供劳务过程中发生的各项费用，以及为销售本企业商品而专设的销售机构（含销售网点、售后服务网点等）发生的各项费用。

费用按经济用途分类能清楚地反映企业成本的构成，指明费用的具体去向，有利于加强成本费用的监督与控制。主要涉及基本生产成本、辅助生产成本、制造费用、财务费用、管理费用、销售费用等 6 个账户。费用按经济内容分类是费用按经济用途分类的基础，两者的区别是费用按经济内容讲的是投入内容，费用按经济用途讲的是产出成果的内容。一个产品成本项目可以归集同一经济用途的几种费用要素，一种费用要素按照经济用途可能记入几个产品成本项目。

2.3.2 成本的分类

1. 按其与产品生产工艺的关系分类

产品成本按照其与产品生产工艺的关系分为直接成本（或直接生产费用）和间接成本（或间接生产费用）。直接成本是指费用的发生是由于产品生产工艺过程本身引起的，是直接用于产品生产的各项生产费用，如生产工艺过程中耗用的原料及主要材料、燃料及动力、产品生产工人工资、生产用机器设备折旧费等。间接成本是指费用的发生与生产工艺没有直接关系，间接用于产品生产的各项生产费用，如生产管理部门人员的职工薪酬、办公费、差旅费、机物料消耗、车间厂房的折旧费等。

这种分类便于了解企业产品成本构成情况，有利于正确组织产品成本核算，保证核算资料的正确性。在实际工作中，应尽量扩大直接成本减少间接成本，以保证成本核算更符合实际。间接成本的分配应注意选择恰当的分配标准，分配标准应与被分配费用的多少保持一定的比例关系，并考虑作为分配标准的资料比较容易收集，讲求成本效益。

2. 成本的其他分类

按照成本性态，成本可划分为固定成本、变动成本和混合成本。成本性态是指成本与业务量（产量或销量）之间的相互依存关系，具体运用见第 5 章"变动成本法"；按照成本可控与否分为可控成本和不可控成本，具体运用见第 9 章"成本控制"；按照成本与决策的相关性分为相关成本和无关成本，这种分类主要是为了更好地预测和决策以及规划未来成本，具体运用见第 7 章"短期经营决策分析"。

除了以上几种分类之外，还有其他成本费用分类方法，其分类标准也不尽相同。不同的目的会出现不同的分类，如历史成本、未来成本、实际成本、计划成本、标准成本、定额成本、沉没成本等。

2.4 成本核算的一般程序及主要账户

2.4.1 产品成本核算的一般程序

产品成本核算程序就是指从生产费用的发生、归集开始，直到计算出完工产品成本为止的整个核算顺序和步骤。具体来讲成本核算一般包括以下几个具体步骤。

1. 确定成本计算对象，设置产品成本明细账

成本计算对象是生产费用的承担者，即归集和分配生产费用的对象。成本计算对象的确立是设置产品成本明细账，正确计算产品成本的前提，也是区别各种成本计算方法的主要标志。成本计算对象主要有产品品种、产品批次、产品生产步骤。至于选用什么作为成本计算对象，则取决于企业的生产特点和管理要求。不论成本计算对象如何确立，最后都要能够分成本项目确定某种产品的总成本和单位成本。确定产品成本计算对象是计算产品成本的前提。企业应根据自身的生产特点和管理的要求，选择合适的产品成本计算对象设置产品成本明细账或产品成本计算单。

2. 对本期发生的生产费用进行归集与分配

将生产经营过程中发生的外购材料、外购燃料等各项要素费用按照经济用途分配给某种产品、基本生产车间、辅助生产车间、行政管理部门、专设销售机构等。对于为生产某种产品直接发生的生产费用，能分清成本核算对象的，直接计入该产品成本；对于由几种产品共同负担的，或为产品生产服务发生的间接费用，可先按发生地点和用途进行归集汇总，然后分配计入各受益产品。在进行费用的归集与分配时，应按照国家的相关规定，对于企业发生的生产费用进行审核和控制，确定各项费用是否应该开支，已开支的费用是否应该计入产品成本。

此外，根据权责发生制原则的要求，要分清各项费用的归属期，特别是跨期摊提费用的归属期。本月支付应由本月负担的生产费用，计入本月产品成本。以前月份支付应由本月负担的生产费用，分配摊入本月产品成本。应由本月负担而在以后月份支付的生产费用，预先计入本月产品成本。对于本月开支应由以后月份负担的生产费用，作跨期待摊的费用处理。

3. 归集与分配辅助生产费用、制造费用

辅助生产费用的归集与分配根据生产的类型进行。在单品种辅助生产车间，其生产费用都是直接费用，直接归集计入所生产的产品或劳务成本；在多品种辅助生产车间，其生产费用需直接或分配归集各种产品或劳务的费用。所归集的辅助生产费用，要采用科学合理的方法分配到各受益对象。辅助生产部门之间互相提供的劳务、作业成本，应当采用合理的方法，进行交互分配。互相提供劳务、作业不多的，可以不进行交互分配，直接分配给辅助生产部门以外的受益单位。

在一个生产车间或部门生产多种产品或提供多种劳务的情况下，归集的制造费用应采用适当的方法分配转入该车间或部门的各种产品或劳务的成本。对于制造费用的

分配，应特别注意其分配标准的恰当选择。制造费用的分配标准既可以是实际标准，如产品的体积、重量、容积、产品生产所耗用的生产工时、机器工时、生产工人的工资等，也可以是计划标准或定额标准，如定额工时、计划分配率等。

4. 将废品损失、停工损失计入产品成本

对单独核算废品损失的企业，计算可修复废品的修复费用和不可修复废品损失，期末将归集的本期废品净损失转入"基本生产成本"账户，根据计算结果做会计分录并登账。对单独核算停工损失的企业，要设"停工损失"账户归集费用，期末将停工损失转入"基本生产成本"等账户。

5. 计算完工产品成本和月末在产品成本

将生产费用计入各成本核算对象后，对于既有完工产品又有月末在产品的产品，应采用适当的方法，把生产费用在其完工产品和月末在产品之间进行分配，计算出该种产品的完工产品成本和月末在产品成本。

> **特别提示**
>
> 成本核算的基本程序可归纳为五条界限、三个步骤。前面对费用五个界限的划分过程就是成本核算的基本程序，三个步骤是指按费用要素归集和分配、按费用用途归集和分配、按成本计算对象归集和分配。

2.4.2 成本核算应设置的主要账户

为了进行成本核算，企业一般应设置"基本生产成本""辅助生产成本""制造费用""管理费用""销售费用""财务费用"等账户，如果需要单独核算废品损失和停工损失，还应设置"废品损失"和"停工损失"账户。

（1）"基本生产成本"账户。该账户性质属于成本类账户，用来归集和分配企业基本生产车间在产品（包括产成品、自制半成品、提供劳务等）生产过程中所发生的各项生产费用，正确地计算产品生产成本。借方登记应计入产品生产成本的各项费用，包括直接材料、燃料和动力、直接人工以及期末分配转入的制造费用；贷方登记结转完工入库的产成品、自制半成品的实际成本。期末如有余额在借方，表示尚未完工产品（在产品）的成本。该账户应按成本计算对象设置明细账户，账内按产品成本项目分设专栏或专行。基本生产成本账户的结构如图 2.1 所示。

借方	基本生产成本	贷方
（＋） 发生的生产费用 ①直接材料 ②直接人工 ③燃料和动力 ④分配转来的制造费用		（－） 完工入库的产成品成本
期末余额：在产品的成本		

图 2.1 基本生产成本账户的结构

2.4 成本核算的一般程序及主要账户

（2）"辅助生产成本"账户。该账户性质属于成本类账户，用于核算为基本生产部门提供辅助产品和服务发生的费用。"辅助生产成本"账户结构与"基本生产成本"账户结构类似。该账户借方登记辅助生产过程中发生的直接材料、直接人工等直接费用以及分配转入的间接费用，贷方登记分配转出的辅助生产产品和劳务成本。期末如有余额在借方，为在产品成本。该账户应按照辅助生产部门（或车间）、提供的产品或劳务设置明细账，账中按辅助生产的成本项目或费用项目分设专栏或专行进行明细登记。辅助生产成本账户的结构如图 2.2 所示。

借方	辅助生产成本	贷方
（+） 发生的辅助生产费用 ①直接材料费用 ②直接人工费用 ③燃料和动力 ④分配转来的间接费用		（-） 分配转出的辅助生产产品和劳务的成本
期末余额：在产品的成本		

图 2.2 辅助生产成本账户的结构

（3）"制造费用"账户。该账户性质属于成本类，用来归集和分配企业生产车间为组织和管理产品的生产活动而发生的各项间接生产费用。借方登记实际发生的各项制造费用，贷方登记期末经过分配转入"基本生产成本"账户借方的制造费用额，除季节性生产或采用累计分配率法分配制造费用的企业外，本科目月末应无余额。该账户应按不同车间、部门设置明细账，按照费用项目设置专栏进行明细分类核算。

制造费用账户的结构如图 2.3 所示。

借方	制造费用	贷方
（+） 归集生产车间发生的各项间接费用		（-） 期末分配转入"基本生产成本"账户
期末一般无余额		

图 2.3 制造费用账户的结构

对于属于辅助生产车间的制造费用，可以专设"制造费用——辅助生产车间"科目核算，期末再转入"辅助生产成本"科目的借方。也可不设"制造费用"科目，发生的间接费用，直接记入"辅助生产成本"科目的借方。

（4）"管理费用"账户。该账户性质属于费用类账户，用来核算企业行政管理部门为管理和组织生产经营活动而发生的各项费用，包括企业在筹建期间发生的开办费、董事会和行政管理部门在企业的经营管理中发生的或者由企业统一负担的公司经费（包括行政管理部门人员的职工薪酬、物料消耗、差旅费、办公费、固定资产折旧、劳动保险费等)、工会经费、董事会费（包括董事会成员津贴、会议费和差旅费等)、聘请中介机构费、咨询费、诉讼费、业务招待费等。借方记增加，登记企业发生的各项管理费用；贷方记减少，登记期末转入"本年利润"账户借方的数额；期末结转后无余额。该账户按费用项目设置明细账，可采用多栏式账页。管理费用账户的结构如图 2.4 所示。

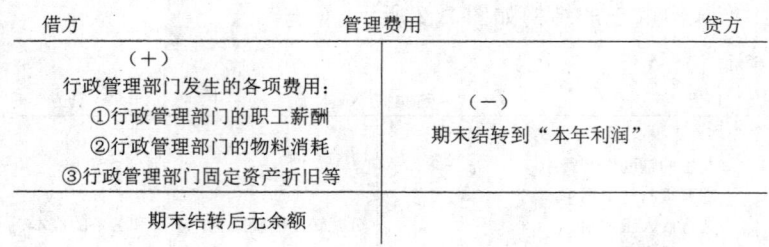

图 2.4　管理费用账户的结构

(5) "销售费用"账户。该账户性质属于费用类账户，用来核算企业销售商品和材料、提供劳务的过程中发生的各种费用。销售费用主要包括两部分费用，一是企业在销售商品和材料、提供劳务的过程中发生的各项费用，如广告宣传费、运输费、装卸费、保险费、包装费、展览费、租赁费（不包括融资租赁费)、委托代销手续费、商品维修费、预计产品质量保证损失等；二是为销售本企业商品而专设的销售机构（含销售网点、售后服务网点等）发生的各项费用，如销售人员的职工薪酬、办公费、差旅费、销售机构固定资产的折旧费、无形资产的摊销费等经营费用。该账户借方记增加，登记企业发生的各项销售费用；贷方记减少，登记期末转入"本年利润"账户借方的数额；期末结转后无余额。该账户按费用项目设明细账，可采用多栏式账页。销售费用账户的结构如图 2.5 所示。

借方	销售费用	贷方
（+）	（-）	
发生的各项销售费用	期末结转到"本年利润"	
期末结转后无余额		

图 2.5　销售费用账户的结构

(6) "财务费用"账户。该账户的性质是费用类，用来核算企业为筹集生产经营所需资金等而发生的各种筹资费用，包括利息支出（减利息收入)、佣金、汇兑损失（减汇兑收益）以及相关的手续费等，企业在赊销商品过程中产生的现金折扣也在该账户核算。财务费用账户的借方登记发生的财务费用，贷方登记发生的应冲减财务费用的利息收入、汇兑收益以及期末转入"本年利润"账户的财务费用净额（即财务费用支出大于收入的差额，如果收入大于支出则进行反方向的结转)，经过结转之后，该账户期末没有余额。财务费用账户应按照费用项目设置明细账户,进行明细分类核算。财务费用账户的结构如图 2.6 所示。

借方	财务费用	贷方
（+） ①利息支出 ②汇兑损失 ③手续费支出		（-） ①利息收入 ②汇兑收益 ③期末转入"本年利润"
期末无余额		

图 2.6 财务费用账户的结构

(7) "废品损失"账户。单独核算废品损失的企业,应设置"废品损失"账户,在成本项目中增设"废品损失"成本项目。该账户应按车间设置明细账,账内按产品品种和成本项目登记。该账户的借方登记不可修复废品的生产成本和可修复废品的修复费用,贷方登记不可修复废品残料回收价值、应收赔款和转出的废品净损失。经过结转之后,该账户期末没有余额。废品损失账户的结构如图 2.7 所示。

借方	废品损失	贷方
（+） ①可修复废品的修复费用 ②不可修复废品的生产成本		（-） ①不可修复废品残料回收价值 ②过失人赔款 ③转出的废品净损失
期末无余额		

图 2.7 废品损失账户的结构

(8) "停工损失"账户。单独核算停工损失的企业,应增设"停工损失"账户和"停工损失"成本项目。该账户用以核算企业基本生产车间或车间内某个班组在停工期内发生的各项费用,包括停工期内支付的生产工人的职工薪酬费用、所耗燃料和动力费用,以及应负担的制造费用等。该账户应按车间和成本项目进行明细核算,账户的借方归集停工期间发生的各种费用;贷方结转过失人赔偿款、按规定转由其他账户负担的部分和计入基本生产成本的净损失。除跨月停工外,本账户月末应无余额。停工损失账户的结构如图 2.8 所示。

借方	停工损失	贷方
（+） ①停工期间发生的各项费用		（-） ①过失人赔款 ②转出的停工净损失
期末无余额		

图 2.8 停工损失账户的结构

本 章 小 结

本章主要介绍了成本核算的基本原理。费用按经济内容分为外购材料、外购燃料、外购动力、职工薪酬、折旧费、利息费用和其他费用等7个要素;生产成本按经济用途分为直接材料、直接人工、燃料和动力、制造费用,期间费用按经济用途分为财务费用、管理费用和销售费用。

成本核算的基本程序可以归纳为五条界限、三个步骤。对费用五个界限的划分过程就是成本核算的基本程序。为了进行成本核算,企业一般应设置"基本生产成本""辅助生产成本""制造费用""销售费用""管理费用""财务费用""废品损失"和"停工损失"等账户。

练 习 题

一、单项选择题

1. 下列属于产品成本项目的是( )。
 A. 职工薪酬 B. 外购动力
 C. 外购材料 D. 直接材料
2. 下列各项中,不属于产品成本项目的是( )。
 A. 燃料和动力 B. 外购材料
 C. 废品损失 D. 直接人工
3. 下列各项中应计入管理费用的是( )。
 A. 车间管理人员的薪酬
 B. 行政管理人员的职工薪酬
 C. 车间厂房的折旧费
 D. 专设销售机构人员的职工薪酬
4. 下列各项中,属于直接生产费用的是( )。
 A. 产品生产工人的薪酬费用 B. 车间管理人员的薪酬费用
 C. 车间辅助人员的薪酬费用 D. 生产车间的办公费用
5. 成本的经济实质是( )。
 A. 劳动者为自己劳动所创造价值的货币表现
 B. 劳动者为社会劳动所创造价值的货币表现
 C. 企业在生产经营过程中所耗费的资金的总和
 D. 生产经营过程中所消耗生产资料转移价值的货币体现
6. ( )构成商品的理论成本。
 A. 已耗费的生产资料转移的价值
 B. 劳动者为自己劳动所创造的价值
 C. 劳动者为社会劳动所创造的价值

D. 已耗费的生产资料转移的价值和劳动者为自己劳动所创造的价值

二、多项选择题

1. 为了正确计算产品成本,需要正确划分的各种费用界限有( )。
   A. 生产性费用和非生产性费用的界限
   B. 各月份的费用界限
   C. 生产成本和期间费用的界限
   D. 各种产品的费用界限
   E. 管理费用和财务费用的界限

2. 下列属于工业企业费用要素的是( )。
   A. 直接材料   B. 外购材料
   C. 职工薪酬   D. 直接人工
   E. 利息费用

3. 下列各项中,属于产品成本项目的是( )。
   A. 外购材料   B. 直接材料
   C. 外购动力   D. 燃料和动力
   E. 外购燃料

4. 成本的经济实质内容包括( )。
   A. c B. v
   C. m D. 以上都对

5. 下列费用中,应计入产品成本的有( )。
   A. 生产工人薪酬费用   B. 用于产品生产的原材料费用
   C. 购建固定资产费用   D. 制造费用
   E. 财务人员的薪酬费用

6. 为了正确计算产品成本,应该做好的基础工作是( )。
   A. 确定成本计算对象
   B. 正确划分各种费用界限
   C. 建立定额管理制度
   D. 建立和健全与成本有关的原始记录管理制度
   E. 建立健全各项财产物资的计量、收发、领退及清查制度
   F. 做好企业内部计划价格的制定和修订工作

7. 要素费用中的外购材料,可能计入如下( )的账户借方。
   A. 原材料   B. 辅助生产成本
   C. 基本生产成本   D. 制造费用
   E. 管理费用

第3章
成本费用的归集与分配

教学目标

通过本章的学习，熟悉原材料的分配方法、工资的计算和职工薪酬的分配；掌握辅助生产费用和制造费用的各种分配方法；了解在产品的概念，掌握生产费用在完工产品与在产品之间的各种分配方法以及各种分配方法的特点、适用范围和具体的计算方法。

重点难点

辅助生产费用的分配、制造费用的分配、废品损失、约当产量比例法、定额比例法。

会计名言

不同目的，不同成本。

——克拉克

受经济发展和资本积聚影响，制造费用分配成为定价和控制中的关键问题。

——哈伯森

计件工资是最适合于资本主义生产方式的工资形式。

——马克思

课前案例

供排水车间的费用

抚顺石油化工公司石化三厂是中国石油天然气集团公司抚顺石油化工公司下属生产厂，企业资产总额4.6712亿元，主要产品有白油、铝箔油及溶剂油系列产品、脱附剂、偏三甲苯、洗涤剂等，主要有加氢车间、芳烃车间等基本生产车间，也有供排水等车间。供排水车间主要负责全厂新鲜水和循环水的供应，新鲜水全部从社会水厂购买，循环水为自产产品，成本按供排水车间发生的全部实际成本进行分配。2005年3月，供排水车间总共发生费用3 271 639元，其中原材料601 324元，辅助材料929 454元，动力855 243元，工资181 543元，折旧301 734元等。

本例中的供排水车间是辅助生产车间，其费用直接反映了辅助部门消耗的材料、燃料、动力、折旧费、维修费以及为管理和组织生产所发生的其他费用等。供排水车间的产品由本企业内部的相关组织所消耗,所以供排水车间的费用应该分配到企业内部各单位,这势必会影响到各车间、部门的成本。

点评:辅助生产费用是综合性费用,要分配到内部各部门去,会影响产品成本。综合性费用除了案例中的辅助生产费用,还包括制造费用、废品损失、停工损失和期间费用,它们把前面的要素费用按用途归集后又分配到各受益部门,是计算产品成本的第二个步骤。

3.1 要素费用的归集与分配

3.1.1 生产费用要素概述

前已述及,工业企业在生产经营过程中发生的各项费用按经济内容可分为外购材料、外购燃料、外购动力、职工薪酬、折旧费、利息费用、其他费用等。这7个要素费用按用途又可归类为5种费用,其核算程序不同。

3.1.1.1 要素费用的核算程序

上述7个要素费用按用途又可归类为5种费用:非生产性费用、直接生产费用、制造费用、辅助生产费用和期间费用,其核算程序用丁字账户表现如下。

(1)非生产性费用,主要包括用于购建固定资产和无形资产等的支出。

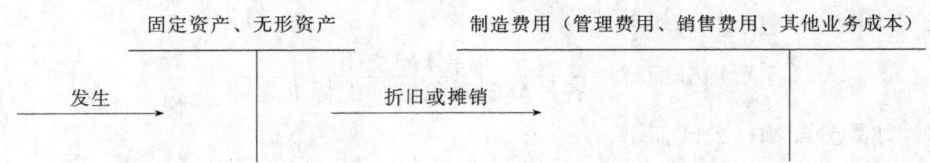

(2)专设成本项目的直接生产费用,主要包括直接材料、直接人工、燃料及动力。

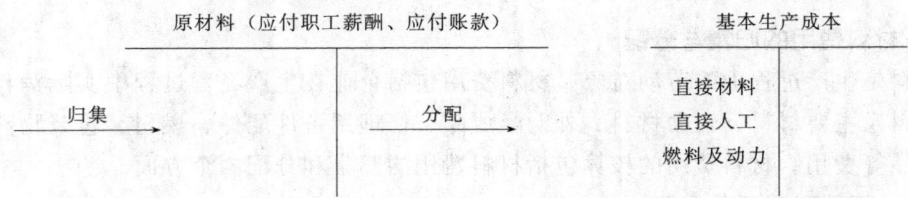

(3)用于产品生产但未专设成本项目的生产费用,即制造费用。

要素费用 —分配→ 制造费用 —分配→ 基本生产成本——制造费用

(4)直接用于辅助生产的生产费用。

要素费用 —分配→ 辅助生产成本 —分配→ 基本生产成本

(5) 期间费用，包括管理费用、财务费用和销售费用。

$$要素费用 \xrightarrow{分配} 管理费用（财务费用和销售费用） \xrightarrow{月末转入} 本年利润$$

3.1.1.2 要素费用的分配步骤

费用的核算可以概括为：能直接计入者直接计入，不能直接计入者分配计入。对不能直接计入的要素费用的分配要选用适当的分配方法。适当的分配方法是指分配依据的标准与分配对象有比较密切的联系，因而分配结果较合理，而且分配标准的资料比较容易取得，计算比较简便。费用分配一般包括 5 个步骤：

(1) 确定分配对象。分配对象是要素费用承担的客体。将要素费用分配给谁，谁就是分配对象。工业企业要素费用的分配对象一般有某种产品、基本生产车间、辅助生产车间、行政管理部门、专设销售机构和工程部门。

(2) 选择分配标准。分配标准是分配对象应分配多少要素费用的依据。分配标准的选择是决定分配结果是否合理准确的关键步骤，最终会影响成本计算对象的成本，所以企业在确定分配标准时要慎重，一般要遵循合理和简便的原则。所谓合理是指分配标准与分配对象之间有因果关系，受益多的多分配，受益少的少分配；所谓简便是指分配标准的资料易取得，计算简单。实际生活中分配标准主要有以下 3 类：①成果类，即产出的成果，如产品的重量、体积、产量、产值等；②消耗类，即投入的内容，如生产工时、生产工资、机器工时、原材料消耗量或原材料费用等；③定额类，如定额消耗量、定额费用等。

(3) 计算分配率。公式如下：

$$费用分配率 = \frac{待分配费用}{各种分配对象的分配标准之和}$$

(4) 计算分配额。公式如下：

$$某分配对象的分配额 = 分配率 \times 某分配对象的分配标准$$

(5) 进行账务处理，即根据以上步骤或编制的费用分配表，编制会计分录，然后记入各种成本、费用相应的总账与明细账。

借：成本、费用有关账户
　　贷：原材料等要素费用账户

3.1.2 材料费用的归集与分配

材料是生产过程中的劳动对象。材料费用包括企业在生产经营过程中实际消耗的各种原料及主要材料、辅助材料、外购半成品、修理用备件配件、燃料、包装物和低值易耗品等费用。材料费用的核算包括材料费用的归集和分配两个方面。

3.1.2.1 原材料费用的归集

正确确定购入材料的成本是正确计算产品成本中材料成本的前提。

3.1.2.2 原材料费用分配

发出材料的成本由发出材料消耗量和材料单价决定。

1. 原材料的分配方法

当两种或两种以上成本计算对象共同耗用同一种原材料时，需要采用适当的分配

资源 3.1
计划成本
习题

方法在各成本计算对象之间进行分配。原材料的分配标准很多,可以按照产品的重量、体积、定额消耗量、定额费用等进行分配。本书主要介绍定额消耗量比例法和定额费用比例法。

(1) 定额消耗量比例法。定额消耗量比例法是以原材料定额消耗量为分配标准进行分配的一种方法,适用于各项材料消耗定额制定的比较准确的企业。

【例 3.1】 江河企业 202×年 6 月生产甲、乙两种产品,产量分别为甲产品 500 件、乙产品 400 件,共同耗用原材料 8 000 千克,每千克 5.4 元,共计 43 200 元,单件产品原材料消耗定额为:其中甲产品消耗定额为 6 千克,乙产品消耗定额为 5 千克。原材料的分配计算过程如下:

1) 计算分配标准,即计算原材料定额消耗量:

甲产品原材料定额消耗量=500×6=3 000(千克)

乙产品原材料定额消耗量=400×5=2 000(千克)

2) 计算原材料分配率:

原材料分配率=待分配的原材料费用÷∑各种产品原材料定额消耗量
=43 200÷(3 000+2 000)=8.64

3) 计算各产品应分配的原材料费用:

某产品应分配的原材料费用=该产品原材料定额消耗量×原材料分配率

甲产品应分配的材料费用=3 000×8.64=25 920(元)

乙产品应分配的材料费用=2 000×8.64=17 280(元)

> **特别提示**

消耗定额是针对单位产品而言的,定额消耗量一般是针对产品的实际产量而言的,定额消耗量=产品实际产量×消耗定额。

(2) 定额费用比例法,又称定额成本比例法,它是以原材料的定额费用(或定额成本)为分配标准进行原材料费用分配的方法。

【例 3.2】 以【例 3.1】为例,采用定额费用比例法分配原材料费用,计算如下。

1) 计算各种产品原材料定额费用:

某产品原材料定额费用=该种产品实际产量×该原材料费用定额

某产品原材料费用定额=该产品原材料消耗定额×原材料单价

甲产品原材料费用定额=6×5.4=32.4(元/千克)

甲产品原材料定额费用=500×32.4=16 200(元)

乙产品原材料费用定额=5.4×5=27(元/千克)

乙产品原材料定额费用=400×27=10 800(元)

2) 计算原材料费用分配率:

$$原材料费用分配率=\frac{待分配的原材料费用}{\sum 各种产品原材料定额费用}$$

$$=\frac{43\ 200}{16\ 200+10\ 800}=1.6$$

3) 计算各种产品应分配的原材料费用:

某产品应分配的原材料费用＝该产品原材料定额消费用×原材料分配率

甲产品应分配的材料费用＝16 200×1.6＝25 920(元)

乙产品应分配的材料费用＝10 800×1.6＝17 280(元)

> **特别提示**

分配方法一般是以分配标准来命名的,说明了分配标准在分配方法乃至整个成本计算中的重要性。

2. 原材料的分配去向

原材料的分配去向,是按照"谁受益,谁分配"的原则来分配的。具体分配去向为:生产车间一般耗用原材料应计入"制造费用";辅助生产车间领用原材料应计入"辅助生产成本";企业行政管理部门领用原材料应计入"管理费用";专设销售机构领用原材料应计入"销售费用";自行建造固定资产领用的原材料应计入"在建工程";生产产品领用的原材料应计入"基本生产成本"账户。如果企业只生产一种产品,生产产品领用的原材料直接计入"基本生产成本"账户的"直接材料"项目;如果企业生产多种产品,生产产品领用的原材料需分配计入"基本生产成本"账户的"直接材料"项目。

在实际工作中,材料费用的分配是通过编制原材料费用分配表进行的。现列示江河企业202×年6月的原材料费用分配,见表3.1。

表3.1　　　　　　　　　　原材料费用分配表

江河企业　　　　　　　　　　202×年6月　　　　　　　　　　单位:元

应借账户		成本项目	直接计入	分配计入	合计
基本生产成本	甲产品	直接材料	4 080	25 920	30 000
	乙产品	直接材料	4 720	17 280	22 000
	小计		8 800	43 200	52 000
辅助生产成本	供电车间	机物料消耗	450		450
	供水车间	机物料消耗	508		508
	小计		958		958
制造费用	基本生产车间	机物料消耗	200		200
销售费用		材料费	300		300
管理费用		材料费	100		100
合计			10358	43 200	53558

根据原材料费用分配表,编制会计分录如下:

借:基本生产成本——甲产品　　　　　　　　　　　　　　　　30 000
　　　　　　　　——乙产品　　　　　　　　　　　　　　　　22 000
　　辅助生产成本——供水车间　　　　　　　　　　　　　　　508

```
          ——供电车间                              450
    制造费用                                     200
    销售费用                                     300
    管理费用                                     100
    贷：原材料                                          53 558
```

上列原材料费用是按实际成本进行核算分配的，如果原材料费用是按计划成本进行核算分配，计入产品成本和期间费用等的原材料费用是计划成本，此时还应该分配材料成本差异额。

3.1.2.3 燃料费用的归集与分配

燃料是只在生产过程中用来燃烧、发热，或为创造正常劳动条件耗用的各种燃料。包括固体燃料（如煤炭）、气体燃料（煤气、天然气）和液体燃料（各种油料）。

燃料实际上也是材料，因此其分配方法和账务处理与原材料费用相同。在工业企业里，如果燃料费用在产品成本中比重较大时，可以与动力费用一起专设"燃料和动力"成本项目，还应增设"燃料"账户，以便单独核算和分配。

（1）燃料费用的分配。直接用于产品生产的燃料，在只生产一种产品或者是按照产品品种（或成本计算对象）分别领用，属于直接计入费用，可以直接记入各种产品成本明细账的"燃料和动力"成本项目；几种产品共同耗用的燃料，属于间接计入费用，则应采用适当的分配方法，在各种产品之间进行分配，记入各种产品成本明细账的"燃料和动力"成本项目。分配标准可以是产品的重量、体积、所耗燃料的数量或费用，也可以是燃料的定额消耗量或定额费用比例等。

（2）燃料费用的分配去向。直接用于产品生产、专设成本项目的燃料费用，应记入"基本生产成本"账户借方的"燃料和动力"成本项目；直接用于辅助生产、专设成本项目的燃料费用，应记入"辅助生产成本"账户；用于基本生产和辅助生产但没有专设成本项目的燃料费用，应记入"制造费用""辅助生产成本"（设"制造费用"账户的要先在"制造费用"账户归集后再转入）账户的借方及其所属明细账有关项目；用于专设销售机构的燃料费用记入"销售费用"；用于行政管理部门的燃料费用记入"管理费用"账户的借方。已领燃料总额，应记入"燃料"账户的贷方。不设"燃料"账户的，则记入"原材料"账户的贷方。

综上所述，燃料费用的分配去向用会计分录表示如下：

```
借：基本生产成本——燃料和动力（直接用于产品生产、专设成本项目）
    辅助生产成本（直接用于辅助生产、专设成本项目）
    辅助生产成本（没有专设成本项目和单独设"制造费用"账户）
    制造费用（用于基本生产和辅助生产但没有专设成本项目而单独设"制造费用"）
    管理费用（用于行政管理部门）
    销售费用（用于销售机构）
  贷：燃料（单设"燃料"账户）
    或原材料——燃料（不单设"燃料"账户）
```

3.1.2.4 周转材料的摊销

周转材料是指企业能够多次使用、逐渐转移其价值但仍保持原有形态、不确认为固定资产的材料，包括包装物、低值易耗品，以及企业（建造承包商）的钢模板、木模板、脚手架等。周转材料种类繁多，具体用途不同，会计处理也不同。如果企业的包装物、低值易耗品品种比较多并且收发频繁，也可以单独设置"包装物""低值易耗品"总账，并按品种规格设置明细账进行核算；如果包装物、低值易耗品业务不多，可在"周转材料"总账科目下设置"包装物"和"低值易耗品"二级账户，并按品种设置明细账进行核算。

1. 周转材料的摊销去向

周转材料的摊销去向具体包括如下情况：①生产部门领用的周转材料，构成产品实体一部分的，其账面价值直接计入"基本生产成本"；②属于车间一般消耗的，其账面价值计入"制造费用"；③行政管理部门领用的周转材料，其账面价值计入"管理费用"；④销售部门领用的周转材料（随同商品出售而不单独计价）和出借的周转材料，其账面价值计入"销售费用"；⑤销售部门领用的周转材料（随同商品出售而单独计价）和出租的周转材料，取得的收入计入"其他业务收入"，其账面价值计入"其他业务成本"，并计算缴纳增值税；⑥建筑承包商使用的钢模板、木模板等，其账面价值计入"工程施工"。

2. 周转材料的摊销方法

周转材料的日常核算基本和原材料相同，可以采用实际成本法或计划成本法进行。周转材料的日常核算一般采用实际成本法，在按计划成本进行时，还应在"材料成本差异"总账科目下设置"周转材料"二级账户。

周转材料的摊销不同于原材料，原材料被领用后一次性消耗，价值一次性转移。《企业会计准则第1号——存货》规定，企业应当采用一次转销法或者五五摊销法对低值易耗品和包装物进行摊销，计入相关资产的成本或者当期损益。《企业会计准则第1号——存货》应用指南规定，企业（建造承包商）的钢模板、木模板、脚手架和其他周转材料等，可以采用一次转销法、五五摊销法或者分次摊销法进行摊销。

（1）一次摊销法。即一次转销法或一次计入法，它是指在领用周转材料时，将其账面价值一次计入当月（领用月份）的成本费用中的一种方法。

如果周转材料采用按计划成本进行日常核算时，领用时应按计划成本编制会计分录；月末还要调整领用周转材料的成本差异。

【例3.3】 江河企业202×年6月基本生产车间领用的低值易耗品采用一次摊销法。该车间领用一批生产工具，计划成本800元；以前月份领用的另一批生产工具在本月报废，计划成本为600元，残料验收入库计价20元。低值易耗品的成本差异率为节约5%。编制会计分录如下：

领用生产工具时：

借：制造费用　　　　　　　　　　　　　　　　　　　　　　　800

　　贷：周转材料——低值易耗品　　　　　　　　　　　　　　　　800

报废生产工具残料入库时：

借：原材料 20
　　贷：制造费用 20

月末，调整分配本月所领生产工具的成本差异800×(−5%)＝−40(元)。

借：制造费用 40
　　贷：材料成本差异——周转材料 40

一次摊销法核算简便，但由于低值易耗品的使用期一般不止一个月，采用这种方法会使各月成本、费用负担不太合理，还会产生账外资产，不便实行价值监督。这种方法一般适用于单位价值较低、使用期限较短、一次领用量不多以及容易破损的低值易耗品。

（2）五五摊销法。也称"五成法"，是指在领用周转材料时先摊销其价值的一半，报废时再摊销其价值的另一半。五五摊销法下，需要增设3个明细账户："周转材料——在库""周转材料——在用"及"周转材料——摊销"。

【例3.4】 某企业202×年5月行政管理部门领用一批新的包装物，账面价值28 000元；6月报废时材料估价2 000元作为原材料入库，采用五五摊销法进行摊销。

202×年5月领用包装物并摊销账面价值的50%。

借：周转材料——包装物——在用 28 000
　　贷：周转材料——包装物——在库 28 000
借：管理费用 14 000
　　贷：周转材料——包装物——摊销 14 000

202×年6月包装物报废，摊销其余的50%并转销摊销额。

借：管理费用 14 000
　　贷：周转材料——包装物——摊销 14 000
借：周转材料——包装物——摊销 28 000
　　　周转材料——包装物——在用 28 000
借：原材料 2 000
　　贷：管理费用 2 000

五五摊销法能够对在用周转材料实行价值监督；各月成本、费用负担的摊销额比较合理，但核算工作量比较大。因此，该种方法适用于各月领用和报废周转材料的数量比较均衡、各月摊销额相差不多的周转材料。

（3）分次摊销法。指根据周转材料预计可以使用的次数，将其成本分期计入有关成本费用的一种摊销方法。各月周转材料摊销额的计算公式如下：

$$某月周转材料摊销额 = \frac{周转材料账面价值}{预计可使用次数} \times 该月实际使用次数$$

分次摊销法的原理与五五摊销法相同，也需增设3个明细账户："周转材料——在库""周转材料——在用"及"周转材料——摊销"，只是周转材料的价值是分期计算摊销的。

【例3.5】 某建筑承包商本月领用一批钢模板，账面价值10 000元，预计可使用10次，采用分次摊销法摊销。领用当月实际使用4次，领用第2个月，实际使用5

次；领用第 3 个月，钢模板报废，残料出售获得现金 500 元。
领用钢模板：
借：周转材料——在用 10 000
　　贷：周转材料——在库 10 000
领用当月摊销：
$$本月摊销额=\frac{10\,000}{10}\times 4=4\,000(元)$$
借：工程施工 4 000
　　贷：周转材料——摊销 4 000
领用第 2 个月摊销：
$$本月摊销额=\frac{10\,000}{10}\times 5=5\,000(元)$$
借：工程施工 5 000
　　贷：周转材料——摊销 5 000
领用第 3 个月，钢模板报废，将账面摊余价值一次摊销并转销全部摊销额：
账面摊余价值＝10 000－4 000－5 000＝1 000(元)
借：工程施工 1 000
　　贷：周转材料——摊销 1 000
借：周转材料——摊销 10 000
　　贷：周转材料——在用 10 000
报废的钢模板残料出售：
借：库存现金 500
　　贷：工程施工 500

3.1.3　外购动力费用的归集与分配

动力主要包括电力、热力、风力、蒸汽等，企业的动力包括自制动力和外购动力。自制动力是由企业辅助生产车间提供的。外购动力费用是指企业向外单位购买各种动力所支付的费用。外购动力费用的核算，一是动力费用的归集核算，二是动力费用的分配核算。

3.1.3.1　外购动力费用归集的核算

外购动力应按仪器仪表上记录的耗用数量、规定的价格向供应单位支付款项。在实际工作中，外购动力费用支出的核算一般分为两种情况：

(1) 不通过"应付账款"账户核算。当企业每月支付动力费用的日期基本固定，而且每月付款日到月末的应付动力费用相差不多，可采用此方法。此方法下，每月支付的动力费用等于应付动力费用，在付款时直接借记各成本、费用账户，贷记"银行存款"账户。

(2) 通过"应付账款"账户核算。当企业外购动力费不是在月末支付，而是在每月下旬的某日支付时，一般采用该方法。在此方法下，外购动力的核算主要分以下两个步骤。

付款时，会计分录为：

借：应付账款（实际支付的动力费）
　　贷：银行存款

月末分配时，会计分录为：

借：成本费用
　　贷：应付账款（应付动力费）

需要提醒的是：在此方法下，每月支付的动力费用和应付动力费用的往往不相等，因此"应付账款"账户会经常出现余额。若是借方余额，为本月支付款大于应付款的多付动力费用，可抵冲下月应付费用；若是贷方余额，为本月应付款大于支付款的应付未付动力费用，可在下月支付。

3.1.3.2　外购动力费用分配的核算

外购动力费分配可分为两个步骤进行。

（1）外购动力费在各车间、部门之间进行分配。各车间、部门的动力一般都分别装有仪表，外购动力费用在各车间、部门可按照实际耗用量进行分配，计算公式如下：

$$分配率 = \frac{待分配的动力费}{\sum 各车间部门实际耗用量}$$

$$某车间应分配动力费 = 该车间实际耗用量 \times 分配率$$

（2）基本生产车间分配的动力费在各产品之间分配。车间中的动力一般不按产品分别安装仪表，因而车间动力费用在各种产品之间一般按产品的生产工时比例、机器工时比例来分配，计算公式如下：

$$该车间内部动力分配率 = \frac{基本生产车间分配的动力费}{\sum 该车间内各种产品工时}$$

$$某产品应分配动力费 = 某产品工时 \times 该车间内部动力分配率$$

外购动力费用的分配去向。直接用于产品生产，设有"燃料和动力"成本项目的动力费用，应记入"基本生产成本"账户的借方；用于基本生产但未专设成本项目的动力费用和用于车间管理发生的动力费用，记入"制造费用"账户的借方；直接用于辅助生产的动力费用，记入"辅助生产成本"账户的借方；行政管理部门耗用的动力费用，则应记入"管理费用"账户借方。外购动力费用总额应根据有关转账凭证或付款凭证记入"应付账款"或"银行存款"账户的贷方。

【例3.6】　江河企业202×年6月共支付外购电费40 000元，根据各车间的电表所记录的耗电度数为80 000千瓦时。各车间、部门耗电度数具体为：基本生产车间直接用于产品生产耗电65 120千瓦时，没有分产品安装电表，按生产工时分配电费，甲产品生产工时为5 600小时，乙产品生产工时为3 200小时。车间照明用电4 000千瓦时，辅助生产车间耗电6 000千瓦时（其中供电车间4000千瓦时，供水车间2000千瓦时），企业行政管理部门耗电3 000千瓦时，专设销售机构耗电1 880千瓦时。该企业设有"燃料和动力"成本项目，甲、乙产品动力费用分配计算如下：

第一步，各车间之间分配。

第3章 成本费用的归集与分配

$$分配率=40\,000\div80\,000=0.5(元/千瓦时)$$

各车间具体分配的费用见表3.2。

第二步,基本生产车间内部分配。

$$电费分配率=\frac{32\,560}{(5\,600+3\,200)}=3.7(元/时)$$

$$甲产品应分配电费=3.7\times5\,600=20\,720(元)$$

$$乙产品应分配电费=3.7\times3\,200=11\,840(元)$$

根据计算资料编制"外购动力费用分配表",见表3.2。

表 3.2　　　　　　　　　外购动力费用分配表

江河企业　　　　　　　　　202×年6月

应借账户		成本项目	基本生产车间内部分配			各车间之间分配		
			生产工时/时	分配率/(元/时)	分配额/元	千瓦时	分配率	分配额/元
基本生产成本	甲产品	燃料和动力	5 600		20 720			20 720
	乙产品	燃料和动力	3 200	3.7	11 840			11 840
	小计		8 800		32 560	65 120		32 560
辅助生产成本	供水车间	水电费				2 000		1 000
	供电车间	水电费				4 000		2 000
	小计					6 000	0.5	3 000
制造费用	基本生产车间	水电费				4 000		2 000
销售费用		水电费				1 880		940
管理费用		水电费				3 000		1 500
合计						80 000		40 000

根据"外购动力费用分配表",编制会计分录如下:

借:基本生产成本——甲产品　　　　　　　　　　　　20 720
　　　　　　　　——乙产品　　　　　　　　　　　　11 840
　　辅助生产成本——供水车间　　　　　　　　　　　 1 000
　　　　　　　　——供电车间　　　　　　　　　　　 2 000
　　制造费用　　　　　　　　　　　　　　　　　　　 2 000
　　销售费用　　　　　　　　　　　　　　　　　　　　 940
　　管理费用　　　　　　　　　　　　　　　　　　　 1 500
　　贷:应付账款(或银行存款)　　　　　　　　　　　40 000

3.1.4　职工薪酬的归集与分配

3.1.4.1　职工薪酬的组成

《企业会计准则第9号——职工薪酬》规定,职工薪酬是指企业为获取职工提供服务或解除劳动关系而给于各种形式的报酬或补偿。企业提供给职工配偶、子女、受赡养人、已故员工遗属及其他受益人等的福利，也属于职工薪酬。职工薪酬包括的内容如下：

（1）短期薪酬。指企业在职工提供相关服务的年度报告期间结束后12个月内需要全部予以支付的职工薪酬，因解除与职工的劳动关系给予的补偿除外。具体包括：①职工工资、奖金、津贴和补贴；②职工福利费；③医疗保险费、工伤保险费和生育保险费等社会保险费；④住房公积金；⑤工会经费和职工教育经费；⑥短期带薪缺勤，带薪缺勤是指企业支付工资或提供补偿的职工缺勤，包括年休假、病假、短期伤残、婚假、产假、丧假、探亲假等；⑦短期利润分享计划；⑧非货币性福利；⑨其他短期薪酬。

（2）离职后福利。是指企业为获得职工提供的服务而在职工退休或与企业解除劳动关系后，提供的各种形式的报酬和福利，属于短期薪酬和辞退福利除外。离职后福利计划按特征分为设定提存计划和设定受益计划。

（3）辞退福利。是指企业在职工劳动合同到期之前解除与职工的劳动关系，或者为鼓励职工自愿接受裁减而给予职工的补偿。

（4）其他长期职工福利。是指除短期薪酬、离职后福利、辞退福利之外所有的职工薪酬，包括长期带薪缺勤、长期残疾福利、长期利润分享计划等。

以上所指"职工"，包括与企业订立劳动合同的所有人员，含全职、兼职和临时职工，也包括未与企业订立劳动合同但由企业正式任命的人员，如董事会成员、监事会成员等。未与企业订立劳动合同或未由其正式任命，但向企业所提供服务与职工所提供服务类似的人员，也属于职工的范畴，包括通过企业与劳务中介公司签订用工合同而向企业提供服务的人员。

3.1.4.2 工资总额的计算

工资总额的计算是工资费用归集和分配的基础，也是企业与职工之间进行工资结算的依据。

1. 工资总额的内容

1990年1月1日国家统计局令第1号《关于工资总额组成的规定》规定，工资总额是指各单位在一定时期内直接支付给本单位全部职工的劳动报酬总额，具体包括工资、奖金、津贴补贴、加班加点工资以及特殊情况下支付的工资。

> **知识链接**

《国务院关于改革国有企业工资决定机制的意见》
（国发〔2018〕16号）

《国务院关于改革国有企业工资决定机制的意见》所称工资总额，是指由企业在一个会计年度内直接支付给与本企业建立劳动关系的全部职工的劳动报酬总额，包括工资、奖金、津贴、补贴、加班加点工资、特殊情况下支付的工资等。

2. 工资费用的原始记录

核算工资费用必须以真实的原始记录为依据。企业的原始记录主要包括考勤记录、产量和工时记录。

（1）工资卡。工资卡按每一职工设置，主要记录职工的工资级别和工资标准、工龄以及享受的津贴等内容。

（2）考勤记录。考勤记录是反映每个职工出勤和缺勤的记录，是计算职工工资的原始记录。一般分车间、班组、科室分别进行，考勤记录应逐日登记，月终汇总交工资核算部门（人事部门或财会部门等）经审核后，作为计算计时工资的依据：根据出勤或缺勤天数，计算应发的计时工资；根据夜班次数和加班加点时数，计算夜班津贴和加班加点工资；根据病假天数计算病假工资等。考勤记录一般采用考勤簿的格式，也可以采用考勤卡、考勤钟和考勤号牌的方式。

（3）产量和工时记录。产量记录是登记工人或生产小组在出勤时间内完成产品的数量、质量和生产产品所用工时多少的原始记录。它是统计产量和工时的依据，也是计算计件工资的依据，还可以作为在各种产品之间分配费用的分配标准。产量记录的格式，由于不同行业以及企业内部不同生产车间的工艺过程、生产组织特点、产品性质的不同而各不相同，如单件小批生产企业一般采用"工作通知单"，工作通知单是对每位职工或班组按工序分配生产任务并记录其生产数量的一种产量凭证，其格式见表3.3。采用工作通知单作为产量记录时，计算工资和工时比较方便，但不能反映加工产品的连续加工过程；在成批生产类型的企业里，一般采用"工序进程单"和"工作班产量记录"作为产量记录，工序进程单一般按每批产品的整个工艺过程开设，用来记录产品的加工进度，弥补了工作通知单的不足；工作班产量记录又称工作班报告，是按生产班组设置的，反映一个班组的工人在一个工作班内所生产的产品数量和所耗用工时的原始记录。

表3.3　　　　　　　　　　工 作 通 知 单

202×年6月

工作号令	车间	工段	小组	姓名	工号	等级
9708	一车间	一工段	一小组	张成	97008	3级

产品或订单号	零件编号	工序	机床号	工作等级	计量单位	数量	工时定额		开工时间	完工时间	实用工时	交验数量	合格数量	返修数量	工废数量	料废数量	缺额	检查员	废品通知单	工资/元			
							单位工时	总工时												计件单件	合格品工资	废品工资	合计
16	C2	1	34	3	件	15	5	75	1	12	80	15	14		1				12	80	1 120	0	1 120

3. 工资的计算方法

根据工资总额的构成，工资的计算包括计时工资、计件工资、奖金、津贴和补贴、加班工资和特殊情况下支付的工资等。

(1) 计时工资的计算。计时工资是根据考勤记录登记的每一职工出勤和缺勤的日数,按照企业规定的工资标准计算的。计时工资有月薪制、周薪制和日薪制等多种形式,以月薪制最为普遍。周薪制是指每周标准工资相同,只要出满一周,可得周标准工资;日薪制下,职工工资是根据出勤天数和日工资率计算出来的。下面主要介绍月薪制下计时工资的计算。

月薪制是指不论各月日历天数多少,也不论各月星期日、节假日多少,只要全勤,职工即可得相同的月标准工资。由于职工每月出勤和缺勤的情况不同,每月应得计时工资也会不同。在缺勤的情况下,计算应得计时工资的方法有两种:

1) 扣缺勤法。其具体公式如下:

应得工资＝月标准工资－事假、旷工天数×日工资率－病假天数×
日工资率×病假扣款率＋奖金、津贴、补贴加班加点工资

2) 出勤法。其具体公式如下:

应得工资＝实际出勤天数×日工资率＋病假天数×日工资率×
(1－病假扣款率)＋奖金、津贴、补贴加班加点工资

从上述公式可以发现,无论是扣缺勤法,还是出勤法,都用到了日工资率。日工资率也称为日工资标准,是根据职工的月标准工资除以各月天数得到的。职工的月标准工资在一定时期内保持不变,而各月天数的计算方法不同。日工资率在实际生活中有 3 种计算方法,这里主要介绍其中两种计算方法:

1) 按全年平均每月日历数计算:

$$全年平均每月日历数=\frac{全年天数}{全年月份}=\frac{365}{12}\approx 30(天)$$

$$日工资率=\frac{月标准工资}{全年平均每月日历数}$$

在这种方法下,只要月标准工资不变,各月日工资率也是相同的;但日工资率中包括周末和节假日的工资,即周末节假日算工资,出勤期间的节假日按出勤计算工资;当缺勤期间有周末和节假日时,照扣工资。

其优点有:计算简单,不需要每月计算一次日工资率;缺点是由于缺勤期间有周末和节假日时会照扣工资,不好解释,所以在实际生活中用的较少。

2) 按全年平均工作日数计算:

$$日工资率=\frac{月标准工资}{全年平均每月工作日数}$$

$$全年平均每月工作日数=\frac{全年工作日数}{全年月数}=\frac{(365-104-11)}{12}=20.83(天)$$

在这种方法下,只要月标准工资不变,各月日工资率都相同,不需要每月计算一次日工资率,所以计算简单;周末和节假日不算工资,体现了按劳分配的原则;而且缺勤期间的周末和节假日不扣工资,易理解,在实际工作中广泛应用。

综上所述,应付工资有 4 种计算方法:①按 30 天计算日工资率,采用扣缺勤法;②按 30 天计算日工资率,采用出勤法;③按 20.83 天计算日工资率,采用扣缺勤法;④按 20.83 天计算日工资率,采用出勤法。采用哪一种方法,由企业自行决定,确定

以后，一般不随意变动。现举例说明具体计算方法。

【例3.7】 职工周某月标准工资为2100元，某月该职工病假3天，事假2天，休息日9天，出勤17天。根据其工龄，其病假工资按工资标准的90%计算，病假和事假期间没有节假日，现按上述4种方法分别计算该职工本月应发工资。

(1) 按30天计算日工资率，采用扣缺勤法：

日工资率=2100÷30=70(元)

应扣病假工资=70×3×(1−90%)=21(元)

应扣事假工资=70×2=140(元)

应发工资=2100−21−140=1 939(元)

(2) 按30天计算日工资率，采用出勤法：

出勤工资=(17+9)×70=1 820(元)

病假工资=70×3×90%=189(元)

应发工资=1 820+189=2 009(元)

(3) 按20.83天计算日工资率，采用扣缺勤法：

日工资率=2 100÷20.83=100.81(元)

应扣病假工资=100.81×3×(1−90%)=30.24(元)

应扣事假工资=100.81×2=201.63(元)

应发工资=2 100−30.24−201.63=1 868.13(元)

(4) 按20.83天计算日工资率，采用出勤法：

出勤工资=17×100.81=1 713.87(元)

病假工资=100.81×3×90%=272.20(元)

应发工资=1 713.87+272.20=1 986.07(元)

(2) 计件工资的计算。计件工资是指根据产量和规定的计件单价支付的劳动报酬。计件工资包括个人计件工资和集体计件工资。

1) 个人计件工资的计算。当职工所从事的工作能分清每个人的经济责任时，可采取个人计件工资的方式。

个人计件工资的计算公式如下：

应付计件工资=∑(月份内某产品产量×该产品计件单价)

其中：计件单价=某级工人小时工资率×该产品工时定额

某产品产量=合格品数量+料废品数量

资源3.2
计件工资的
发展历史

> **特别提示**

料废照付工资，工废不付工资。料废是指由于原材料方面的原因（如材料质量、性能不符合工艺要求）而形成的废品，工废是指由于生产工人操作不当等本人过失形成的废品。

【例3.8】 江河企业生产车间某工人本月完工甲产品80件，其中合格品75件，料废2件，工废3件，其计件单件为10元；完成乙产品66件，其中合格品60件，工废6件，其计件单价12元，则该工人的计件工资计算如下：

应付计件工资 =（75+2）×10+60×12=1 490（元）

2）集体计件工资的计算。当工人集体从事某项工作且不易分清每个职工的经济责任时，可采取集体计件工资的方式。首先，按集体完成的产品数量乘以计件单价，计算出集体计件工资总额，然后再采用一定的方法，将集体计件工资总额在集体成员内部进行分配。分配的标准主要有两种。

a. 以计时工资作为分配标准。它主要适用于集体从事的工作对技术条件要求高，且集体内职工工资等级差别较大的情况。其计算公式如下：

$$计件工资分配率 = \frac{集体计件工资总额}{\sum 集体应付计时工资}$$

某职工应付计件工资 = 该职工应付计时工资 × 计件工资分配率

【例 3.9】 由 4 名等级不同的工人组成的小组，本月完成合格品数量 200 件，计件单价为 18 元，其余资料见表 3.4。

集体应付计件工资 = 200×18 = 3 600（元）

4 名工人应付计件工资的计算见表 3.4。

表 3.4 计 件 工 资 分 配 表
202×年 6 月

姓 名	日工资率	本月出勤天数/天	计时工资/元	分配率	应付计件工资/元
张 成	250	24	6 000	0.2	1 200
李 本	200	20	4 000	0.2	800
王 会	200	22	4 400	0.2	880
赵 计	150	24	3 600	0.2	720
合 计			18 000	0.2	3 600

b. 以实际工作天数为标准。它主要适用集体从事的工作对技术条件要求不高，且集体内职工工资等级差别不大的情况。具体计算公式如下：

$$计件工资分配率 = \frac{集体计件工资总额}{\sum 实际工作天数}$$

职工计件工资 = 某职工实际工作天数 × 计件工资分配率

3.1.4.3 职工薪酬的分配

职工薪酬费用日常核算均通过"应付职工薪酬"账户，"应付职工薪酬"账户核算企业根据有关规定应付给职工的各种薪酬，可按"工资""职工福利""社会保险费""住房公积金""工会经费""职工教育经费""非货币性福利""辞退福利""股份支付"等进行明细核算。

1. 工资费用的分配

工资费用的分配要区分哪些工资能计入产品成本，哪些工资不能计入产品成本，总结如下：

（1）不计入产品成本的工资包括：行政管理人员工资（计入"管理费用"）、专设销售机构人员工资（计入"销售费用"）、固定资产改扩建工程人员工资（计入"在建工程"）、从事其他销售、技术转让、固定出租、运输人员工资（计入"其他业务成本"）、应资本化的研发无形资产人员的工资（计入"研发支出"）。

（2）应记入产品成本的工资包括：基本生产车间生产人员工资（计入"基本生产成本"）、辅助生产车间工人的工资（计入"辅助生产成本"）、生产车间管理人员（计入"制造费用"）。

（3）基本生产车间生产人员工资的分配。

1）计件工资。由于生产工人的计件工资属于直接计入费用，所以生产人员的计件工资发生时，根据工资结算凭证（产量记录）直接记入产品成本的"直接人工"成本项目。

2）计时工资。在计时工资制度下，所发生的计时工资同计件工资一样，都直接计入产品成本；如果企业生产多种产品，计时工资一般采用产品的生产工时比例等分配标准进行分配，从而记到产品成本的"直接人工"成本项目。按生产工时比例分配计算公式如下：

某产品应分配计时工资＝该种产品生产工时×工资费用分配率

【例3.10】 江河企业202×年6月基本生产车间生产甲、乙两种产品，生产工人计件工资分别为：甲产品1 800元，乙产品1 600元；甲、乙产品计时工资共计17 600元。甲、乙产品生产工时分别为5 600小时和3 200小时。按生产工时比例分配计算如下：

工资费用分配率＝17 600÷(5 600＋3 200)＝2(元/时)
甲产品分配工资费用＝5 600×2＝11 200(元)
乙产品分配工资费用＝3 200×2＝6 400(元)

工资费用分配是通过编制"工资费用分配表"进行的，"工资费用分配表"是编制记账凭证和登记有关总账与明细账的依据。江河企业202×年6月"工资费用分配表"见表3.5。

表 3.5　　　　　　　　　　工 资 费 用 分 配 表

江河企业　　　　　　　　　　202×年6月　　　　　　　　　　单位：元

应借账户		成本项目	计件工资	津贴和补贴	计时工资分配计入			合　计
					生产工时	分配率	分配额	
基本生产成本	甲产品	直接人工	1 800	2 000	5 600	2	11 200	15 000
	乙产品	直接人工	1 600	1 000	3 200	2	6 400	9 000
辅助生产成本	供水车间	工资	200	100				300
	供电车间	工资	400	200				600
制造费用	基本生产车间	工资	800	400				1 200
销售费用		工资	500	150				650
管理费用		工资	1 200	600				1 800
合　计			6 500	4 450			17 600	28 550

根据"工资费用分配表",编制会计分录如下:

借:基本生产成本——甲产品　　　　　　　　　　　15 000
　　　　　　　　——乙产品　　　　　　　　　　　 9 000
　　辅助生产成本——供水车间　　　　　　　　　　　 300
　　　　　　　　——供电车间　　　　　　　　　　　 600
　　制造费用　　　　　　　　　　　　　　　　　　 1 200
　　管理费用　　　　　　　　　　　　　　　　　　 1 800
　　销售费用　　　　　　　　　　　　　　　　　　　 650
　　贷:应付职工薪酬——工资　　　　　　　　　　 28 550

发放工资时,编制会计分录如下
借:应付职工薪酬——工资　　　　　　　　　　　 28 550
　　贷:银行存款　　　　　　　　　　　　　　　 28 550

2. 其他职工薪酬的分配

(1) 职工福利费。职工福利费是企业为职工提供的除职工工资、奖金、津贴和补贴、职工教育经费、社会保险费以及住房公积金以外的福利待遇支出,包括发放给职工或为职工支付的以下各项现金补贴和非货币性福利:①为职工卫生保健、生活等发放或支付的各项现金补贴和非货币性福利,包括职工因公外地就医费用、职工疗养费用、防暑降温费等;②企业尚未分离的内设集体福利部门所发生的设备、设施和人员费用;③发放给在职职工的生活困难补助以及按规定发生的其他职工福利支出,如丧葬补助费、抚恤费、职工异地安家费、独生子女费等。《企业所得税法实施条例》第四十条规定:企业发生的职工福利费支出,不超过工资薪金总额14%的部分,准予扣除。《企业会计准则第9号——职工薪酬》规定:企业发生的职工福利费,应当在实际发生时根据实际发生额计入当期损益或相关资产成本。职工福利费为非货币性福利的,应当按照公允价值计量。

(2) 社会保险费。社会保险费是企业按国家规定的基准和比例计算,向社会保险经办机构缴纳的医疗保险费、生育保险费、工伤保险费。近年来,社会保险费改革不断。

(3) 住房公积金。住房公积金是指企业按照国务院《住房公积金管理条例》规定的计提基础和计提标准计算的,向住房公积金管理机构缴存的长期住房储金。职工个人缴存的住房公积金和职工所在单位为职工缴存的住房公积金,属于职工个人所有。住房公积金应当用于职工购买、建造、翻建、大修自住住房,任何单位和个人不得挪作他用。职工和单位住房公积金的缴存比例均不得低于职工上一年度月平均工资的5%;有条件的城市,可以适当提高缴存比例。

(4) 工会经费和职工教育经费。指企业为了改善职工文化生活、为职工学习先进技术和提高文化水平和业务素质,用于开展工会活动和职工教育及职业技能培训等相关支出。

1)《工会法》规定:建立工会组织的企业、事业单位、机关按每月全部职工工资总额的2%向工会拨缴经费;《企业所得税法实施条例》第四十一条规定:企业拨缴

资源3.3
《国务院办公厅关于全面推进生育保险和职工基本医疗保险合并实施的意见》

资源3.4
社会保险费的相关文件

的工会经费，不超过工资薪金总额2%的部分，准予扣除。

2)《企业所得税法实施条例》第四十二条规定：除国务院财政、税务主管部门另有规定外，企业发生的职工教育经费支出，不超过工资薪金总额2.5%的部分，准予扣除；超过部分，准予在以后纳税年度结转扣除。《财政部、税务总局关于企业职工教育经费税前扣除政策的通知》（财税〔2018〕51号）提出：从2018年1月1日起，企业发生的职工教育经费支出，不超过工资薪金总额8%的部分，准予在计算企业所得税应纳税所得额时扣除；超过部分，准予在以后纳税年度结转扣除。

3)《企业会计准则第9号——职工薪酬》规定：企业为职工缴纳的社会保险费和住房公积金，以及按规定提取的工会经费和职工教育经费，应当在职工为其提供服务的会计期间，根据规定的计提基础和计提比例计算确定相应的职工薪酬金额，并确认相应负债，计入当期损益或相关资产成本。

（5）离职后福利。离职后福利包括退休福利（如养老金和一次性的退休支付）及其他离职后福利（如离职后人寿保险和离职后医疗保障）。离职后福利计划分为设定提存计划和设定受益计划两种类型。

资源3.5 宇通客车设定提存计划列式

【例3.11】 江河企业职工福利费、社会保险费、住房公积金、工会经费、职工教育经费以工资总额为基数，该企业202×年6月的工资总额为29 450元。相关计算见表3.6。

表3.6　　　　　　　　　　其他职工薪酬分配表

江河企业　　　　　　　　　　202×年6月　　　　　　　　　　单位：元

应借账户		成本项目	工资总额	职工福利费	住房公积金8%	工会经费2%	医疗保险费等	职工教育经费1.5%	合计
基本生产成本	甲产品	直接人工	15 000	2 100	1 200	300	4 740	225	8 565
	乙产品	直接人工	9 000	1 260	720	180	2 844	135	5 139
辅助生产成本	供水	工资	300	42	24	6	94.8	4.5	171.3
	供电	工资	600	84	48	12	189.6	9	342.6
制造费用	基本生产	工资	1 200	168	96	24	379.2	18	685.2
销售费用		工资	650	91	52	13	205.4	9.75	371.15
管理费用		工资	1 800	252	144	36	568.8	27	1 027.8
合计			28 550	3 997	2 284	571	9 021.8	428.25	16 302.05

根据"其他职工薪酬分配表"，编制会计分录如下：

借：基本生产成本——甲产品　　　　　　　　8 565
　　　　　　　　　——乙产品　　　　　　　　5 139
　　辅助生产成本——供水车间　　　　　　　　171.3
　　　　　　　　　——供电车间　　　　　　　342.6

制造费用	685.2
管理费用	1 027.8
销售费用	371.15
贷：应付职工薪酬——职工福利费	3 997
——住房公积金	2 284
——社会保险费	9 021.8
——工会经费	571
——职工教育经费	428.25

按国家有关规定缴纳社会保险费和住房公积金，会计分录如下：

借：应付职工薪酬——住房公积金	2 284
——社会保险费	9 021.8
贷：银行存款	11 305.8

支付工会经费和职工教育经费用于工会活动和职工培训，会计分录如下：

借：应付职工薪酬——工会经费	571
——职工教育经费	428.25
贷：银行存款	999.25

3.1.5 折旧费用的分配

固定资产在长期使用过程中保持实物形态不变，但其价值随着固定资产的损耗而逐渐减少，这部分由于损耗而减少的价值就是固定资产折旧。

企业根据确定的折旧计算方法和计算折旧的范围提取折旧。《企业会计准则第4号——固定资产》规定，企业应对所有的固定资产计提折旧，但是已提足折旧仍继续使用的固定资产和单独计价入账的土地除外。

企业应当根据与固定资产有关的经济利益的预期实现方式，合理选择固定资产折旧方法。可选用的折旧方法包括年限平均法、工作量法、双倍余额递减法和年数总和法等。企业选用不同的折旧方法，将影响固定资产使用寿命期间内不同时期的折旧费用，因此，固定资产的折旧方法一经确定，不得随意变更。

固定资产应当按月计提折旧，并根据用途计入相关资产的成本或者当期损益。折旧费用也是产品成本的组成部分，按照固定资产的使用车间、部门进行汇总，然后与生产单位（车间或分厂）、部门的其他费用一起分配计入产品成本和期间费用。对于按规定计提的折旧费，应根据固定资产使用的地点和用途进行分配，分别计入不同的账户。生产车间计提的折旧费用应记入"制造费用"账户的借方；企业行政管理部门和未使用的固定资产计提的折旧费应记入"管理费用"账户的借方；专设销售机构计提的折旧费应记入"销售费用"账户的借方；出租的固定资产折旧费用应计入"其他业务成本"账户的借方；企业研发无形资产时使用固定资产计提的折旧费用计入"研发支出"账户的借方；固定资产折旧总额，计入"累计折旧"账户的贷方。

折旧费用的分配是通过编制"折旧费用分配表"进行的，并据此编制会计分录，登记有关总账及所属明细账。

第3章 成本费用的归集与分配

【例3.12】 江河企业202×年6月"折旧费用分配表"见表3.7。

表3.7　　　　　　　　　　　折 旧 费 用 分 配 表

江河企业　　　　　　　　　　　202×年6月　　　　　　　　　　　　单位：元

应借账户		上月折旧额	上月增加固定资产应提折旧额	上月减少固定资产应提折旧额	本月折旧额
制造费用	基本生产车间	9 000	1 200	200	10 000
辅助生产成本	供电车间	2 400	500	100	2 800
	供水车间	100.7	90	70	120.7
销售费用		6 300		300	6 000
管理费用		800	100		900
合　计		18 600.7	1 890	670	19 820.7

根据"折旧费用分配表"，编制会计分录如下：

借：辅助生产成本——供水车间　　　　　　　　　　　　　　　120.7
　　　　　　　　——供电车间　　　　　　　　　　　　　　　2 800
　　制造费用　　　　　　　　　　　　　　　　　　　　　　　10 000
　　销售费用　　　　　　　　　　　　　　　　　　　　　　　6 000
　　管理费用　　　　　　　　　　　　　　　　　　　　　　　900
　　贷：累计折旧　　　　　　　　　　　　　　　　　　　　　19 820.7

3.1.6 利息费用和其他费用的归集与分配

1. 利息费用

要素费用中的利息费用，不是产品成本的组成部分，而是期间费用中的"财务费用"的组成部分。利息费用包括短期借款利息、长期借款利息、应付票据利息、票据贴现利息、应付债券利息、现金折扣等。择其主要内容分别简单介绍如下：

（1）短期借款的利息。短期借款的利息一般是按季结算支付，按照权责发生制原则，企业应当在每月月末计提借款利息。计提利息时，应借记"财务费用"科目，贷记"应付利息"科目；实际付息时，借记"财务费用""应付利息"等科目，贷记"银行存款"科目。如果利息数额较小，也可采用简化的办法，在季末将实际支付的利息全部计入当期的财务费用，不通过"应付利息"科目，即借记"财务费用"科目，贷记"银行存款"科目。

【例3.13】 江河企业202×年4月1日从银行取得期限3个月、年利率为6%的短期借款100 000元，用于生产经营周转；对利息支出采用按月预提的方式，有关会计分录如下：

取得借款时
借：银行存款　　　　　　　　　　　　　　　　　　　　　　　100 000

贷：短期借款　　　　　　　　　　　　　　　　　　　　　　100 000
　　各月末（4月末、5月末、6月末）计提利息时。月末应提利息费用＝100 000×6‰×1/12＝500（元）。
　　　　借：财务费用　　　　　　　　　　　　　　　　　　　　500
　　　　　　贷：应付利息　　　　　　　　　　　　　　　　　　　　　500
　　借款到期，按期归还本息。本息＝100 000＋500×3＝101 500（元）。
　　　　借：短期借款　　　　　　　　　　　　　　　　　　　　100 000
　　　　　　应付利息　　　　　　　　　　　　　　　　　　　　　1 500
　　　　　　贷：银行存款　　　　　　　　　　　　　　　　　　　　101 500
　　（2）长期借款利息、应付债券利息。

2. 其他费用

资源 3.6
长期借款利息、应付债券利息的核算

　　其他费用是指除了前面所述各要素以外的其他费用支出，包括差旅费、邮电费、劳动保护费、运输费、办公费、水电费、技术转让费、业务招待费等。这些费用有的是产品成本的组成部分，有的则是期间费用的组成部分，即使能直接计入产品成本的其他各项费用，也没有专设成本项目，因此，这些费用发生时，根据有关的付款凭证，按照费用的用途，分别记入"制造费用""辅助生产成本""管理费用""销售费用"等科目的借方，同时，记入"银行存款""库存现金"等科目的贷方。

　　【例3.14】　江河企业202×年6月以银行存款支付本月发生的办公费共计5 182.2元，其中，基本生产车间3 674.8元，辅助生产供电车间807.4元，行政管理部门300元，专设销售机构400元。作会计分录如下：
　　　　借：制造费用　　　　　　　　　　　　　　　　　　　　3 674.80
　　　　　　辅助生产成本——供电车间　　　　　　　　　　　　　807.40
　　　　　　管理费用　　　　　　　　　　　　　　　　　　　　　300.00
　　　　　　销售费用　　　　　　　　　　　　　　　　　　　　　400.00
　　　　　　贷：银行存款　　　　　　　　　　　　　　　　　　　　5 182.20

　　经过上述归集和分配，要素费用都已经分配到"基本生产成本""辅助生产成本""制造费用""管理费用""销售费用""财务费用"等成本费用类账户的借方。

3.2　综合性费用的归集与分配

3.2.1　辅助生产费用的归集与分配

　　辅助生产车间是为企业基本生产车间、行政管理等单位提供产品或劳务的生产车间。辅助生产车间根据提供产品或劳务品种的多少，可分为单品种辅助生产车间和多品种辅助生产车间。单品种辅助生产车间是指只生产一种产品或只提供一种劳务的辅助生产车间，如供电车间、供水车间、供气车间等；多品种辅助生产车间是指生产多种产品或提供多种劳务，如从事工具、模具、修理用备件的制造及机器设备修理等的辅助生产车间。

第3章 成本费用的归集与分配

辅助生产费用是指辅助生产车间为生产产品或提供劳务而发生的各种费用，包括原材料费用、动力费用、职工薪酬费用以及辅助生产车间的发生的其他费用。

由于辅助生产车间主要为企业内部的基本生产车间、行政管理部门等提供产品或服务，一般很少对外销售，所以辅助生产费用应由受益的各车间、部门承担，意味着辅助生产费用最终会分配到企业产品成本或期间费用中。

3.2.1.1 辅助生产费用的归集

所谓辅助生产费用归集，实质是汇总辅助生产车间本期发生的费用，计入"辅助生产成本"账户的借方。下面对不同的辅助费用的归集用会计分录表示如下：

（1）对于直接用于辅助生产的原材料、职工薪酬、动力费：

借：辅助生产成本——××辅助车间
　　贷：原材料（应付账款、应付职工薪酬、银行存款等）

（2）对于从其他辅助生产车间转入的费用：

借：辅助生产成本——××辅助车间
　　贷：辅助生产成本——××辅助车间

（3）辅助生产车间发生的制造费用有两种处理方式。

1）如果辅助生产车间规模较小，发生的制造费用较少，辅助生产也不对外销售，可以不单独设置"制造费用——辅助生产车间"明细账，而是直接记入"辅助生产成本"账户的借方。除特别提出外，本书采用此种处理方式。在这种处理方式下，"辅助生产成本"账户明细账是按照成本项目与费用项目相结合的方式设立专栏，进行明细核算。

2）单独设置"制造费用——辅助生产车间"。先在"制造费用——辅助生产车间"账户借方进行归集，然后分配转入"辅助生产成本"账户。在这种处理方式下，"辅助生产成本"账户与"基本生产成本"账户一样，一般按车间以及产品和劳务设置明细账，账内按成本项目设立专栏或专行进行明细核算。

【例3.15】 江河企业202×年6月辅助生产成本明细账的格式见表3.8和表3.9。

表3.8　　　　　　　　　　　辅助生产成本明细账

辅助车间：供电　　　　　　　202×年6月　　　　　　　　　　单位：元

摘　要	原材料	燃料和动力	职工薪酬	折旧费	其他费用	合计	转出
原材料费用分配表	450					450	
动力费用分配表		2 000				2 000	
工资费用分配表			600			600	
其他职工薪酬分配表			342.6			342.6	
折旧费分配表				2 800		2 800	
其他费用支出凭证					807.4	807.4	
辅助生产成本分配表							7 000
合计	450	2 000	942.6	2 800	807.4	7 000	7 000

3.2 综合性费用的归集与分配

表3.9　　　　　　　　　　辅助生产成本明细账

辅助车间：供水　　　　　　　202×年6月　　　　　　　　　　　　单位：元

摘　要	原材料	燃料和动力	职工薪酬	折旧费	合计	转出
原材料费用分配表	508				508	
动力费用分配表		1 000			1 000	
工资费用分配表			300		300	
其他职工薪酬分配表			171.3		171.3	
折旧费分配表				120.7	120.7	
辅助生产成本分配表						2 100
合计	508	1 000	471.3	120.7	2 100	2 100

3.2.1.2 辅助生产费用的分配

辅助生产费用的分配，就是按照一定的标准和方法，将"辅助生产成本"账户借方归集的辅助生产费用分配到各受益单位或产品的过程。辅助生产费用的分配方法主要有代数分配法、直接分配法、顺序分配法、交互分配法和按计划成本分配法。辅助生产成本的分配方法一经确定，不得随意变更。

1. 直接分配法

直接分配法是指各辅助生产车间的原始费用直接分配给除辅助生产车间以外的各受益产品和单位，而不考虑各辅助生产车间之间相互提供产品或劳务的情况。其计算程序和公式如下：

$$某辅助生产车间费用分配率 = \frac{该辅助生产车间的原始费用}{辅助生产车间以外的各受益单位耗用量}$$

某受益单位(不含辅助车间)应分配辅助生产费用 = 该受益单位耗用数量 × 辅助车间费用分配率

【例3.16】 江河企业有供水和供电两个辅助生产车间，主要为企业基本生产车间和行政管理服务，根据【例3.15】的"辅助生产成本明细账"，202×年6月供水车间发生费用2 100元，供电车间发生费用7 000元。各辅助生产车间提供劳务数量见表3.10。

资源3.7
中国船舶集团有限公司所属船厂辅助生产费用的分配方法

表3.10　　　　　　　　　辅助生产车间提供劳务数量

202×年6月

受　益　单　位		本月供水/立方米	本月供电/千瓦时
基本生产车间	甲产品	600	12 000
	乙产品	300	8 000
辅助生产车间	供水车间		1 000
	供电车间	100	
制造费用/元	基本生产车间	200	2 000

续表

受益单位	本月供水/立方米	本月供电/千瓦时
销售机构	100	2 000
行政管理部门	200	1 000
合计	1 500	26 000

$$供水车间分配率 = \frac{2\ 100}{1\ 500 - 100} = 1.5(元/立方米)$$

$$供电车间分配率 = \frac{7\ 000}{26\ 000 - 1\ 000} = 0.28(元/千瓦时)$$

根据计算出来的分配率，计算各受益单位分配的辅助生产费用，并编制"辅助生产费用分配表"，见表 3.11。

表 3.11 辅助生产费用分配表（直接分配法）

202×年 6 月

应借科目		供水车间			供电车间			合计/元
		数量/立方米	分配率	分配额/元	数量	分配率	分配额/元	
基本生产车间	甲产品	600	1.5	900	12 000	0.28	3 360	4 260
	乙产品	300	1.5	450	8 000	0.28	2 240	2 690
制造费用	基本生产车间	200	1.5	300	2 000	0.28	560	860
销售费用		100	1.5	150	2 000	0.28	560	710
管理费用		200	1.5	300	1 000	0.28	280	580
合计		1 400	1.5	2 100	25 000	0.28	7 000	9 100

根据"辅助生产费用分配表"，编制会计分录如下：

借：基本生产成本——甲产品　　　　　　　　　　　　　　4 260
　　　　　　　　——乙产品　　　　　　　　　　　　　　2 690
　　制造费用　　　　　　　　　　　　　　　　　　　　　860
　　销售费用　　　　　　　　　　　　　　　　　　　　　710
　　管理费用　　　　　　　　　　　　　　　　　　　　　580
　贷：辅助生产成本——供水车间　　　　　　　　　　　　2 100
　　　　　　　　——供电车间　　　　　　　　　　　　　7 000

直接分配法的最大特点是辅助生产车间内部之间不交互分配费用，优点是只计算一次分配率，只对外分配，计算工作简便。缺点是：①分配结果不公平。辅助车间之间相互耗用费用却没有分配，而是直接对辅助车间以外的部门分配。②由于辅助车间内部不进行分配，当辅助生产车间相互提供产品或劳务量差异较大时，计算结果会不准确。因此，它只适宜在辅助生产车间内部相互提供产品劳务

2. 代数分配法

代数分配法是运用代数中多元一次联立方程的原理，计算出各辅助生产车间劳务的分配率（单位成本），然后根据各受益单位（包括辅助生产车间内部）耗用量计算出其应分配的辅助生产费用的一种分配方法。

在这种方法下，计算步骤和计算公式如下：

第一步，设各辅助生产车间产品或劳务的分配率（或单位成本）为未知数。

第二步，根据下列公式列联立方程的表达式：

某辅助车间提供劳务数量×该车间单位成本＝该辅助车间原始费用＋
该辅助车间耗用其他辅助车间劳务数量×其他辅助车间劳务单位成本

原始费用也称待分配费用，为"辅助生产成本"账户开始分配前借方归集的费用。

第三步，解联立方程，求出各辅助车间产品或劳务的单位成本（或分配率）。

第四步，根据下列公式计算各受益单位分配的辅助生产费用：

某受益单位应分配辅助生产费用＝该受益单位耗用数量×辅助车间费用分配率

【例 3.17】 以【例 3.16】资料为例，采用代数分配法进行辅助生产费用分配。

采用代数分配法计算过程如下：

假设水的单位成本为 x，电的单位成本为 y，联立二元一次方程组：

$$\begin{cases} 1\,500x = 2\,100 + 1\,000y \text{（供水车间）} \\ 26\,000y = 7\,000 + 100x \text{（供电车间）} \end{cases}$$

解方程组，得 $\begin{cases} x = 1.583\,5 \\ y = 0.275\,3 \end{cases}$

根据计算出来的分配率，编制"辅助生产费用分配表"，见表 3.12。

表 3.12 　　　　　　辅助生产费用分配表（代数分配法）
202×年 6 月

应借科目		供水车间			供电车间			合计/元
		数量/立方米	分配率	分配额/元	数量	分配率	分配额/元	
基本生产成本	甲产品	600	1.583 5	950.10	12 000	0.275 3	3 303.60	4 253.70
	乙产品	300	1.583 5	475.05	8 000	0.275 3	2 202.40	2 677.45
辅助生产成本	供水车间				1 000	0.275 3	275.30	275.30
	供电车间	100	1.583 5	158.35				158.35
制造费用	基本生产车间	200	1.583 5	316.70	2 000	0.275 3	550.60	867.30
销售费用		100	1.583 5	158.35	2 000	0.275 3	550.60	708.95
管理费用		200		316.75*	1 000		275.85*	592.60
合计		1 500		2 375.30	26 000		7 158.35	9 533.65

* 因 $x=1.583\,5$、$y=0.275\,3$ 为约值，表中 2 375.3＝2 100＋275.3，7 158.35＝7 000＋158.35，316.75 和 275.85 为倒挤。

根据"辅助生产费用分配表",编制会计分录如下:

```
借:基本生产成本——甲产品                    4 253.70
            ——乙产品                    2 677.45
    辅助生产成本——供水车间                   275.30
            ——供电车间                   158.35
    制造费用                              867.30
    销售费用                              708.95
    管理费用                              592.60
  贷:辅助生产成本——供水车间                 2 375.30
              ——供电车间                 7 158.35
```

注意事项

代数分配法下,分配分录中"辅助生产成本"账户的贷方金额=原始费用+分配转入费用。

代数分配法的特点是:只要是受益单位(不管是基本生产车间,还是辅助生产车间)都参与辅助生产费用的分配,所以分配结果最正确、最公平合理。但代数分配法的费用分配率需通过建立联立方程,如果辅助生产车间较多,计算工作会比较复杂,因而这种分配方法适宜在辅助生产车间较少的企业使用。

3. 一次交互分配法

一次交互分配法是要对各辅助生产车间的成本费用进行两次分配,首先是各辅助生产车间之间进行交互分配,然后各辅助生产车间加上其他辅助生产车间分来的费用减去分给其他各辅助生产车间费用再对外进行直接分配。

【例 3.18】 以【例 3.16】资料为例,采用交互分配法进行辅助生产费用分配,详见表 3.13。

表 3.13 　　　　　　　辅助生产费用分配表(交互分配法)
202×年 6 月

应借科目		供水车间			供电车间			合计/元
		数量/立方米	分配率	分配额/元	数量/立方米	分配率	分配额/元	
待分配费用		1 500	1.4	2 100	26 000	0.269	7 000	9 100
交互分配	辅助生产(供水)			+269	−1 000		−269	
	辅助生产(供电)	−100		−140			+140	
对外分配辅助生产费用		1 400	1.592 14	2 229	25 000	0.274 84	6 871	
基本生产成本	甲产品	600		955.28	12 000		3 298.08	4 253.36
	乙产品	300		477.64	8 000		2 198.72	2 676.36
制造费用	基本生产车间	200		318.42	2 000		549.68	868.1

3.2 综合性费用的归集与分配

续表

应借科目	供水车间 数量/立方米	供水车间 分配率	供水车间 分配额/元	供电车间 数量/立方米	供电车间 分配率	供电车间 分配额/元	合计/元
销售费用	100		159.21	2 000		549.68	708.89
管理费用	200		318.45	1 000		274.84	593.29
合计	1 500		2 229	26 000		6 871	9 100

注 尾差计入管理费用。

第一步，交互分配（即辅助车间内部分配），具体包括三步：
(1) 计算交互分配率。

$$交互分配率 = \frac{某辅助车间原始费用}{该辅助车间全部耗用量（含辅助车间）}$$

$$供电车间分配率 = \frac{7\,000}{26\,000} = 0.269（元/千瓦时）$$

$$供水车间分配率 = \frac{2\,100}{1\,500} = 1.4（元/立方米）$$

(2) 计算交互分配额。

$$交互分配额 = 某辅助车间耗用量 \times 交互分配率$$

供电车间分配水费 = 100×1.4 = 140（元）
供水车间分配电费 = 1 000×0.269 = 269（元）

(3) 做交互分配的分录。

供电车间分配水费
借：辅助生产成本——供电车间　　　　　　　　　　　　　　　　140
　　贷：辅助生产成本——供水车间　　　　　　　　　　　　　　　140
供水车间分配电费
借：辅助生产成本——供水车间　　　　　　　　　　　　　　　　269
　　贷：辅助生产成本——供电车间　　　　　　　　　　　　　　　269

第二步，对外分配（辅助车间以外的部门分配），具体包括四步：
(1) 计算各辅助车间实际费用。
某辅助车间实际费用 = 该辅助车间原始费用 + 分配转入费用 − 分配转出费用

供电车间实际费用 = 7 000 + 140 − 269 = 6 871（元）
供水车间实际费用 = 2 100 + 269 − 140 = 2 229（元）

(2) 计算对外分配率。

$$某辅助车间对外分配率 = \frac{某辅助车间实际费用}{全部耗用量 - 辅助车间耗用量}$$

$$供电车间对外分配率 = \frac{6\,871}{26\,000 - 1\,000} = 0.274\,84（元/千瓦时）$$

$$供水车间对外分配率 = \frac{2\,229}{1\,500 - 100} = 1.592\,14（元/立方米）$$

(3) 计算对外分配额。

$$对外分配额 = 各受益单位耗用量 \times 对外分配率$$

各车间具体分配的电费、水费金额见表3.13。

(4) 做对外分配的分录。

对外分配电费

借：基本生产成本——甲产品	3 298.08
——乙产品	2 198.72
制造费用	549.68
销售费用	549.68
管理费用	274.84
贷：辅助生产成本——供电车间	6 871.00

对外分配水费

借：基本生产成本——甲产品	955.28
——乙产品	477.64
制造费用	318.42
销售费用	159.21
管理费用	318.45
贷：辅助生产成本——供水车间	2 229.00

交互分配法弥补了顺序分配法的缺陷，辅助生产内部实现进行双向的交互分配，提高了分配结果的正确性，但要计算两次费用分配率，并进行两次分配，计算工作量较大。

4. 顺序分配法

顺序分配法的核算要点概括为：一是首先要排序。受益少的辅助车间排在前面，受益多的辅助车间排在后面。二是按顺序分配费用。排在前面先将费用分配出去，排在后面按顺序将费用分配出去。三是分配顺序单向，不逆序。排在前面的辅助车间不负担后面的辅助费用，排在后面的辅助车间要负担前面的辅助费用。例如某企业有供电和供水两个辅助生产车间，若供电车间耗用供水车间少，而供水车间耗用供电车间费用多，则排序为先供电车间，后供水车间，供电车间不分配水费，但供水车间要分配电费。

采用顺序分配法时其计算公式如下（仅限两个辅助车间）：

$$排在最前面的辅助车间分配率 = \frac{该辅助车间原始费用}{所有受益车间（含辅助车间）的耗用数量}$$

$$排在后面的辅助车间分配率 = \frac{该辅助车间原始费用 + 分配转入的费用}{受益车间（不含排在前面的辅助车间）的耗用数量}$$

$$某辅助车间应分配辅助费用 = 该受益单位耗用数量 \times 辅助车间费用分配率$$

【例3.19】 以【例3.16】资料为例，采用顺序分配法进行辅助生产费用分配，供水车间发生费用2 100元，供电车间发生费用7 000元。详见表3.14。

3.2 综合性费用的归集与分配

表 3.14 辅助生产费用分配表（顺序分配法）

202×年 6 月

应借科目		供电车间（排在前）			供水车间（排在后）			合计/元
		数量/立方米	分配率	分配额/元	数量/立方米	分配率	分配额/元	
基本生产成本	甲产品	12 000	0.269	3 228	600	1.69	1 014	4 242
	乙产品	8 000	0.269	2 152	300	1.69	507	2 659
辅助生产成本	供水车间	1 000	0.269	269				269
	供电车间							
制造费用	基本生产车间	2 000	0.269	538	200	1.69	338	876
销售费用		2 000	0.269	538	100	1.69	169	707
管理费用		1 000		275*	200		341*	616
合计		26 000		7 000	1 400		2 369	9 369

* 尾差倒挤入"管理费用"

$$供电车间分配率 = \frac{7\,000}{26\,000} = 0.269(元/千瓦时)$$

$$供水车间分配率 = \frac{2\,100 + 1\,000 \times 0.269}{1\,500 - 100} = 1.69(元/立方米)$$

根据表 3.14，编制会计分录如下：

对外分配电费

借：基本生产成本——甲产品　　　　　　　　　　　　3 228
　　　　　　　　——乙产品　　　　　　　　　　　　2 152
　　辅助生产成本——供水车间　　　　　　　　　　　　269
　　制造费用　　　　　　　　　　　　　　　　　　　　538
　　销售费用　　　　　　　　　　　　　　　　　　　　538
　　管理费用　　　　　　　　　　　　　　　　　　　　275
　　贷：辅助生产成本——供电车间　　　　　　　　　7 000

对外分配水费

借：基本生产成本——甲产品　　　　　　　　　　　　1 014
　　　　　　　　——乙产品　　　　　　　　　　　　507
　　制造费用　　　　　　　　　　　　　　　　　　　　338
　　销售费用　　　　　　　　　　　　　　　　　　　　169
　　管理费用　　　　　　　　　　　　　　　　　　　　341
　　贷：辅助生产成本——供水车间　　　　　　　　　2 369

特别提示

顺序分配法下，排在最前面的辅助车间的分配分录中"辅助生产成本"账户的贷方金额＝原始费用，排在后面的辅助车间的分配分录中"辅助生产成本"账户的贷方金额＝原始费用＋分配转入费用。

顺序分配法在一定程度上弥补了直接分配法的缺点，它承认辅助生产车间之间相互提供劳务的现实，但只是单向分配，而且各辅助车间的排序会存在一定困难，有一定的主观性。它适宜在各辅助生产车间之间相互受益程度有明显顺序的情况下使用。

5. 按计划成本分配法（内部结算价格分配法）

按计划成本分配法是指按辅助生产产品或劳务的计划单位成本和各受益单位（包括辅助生产车间）的实际耗用量进行分配，然后再调整为实际成本的方法。

【例 3.20】 仍以【例 3.16】资料为例，假定该企业的计划单位成本分别为：供电车间 0.3 元每千瓦时，供水车间 1.5 元每立方米，实际费用与计划费用的差额计入管理费用，根据资料按计划成本分配，计算过程如下，"辅助生产费用分配表"见表 3.15。

表 3.15　　　　　辅助生产费用分配表（按计划成本分配法）

202×年 6 月

应借科目		供水车间			供电车间			合计/元
		数量/立方米	计划分配率	分配额/元	数量/千瓦时	计划分配率	分配额/元	
基本生产成本	甲产品	600	1.5	900	12 000	0.3	3 600	4 500
	乙产品	300	1.5	450	8 000	0.3	2 400	2 850
辅助生产成本	供水车间				1 000	0.3	300	300
	供电车间	100	1.5	150				150
制造费用	基本生产	200	1.5	300	2 000	0.3	600	900
销售费用		100	1.5	150	2 000	0.3	600	750
管理费用		200	1.5	300	1 000	0.3	300	600
计划费用合计		1 500	1.5	2 250	26 000	0.3	7 800	10 050
辅助生产实际费用				2 400			7 150	9 550
差额				150			−650	−500

（1）计算各受益单位（包括辅助生产车间）分配的计划辅助费用。

各受益单位分配的计划辅助费用＝计划单价×某受益单位实际耗用量

分配电费

供电车间计划费用＝26 000×0.3＝7 800（元），具体分配金额如下：

供水车间用电＝1 000×0.3＝300（元），其他车间分配的电费金额见表 3.15。

分配水费

供水车间计划费用＝1 500×1.5＝2 250（元），具体分配金额如下：

供电车间用水＝100×1.5＝150（元），其他车间分配的水费金额见表 3.15。

（2）计算辅助车间的实际费用。
　　某辅助车间的实际费用＝该辅助车间原始费用＋分配转入费用
　　　供电车间实际费用＝7 000＋150＝7 150(元)
　　　供水车间实际费用＝2 100＋300＝2 400(元)
（3）计算实际费用和计划费用之间的差额。
　　　　　　差额＝实际费用－计划费用
　　　供电车间的差额＝7 150－7 800＝－650(元)
　　　供水车间的差额＝2 400－2 250＝150(元)
（4）差额的处理有两种方法可供选择，一是由辅助车间以外的各受益单位按照实际耗用量进行分配；二是将全部差额分配给行政管理部门，即记入"管理费用"账户。
（5）根据"辅助生产费用分配表"，编制会计分录如下：
分配计划费用的分录
借：基本生产成本——甲产品　　　　　　　　　　　　　　4 500
　　　　　　　　——乙产品　　　　　　　　　　　　　　2 850
　　辅助生产成本——供水车间　　　　　　　　　　　　　　300
　　　　　　　　——供电车间　　　　　　　　　　　　　　150
　　制造费用　　　　　　　　　　　　　　　　　　　　　　900
　　销售费用　　　　　　　　　　　　　　　　　　　　　　750
　　管理费用　　　　　　　　　　　　　　　　　　　　　　600
　　贷：辅助生产成本——供水车间　　　　　　　　　　　2 250
　　　　　　　　　　——供电车间　　　　　　　　　　　7 800
分配差异的分录
借：管理费用　　　　　　　　　　　　　　　　　　　　　500
　　贷：辅助生产成本——供水车间　　　　　　　　　　　　150
　　　　　　　　　　——供电车间　　　　　　　　　　　　650

> **特别提示**

　　按计划成本分配法下，对外分配的分录中"辅助生产成本"账户贷方金额＝计划费用

　　按计划成本分配法的优点主要有三点：①辅助生产费用只分配一次，计算简单；②按照计划单位成本分配，排除了辅助生产实际费用的高低对各受益单位成本的影响，便于考核和分析各受益单位的经济责任；③能够反映辅助生产车间的实际费用脱离计划费用的差额。这种分配方法适用于辅助生产产品或劳务的计划单价必须比较准确的企业。

3.2.2　制造费用的归集与分配

　　《企业产品成本核算制度（试行）》指出，制造费用是指工业企业为生产产品和提供劳务而发生的各项间接费用，包括企业生产部门（如生产车间）发生的水电费、固定资

产折旧、无形资产摊销、管理人员的职工薪酬、劳动保护费、国家规定的有关环保费用、季节性和修理期间的停工损失等。制造费用的内容比较复杂，应该按照管理要求分别设立若干费用项目进行计划和核算。制造费用项目一经确定，不应随意变更。

> **特别提示**
>
> 煤炭企业制造费用是指以成本中心为基础，为组织和管理生产所发生的各项间接费用，主要包括车间管理人员的人工费、折旧费、折耗及摊销、安全生产费、维护及修理费、运输费、财产保险费、外委业务费、低值易耗品摊销、租赁费、机物料消耗、试验检验费、劳动保护费、排污费、信息系统维护费等。
>
> 制造费用具有两个特点：一是制造费用从发生范围来看非常明确，它一定是在生产部门发生的，与产品生产有关，其最终归属一定是产品成本；二是制造费用是特定会计期间发生的生产费用，一般与具体的产品及产品数量无直接关联。具体来说，就是无论生产较多数量产品还是较少数量产品，甚至是停产，在生产车间中总有一些固定要发生的费用，如机器折旧、车间厂房折旧、机器日常维修护理等费用。

3.2.2.1 制造费用的归集

制造费用的核算，是通过"制造费用"账户进行归集和分配的。该账户应按车间设置明细账，账内按照费用项目设专栏或专行，分别反映各车间各项制造费用的支出情况。借方登记制造费用的归集，贷方登记月末转出数，除季节性生产的车间和以计划分配率法分配制造费用的外，"制造费用"科目月末应无余额。

【例 3.21】 根据 3.1 节的各种要素费用分配表、3.2 节的辅助生产费用分配表（表 3.11）和有关付款凭证，登记江河企业 202×年 6 月制造费用明细账，其格式见表 3.16。

表 3.16　　　　　　　　　　制造费用明细账

车间：基本生产车间　　　　202×年 6 月　　　　　　　　　　单位：元

摘要	原材料	周转材料摊销	燃料和动力	职工薪酬	折旧费	其他费用	水电费	合计
原材料费用分配表	200							200
低值易耗品摊销转账凭证		740						740
动力费用分配表			2 000					2 000
工资费用分配表				1 200				1 200
其他职工薪酬分配表				685.2				685.2
折旧费分配表					10 000			10 000
其他费用支出凭证						3 674.8		3 674.8
辅助生产费用分配表							860	860
合计	200	740	2 000	1885.2	10 000	3 674.8	860	19 360
分配转出	200	740	2 000	1 885.2	10 000	3 674.8	860	19 360

3.2.2.2 制造费用的分配

制造费用的分配，就是在期末按照一定的标准，从"制造费用"的贷方转出，记入"基本生产成本"等账户的借方，即将制造费用分配计入各种产品的成本。

在只生产一种产品的车间，制造费用可以直接计入该种产品生产成本；在生产多种产品的车间，制造费用则应该采用既合理又较简便的分配方法，分配计入各种产品的生产成本，即记入"基本生产成本"账户及其明细账"制造费用"成本项目。

> **特别提示**
>
> 季节性生产企业在停工期间发生的制造费用，应当在开工期间进行合理分摊，连同开工期间发生的制造费用，一并计入产品的生产成本。

由于各车间制造费用水平不同，所以制造费用应该按照各车间分别进行分配，而不得将各车间的制造费用统一起来在整个企业范围内分配。制造费用的分配的方法很多，根据制造费用分配率的不同，可以分为实际分配率法和计划分配率两大类。企业可以在具备信息化条件的基础上，采用作业成本法，或者参照作业成本法的原理对制造费用进行分配。

1. 实际分配率法

实际分配率法是指计算制造费用分配率时，分配率的分子和分母（即待分配的制造费用和分配标准）均为实际发生数。实际分配率法又可分为当月分配法和累计分配法。

（1）当月分配法。当月分配法的要点主要有：①制造费用分配率的公式为：制造费用分配率＝当月车间实际发生的制造费用÷Σ当月车间各种产品分配标准，分配率的分子和分母均为当月实际发生数，每月都需要计算一次分配率；②某种产品应分配的制造费用＝该种产品实际分配标准×制造费用分配率；③不管完工产品还是在产品，均分配制造费用；④适用范围广，一般企业均常使用；⑤产品的几个成本项目均可以采用当月分配法进行分配。

当月分配法下，由于采用的分配标准不同，具体又分为生产工时比例法、机器工时比例法和生产工人工资比例法等。

1）生产工时比例法。指以生产工人工时为分配标准来分配制造费用的方法，其计算公式就是将当月分配法下分配率的分母换为生产工时。现举例说明其分配方法。

【例3.22】 江河企业基本生产车间同时生产甲、乙两种产品。根据【例3.21】资料，202×年6月江河企业共发生制造费用19 360元。生产产品耗用工时8 800小时，其中甲产品生产工时为5 600小时，乙产品生产工时为3 200小时，采用生产工时比例法计算：

制造费用分配率＝19 360÷8 800＝2.2(元/时)
甲产品负担的制造费用＝5 600×2.2＝12 320(元)
乙产品负担的制造费用＝3 200×2.2＝7 040(元)

编制会计分录如下：

借：基本生产成本——甲产品   12 320

	——乙产品		7 040

贷：制造费用　　　　　　　　　　　　　　　　　　　　　19 360

生产工时比例法是一种常用的分配方法。一方面它能将劳动生产率的高低与产品负担费用的多少联系起来，分配结果比较合理；另一方面，作为分配标准的生产工时的资料可以直接从产量记录中获得。

2）机器工时比例法。机器工时比例法是以各种产品所用机器设备运转时间为分配标准来分配制造费用的一种方法，它适用于机械化程度较高的车间。

3）生产工人工资比例法。生产工人工资比例法是以各种（批、类）产品所耗用的生产工人工资为分配标准来分配制造费用的一种方法。该种分配方法核算工作也很简便，分配标准（生产工人工资）资料易于取得。它适用于各种产品生产机械化程度大致相同的情况，否则影响费用分配的公平性。例如，机械化程度低的产品，所用工资费用多，分配制造费用也多；反之，机械化程度高的产品，所用工资费用少，分配的制造费用也少。该种方法与生产工时比例法的原理基本相同。

(2) 累计分配法。累计分配法的要点可从5方面掌握：①制造费用分配率的公式为制造费用分配率＝累计制造费用÷∑累计工时，分配率的分子、分母均为当月累计数，每月都需要计算一次分配率；②某批产品应分配制造费用＝某批完工产品累计工时×分配率；③在累计分配法下，只有完工产品才分配制造费用，在产品不分配；④使用范围有限，只有在简化分批法时才使用；⑤主要在分配直接人工和制造费用成本项目时使用。

【例 3.23】 某企业202×年3月，有三批产品，具体资料见表3.17。

表 3.17　　　　　　　　　　　完 工 批 次 资 料 表

产品批次	上月累计工时	本月实际工时	上月累计制造费用/元	本月制造费用/元
101 批完工	1 800 小时	1 100 小时		
102 批未完工	400 小时	300 小时		
103 批未完工	800 小时	600 小时		
合计	3 000 小时	2 000 小时	12 000	6 000

采用累计分配法的计算过程如下：

$$制造费用分配率=\frac{12000+6000}{3000+2000}=3.6(元/时)$$

101批应分配制造费用＝(1 800＋1 100)×3.6＝10 440(元)

102 批、103 批未完工，故不分配制造费用，两批总计制造费用为 7 560 元，即(12 000＋6 000－10 440)。

2. 计划分配率法

计划分配率法也称按年度计划分配率分配法或预算分配率法，是指计算制造费用分配率时，分配率的分子和分母（即待分配的制造费用和分配标准）均为计划数。在计划分配率法下，分配过程主要分三步进行。

3.2 综合性费用的归集与分配

第一步，年初确定年度计划分配率。其计算公式如下：

$$年度计划分配率 = \frac{年度计划制造费用}{\sum(各产品计划产量 \times 工时定额)}$$

第二步，每月（1—12月）按计划分配率分配制造费用。计算公式如下：

某产品某月应分制造费用 = 该产品当月实际产量 × 工时定额 × 计划分配率
　　　　　　　　　　　 = 该产品当月定额工时 × 计划分配率

并进行账务处理：借记"基本生产成本"账户，贷记"制造费用"账户。

第三步，年末将全年实际制造费用和全年按计划分配率分配的制造费用之间的差异在各种产品之间进行分配。

下面举例说明其计算和分配过程。

【例 3.24】 某企业基本生产车间全年制造费用计划发生额为 400 000 元，全年各种产品的计划产量为：甲产品 2 500 件，乙产品 1 000 件。单件产品工时定额为：甲产品 6 小时，乙产品 5 小时。2019 年 5 月实际产量为：甲产品 200 件，乙产品 80 件；本月实际发生制造费用为 33 000 元，"制造费用"余额为借方 1 000 元。本年度实际发生制造费用 408 360 元，全年按计划分配率分配的制造费用为 415 000 元（其中甲产品为 315 000 元，乙产品为 100 000 元），采用计划分配率进行分配。

(1) 计算年度计划分配率。

　　甲产品年度计划产量的定额工时 = 2 500 × 6 = 15 000（时）

　　乙产品年度计划产量的定额工时 = 1 000 × 5 = 5 000（时）

　　年度计划分配率 = 400 000 ÷ (15 000 + 5 000) = 20（元/时）

(2) 按年度计划分配率分配制造费用。

　　2019 年 5 月甲产品定额工时 = 200 × 6 = 1 200（时）

　　2019 年 5 月甲产品应分配的制造费用 = 1 200 × 20 = 24 000（元）

　　2019 年 5 月乙产品定额工时 = 80 × 5 = 400（时）

　　2019 年 5 月乙产品应分配的制造费用 = 400 × 20 = 8 000（元）

根据上述计算结果，进行账务处理：

借：基本生产成本——甲产品　　　　　　　　　　　24 000
　　　　　　　　——乙产品　　　　　　　　　　　 8 000
　　贷：制造费用　　　　　　　　　　　　　　　　32 000

5 月末"制造费用"登账后，有余额 2 000 元，即期初 1 000 元，本月发生 33 000 元，月末分配 32 000 元。

> **特别提示**
>
> 计划分配率法下，制造费用账户一般月末有余额，可能在借方，也可能在贷方。

(3) 年末分配差额。

1) 计算差额。差额 = 全年实际制造费用 − 全年按计划分配率分配的制造费用总额。本例中，制造费用差额 = 408 360 − 415 000 = −6 640（元）

2) 计算差异分配率。

$$差异分配率=\frac{差额}{全年按照计划分配率分配的制造费用总额}$$
$$=\frac{-6\ 640}{415\ 000}\times 100\%=-1.6\%$$

3) 计算某产品应分配差异额。

某产品应分配差异额＝差异分配率×该产品全年按计划分配率分配的制造费用

  甲产品应分配差异＝315 000×(－1.6％)＝－5 040(元)

  乙产品应分配差异＝100 000×(－1.6％)＝－1 600(元)

4) 根据上述结果，进行相应账务处理。

  借：基本生产成本——甲产品　　　　　　　　　　　　　　5 040

  　　　　　　　　——乙产品　　　　　　　　　　　　　　1 600

  　　贷：制造费用　　　　　　　　　　　　　　　　　　　　　6 640

与实际分配率法相比，计划分配率分配法的特点如下：①每年只需年初计算一次制造费用分配率；②不论各月实际发生的制造费用多少，每月都按年初确定的计划分配率分配制造费用；③对"制造费用"账户月末余额不需要处理；④年末的差额一般要分配到12月的产品成本中去，不留到下一年度。

这种分配方法优势明显：①由于只计算一次分配率，所以可以简化制造费用平时的核算工作；②均衡每月的制造费用水平。缺点是：①对企业计划工作水平要求较高，否则会影响产品成本计算的正确性；②年末要对全年的实际制造费用总额和按计划分配率分配的制造费用总额的差额在产品之间进行分配，加大了年末的核算工作量。此方法适用于季节性生产的车间使用。

3.2.3　废品损失的归集与分配

1. 废品与废品损失的概念及其对产品成本的影响

废品是指生产过程中产生的质量上不符合规定的技术标准，不能按照原定用途使用，或者需要加工修理才能使用的在产品、半成品或产成品。不论是在生产过程中，还是在入库后发现的废品都应包括在内。

废品按其废损程度和经济上是否有修复价值可分为可修复废品和不可修复废品。可修复废品指技术上可以修理而且所花费的修复费用在经济上合算的废品。不可修复废品指技术上不可修复或者虽然可以修复但所花费的修复费用在经济上不合算的废品。可修复废品必须同时满足两个条件：技术上可修复，经济上合算。如果上述两个条件其中之一不满足，则为不可修复废品。

由于生产原因而造成的废品所形成的损失称为废品损失。废品损失一般包括可修复废品的修复费用和不可修复废品生产成本扣除回收残料价值和赔款后的净损失。

下列情况不应作为废品损失处理：①经过质量检验部门鉴定不需要返修、可以降价出售的不合格品，其降价损失在计算销售损益中体现；②产成品入库后由于保管不善等原因而损坏变质的损失，计入管理费用；③实行包退、包修、包换"三包"的企业，在产品出售后发现的废品所发生的一切损失，计入管理费用。

资源3.8
废品损失
控制案例

2. 废品损失的核算方法

单独核算废品损失的企业，废品损失的归集和分配应根据废品损失计算表和分配表等有关凭证，通过"废品损失"账户进行。通常情况下，期末在产品不负担废品损失，废品损失全部由本月完工产品负担。

（1）可修复废品损失的归集与分配。可修复废品损失是指废品在修复过程中所发生的各项修复费用，主要包括耗用的原材料、职工薪酬、应分配的辅助生产费用、制造费用等。而可修复废品返修以前发生的生产费用，留在"基本生产成本"账户及有关的成本明细账中不必转出。

【例 3.25】 某企业基本生产车间 202×年 6 月在生产丁产品时发现可修复废品 3 件，当即进行修复。耗用材料费 200 元，直接人工费 100 元，应分配制造费用 150 元，应向过失人索赔 70 元。

1）可修复废品损失计算：

$$修复费用 = 200 + 100 + 150 = 450(元)$$
$$废品损失 = 450 - 70 = 380(元)$$

2）编制会计分录：

核算修复费用：

借：废品损失——丁产品　　　　　　　　　　　　　　450
　　贷：原材料　　　　　　　　　　　　　　　　　　　　200
　　　　应付职工薪酬　　　　　　　　　　　　　　　　100
　　　　制造费用　　　　　　　　　　　　　　　　　　150

核算过失人赔款：

借：其他应收款　　　　　　　　　　　　　　　　　　70
　　贷：废品损失——丁产品　　　　　　　　　　　　　　70

核算废品净损失：

借：基本生产成本——丁产品　　　　　　　　　　　　380
　　贷：废品损失——丁产品　　　　　　　　　　　　　380

不单独核算废品损失的企业，不设"废品损失"账户和"废品损失"成本项目。在回收废品残料时，记入"原材料"科目的借方和"基本生产成本"账户的贷方，并从所属有关产品成本明细账的"直接材料"成本项目中扣除残料价值。辅助生产一般不单独核算废品损失。

（2）不可修复废品损失的归集与分配。根据不可修复废品损失的概念，其计算公式如下：

不可修复废品损失 = 不可修复废品的生产成本 - 残料回收价值 - 过失人赔款

可见，计算不可修复废品损失的关键是计算不可修复废品的生产成本。而不可修复废品的生产成本与合格产品的成本是归集在一起同时发生，因此需要采取一定方法将二者进行分离。一般有两种方法：一是按废品所耗实际成本计算；二是按废品所耗定额费用计算。

1）按废品所耗实际成本计算。采用这一方法，就是在废品报废时根据废品和合格品发生的全部实际费用,采用一定的分配方法,在合格品与废品之间进行分配,计算出废品的实际成本,从"基本生产成本"账户贷方转入"废品损失"账户的借方。

【例 3.26】 江河企业基本生产车间202×年6月生产甲产品500件,验收入库时发现不可修复废品8件。合格品生产工时为5 480小时,废品生产工时为120小时,全部生产工时5 600小时。甲产品成本明细账所记录的合格品和废品共同发生的生产费用为:直接材料30 000元,燃料和动力24 980元,直接人工23 565元,制造费用12 320元,合计90 865元。废品残料入库作价150元,过失人应赔款200元。原材料是生产开始一次投入。直接材料费用按合格品数量和废品数量的比例分配;其他费用按生产工时比例分配。编制"不可修复废品损失计算单",具体见表3.18。

表 3.18　　　　　　　　不可修复废品成本计算单

江河企业　　　　　　　　202×年6月

项　目	直接材料	直接人工	燃料和动力	制造费用	合计
生产费用总额/元	30 000	23 565	24 980	12 320	90 865
分配标准	500(件)	5 600(工时)	5 600(工时)	5 600(工时)	
分配率	60	4.21	4.46	2.2	
废品生产成本/元	480	505.2	535.2	264	1 784.4
减:残值	150				
赔款	200				
废品损失/元	130	505.2	535.2	264	1 434.4

根据"不可修复废品损失计算单"做如下会计分录。
结转不可修复废品成本:
借:废品损失——甲产品　　　　　　　　　　　　　　　　1 784.4
　　贷:基本生产成本——甲产品　　　　　　　　　　　　　　　　1 784.4
核算过失人赔款:
借:其他应收款　　　　　　　　　　　　　　　　　　　　200
　　贷:废品损失——甲产品　　　　　　　　　　　　　　　　　　200
核算残料回收:
借:原材料　　　　　　　　　　　　　　　　　　　　　　150
　　贷:废品损失——甲产品　　　　　　　　　　　　　　　　　　150
核算废品净损失:
借:基本生产成本——甲产品　　　　　　　　　　　　　　1 434.4
　　贷:废品损失——甲产品　　　　　　　　　　　　　　　　　　1 434.4

在完工以后发现废品,其单位废品负担的各项生产费用应与该单位合格品完全相同,可按合格品产量和废品的数量比例分配各项生产费用,计算废品的实际成本。按废品的实际成本计算和分配废品损失,符合实际,但核算工作量较大。

2) 按废品所耗定额费用计算。这种方法也称按定额成本计算方法,它是根据各项费用定额和不可修复废品的数量计算废品定额成本,再将废品的定额成本扣除废品残料回收价值,计算出废品损失,而不考虑废品实际发生的费用。

【例 3.27】 某企业基本生产车间 202×年 6 月生产甲产品 300 件,验收入库时发现不可修复废品 8 件。原材料在生产开始时一次投入,单件原材料费用定额为 90 元,完成的定额工时共计 120 小时,每小时的费用定额为:直接人工费 4 元、燃料和动力 4.2 元、制造费用 3.5 元。废品残料入库作价 150 元,过失人应赔款 200 元。

(1) 计算废品定额成本:

$$废品的直接材料费用 = 8 \times 90 = 720(元)$$
$$废品的直接人工费用 = 120 \times 4 = 480(元)$$
$$废品的燃料及动力 = 120 \times 4.2 = 504(元)$$
$$废品的制造费用 = 120 \times 3.5 = 420(元)$$
$$废品的定额成本 = 720 + 480 + 504 + 420 = 2\,124(元)$$

(2) 计算废品损失:

$$废品损失 = 2\,124 - 150 - 200 = 1\,774(元)$$

按废品所耗定额费用计算废品成本和废品损失,核算简便,计算及时,有利于考核和分析废品损失和产品成本,在实际中应用广泛。但必须具备比较准确的定额成本资料,否则会影响成本计算的正确性。

3.2.4 停工损失的归集与分配

1. 停工损失的概念及其对产品成本的影响

停工损失是指生产车间或车间内某个班组在停工期内发生的各项费用,包括停工期内支付的生产工人的职工薪酬费用、所耗燃料和动力费用,以及应负担的制造费用等。

企业发生停工的原因很多,如原材料供应不足、机器设备发生故障,以及计划减产、停电、对设备进行维修或季节性停工。对季节性和修理造成的停工,是生产经营过程中的正常现象,停工期间发生的各项费用不属于停工损失,不作为停工损失核算,其损失直接计入制造费用,由生产期间的产品负担。

计算停工损失的时间界限,由主管企业部门规定,或由主管企业部门授权企业自行规定。为了简化核算工作,停工不满一个工作日的,可以不计算停工损失。

2. 停工损失的核算方法

停工时车间应填列停工报告单,详细列明停工的车间、范围、原因、起止时间、过失人和损失的金额。经有关部门审核后的停工报告单可作为停工损失核算的原始凭证。

单独核算停工损失的企业,应增设"停工损失"账户和"停工损失"成本项目。

不单独核算停工损失的企业,不设"停工损失"账户和"停工损失"成本项目。停工期间发生的属于停工损失的各项费用,分别记入"制造费用"和"营业外支出"等账户。为了简化核算工作,辅助生产车间一般不单独核算停工损失。

(1) 停工损失的归集。即根据停工报告单和各种费用分配表、分配汇总表等有关凭证,将停工期内发生、应列作停工损失的费用记入"停工损失"账户的借方进行归集，会计分录如下：

借：停工损失
    贷：原材料（耗用的燃料）
        应付账款（耗用的外购动力）
        应付职工薪酬（工人工资）
        制造费用（应分配的制造费用）

（2）停工损失的分配。即将"停工损失"账户借方归集的损失从贷方转入到各成本、费用类账户，具体分配去向用会计分录表示如下：

借：其他应收款（应由过失单位及过失人员或保险公司支付的赔款）
    营业外支出（自然灾害等造成非正常停工损失）
    基本生产成本（其他的非季节性、非修理期间的停工损失）
    贷：停工损失

3.2.5 期间费用的归集与结转

期间费用是指企业在生产经营过程中发生的，与产品生产活动没有直接联系，属于某一时期发生的直接计入当期损益的费用。在现行会计准则下，期间费用包括销售费用、管理费用和财务费用。销售费用、管理费用、财务费用不计入产品的生产成本，不参与产品成本计算，也不存在分配问题，而是直接计入当期损益。期间费用的归集与结转是通过"销售费用""管理费用""财务费用"账户和所属明细科目进行的，期末，将3个账户借方归集的各项费用从贷方转出，结转到"本年利润"账户借方。结转后，3个账户和所属明细账户无余额。

【例3.28】 根据3.1节的各种要素费用分配表、3.2节的辅助生产费用分配表（表3.11）和有关付款凭证，登记江河企业202×年6月销售费用、管理费用明细账，其格式分别见表3.19和表3.20。江河企业202×年6月财务费用为500元，具体见【例3.13】。

表3.19　　　　　　　　　　销售费用明细账

202×年6月　　　　　　　　　　　　　　　单位：元

摘　要	原材料	燃料和动力	职工薪酬	折旧费	其他费用	水电费	合计
原材料费用分配表	300						300
动力费用分配表		940					940
工资费用分配表			650				650
其他职工薪酬分配表			371.15				371.15
折旧费分配表				6 000			6 000
其他费用支出凭证					400		400
辅助生产费用分配表						710	710
合计	300	940	1021.15	6 000	400	710	9 371.15
期末转出	300	940	1021.15	6 000	400	710	9 371.15

表 3.20　　　　　　　　　　　管 理 费 用 明 细 账

202×年6月　　　　　　　　　　　　　　单位：元

摘 要	原材料	燃料和动力	职工薪酬	折旧费	其他费用	水电费	合计
原材料费用分配表	100						100
动力费用分配表		1 500					1 500
工资费用分配表			1 800				1 800
其他职工薪酬分配表			1 027.8				1 027.8
折旧费分配表				900			900
其他费用支出凭证					300		300
辅助生产费用分配表						580	580
合计	100	1 500	2 827.8	900	300	580	6 207.8
期末转出	100	1 500	2 827.8	900	300	580	6 207.8

期末将上述销售费用、管理费用、财务费用结转到本年利润，会计分录如下：
借：本年利润　　　　　　　　　　　　　　　9 371.15
　　贷：销售费用　　　　　　　　　　　　　　　　　9 371.15
借：本年利润　　　　　　　　　　　　　　　6 207.80
　　贷：管理费用　　　　　　　　　　　　　　　　　6 207.80
借：本年利润　　　　　　　　　　　　　　　500
　　贷：财务费用　　　　　　　　　　　　　　　　　500

3.3　生产费用在完工产品和在产品之间的分配

　　企业在生产过程中发生的各种生产费用，经过在各种产品之间进行分配和归集以后，只要是应该计入本月各种产品成本的生产费用，都已集中反映在"基本生产成本"账户及其所属各种产品明细账中，但这些费用并不全部是完工产品的成本，只有验收入库后的完工产品成本才可进一步转入"库存商品"账户。

　　月末，企业产品生产有三种情况：第一种情况是产品全部完工；第二种情况是产品全部未完工；第三种情况是产品部分完工，部分没有完工。如果产品已经全部完工，产品明细账中所归集的生产费用（如果有月初在产品，还应包括月初在产品生产费用）之和，就是完工产品的总成本；如果产品全部未完工，产品成本明细账中所归集的生产费用之和，则全部为月末在产品成本。但是，更为常见的是第三种情况，一部分已经完工，而另一部分尚处于继续生产过程中，即完工产品与在产品同时存在。那么，此时就需要采用适当的分配方法，在完工产品与月末在产品之间进行分配，分别计算出完工产品与月末在产品成本。

　　月初在产品成本、本月生产费用、本月完工产品成本和月末在产品成本之间的关系为：

月初在产品成本＋本月生产费用＝本月完工产品成本＋月末在产品成本

月初在产品成本和本月生产费用是已知数，本月完工产品成本和月末在产品成本是未知数。月初在产品成本和本月生产费用之和，需要采用一定的分配方法在本月完工产品成本和月末在产品成本之间进行分配。要正确地进行完工产品与月末在产品的费用分配，就必须加强对在产品的日常核算，取得在产品收发与结存的数量资料。

3.3.1 在产品概念及其清查

3.3.1.1 在产品的含义

企业的在产品是相对于完工产品而言的，是指没有完成全部生产过程，不能作为商品销售的未完工产品。在产品有广义和狭义之分。广义在产品是指各车间正在企业各车间加工中的在制品（含返修中的废品）和已经完成一个或几个生产步骤，但还需继续加工的自制半成品（含未经验收入库的产品和等待返修的废品）等。已验收入库准备对外销售的自制半成品，属于商品产品，不应列入在产品范围之内。狭义在产品是指某车间或某一生产步骤正在加工中的在制品（含返修中的废品），该车间或生产步骤完工的半成品不包括在内。本章所述在产品是指狭义在产品。

> **趣味漫谈**

通体大理石瓷砖真的是"半成品"？

2016年春季陶博会，通体大理石瓷砖概念在业内兴起，所谓通体大理石瓷砖是指它的材质是比较高端的全抛釉，表面硬度更硬，花色更逼真。通体大理石瓷砖一经出现，便有行业人士将通体大理石瓷砖归于"半成品"。原因在于，春季陶博会上展出的多数通体大理石瓷砖，仅仅是砖胚粉料加了色料，而且色料与面料的颜色、花纹都不完全相同，甚至只能说是有些相似而已；并且拉槽或倒边后的砖胚部分都是亚光面，即使二次抛光也无法做到与瓷砖表面同样的光泽和同样的质感；更不要说因为要施底釉而产生的白边。因此，相对原有产品，其优势并不明显，只能说是一种研发方向或趋势，被业界称为不成熟的"半成品"。

3.3.1.2 在产品数量的日常核算

在产品盘存的数量，同其他财产物资盘存的数量一样，应同时具备账面核算资料和实际盘点资料。也就是说，企业一方面要做好在产品收发存的日常核算工作，另一方面要做好在产品的清查工作。做好这两项工作，既可以从账面上随时掌握在产品的变化动态，又可以清查在产品的实际数量。这对于保证账实相符、正确计算产品成本、加强生产和资产管理具有重要作用。

生产单位对在产品收发结存的日常核算，通常是通过设置"在产品收发结存账"（也称"在产品台账"）进行。在产品台账应分生产单位（分厂、车间），按产品的品种和零部件的名称来设置，以反映各生产单位各种在产品收入、发出和结存情况。在产品台账还可以结合企业生产工艺特点和内部管理的需要，进一步按照加工工序（生产步骤）来组织在产品数量核算。

3.3 生产费用在完工产品和在产品之间的分配

知识链接

物料清单（BOM）

在制造业管理信息系统中，经常会提到 BOM（Bill of Material），即"物料清单"，也称产品结构表。物料清单是指产品所需零部件明细表及其结构，它是描述物料之间关系的文件，是计算机可以识别的产品结构数据文件。在 ERP（Enterprise Resource Planning）系统中，"物料"一词有着广泛的含义，它是所有产品、半成品、在制品、原材料、配套件、协作件、易耗品等与生产有关的物料的统称。BOM 是接收客户订单、选择装配、编制生产和采购计划、配套领料、跟踪物流，追溯任务、计算成本、改变成本设计不可缺少的重要文件。

资源 3.9
物料清单的分类和用途

3.3.1.3 在产品清查的核算

为了核实在产品的数量，保护在产品的安全、完整，企业必须做好在产品的清查工作。在产品应定期或不定期进行清查，以取得在产品的实际盘存资料。清查后，应根据清查和盘存的结果与在产品的台账账面资料核对，编制"在产品盘存表"和"账存实存对比表"（两表也可合一），表中应该填列在产品的账面数，实存数和盘盈、盘亏数，以及盈亏的原因和处理意见等。对于报废和毁损的在产品，还要登记残值。如果车间不设置"在产品台账"对在产品进行收发存日常核算，则应按月在月末对在产品进行清查，按此实际盘存资料作为编制在产品盘存表和计算在产品成本的依据。

成本核算人员应对"在产品盘存表"进行认真审查，分析原因，采取措施，改善在产品管理，并报经有关部门审批，根据审核结果对在产品的盘盈、盘亏进行账务处理。如果在产品的盘亏是由于没有办理领料或交接手续，或者由于某种产品的零件为生产另一种产品所耗用，则应补办相应手续，及时转账更正。

资源 3.10
存货清查的会计处理

会计案例

獐子岛：扇贝去哪儿了？

獐子岛集团股份有限公司成立于 1958 年，曾先后被誉为"黄海深处的一面红旗""海上大寨""黄海明珠""海底银行""海上蓝筹"，公司以海珍品种业、海水增养殖、海洋食品为主业，集冷链物流、海洋休闲、渔业装备等相关多元产业为一体的综合型海洋企业。

2014 年 10 月，獐子岛公告，因北黄海遭遇几十年一遇的冷水团，导致公司在 2011 年撒播的 100 多万亩即将进入收获期的扇贝绝收，俗称"扇贝跑路"。2018 年 2 月 5 日，獐子岛公告，由于降水减少、养殖规模的大幅扩张导致饵料短缺，公司养殖的扇贝长时间处于饥饿状态，最后诱发死亡，导致公司存货核销及计提跌价准备金额合计 6.3 亿元。这次，獐子岛的扇贝没有游走，而是饿死了。

2019 年 11 月 12 日，獐子岛带着它的扇贝又上了热搜，《关于 2019 年秋季底播虾夷扇贝存量抽测的风险提示公告》（以下简称《公告》）称：目前在养的全部 58.35 万亩底播虾夷扇贝中，其中亩产过低，采捕变现价值不足以弥补采捕成本的海域面积39.07万亩，需核销成本19 562.33万元；亩产较低，需计提存货跌价准备区域的面积13.9万亩，预计计提跌价准备金额8 205.89万元；目前抽测亩产正常以及正在采捕作业海域面积5.4万亩。这次，獐子岛的扇贝不是跑了，也不是饿死了，而是自然死亡。

随后，深交所立马下发关注函提出质疑，要求针对"关于预计核销存货成本及计提存货跌价准备的金额"，补充说明以下问题：①说明在不同区位抽测结果存在差异较大的情况下，利用局部抽测数据推算存货核销与跌价准备金额的依据是否充分、合理，并量化说明推算的具体计算过程，以及是否存在财务"洗大澡"的情形；②根据《公告》，2017年、2018年底播虾夷扇贝的可变现净值合计为348.20万元，说明该金额的计算依据。

（资料来源：编者根据上市公司的公告资料整理而成。）

案例思考：獐子岛操控了存货的价值吗？

3.3.2 生产费用在完工产品和月末在产品之间分配的方法

采用合理而又简便的方法在完工产品与月末在产品之间进行生产费用分配，是成本核算工作的一项重要任务。如前所述，"基本生产成本"账户中的关系式为：

月初在产品成本＋本月生产费用＝本月完工产品成本＋月末在产品成本

"本月完工产品成本"和"月末在产品成本"是两个未知数，那么，在一个有两个未知数的等式中，要求出未知数，只有两个方法，也即确定完工产品成本的方法有两大类。

第一类是先确定月末在产品成本，然后倒挤出完工产品成本，称为倒挤法。

第二类是将前两项之和按照一定的比例在完工产品与月末在产品之间进行分配，同时计算出来完工产品成本与月末在产品成本，称为分配法。

在会计实务中，这两类方法包括以下几种具体方法：不计算在产品成本法、按年初数固定计算在产品成本法、在产品成本按所耗原材料费用计价法、约当产量法、在产品成本按定额成本计算法、定额比例法等6种方法。

资源3.11
完工产品和
在产品成本
分配方法
比较

3.3.2.1 不计算在产品成本法

这种方法的基本特点是：基本生产成本明细账中归集的产品成本，月末在产品不分担，全部由本月完工产品负担。该方法适用于各月在产品数量很少的情况，即算不算在产品成本对完工产品成本影响不大。为了简化核算工作，可以不计算在产品成本。

3.3.2.2 按年初数固定计算在产品成本法

这种方法是年内各月在产品成本都按年初在产品成本计算，固定不变。该方法适用于月末在产品数量很小，或者在产品数量虽然很大但各月之间在产品数量变动不大，月初、月末在产品成本的差额对完工产品成本影响不大的情况，即各月末在产品成本计价对各月完工产品成本的影响不大。为了简化核算工作，各月月末在产品成本按固定数计算，某种产品本月发生的生产费用就是本月完工产品的成本。冶炼企业和化工企业的产品，由于高炉和化学反应装置的容积固定，可以采用这种方法计算在产品成本。

> **特别提示**

年终时,应根据实地盘点的在产品数量,重新调整计算在产品成本,以避免在产品成本与实际出入过大,影响成本计算的准确性。即在当年的12月,根据以下公式进行调整:

$$月末在产品成本 = 年末盘点数$$

$$本月完工产品成本 = 年初固定数 + 本月发生的费用总额 - 年末盘点数$$

3.3.2.3 在产品成本按所耗原材料费用计价法

这种方法是月末在产品成本只按所耗的原材料费用计算确认,直接人工和制造费用等加工费用则全部由完工产品成本承担。该方法适用于各月末在产品数量较大,数量变化也较大,同时原材料费用在产品成本中占的比重较大,且在生产开始时一次全部投入的情况。为了简化核算工作,月末在产品可以只计算原材料费用,其他费用全部由完工产品负担。纺织、造纸和酿酒等工业企业,原材料费用比重较大,可以采用这种分配方法。

【例3.29】 某企业生产甲产品,月初在产品原材料费用6 000元;本月发生的原材料费用48 000元,直接人工费用4 000元,制造费用6 000元;本月完工产品320件,月末在产品80件;原材料费用是生产开始时一次投入。由于该产品原材料费用在产品成本中所占比重较大,采用在产品按所耗原材料费用计价法分配完工产品与月末在产品成本。分配计算过程如下:

(1) 原材料费用分配率 $= \dfrac{6\ 000 + 48\ 000}{320 + 80} = 135$(元/件)

(2) 月末在产品分配原材料费用(即月末在产品成本)$= 80 \times 135 = 10\ 800$(元)

(3) 完工产品分配原材料费用 $= 320 \times 135 = 43\ 200$(元)

(4) 完工产品成本 $= 43\ 200 + 4\ 000 + 6\ 000 = 53\ 200$(元)或完工产品成本 $= 6\ 000 + (48\ 000 + 4\ 000 + 6\ 000) - 10\ 800 = 53\ 200$(元)

3.3.2.4 约当产量法

所谓约当产量,就是月末在产品数量按其完工程度折算为相当于完工产品的数量。约当产量法是指将月初在产品成本与本月发生的生产费用之和,按完工产品数量与月末在产品约当产量的比例分配计算完工产品成本和月末在产品成本的一种方法。该方法适用范围较广泛,当月末在产品数量较大,各月末在产品数量变化也较大,不宜采用其他分配方法时,该方法尤为适合。

约当产量法的有关计算公式如下:

$$月末在产品约当产量 = 月末在产品数量 \times 完工程度$$

$$某项费用分配率 = \dfrac{该项费用总额}{完工产品数量 + 月末在产品约当产量}$$

$$本月完工产品成本 = \Sigma 完工产品数量 \times 某项费用分配率$$

$$月末在产品成本 = \Sigma 月末在产品约当产量 \times 某项费用分配率$$

从上述公式可以看出,这种分配方法的关键是计算在产品的完工程度。同时,由于直接材料和其他费用的完工程度往往不同,为了提高成本计算的正确性,分配时按各项成本项目分开计算,下面分别叙述。

1. 直接材料费用完工程度的计算

直接材料的完工程度也称投料率,即在产品已投材料量占完工产品总材料量之比。投料率的计算和投料方式密切相关,材料的投料方式有:一次投料法、逐步投料法和分次投料法。

(1) 一次投料法。在产品生产开工时一次投入产品生产所需的全部直接材料,不管产品生产是单工序还是多工序,月末在产品的单位原材料费用与完工产品单位原材料费用都是相同的,月末在产品的投料程度为100%。所以,月末在产品不需要折算约当产量,相当于完工率为100%,在产品的约当产量即在产品的实际数量,直接材料费用可直接按完工产品产量与在产品实际数量比例分配。

(2) 分次投料法。直接材料随加工程度分工序投入,但在每道工序开始时一次投入。这种情况下,应按工序分别计算各工序在产品的投料率。不过在计算各工序在产品的投料率时,应以各工序的直接材料消耗定额为依据,投料程度按完成本工序投料的100%计算。计算公式如下:

$$某工序在产品投料率 = \frac{前面各道工序累计直接材料消耗定额 + 本工序直接材料消耗定额}{完工产品直接材料消耗定额} \times 100\%$$

【例3.30】 某公司的甲产品经两道工序加工完成,直接材料分两道工序陆续投入,原材料消耗定额为1 000千克,其中:第一道工序为400千克,第二道工序为600千克。月末完工产品540件,在产品数量450件,其中:第一道工序为150件,第二道工序为300件。月初在产品与本月发生的直接材料费用合计70 200元。

在产品约当产量的具体计算见表3.21。

表3.21 分工序投料率约当产量计算表

工序	本工序直接材料消耗定额	完工程度(投料率)	在产品约当产量
1	400千克	(400×100%)÷1 000×100%=40%	150×40%=60件
2	600千克	(400+600×100%)÷1 000×100%=100%	300×100%=300件
合计	1 000千克	—	360件

$$直接材料费用分配率 = \frac{70\ 200}{540+360} = 78(元/件)$$

完工产品分配直接材料费用=540×78=42 120(元)

月末在产品分配直接材料费用=360×78=28 080(元)

特别提示

如果直接材料是在每道工序开始时投入的,在同一工序中各件在产品直接材料的消耗定额,就是该工序的消耗定额,应按100%折算,而不是按50%折算。最后一道

3.3 生产费用在完工产品和在产品之间的分配

工序在产品的消耗定额,就是完工产品的消耗定额,所以投料率为100%。同时,在计算在产品成本时要用在产品的"约当产量",而非实际产量。

(3) 逐步投料方式。逐步投料就是直接材料随着生产进度陆续投入,具体可分为以下两种情况:

1) 直接材料随加工进度陆续投入,而且投料程度与加工程度一致或基本一致。这时,用于分配直接材料费用所依据的月末在产品约当产量,与用于分配直接人工、制造费用等加工费用所采用的月末在产品约当产量一致,即月末在产品的投料率与分配加工费用时的完工率一致,参见下面述及的加工进度的计算方法。

2) 直接材料随加工进度陆续投入,其投料程度与加工程度不一致。这种情况下,应按工序分别计算各工序在产品的投料率。在计算各工序在产品的投料率时,一般以各工序的直接材料消耗定额为依据,投料程度按完成本工序投料的50%计算。计算公式如下:

$$\text{某工序在产品投料率} = \frac{\text{前面各道工序累计直接材料消耗定额} + \text{本工序直接材料消耗定额} \times 50\%}{\text{完工产品直接材料消耗定额}}$$

【例3.31】 以【例3.30】资料为例,假设其他条件不变,但直接材料是分两道工序在每道工序中陆续投入,月末在产品450件约当产量的计算过程见表3.22。

表3.22 分工序投料率约当产量计算表

工序	本工序直接材料消耗定额	完工程度(投料率)	在产品约当产量
1	400 千克	(400×50%)÷1 000×100%=20%	150×20%=30 件
2	600 千克	(400+600×50%)÷1 000×100%=70%	300×70%=210 件
合计	1 000 千克	—	240 件

$$\text{直接材料费用分配率} = \frac{70\ 200}{540+240} = 90(\text{元/件})$$

完工产品分配直接材料费用=540×90=48 600(元)

月末在产品分配直接材料费用=240×90=21 600(元)

特别提示

直接材料是在每道工序随加工进度陆续分次投入,因此每道工序投料率按50%折算。

2. 直接人工及制造费用等加工进度的计算

直接人工和制造费用一般都是随工时发生而发生的费用,因此,在约当产量法下,直接人工及制造费用等加工费用的完工程度即为加工进度,根据在产品已加工工时与完工产品总工时之比计算得出。然而,在企业在产品数量很大的情况下,在产品的实际加工工时往往无法——得到,每个在产品的完工程度也无法分别算出,实际工作中一般都采用估算法,具体方法如下:

(1) 平均计算法。平均计算就是一律按50%作为各工序在产品的完工程度。这

第3章 成本费用的归集与分配

是在各工序在产品数量和单位产品在各工序加工量都相差不多的情况下,后面各工序在产品多加工的程度可以抵补前面各工序少加工的程度。这样,全部在产品的完工程度均可按50%计算。

(2) 分工序计算完工率。分工序计算完工率是根据截止到某一工序为止在产品工时定额占完工产品工时定额的百分比,来确定各工序在产品完工率的一种方法。计算公式如下:

$$某道工序在产品完工率 = \frac{前面各工序累计工时定额之和 + 本工序工时定额 \times 50\%}{完工产品工时定额}$$

【例3.32】 某公司的乙产品经三道工序制成,其工时定额为25小时,其中:第一道工序10小时,第二道工序9小时,第三道工序6小时。该产品完工产品100件,月末在产品50件,其中:第一道工序20件,第二道工序20件,第三道工序10件。月初在产品与本月发生直接人工费用合计为24 880元,制造费用合计为12 440元。计算过程如下:

(1) 约当产量计算:

$$第一道工序完工率 = \frac{0 + 10 \times 50\%}{25} \times 100\% = 20\%$$

$$第二道工序完工率 = \frac{10 + 9 \times 50\%}{25} \times 100\% = 58\%$$

$$第三道工序完工率 = \frac{10 + 9 + 6 \times 50\%}{25} \times 100\% = 88\%$$

月末在产品约当产量 = 20%×20 + 58%×20 + 88%×10 = 24.4(件)

(2) 直接人工费用分配:

$$直接人工费用分配率 = \frac{24\ 880}{100 + 24.4} = 200(元/件)$$

完工产品应负担的直接人工费用 = 100×200 = 20 000(元)

月末在产品应负担的直接人工费用 = 24.4×200 = 4 880(元)

(3) 制造费用分配:

$$制造费用分配率 = \frac{12\ 440}{100 + 24.4} = 100(元/件)$$

完工产品应负担的制造费用 = 100×100 = 10 000(元)

月末在产品应负担的制造费用 = 24.4×100 = 2 440(元)

> **特别提示**
>
> 采用约当产量法时,应注意不同成本项目需要分别确定完工程度,分别计算在产品约当产量以及单位成本(费用分配率)。例如,分配直接材料费用时,完工程度是投料进度;分配直接人工和制造费用时,完工程度是加工进度。

3.3.2.5 在产品按定额成本计算法

该方法是月末在产品成本按照事先制定的定额成本计算,然后从某种产品的全部生产费用(月初在产品费用与本月生产费用之和)中减去按定额成本计算的月末在产品成本，计算出完工产品成本。这种方法适用于各项消耗定额或费用定额比较准确、稳定，各月末在产品数量变化不大的产品，为了简化产品成本计算工作，月末在产品可按定额成本计算。

在产品按定额成本计价法的计算公式为

$$月末在产品定额成本＝月末在产品数量×在产品单位定额成本$$

$$完工产品成本＝本月全部生产费用－月末在产品定额成本$$

【例 3.33】 某企业某月产品 D 的生产费用合计为：直接材料费用 25 000 元，直接人工 8 000 元，制造费用 6 000 元。直接材料是生产开始时一次投入，产品直接材料费用定额为 50 元。月末在产品 40 件，其定额工时 80 小时，每工时费用定额为：直接人工 40 元，制造费用 30 元，完工产品 100 件。根据以上资料编制产品成本计算单，见表 3.23。

表 3.23 产 品 成 本 计 算 单

产品名称：D 产品　　　　　　　　202×年×月　　　　　　　　单位：元

成本项目	直接材料	定额工时	直接人工	制造费用	合计
生产费用合计	25 000		8 000	6 000	39 000
在产品费用定额	50		40	30	—
在产品定额成本（40 件）	2 000	80	3 200	2 400	7 600
完工产品成本	23 000		4 800	3 600	31 400
完工产品单位成本（100 件）	230		48	36	314

【例 3.34】 根据 3.1 节的要素费用相关分配表和 3.2 节的综合性费用相关分配表，登记 202×年 6 月甲、乙产品成本明细账，计算江河企业基本生产车间甲、乙两种完工产品的成本。甲产品完工 400 件，原材料是生产开始一次投入，废品损失全部由完工产品负担；甲产品月末在产品 100 件，其直接材料定额成本 5 800 元，燃料和动力定额成本 3 000 元，直接人工定额成本 1 800 元，制造费用定额成本 2 700 元；乙产品月初无余额，400 件全部完工，详见表 3.24、表 3.25。

表 3.24 产 品 成 本 明 细 账

产品名称：甲

月	日	摘　要	产量/件	直接材料/元	燃料和动力/元	直接人工/元	制造费用/元	废品损失/元	合计/元
6	30	原材料费用分配表 3.1		30 000					30 000
	30	外购动力费分配表 3.2			20 720				20 720
	30	工资费用分配表 3.5				15 000			15 000
	30	其他职工薪酬分配表				8 565			8 565
	30	辅助生产费用分配表			4 260				4 260

第3章 成本费用的归集与分配

续表

月	日	摘要		产量/件	直接材料/元	燃料和动力/元	直接人工/元	制造费用/元	废品损失/元	合计/元
	30	制造费用分配						12 320		12 320
	30	结转不可修复废品损失			480	535.2	505.2	264		1 784.4
	30	分配废品净损失							1 434.4	1 434.4
	30	本月生产费用合计			29 520	24 444.8	23 059.8	12 056	1 434.4	90 515
		生产费用累计			29 520	24 444.8	23 059.8	12 056	1 434.4	90 515
	30	产成品	总成本	400	23 400	21 444.8	21 259.8	9 356	1 434.4	76 895
			单位成本		58.5	53.612	53.149 5	23.39	3.586	192.237 5
	30	在产品成本（定额成本）		100	6 120	3 000	1 800	2 700	0	13 620

表3.25　　　　　　　　　　　产品成本明细账

产品名称：乙产品　　　　　　　　　　　　　　　　　　　　　　　　　　单位：元

月	日	摘要		产量/件	直接材料/元	燃料和动力/元	直接人工/元	制造费用/元	合计/元
6	30	原材料费用分配表3.1			22 000				22 000
	30	外购动力费分配表3.2				11 840			11 840
	30	工资费用分配表3.5					9 000		9 000
	30	其他职工薪酬分配表					5 139		5 139
	30	辅助生产费用分配表				2 690			2 690
	30	制造费用分配						7 040	7 040
	30	本月生产费用合计			22 000	14 530	14 139	7 040	57 709
		生产费用累计			22 000	14 530	14 139	7 040	57 709
	30	产成品	总成本	400	22 000	14 530	14 139	7 040	57 709
			单位成本		55	36.325	35.347 5	17.6	144.272 5

3.3.2.6 定额比例法

定额比例法根据生产费用占完工产品和月末在产品的定额消耗量或定额费用的比例，分配计算完工产品和月末在产品的成本，而且是各成本项目分开进行，其中，直接材料费用按原材料定额消耗量或原材料定额费用比例分配，直接人工及制造费用等其他加工费用按定额工时或定额费用比例分配。该方法适用于各项消耗定额或费用定额比较准确、稳定，但各月末在产品数量变动较大的产品。

采用定额比例法时，如果原材料费用按定额原材料费用比例分配，各项加工费用均按定额工时比例分配，那么，其分配计算公式如下。

3.3 生产费用在完工产品和在产品之间的分配

1. 原材料的分配计算公式

$$原材料费用分配率 = \frac{月初在产品原材料费用 + 本月投入的原材料费用}{完工产品定额原材料费用 + 月末在产品定额原材料费用}$$

$$或 = \frac{月初在产品原材料费用 + 本月投入的原材料费用}{月初在产品定额原材料费用 + 本月投入的定额原材料费用}$$

上述第一个公式与第二个公式的分子相同,分母不同,但两个公式可以通用。因为月初在产品定额原材料费用与本月投入的定额原材料费用之和,等于本月完工产品定额原材料费用与月末在产品定额原材料费用之和。

完工产品应分配原材料费用 = 完工产品定额原材料费用 × 原材料费用分配率

月末在产品应分配原材料费用 = 月末在产品定额原材料费用 × 原材料费用分配率

2. 直接人工及制造费用等加工费用的分配计算公式

$$某项加工费用分配率 = \frac{月初在产品某项加工费用 + 本月投入的某项加工费用}{完工产品定额工时 + 月末在产品定额工时}$$

$$或 = \frac{月初在产品某项加工费用 + 本月投入的某项加工费用}{月初在产品定额工时 + 本月投入的定额工时}$$

完工产品应分配某项加工费用 = 完工产品定额工时 × 该项加工费用分配率

月末在产品应分配某项加工费用 = 月末在产品定额工时 × 该项加工费用分配率

【例 3.35】 甲产品月初在产品成本:直接材料 1 200 元,直接人工费用 400 元,制造费用 300 元;本月生产费用:直接材料 18 800 元,直接人工费用 1 400 元,制造费用 600 元;完工产品 200 件,直接材料定额费用 16 000,定额工时 3 000 小时;月末在产品 50 件,直接材料定额费用 4 000 元,定额工时 600 小时。完工产品与月末在产品之间,直接材料费用按直接材料定额费用比例分配,其他加工费用按定额工时比例分配。各项费用分配过程见表 3.26。

表 3.26　　　　　　　　　　产 品 成 本 明 细 账

产品名称:甲产品　　　　　　　　202×年×月　　　　　　　　产量:200 件

成本项目	月初在产品费用/元	本月费用/元	生产费用合计/元	费用分配率	完工产品		月末在产品	
					定额费用	实际费用	定额费用	实际费用
①	②	③	④=②+③	⑤=④÷(⑥+⑧)	⑥	⑦=⑥×⑤	⑧	⑨=⑧×⑤
直接材料	1 200	18 800	20 000	1	16 000	16 000	4 000	4 000
直接人工	400	1 400	1 800	0.5	3 000 小时	1 500	600 小时	300
制造费用	300	600	900	0.25	3 000 小时	750	600 小时	150
合计	1 900	20 800	22 700	—		18 250	—	4 450

> **特别提示**
>
> 企业应当根据在产品数量的多少、各月在产品数量变化的大小、各项费用比重的大小以及定额基础的好坏等具体条件,选择既合理又简便的分配方法。

资源 3.12
完工产品和在产品分配方法的选择

3.3.3 完工产品成本的结转

工业企业生产产品发生的各项生产费用,已在各种产品之间进行了分配,并且也进行了同种产品的完工产品与月末在产品之间的分配。完工产品经产成品库验收入库以后,其成本应从"基本生产成本"科目及其明细账的贷方,转入"库存商品"借方。完工的自制材料、模具、工具等的成本,应分别计入"原材料""低值易耗品"等科目的借方。"基本生产成本"科目月末借方余额,为月末在产品成本。"基本生产成本"总账账户余额应与所属各种产品成本明细账中月末在产品成本之和核对相符。

对于完工产品,应根据产品成本明细账登记完工产品也就是产成品的成本资料。根据表 3.24、表 3.25 编制产成品成本汇总表,其格式见表 3.27。

表 3.27 产成品成本汇总表

江河企业　　　　　　　　　　　202×年 6 月　　　　　　　　　　　单位:元

产成品	产量	成本	直接材料	燃料和动力	直接人工	制造费用	废品损失	合计
甲产品	400	总成本	23 400	21 444.8	21 259.8	9 356	1434.4	76 895
		单位成本	58.5	53.612	53.1495	23.39	3.586	192.2375
乙产品	400	总成本	22 000	14 530	14 139	7 040	0	57 709
		单位成本	55	36.325	35.3475	17.6	0	144.2725

根据上述产成品成本汇总表,编制下述会计分录:

借:库存商品——甲产品　　　　　　　　　　　　　　　　　　76 895
　　　　　　——乙产品　　　　　　　　　　　　　　　　　　57 709
　贷:基本生产成本——甲产品　　　　　　　　　　　　　　　76 895
　　　　　　　　——乙产品　　　　　　　　　　　　　　　57 709

本 章 小 结

本章详细地介绍了产品计算成本的 3 个步骤。

第一个步骤——归集和分配各项要素费用。要素费用分配包括 5 个步骤,原材料分配的基本方法包括定额消耗量比例法和定额费用比例法。经过归集和分配,要素费用都已分配到"基本生产成本""辅助生产成本""制造费用""管理费用""销售费用"等成本费用类账户的借方。第二个步骤——按用途归集和分配各项费用。辅助生产费用主要包括 5 种分配方法,注意 5 种方法的异同和适用范围;制造费用的两大分配方法包括实际分配率法和计划分配率法;废品损失包括不可修复废品的净损失和可修复废品的修复费用;各项期间费用,分别记入"销售费用""管理费用""财务费用"。第三个步骤——按成本计算对象归集和分配费用。经过两个步骤的归集和分配,所有费用最终分配到了"基本生产成本"的借方。如果月末有在产品,费用还需在完工产品和在产品之间进行分配,分配方法主要有 6 种。

练 习 题

一、单项选择题

1. 以定额材料消耗量为标准分配原材料费用的方法是（　　）。
   A. 产品重量比例法　　　　　　　　B. 顺序分配法
   C. 定额消耗量比例法　　　　　　　D. 定额费用比例法

2. 可以计入"直接材料"成本项目的材料费用是（　　）。
   A. 为组织管理生产用的机物料　　　B. 为组织管理生产用的低值易耗品
   C. 生产过程中间接耗用的材料　　　D. 直接用于生产过程中的原材料

3. 甲公司生产某种产品，需2道工序加工完成，公司不分步计算产品成本。该产品的定额工时为100小时，其中第1道工序的定额工时为20小时，第2道工序的定额工时为80小时。月末盘点时，第1道工序的在产品数量为100件，第2道工序的在产品数量为200件。如果各工序在产品的完工程度均按50%计算，月末在产品的约当产量为（　　）件。
   A. 90　　　　　　　　　　　　　　B. 120
   C. 130　　　　　　　　　　　　　　D. 150

4. 某厂的B产品单位工时定额为60小时，经过两道工序加工完成，第一道工序的工时定额为20小时，第二道工序的定额工时为40小时。假设本月末第一道工序有在产品40件，平均完工程度为30%；第二道工序有在产品60件，平均完工程度为70%。则在产品的约当产量为（　　）件。
   A. 48　　　　　　　　　　　　　　B. 52
   C. 36　　　　　　　　　　　　　　D. 42

5. 领用周转材料时，将其价值一次全部计入有关费用的方法是（　　）。
   A. 五五摊销法　　　　　　　　　　B. 一次摊销法
   C. 分次摊销法　　　　　　　　　　D. 净值法

6. 某厂甲产品的单位工时定额为80小时，经过两道工序加工完成，第一道工序的工时定额为20小时，第二道工序的定额工时为60小时。假设本月末第一道工序在产品30件，平均完工程度为60%；第二道工序在产品50件，平均完工程度为40%。则分配人工费用时在产品的约当产量为（　　）件。
   A. 32　　　　　　　　　　　　　　B. 38
   C. 40　　　　　　　　　　　　　　D. 42

7. 在按30日计算日工资率的情况下，如果某月日历天数为30天，采用扣缺勤法和出勤法计算应付工资，两者计算结果（　　）。
   A. 相同　　　　　　　　　　　　　B. 前者大于后者
   C. 后者大于前者　　　　　　　　　D. 无法比较

8. 在按30日计算日工资率的情况下，如果某月日历天数为31天，采用扣缺勤法和出勤法计算应付工资，两者计算结果（　　）。

A. 相同 B. 前者大于后者
C. 后者大于前者 D. 无法比较

9. 用于生产产品构成产品实体的原材料费用，应计入下列科目（　　）。
   A. 生产成本 B. 制造费用
   C. 废品损失 D. 销售费用

10. 季节性停工期间的停工损失应计入（　　）科目。
    A. 营业外支出 B. 基本生产成本
    C. 制造费用 D. 其他应收款

11. 可修复废品返修前发生的生产费用（　　）。
    A. 应借记废品损失科目
    B. 与修复费用一起转入基本生产成本科目借方
    C. 应从基本生产成本科目贷方转出
    D. 不是废品损失，不必计算其生产成本

12. 适用于季节性生产车间分配制造费用的方法是（　　）。
    A. 生产工时比例法 B. 生产工资比例法
    C. 机器工时比例法 D. 年度计划分配率分配法

13. 采用顺序分配法分配辅助生产费用时，（　　）。
    A. 施惠最多、受益最少的生产部门排在第一位
    B. 施惠最少、受益最多的生产部门排在第一位
    C. 施惠最多、受益最多的生产部门排在第一位
    D. 施惠最少、受益最少的生产部门排在第一位

14. 辅助生产费用分配结果比较准确，但分配计算过程较复杂的分配方法是（　　）。
    A. 计划成本分配法 B. 顺序分配法
    C. 代数分配法 D. 交互分配法

15. 经过质量检验部门鉴定不需要返修，可以降价出售的不合格品，其降低价格的损失应计入（　　）。
    A. 废品损失 B. 销售费用
    C. 管理费用 D. 在计算销售损益时体现

16. 辅助生产费用直接分配法的特点是辅助生产费用（　　）。
    A. 直接计入"辅助生产成本"科目
    B. 直接分配给所有受益的车间、部门
    C. 直接分配给辅助生产以外的各受益单位
    D. 直接计入辅助生产提供的劳务成本

17. 采用计划成本分配法分配辅助生产费用时，实际成本与计划成本的差额列入（　　）。
    A. 制造费用 B. 管理费用
    C. 财务费用 D. 生产成本

18. 下列费用不属于期间费用的是（　　）。
   A. 制造费用　　　　　　　　　B. 管理费用
   C. 财务费用　　　　　　　　　D. 销售费用
19. 废品净损失分配转出时，应借记（　　）科目。
   A. 废品损失　　　　　　　　　B. 基本生产成本
   C. 管理费用　　　　　　　　　D. 制造费用
20. 产成品入库后，由于保管不善等原因致使产品不符合规定的技术标准，这种损失在财务上应作为（　　）处理。
   A. 废品损失　　　　　　　　　B. 制造费用
   C. 管理费用　　　　　　　　　D. 基本生产成本

二、多项选择题

1. 分配辅助生产费用时编制会计分录所涉及的账户有（　　）。
   A. 基本生产成本　　　　　　　B. 辅助生产成本
   C. 制造费用　　　　　　　　　D. 管理费用
   E. 销售费用
2. 低值易耗品的摊销方法有（　　）。
   A. 比例摊销法　　　　　　　　B. 计划成本摊销法
   C. 一次摊销法　　　　　　　　D. 分次摊销法
   E. 五五摊销法
3. 下列项目中应当计入财务费用的有（　　）。
   A. 利息支出　　　　　　　　　B. 汇兑损失
   C. 增值税　　　　　　　　　　D. 借款手续费
   E. 待业保险费
4. 辅助生产费用的分配方法有（　　）。
   A. 直接分配法　　　　　　　　B. 交互分配法
   C. 顺序分配法　　　　　　　　D. 代数分配法
   E. 按计划成本分配法
5. "废品损失"由以下（　　）部分构成的。
   A. 不可修复废品的生产成本　　B. 可修复废品的修理费用
   C. 扣除回收的废品残料价值　　D. 降价损失
   E. 可修复废品返修以前的生产费用

三、计算题

1. 某工业企业生产甲、乙两种产品，共同耗用 A 材料 1 200 千克，A 材料单价为 4 元每千克。甲产品的实际产量为 140 件，单件产品材料消耗定额为 4 千克；乙产品的实际产量为 80 件，单件产品材料消耗定额为 5.5 千克。要求：按定额消耗量的比例分配甲、乙两种产品的原材料费用，编制会计分录。

2. 某企业 8 月应支付外购电费 21 000 元，根据各车间的电表所记录的耗电度数为 70 000 千瓦时。各车间、部门耗电量具体为：基本生产车间直接用于产品生产耗电 50 000 千瓦时,没有分产品安装电表,按生产工时分配电费,甲产品生产工时为 5 000 小时,乙产品生产工时为 2 500 小时;车间照明用电 8 000 度,辅助生产车间耗电 4 000 度,企业行政管理部门耗电 3 000 度;专设销售机构耗电 5 000 度。要求:分配本月的外购动力费用,并编制相应的会计分录。

3. 职工张三月标准工资为 1 200 元,8月共 31 天,病假 3 天,事假 2 天,8 个休息日,出勤 18 天。夜班 3 天,根据其工龄,其病假工资按工资标准的 90% 计算,病假和事假期间没有节假日,试按 4 种方法分别计算该职工 8 月份应发工资额。

4. 某企业有机修、供电两个辅助生产车间。供水车间本月发生费用 3 000 元,供电车间本月发生费用 5 000 元。辅助车间发生的制造费用不通过制造费用科目。各辅助车间提供产品或劳务的数量见表 3.28。

表 3.28　　　　　　　　　　　资　料　表

受益单位	机修/时	供电/千瓦时	受益单位	机修/时	供电/千瓦时
甲产品	300	10 000	供电车间	80	
乙产品	200	6 000	行政管理部门	40	2 500
基本生产车间一般耗用	70	800	专设销售机构	30	700
机修车间		5 000	合计	720	25 000

求:(1) 分别采用直接分配法、顺序分配法、代数分配法、交互分配法分配辅助费用,并写出有关的会计分录。

(2) 假设机修车间计划单位成本为 5.67 元,供电车间计划单位成本为 0.21 元,采用计划成本法分配辅助费用,并写出有关的会计分录。

5. 某企业基本生产车间全年制造费用计划发生额为 234 000 元,全年各种产品的计划产量为甲产品 19 000 件,乙产品 6 000 件,丙产品 8 000 件。单件产品工时定额:甲产品 5 小时,乙产品 7 小时,丙产品 7.25 小时。本月份实际产量:甲产品 1 800 件,乙产品 700 件,丙产品 500 件,本月实际发生的制造费用为 20 600 元。

求:(1) 按年度计划分配率分配制造费用。

(2) 根据计算结果编制会计分录。

6. 某工业企业生产甲产品 1 000 件,在生产过程中,产生不可修复废品 100 件,该企业的不可修复废品成本按定额成本计价。每件废品原材料费用定额为 80 元,假定每件废品的定额工时为 2 小时,每小时的费用定额为:直接人工费用 5 元,制造费用 10 元。100 件废品回收的残料作为辅助材料入库,计价 500 元。不可修复废品净损失由当月产品成本负担。

求:(1) 计算不可修复废品损失。

(2) 编制废品损失的相关会计分录。

7. 某产品需经过两道工序制成,原材料消耗定额为 500 千克,其中,第一道工序原材料消耗定额为 240 千克,第二道工序原材料消耗定额为 260 千克。月末在产品数量:第一道工序为 200 件,第二道工序为 150 件。

分别计算以下两种情况下期末在产品的约当产量:
(1) 原材料在每道工序开始时一次性投入。
(2) 原材料随着加工进度陆续投入。

8. 甲公司是一家制造业企业,只生产和销售一种新型保温容器。产品直接消耗的材料分为主要材料和辅助材料。各月在产品结存数量较多,波动较大。公司在分配当月完工产品与月末在产品的成本时,对辅助材料采用约当产量法,对直接人工和制造费用采用定额比例法。2019年6月有关成本核算、定额资料如下:

(1) 本月生产数量(表3.29)。

表 3.29　　　　　　　生 产 数 量 资 料 表　　　　　　　单位:只

月初在产品数量	本月投产数量	本月完工产品数量	月末在产品数量
300	3 700	3 500	500

(2) 主要材料在生产开始时一次全部投入;辅助材料陆续均衡投入,月末在产品平均完工程度60%。

(3) 本月月初在产品成本和本月发生生产费用(表3.30)。

表 3.30　　　　月初在产品成本和生产费用资料表　　　　单位:元

	主要材料	辅助材料	人工费用	制造费用	合计
月初在产品成本	32 000	3 160	9 600	1 400	46 160
本月发生生产费用	508 000	34 840	138 400	28 200	709 440
合计	540 000	38 000	148 000	29 600	755 600

(4) 单位产品工时定额(表3.31)。

表 3.31　　单位产品工时定额资料表　　单位:时

	产成品	在产品
人工工时定额	2	0.8
机器工时定额	1	0.4

求:(1) 计算本月完工产品和月末在产品的主要材料费用。
(2) 按约当产量法计算本月完工产品和月末在产品的辅助材料费用。
(3) 按定额人工工时比例计算本月完工产品和月末在产品的人工费用。
(4) 按定额机器工时比例计算本月完工产品和月末在产品的制造费用。
(5) 计算本月完工产品总成本和单位成本。

四、案例应用分析

邯钢的制造费用分配

河北钢铁集团邯郸钢铁集团有限责任公司(简称"邯钢")是我国重要的优质板材生产基地,是河北钢铁集团的核心企业。20世纪90年代,邯钢主动走向市场,通过推行并不断深化"模拟市场核算、实行成本否决"经营机制,创造了闻名全国的"邯钢经验"。邯钢只生产一种产品钢水,由6座高炉同时生产,每座高炉的制造成本均不同,因此制造费用在各高炉之间归集和分配。该厂下设 11 个工段,6 个基本工段,即 1—6 号高炉工段;辅助工段 5 个,分别为铸铁工段、维修工段、机电、煤粉工段、生产设备工段。有些辅助工段下设班组,如铸铁工段下有大修罐班组、吹管、沟头班组,生产设备工段下设炮泥班组、取渣班组。各工段或班组以计划价格来结转成本,把制造费用分为三部分:

(1) 基本生产工段制造费用,即 6 个高炉工段发生的费用,汇集后直接计入各高炉成本。

(2) 辅助生产工段制造费用,即 5 个辅助工段发生的费用,各辅助工段或班组制造费用汇总归集后,工段或班组根据各自的生产特点,以不同标准的计划分配率将费用分配到各个高炉中。以铸铁工段下大修理罐班组为例,计算公式如下:

各高炉应分配的大修罐班组制造费用=该高炉耗用的铁罐次数×每罐次计划单位成本

铸铁工段内部利润=各班组分配到各高炉的制造费用-铸铁工段实际发生的制造费用

(3)(组织部门)厂部制造费用分配计算公式如下:

厂部制造费用计划分配率=厂部计划制造费用总额÷各高炉计划产量之和

各高炉应分配的厂部制造费用=该高炉实际产量×厂部制造费用计划分配率

分厂厂部制造费用差异=厂部实际制造费用-按计划分配率分配的厂部制造费用

将厂部制造费用差异与各个辅助工段内部利润合并起来,按照各高炉产量比率分配到 6 个高炉工段中。

(资料来源:欧阳清,宁燕,中国财经报,1999 年 8 月 5 日)

问题:

(1) 邯钢制造费用的分配方法是什么?
(2) 邯钢制造费用的分配方法有什么特点和优点?

第 4 章

成本核算方法

教学目标

通过本章的学习，了解产品生产的工艺特点和组织特点以及管理要求对产品成本核算的影响；理解品种法、分批法、分步法和分类法的特点、适用范围和计算程序；熟悉综合结转分步法和平行结转分步法的主要区别，理解综合结转分步法成本还原的基本思路。

重点难点

成本核算的基本方法和适用范围；品种法的核算程序；综合结转分步法的成本还原；联产品成本的计算。

会计名言

经济学家涉及到所有的成本——无论这些成本是否反映了货币的交易；而企业会计人员一般不涉及非货币交易。

——保罗·萨缪尔森

如果生产成本对供给没有影响，那么，它就不会影响供需市场的价格。

——约翰·斯图亚特·穆勒

盯住成本，利润就会随之而来。

——安德鲁·卡内基

课前案例

纸巾是如何生产的？

当你不小心把牛奶洒了，这时纸巾可以大显身手。造纸厂在制造纸巾时一般要经过制浆、调制、抄纸、加工等主要步骤，其工艺流程主要由如下几个主要环节组成：

制浆段：原料选择→蒸煮分离纤维→洗涤→漂白→洗涤筛选→浓缩或抄成浆片→储存备用。

调制和抄纸段：散浆→除杂质→精浆→打浆→配制各种添加剂→纸料的混合→纸料的流送→头箱→网部→压榨部→干燥部→表面施胶→干燥→压光→卷取成纸。

加工段：复卷→裁切平板（或卷筒）→分选包装→入库结束。

第4章 成本核算方法

显然,在这种制造环境中,我们无法轻易地计算出单个纸卷的成本。鉴于此,在成本核算方法的选择上,关键在于如何选择成本计算对象。

点评:不同的生产特点决定不同的成本计算方法。

4.1 产品成本核算方法概述

4.1.1 生产特点及其对产品成本核算方法的影响

4.1.1.1 生产特点

一般来说,企业产品成本的计算方法应该与其生产特点相适应,制造业企业的生产特点主要包括产品生产工艺过程和生产组织两个方面。

1. 产品生产工艺过程特点

工艺是指生产者将原材料或半成品加工成产品的具体方法、技术等。按生产工艺过程特点,制造业企业的生产可分为单步骤生产和多步骤生产两种类型。

单步骤生产,也称简单生产,是指生产工艺过程不能间断的生产(如供水、发电企业的水和电的生产),或者由于工作地点限制不便分散在几个不同地点进行的生产(如采掘企业的生产)。

多步骤生产,也称复杂生产,是指生产工艺过程可以间断,可以分散在不同时间、地点,由几个生产步骤组成的生产。多步骤生产按加工方式,又可以进一步分为连续式生产和装配式生产。连续式生产,是指从原材料投入到产品完工,要依次经过各生产步骤的连续加工的生产,前一加工步骤完工的半成品为后一加工步骤的对象(如纺织企业从棉花到棉纱再到棉布的生产,钢铁企业从铁矿石到铁锭再到钢产品的生产)。装配式生产,是指各个生产步骤可以在不同地点同时进行,先把各种原材料平行加工制成各种零部件,再把各种零部件装配成产品的生产(如轴承、汽车、家电、服装等企业的生产)。

资源4.1
钢铁工业的
生产过程

2. 产品生产组织特点

产品生产组织特点是企业为保证生产过程中各因素相互协调的工作制度。生产组织的特点取决于产品产量的多少、产品生产的重要性以及产品的稳定程度。按照产品生产组织特点,制造业企业的生产可分为大量生产、成批生产和单件生产3种类型。

(1) 大量生产是指连续不断地重复生产一种或几种特定产品的生产。这种生产类型的企业一般生产的品种较少,但每一品种的产量较大,规格较单一,且多采用专业设备进行生产,因此生产的专业化水平较高。如供水、发电、采掘、纺织、钢铁、造纸等企业的生产就属于这种类型。

(2) 成批生产是指按事先规定的批别和数量进行的生产。这种生产类型的企业一般生产的品种或规格比较多,而且成批轮番地组织生产,但每一品种的产量可能有大有小。这种生产组织形式是现代工业企业的主要生产形式,如机械、服装、卷烟等企业的生产就属于这种类型。成批生产按照批量大小又可分为大批生产和小批生产,大批生产和大量生产相接近,小批生产和单件生产相接近。

（3）单件生产是指据客户订单按每一件产品组织的生产。这种生产类型的企业一般生产的品种较多，但每一品种的产量较少，规格较特殊，而且生产完后，很少再重复生产该种规格的产品。这种生产组织形式并不多见，一般用于大型而复杂的产品，如重型机械、精密仪器、船舶等企业的生产就属于这种类型。

3. 生产工艺过程和生产组织的结合

不同生产工艺过程和生产组织的结合，就形成了不同类型的制造型企业。单步骤生产和多步骤连续加工式生产一般是大量大批生产，可分别称为大量大批单步骤生产和大量大批连续加工式多步骤生产。多步骤装配式生产，可以是大量大批生产，也可以是小批或单件生产，则分别称为大量大批装配式多步骤生产和单件小批装配式多步骤生产。

4.1.1.2　生产特点对产品成本计算方法的影响

生产特点对成本计算方法的影响主要表现在成本计算对象的确定、成本计算期的确定以及生产费用在完工产品与在产品之间的分配3个方面。

1. 成本计算对象的确定

成本计算对象是指成本的承担者，也就是归集和分配生产费用的对象。确定成本计算对象，是设置产品成本明细账、归集生产费用、计算产品成本的前提，也是区分各种成本计算基本方法的主要标志。

从生产工艺过程特点看，单步骤生产由于工艺过程不能间断，必须以产品为成本计算对象；多步骤连续加工式生产，需要以生产步骤为成本计算对象；多步骤装配式生产，由于产品的零件、部件可以在不同地点同时进行加工，然后装配成最终产品，而零件、部件等半成品没有独立的核算意义，因此，不需要按步骤计算半成品成本，而以产品品种为成本计算对象。从生产组织特点看，大量大批生产一般按产品品种作为成本计算对象；小批单件生产则以产品批别作为成本计算对象。

因此，一般来说，在大量大批简单生产的企业里，由于产量较大且生产过程不能间断，应以产品品种作为成本计算对象；在大量大批复杂生产的企业里，由于其生产过程可以间断，不仅可以计算出每种产品的成本，还可以计算出各步骤半成品的成本，则成本计算对象是每种产品和该产品的各生产步骤；在单件小批生产企业里，由于是按客户的订单或批别来组织生产，在进行成本计算时要求计算每一订单产品或每批产品的成本，此时的成本计算对象是产品的批别。

2. 成本计算期的确定

成本计算期是指计算产品成本的起讫时间。实务中，产品成本计算期并不完全与产品的生产周期或会计结算期一致。在大量大批生产的企业中，由于随时都有完工产品，因此，完工产品成本不能随时计算，而是定期地在月末进行计算。此时，产品的成本计算期与会计结算期一致，而与产品的生产周期不一致。在单件小批生产中，当每一订单产品或每批产品未完工时，生产费用全部属于在产品的成本，只有产品全部完工时，才能计算完工产品的成本，故其成本计算期并不固定，与产品的生产周期一致，但与会计结算期不一致。

3. 生产费用在完工产品与在产品之间的分配

单步骤生产一般没有在产品，所以不存在生产费用在完工产品与在产品之间分配的问题。多步骤生产是否需要在完工产品与在产品之间分配生产费用，很大程度上取决于生产组织的特点。大量大批生产由于生产不间断进行，而且经常有在产品，因而需要采用适当的方法，将生产费用在完工产品与在产品之间进行分配。在单件小批生产中，由于成本计算期与生产周期一致，因而一般不存在完工产品与在产品之间分配费用的问题。

4.1.2 管理要求对成本核算方法的影响

成本计算方法主要受企业生产特点的制约，但并不完全服从于生产特点。企业成本管理的要求不同，对成本计算方法（主要是成本计算对象）的确定也会产生影响。例如，在大量大批复杂生产的企业里，由于产品需要经过若干个生产步骤，所以，一般情况下都以每种产品及其所经过的加工步骤作为成本计算对象，即采用分步法来计算产品成本。但是，如果企业规模较小，成本管理上不要求计算出各加工步骤的成本，只要求计算出每种产品的成本，这时，可采用品种法计算该种产品成本。

在大批生产时，与大量生产相类似，在一个较长时间内连续不断地重复生产一种或几种产品，也只能按照产品的品种来计算成本。至于单件和小批生产，因为投产的批量较小，同一批产品往往可以同时完工，因此可以按照产品的批别（单件是最小的批别）来计算成本。管理上为了分析和考核各批产品成本，也要求按照产品的批别来计算成本。

综上所述，成本计算对象主要是根据产品的生产特点和管理要求来加以确定。一般来说，主要有3种成本计算对象：产品的品种、产品的批别和产品的生产步骤。与之对应，产品成本计算的方法主要有品种法、分批法和分步法3种基本方法。成本计算对象、成本计算期以及生产费用在本期完工产品和期末在产品之间的分配是区别成本计算方法的标志，见表4.1。

表4.1　　　　　　　　　　区别成本计算基本方法的标志

	标　志	主要标志——成本计算对象	辅助标志——成本计算期	辅助标志——在产品成本计算
方法	品种法	产品品种	同会计期	需要计算
	分批法	产品批别	同生产周期	一般不需要计算
	分步法	各产品的生产步骤	同会计期	需要计算

知识链接

企业产品成本核算制度（试行）节选

第九条　制造企业一般按照产品品种、批次订单或生产步骤等确定产品成本核算对象。

（一）大量大批单步骤生产产品或管理上不要求提供有关生产步骤成本信息的，一般按照产品品种确定成本核算对象。

（二）小批单件生产产品的，一般按照每批或每件产品确定成本核算对象。

（三）多步骤连续加工产品且管理上要求提供有关生产步骤成本信息的，一般按照每种（批）产品及各生产步骤确定成本核算对象。

产品规格繁多的，可以将产品结构、耗用原材料和工艺过程基本相同的产品，适当合并作为成本核算对象。

4.1.3 产品成本核算的常见方法

产品成本核算方法是指将生产费用在企业生产的各种产品之间、完工产品和期末在产品之间分配的方法。产品成本计算方法一般包括确定成本计算对象；设置成本明细账；设置成本项目；生产费用的归集及计入产品成本的程序；确定间接计入费用的分配标准；确定成本计算期；将生产费用在完工产品和期末在产品之间分配；计算出完工产品的总成本和单位成本。

企业应当根据产品生产过程的特点、生产经营组织的类型、产品种类的繁简和成本管理的要求，确定产品成本核算的对象、项目、范围，及时对有关费用进行归集、分配和结转。企业产品成本核算采用的会计政策和估计一经确定，不得随意变更。

4.1.3.1 产品成本核算的基本方法

前已述及，为了适应各种生产特点和管理要求，在成本计算工作中主要有品种法、分批法和分步法3种基本方法。

成本计算基本方法的对比见表4.2。

表4.2　　　　　　　　　　成本计算基本方法的对比表

	标　志	工艺特点	组织特点	管理要求	适用企业
方法	品种法	单步骤生产、多步骤生产	大量大批	不需要分步计算的多步骤生产	供水、采掘
	分批法	单步骤生产、多步骤生产	单件小批	不需要分步计算的多步骤生产	造船、机械
	分步法	多步骤生产	大量大批	需要分步计算	纺织、汽车

4.1.3.2 产品成本核算的辅助方法

除了产品成本计算的基本方法以外，还存在分类法、定额法等成本计算的辅助方法。分类法是为了简化产品成本计算工作，在产品的品种规格繁多的工业企业，如针织厂、灯泡厂、制帽厂等企业采用的一种简便的成本计算方法。定额法则是在某些定额管理有一定基础的工业企业中，为了更有效地控制生产费用、加强成本管理而采用的一种将符合定额的费用和脱离定额的差异分别计算的产品成本计算方法。

基本方法和辅助方法的划分，并不是因为辅助方法不重要，相反，有的辅助方法，如定额法，对于控制生产费用、降低产品成本具有重要作用。

4.2 产品成本核算的品种法

4.2.1 概述

1. 品种法的定义

产品成本计算的品种法,是指按照产品的品种作为成本计算对象,归集生产费用、计算产品成本的一种成本计算方法。由于不论什么企业,不论什么生产类型的产品,也不论管理上的要求如何,最终都必须按照产品品种计算出产品成本,按产品品种计算成本,是产品成本计算最一般、最起码的要求,因此,品种法是产品成本计算的最基本的方法,也称简单法。

资源 4.2
品种法知识
要点

2. 品种法的适用范围

品种法适用于大量大批的单步骤生产或管理上不要求分步骤计算产品成本的大量大批的多步骤生产。

(1) 大量大批的单步骤生产。由于该类型的生产是大批量的生产,不需要也无法分批计算产品成本;另外,又由于是单步骤生产,其生产技术过程不能间断,也不能分步骤计算产品成本。因此,需要按品种归集生产费用,计算产品成本。例如供水、发电、采掘等。

(2) 管理上不要求分步骤计算产品成本的大量大批的多步骤生产。对于生产规模较小,从投料到产品完工过程都在一个车间进行的封闭式生产,或是流水线生产的大量大批的多步骤生产,管理上往往不要求按步骤计算产品成本,因此,也可以采用品种法计算产品成本。例如小水泥厂、小砖厂,或是封闭式小山地自行车厂,或流水线生产拖拉机厂、汽车厂等。

3. 品种法的特点

(1) 品种法的成本计算对象是产品品种。采用品种法计算产品成本的企业,多是大量大批重复生产一种或多种产品。如果企业只生产一种产品,企业所发生的全部生产费用都是直接计入费用,不需要在各成本计算对象之间进行分配,可以直接计入该产品成本明细账的有关成本项目。因此,在这种情况下,只需为该产品设置产品成本明细账,并按成本项目设置专栏,归集生产费用和计算产品成本。如果企业生产的产品不止一种,就需要以每一种产品作为成本计算对象,分别设置产品成本明细账。对于发生的生产费用,若能分清是哪种产品耗用的,则直接计入各种产品成本明细账的有关成本项目;若是几种产品共同耗用的,则需要采用适当的分配方法,在各成本计算对象之间进行分配,然后分别计入各产品成本明细账的有关成本项目。

(2) 成本计算期与会计报告期一致。由于大量大批的生产是不间断的连续生产,其产品也是陆续投入、陆续完工的,无法按照产品的生产周期来归集生产费用和计算产品成本,因而只能定期按月计算产品成本,从而将本月的销售收入与产品生产成本配比,计算本月损益,以满足管理的需要。因此,品种法下产品成本计算期是定期按月计算,与会计报告期一致,而与产品的生产周期不一致。

(3) 生产费用在完工产品和在产品之间的分配。如果是大量大批的单步骤，一个生产步骤就完成了其整个生产过程，月末一般没有在产品，因此，计算产品成本时不需要将生产费用在完工产品和在产品之间进行分配，产品成本明细账中归集的生产费用，就是该种产品的成本。如果是管理上不要求分步骤计算产品成本的大量大批的多步骤生产，由于需要经过多个生产步骤，月末一般都会有在产品，因此，为了分别计算完工产品与月末在产品的成本，就需要采用适当的分配方法，将生产费用在完工产品和在产品之间进行分配。

4.2.2 品种法的计算程序及应用实例

由于品种法是产品成本计算方法中最基本的方法，品种法的成本计算程序体现着产品成本计算的一般程序，主要应包括下列步骤：

(1) 按品种开设基本生产成本明细账（即成本计算单，见表4.3）。品种法的成本计算对象是产品的品种，因此，首先应为每一种产品分别开设基本生产成本明细账（即成本计算单）。明细账采用多栏式，按成本项目设置专栏，以便分别按成本项目归集各种产品的生产费用。上月末没有制造完成的在产品成本即为本月成本明细账中的月初在产品成本。

资源 4.3
品种法成本
计算的一般
程序

表 4.3　　　　　　　　　　产品成本计算单（品种法）

完工产成品数量：×××件
产品名称：××产品　　　　　　　202×年×月　　　　　　　　　　单位：元

成本项目	月初在产品成本	本月生产费用	生产费用合计	产成品成本		月末在产品成本
				总成本	单位成本	
直接材料						
直接人工						
燃料和动力						
制造费用						
合计						

注　本表为一般表格形式，企业可以根据实际情况对其进行变动。

(2) 编制各种要素费用分配表，分配各种要素费用。对生产过程中发生的各项费用，应审核其原始凭证和其他有关资料，编制各种费用分配表，分配各种要素费用。

(3) 归集和分配辅助生产费用。首先应根据上述各种费用分配表，登记辅助生产成本明细账，汇集辅助生产的全部费用，然后，按照各种产品和各受益单位的辅助生产劳务的数量，编制辅助生产费用分配表，分配辅助生产费用。

(4) 编制制造费用分配表，分配基本生产车间制造费用。根据上述各种费用分配表，登记基本生产车间制造费用明细账。将基本生产车间制造费用明细账归集的费用进行汇总，采用一定的方法，在生产的各种产品之间进行分配，并编制制造费用分配表。

(5) 月末，分配完工产品与在产品费用。经过上述程序，本期生产产品应负担的

第4章 成本核算方法

各项费用都集中登记在"产品成本明细账"中。如果期初、期末均没有在产品,则本月"产品成本明细账"中归集的全部生产费用即为本月完工产品的成本;如果期末存在在产品,则应将这些生产费用按照一定的分配方法,在完工产品与在产品之间进行分配。

(6) 结转完工产品成本。根据产品成本明细账计算出来的完工产品成本,编制完工产品成本汇总计算表,并据以编制转账凭证,结转当月完工入库产品的生产成本。

【例 4.1】 某企业设有一个基本生产车间,大量大批生产甲、乙两种产品,根据生产特点和管理要求,采用品种法计算产品成本。该企业设有两个辅助生产车间——维修车间和运输车间,为基本生产车间和管理部门提供劳务。辅助生产车间的制造费用通过"制造费用"科目核算。该企业不单独核算废品损失。产品成本包括"直接材料""燃料和动力""直接人工"和"制造费用"4个成本项目。

下面以该企业202×年4月各项费用资料为例,介绍采用品种法计算甲、乙两种产品成本的程序和相应的账务处理。

(1) 编制各种费用分配表,分配各种要素费用。

1) 根据按材料用途归类的领、退料凭证,编制材料费用分配表,见表4.4。

表 4.4 材料费用分配表(分配表1) 单位:元

应借科目			原料及主要材料	辅助材料	合计
总账级科目	明细科目	成本或费用项目			
基本生产成本	甲产品	直接材料	280 000	6 000	286 000
	乙产品	直接材料	220 000	8 000	228 000
	小计		500 000	14 000	514 000
辅助生产成本	维修车间	直接材料	3 600	1 200	4 800
	运输车间	直接材料	3 000	600	3 600
	小计		6 600	1 800	8 400
制造费用	基本车间	机物料消耗		4 800	4 800
	维修车间	机物料消耗		1 400	1 400
	运输车间	机物料消耗		4 200	4 200
	小计			10 400	10 400
管理费用	其他			3 600	3 600
合计			506 600	29 800	536 400

编制会计分录:

借:基本生产成本——甲产品 286 000
     ——乙产品 228 000
  辅助生产成本——维修车间 4 800
     ——运输车间 3 600

	制造费用——基本车间		4 800	
	——维修车间		1 400	
	——运输车间		4 200	
	管理费用		3 600	
	贷：原材料		536 400	

2) 根据各车间、部门耗电数量、电价和有关费用标准（各种产品耗用的生产工时），编制外购动力费（电费）分配表，见表4.5。

表 4.5　　　　　　　外购动力费（电费）分配表（分配表 2）

应借科目			数量		金额/元
总账科目	明细科目	成本或费用项目	生产工时（分配率0.5元/工时）	度数（单价0.55元/千瓦时）	
基本生产成本	甲产品	燃料和动力	56 000		28 000
	乙产品	燃料和动力	32 000		16 000
	小计		88 000		44 000
辅助生产成本	维修车间	燃料和动力		10 000	5 500
	运输车间	燃料和动力		8 000	4 400
	小计			18 000	9 900
制造费用	基本车间	电费		4 000	2 200
	维修车间	电费		2 000	1 100
	运输车间	电费		1 000	550
	小计			7 000	3 850
管理费用		电费		1800	990
合计			88 000	26 800	58 740

编制会计分录：

借：基本生产成本——甲产品	28 000
——乙产品	16 000
辅助生产成本——维修车间	5 500
——运输车间	4 400
制造费用——基本车间	2 200
——维修车间	1 100
——运输车间	550
管理费用	990
贷：应付账款（或银行存款）	58 740

3) 根据各车间、部门的工资结算凭证和其他应付职工薪酬的计提比例，编制职工薪酬费用分配表，详见表4.6。

第4章 成本核算方法

表4.6　　　　　　　　　职工薪酬费用分配表（分配表3）　　　　　　　　单位：元

应借科目		生产工时/时	应付工资			其他职工薪酬（工资总额的14%）	合计
总账科目	明细科目		生产工人（分配率8元/时）	管理人员	小计		
基本生产成本	甲产品	30 000	240 000		240 000	33 600	273 600
	乙产品	10 000	80 000		80 000	11 200	91 200
	小计	40 000	320 000		320 000	44 800	364 800
辅助生产成本	维修车间		30 000		30 000	4 200	34 200
	运输车间		24 000		24 000	3 360	27 360
	小计		54 000		54 000	7 560	61 560
制造费用	基本车间			20 000	20 000	2 800	22 800
	维修车间			10 000	10 000	1 400	11 400
	运输车间			8 000	8 000	1 120	9 120
	小计			38 000	38 000	5 320	43 320
管理费用				30 000	30 000	4 200	34 200
合计			374 000	68 000	442 000	61 880	503 880

编制会计分录：

借：基本生产成本——甲产品　　　　　　　　　　　273 600
　　　　　　　　——乙产品　　　　　　　　　　　 91 200
　　辅助生产成本——维修车间　　　　　　　　　　 34 200
　　　　　　　　——运输车间　　　　　　　　　　 27 360
　　制造费用——基本车间　　　　　　　　　　　　 22 800
　　　　　——维修车间　　　　　　　　　　　　　 11 400
　　　　　——运输车间　　　　　　　　　　　　　 9 120
　　管理费用　　　　　　　　　　　　　　　　　　 34 200
　贷：应付职工薪酬　　　　　　　　　　　　　　　503 880

4）根据本月应计折旧固定资产原价和月折旧率，计算本月应计固定资产折旧，编制折旧费用分配表，详见表4.7。

表4.7　　　　　　　固定资产折旧费用分配表（分配表4）　　　　　　　　单位：元

项目	生产车间				行政管理部门	合计
	基本车间	维修车间	运输车间	小计		
折旧费用	52 000	24 000	18 000	94 000	11 000	105 000

编制会计分录：

借：制造费用——基本车间　　　　　　　　　　　　52 000

```
                ——维修车间                              24 000
                ——运输车间                              18 000
            管理费用                                     11 000
        贷：累计折旧                                             105 000
```

5）根据 4 月银行存款付款凭证汇总编制银行存款付款凭证（假定全部用银行存款支付）汇总表，详见表 4.8。

表 4.8　　　　　　　　银行存款付款凭证汇总表　　　　　　　　单位：元

应借科目			金额
总账科目	明细科目	成本或费用项目	
制造费用	基本车间	办公费	16 000
		劳动保护费	6 000
		其他	1 100
		小计	23 100
	维修车间	办公费	4 000
		劳动保护费	3 000
		其他	800
		小计	7 800
	运输车间	办公费	4 000
		劳动保护费	3 000
		其他	1 400
		小计	8 400
	合计		39 300
管理费用		办公费	36 000
		差旅费	20 000
		其他	6 000
		小计	62 000
总　计			101 300

编制会计分录：

```
    借：制造费用——基本车间                           23 100
              ——维修车间                           7 800
              ——运输车间                           8 400
        管理费用                                     62 000
        贷：银行存款                                         101 300
```

（2）归集和分配辅助生产费用。

1）根据前述各种费用分配表，登记辅助生产成本明细账，见表 4.9 和表 4.10。

表 4.9　　　　　　　　　　　　　　辅助生产成本明细账

车间名称：维修车间　　　　　202×年 4 月　　　　　　　　　　　　　　单位：元

月	日	摘要	直接材料	燃料和动力	直接人工	制造费用	合计	转出
4	30	根据分配表 1	4 800				4 800	
	30	根据分配表 2		5 500			5 500	
	30	根据分配表 3			34 200		34 200	
	30	根据分配表 5				45 700	45 700	
	30	根据分配表 6						90 200
3	30	合计	4 800	5 500	34 200	45 700	90 200	90 200

表 4.10　　　　　　　　　　　　　　辅助生产成本明细账

车间名称：运输车间　　　　　202×年 4 月　　　　　　　　　　　　　　单位：元

月	日	摘要	直接材料	燃料和动力	直接人工	制造费用	合计	转出
4	30	根据分配表 1	3 600				3 600	
	30	根据分配表 2		4 400			4 400	
	30	根据分配表 3			27 360		27 360	
	30	根据分配表 5				40 270	40 270	
	30	根据分配表 6						75 630
	30	合计	3 600	4 400	27 360	40 270	75 630	75 630

2) 根据前述各种费用分配表，登记辅助生产车间制造费用明细账，见表 4.11 和表 4.12。

表 4.11　　　　　　　　　　　　　　制造费用明细账

车间名称：维修车间　　　　　202×年 4 月　　　　　　　　　　　　　　单位：元

月	日	摘要	职工薪酬	机物料消耗	水电费	折旧费	劳动保护费	办公费	其他	合计
4	30	根据分配表 1		1 400						1 400
	30	根据分配表 2			1 100					1 100
	30	根据分配表 3	11 400							11 400
	30	根据分配表 4				24 000				24 000
	30	根据付款凭证汇总表					3 000	4 000	800	7 800
	30	根据分配表 5								−45 700
	30	合计	11400	1 400	1 100	24 000	4 000	3 000	800	0

表 4.12　　　　　　　　　　　　制造费用明细账

车间名称：运输车间　　　　　　　　202×年4月　　　　　　　　　　　　　单位：元

月	日	摘　要	职工薪酬	机物料消耗	水电费	折旧费	劳动保护费	办公费	其他	合计
4	30	根据分配表1		4 200						4 200
	30	根据分配表2			550					550
	30	根据分配表3	9 120							9 120
	30	根据分配表4				18 000				18 000
	30	根据付款凭证汇总表					3 000	4 000	1 400	8 400
	30	根据分配表5								−40 270
	30	合计	9 120	4 200	550	18 000	4 000	3 000	1 400	0

3) 分配辅助生产车间的制造费用。将辅助生产费用分配表的各项分配数计入各有关明细账后，结算辅助生产车间的制造费用，并编制制造费用分配表，将各辅助生产车间的制造费用分配转入辅助生产成本明细账。辅助生产车间的制造费用分配表详见表 4.13。

表 4.13　　　　　　　辅助生产车间制造费用分配表（分配表5）　　　　　　　单位：元

应 借 科 目		维修车间制造费用	运输车间制造费用	合计
总账科目	明细科目			
辅助生产成本	维修车间	45700		45700
	运输车间		40 270	40 270
合计		45700	40 270	85 970

编制会计分录：
借：辅助生产成本——维修车间　　　　　　　　　　　　　45 700
　　　　　　　　——运输车间　　　　　　　　　　　　　40 270
　　贷：制造费用——维修车间　　　　　　　　　　　　　45 700
　　　　　　　　——运输车间　　　　　　　　　　　　　40 270

4) 分配辅助生产费用。该企业采用直接分配法分配辅助生产费用。本月维修车间提供维修劳务 12 295 小时，其中，为运输车间维修 1 020 小时，为基本生产车间维修 10 750 小时，为行政管理部门维修 525 小时。运输车间提供运输劳务 6 042 吨公里，其中，维修车间耗用 1 000 吨公里，基本生产车间耗用 4 542 吨公里，行政管理部门耗用 500 吨公里。

根据辅助生产成本明细账归集的费用和提供的劳务数量编制辅助生产费用分配表，见表 4.14。

第4章 成本核算方法

表4.14　辅助生产车间生产费用分配表（分配表6）

项目			维修车间	运输车间	合计
待分配费用/元			90 200	75 630	165 830
供应辅助生产以外单位的劳务数量			11 275 小时	5 042 吨公里	—
费用分配率（单位成本）			8	15	—
应借"制造费用"科目	基本生产车间	耗用数量	10 750 小时	4 542 吨公里	—
		分配金额/元	86 000	68 130	154 130
应借"管理费用"科目		耗用数量	525 小时	500 吨公里	—
		分配金额/元	4 200	7 500	11 700
合计/元			90 200	75 630	165 830

编制会计分录：

借：制造费用——基本生产车间　　　　　　　　　　　154 130
　　管理费用　　　　　　　　　　　　　　　　　　　 11 700
　　贷：辅助生产成本——修理车间　　　　　　　　　 90 200
　　　　　　　　　　——运输车间　　　　　　　　　 75 630

（3）归集和分配基本生产车间制造费用。

1）根据前述各种费用分配表登记基本生产车间制造费用明细账，见表4.15。

表4.15　制造费用明细账

车间名称：基本生产车间　　　　　　202×年4月　　　　　　单位：元

月	日	摘要	职工薪酬	机物料消耗	水电费	维修费	折旧费	劳动保护费	办公费	其他	合计
4	30	根据分配表1		4 800							4 800
	30	根据分配表2			2 200						2 200
	30	根据分配表3	22 800								22 800
	30	根据分配表4					52 000				52 000
	30	根据付款凭证汇总表						16 000	6 000	1 100	23 100
	30	根据分配表6				86 000				68 130	154 130
	30	根据分配表7									−259 030
	30	合计	22 800	4 800	2 200	86 000	52 000	16 000	6 000	69 230	0

2）根据基本生产车间制造费用明细账归集的制造费用和甲、乙产品的生产工时，编制基本生产车间制造费用分配表，见表4.16。

编制会计分录：

借：基本生产成本——甲产品　　　　　　　　　　　164 836
　　　　　　　　——乙产品　　　　　　　　　　　 94 194

表 4.16　　　　基本生产车间制造费用分配表（分配表 7）

应借科目		生产工时/时	分配率	分配金额/元
总账科目	明细科目			
基本生产成本	甲产品	56 000	2.943 5	164 836
	乙产品	32 000	2.943 5	94 194
合计		88 000		259 030

　　　　贷：制造费用——基本生产车间　　　　　　　　　259 030

（4）归集和分配管理费用。根据上列各种费用分配表，登记管理费用明细账，归集和结转管理费用（明细账和会计分录从略）。

（5）登记甲、乙产品成本明细账。根据前述各种费用分配表和其他资料，登记甲、乙产品成本明细账，计算甲、乙产品的产成品成本，见表 4.17 和表 4.18。

表 4.17　　　　　　　　产品成本明细账

产品名称：甲产品　　　　202×年 4 月

月	日	摘要		产量/千克	直接材料/元	燃料和动力/元	直接人工/元	制造费用/元	合计/元
3	31	在产品成本（定额成本）			30 000	1 000	21 000	18 000	70 000
4	30	根据分配表 1			286 000				286 000
3	30	根据分配表 2				28 000			28 000
3	30	根据分配表 3					273 600		273 600
3	30	根据分配表 7						164 836	164 836
3	30	本月生产费用合计			286 000	28 000	273 600	164 836	752 436
	30	生产费用累计			316 000	29 000	294 600	182 836	822 436
3	30	产成品	总成本	200	276000	18 000	264 600	156 836	725 436
			单位成本		1 380	140	1323	784.18	3 627.18
3	30	在产品成本（定额成本）			40 000	1 000	30 000	26 000	97 000

表 4.18　　　　　　　　产品成本明细账

产品名称：乙产品　　　　202×年 4 月

月	日	摘要	产量/千克	直接材料/元	燃料和动力/元	直接人工/元	制造费用/元	合计/元
3	31	在产品成本（定额成本）		40 000	3 000	16 000	21 000	80 000
4	30	根据分配表 1		228 000				228 000
	30	根据分配表 2			16 000			16 000
	30	根据分配表 3				91 200		91 200

续表

月	日	摘 要		产量/千克	直接材料/元	燃料和动力/元	直接人工/元	制造费用/元	合计/元
	30	根据分配表7						94 194	94 194
	30	本月生产费用合计			228 000	16 000	91 200	94 194	429 394
	30	生产费用累计			268 000	19 000	107 200	115 194	509 394
	30	产成品	总成本	400	208 000	14 800	85 000	80 094	387 894
			单位成本		520	37	212.5	200.235	969.735
	30	在产品成本（定额成本）			60 000	4 200	22200	35 100	121 500

（6）结转完工产品成本。根据甲、乙产品成本明细账中的完工产品成本，汇编产成品成本汇总表，结转完工产品成本。完工产品成本汇总表详见表4.19。

表4.19 完工产品成本汇总表

产成品名称	产品数量/千克	直接材料/元	燃料和动力/元	直接人工/元	制造费用/元	成本合计/元
甲产品	200	276 000	18 000	264 600	156 836	725 436
乙产品	400	208 000	14 800	85 000	80 094	387 894
合计	—	484 000	32 800	349 600	236 930	1 113 330

编制会计分录：

  借：库存商品——甲产品   725 436
      ——乙产品   387 894
   贷：基本生产成本——甲产品   725 436
        ——乙产品   387 894

通过以上举例可以看出，产品成本计算实际上就是会计核算中成本费用科目的明细核算。为了正确地归集生产费用、计算各种产品成本，必须根据成本计算对象设置产品成本明细账，编制各种费用分配表和相应的会计分录；按照平行登记的规则，既登记有关的总账科目，又登记各该总账科目所属的明细账。最后，将各种生产费用分配、归集到"基本生产成本"科目及其所属的各种产品成本明细账，计算各种产品的总成本和单位成本。

4.3　产品成本核算的分批法

资源4.4 分批法的知识要点

4.3.1　概述

1. 分批法的定义及适用范围

分批法是以产品批别为成本计算对象，归集和分配生产费用、计算产品成本的方法。它主要适用于单件、小批类型的生产，如造船业、重型机器制造业。同时也适用

4.3 产品成本核算的分批法

于一般企业中主要产品生产以外的新产品试制或试验、在建工程以及机器设备的修理作业等。另外,对于某些单步骤生产型企业,如果是按照小批件组织生产,管理上又要求分批计算成本时,也可采用分批法。

2. 分批法的特点

(1) 产品成本的计算对象是产品批别(或订单)。在单件小批生产类型的企业中,生产多是根据购货单位的订单组织的,因此,分批法也称订单法。但严格来说,按批别组织生产,并不一定就是按订单组织生产,还要结合企业自身的生产能力负荷来合理组织安排产品生产的批量与批次。一般而言,可采用如下原则确定批别:

1) 如果一张订单中要求生产好几种产品,为了便于考核分析各种产品的成本计划执行情况,加强生产管理,可将该订单按照产品的品种划分成几个批别组织生产。

2) 如果一张订单中只要求生产一种产品,但数量极大,超过企业的生产能力负荷,或者购货单位要求分批交货的,也可将该订单分为几个批别组织生产。

3) 如果一张订单中只要求生产一种产品,但该产品属于价值高、生产周期长的大型复杂产品,也可将该订单按产品的零部件分为几个批别组织生产。

4) 如果在同一时期接到的几张订单要求生产的都是同一种产品,为了更经济合理地组织生产,也可将这几张订单合为一批组织生产。

(2) 产品成本计算期不确定。采用分批法计算产品成本的企业,虽然各批产品的成本计算单仍按月归集生产费用,但是只有在该批产品全部完工时才能计算其实际成本(即生产结束再核算成本)。由于各批产品的生产复杂程度不同、质量数量要求也不同,导致各批次的生产周期存在差异,所以,分批法的成本计算期与产品的生产周期一致,与会计报告期不一致。

(3) 生产费用一般不在完工产品和在产品之间的分配。在单件或小批生产中,购货单位要求一次交货的情况下,每批产品同时完工,这样该批产品在完工前的成本明细账上所归集的生产费用即为在产品成本,完工后的成本明细账上所归集的生产费用全部为完工产品成本。因此,在通常情况下,生产费用不需要在完工产品和在产品之间分配。

但是,如果产品批量较大,存在跨月陆续完工或购货单位要求分次交货时,就会出现批内产品跨月陆续完工的情况,这时应采用适当的方法将生产费用在完工产品和月末在产品之间进行分配。采用的分配方法视批内产品跨月陆续完工的数量占批量的比重大小多少而定。

4.3.2 分批法的计算程序及应用举例

采用分批法计算某批别或订单的产品成本时,其计算程序除了产品生产成本明细账的设置和完工产品成本的计算外,其他的与品种法基本一致。其成本计算的一般程序如下:

(1) 按产品批别或订单开设产品成本明细账。分批法的成本计算对象是产品的批别或订单,因此,财务会计部门应根据生产计划部门下达的"生产任务通知单"或内部订单中注明的工作令号,按每一批产品或每一订单开设"产品成本明细账",并按

资源 4.5
分批法成本
计算的一般
程序

第4章 成本核算方法

成本项目设置专栏，以便分别按成本项目归集各批产品的生产费用，计算各批产品的总成本和单位成本。

（2）编制各种要素费用分配表，分配各种要素费用。对生产过程中发生的各项费用，应审核其原始凭证和其他有关资料，按照批别编制各种费用分配表，分配各种要素费用。

（3）归集和分配辅助生产费用。首先应根据上述各种费用分配表，登记辅助生产成本明细账，汇集辅助生产的全部费用，然后按照各批次产品和各受益单位辅助生产劳务的数量编制辅助生产费用分配表，分配辅助生产费用。

（4）编制制造费用分配表，分配基本生产车间的制造费用。根据上述各种费用分配表，登记基本生产车间制造费用明细账。对于直接计入费用，应按产品批别列示并直接计入各个批别的产品成本明细账；对于间接计入费用，应按生产地点归集，根据投产的批别或订单的完成情况，采用适当的方法分配计入各个批别的产品成本明细账。

（5）分配计算批内完工产品与在产品成本。经过上述程序，本期生产产品应负担的各项费用都集中登记在"产品成本明细账"中。采用分批法一般不需要在完工产品与在产品之间分配生产费用。如果某批产品全部完工，则该批"产品成本明细账"中归集的全部生产费用即为该批完工产品的成本；如果某批产品全部未完工，则该批"产品成本明细账"中归集的全部生产费用即为该批未完工的在产品的成本。

（6）结转完工产品成本。月末，将各批完工产品成本以及批内陆续完工的产品的成本加以汇总，编制完工产品成本汇总计算表，并据以编制转账凭证，结转当月完工入库产品的生产成本。

【例 4.2】 某企业根据购买单位要求，小批量生产甲、乙、丙、丁四批产品，采用分批法计算产品成本。7月份的产品生产情况和各项费用支出情况资料如下：

(1) 本月生产产品的批号。

1) 201 号甲产品 20 件，4月份投产，本月全部完工。

2) 202 号乙产品 10 件，6月份投产，本月完工 6 件，未完工 4 件。

3) 203 号丙产品 6 件，本月投产，计划 8月份完工，本月提前完工 2 件。

4) 204 号丁产品 5 件，本月投产，本月全部完工。

(2) 本月费用资料。

1) 各批产品的月初在产品费用，详见表 4.20。

表 4.20　　　　　　　　　月初在产品费用表　　　　　　　　　单位：元

项目		直接材料	燃料和动力	直接人工	制造费用	合计
批号	201	42 000	24 000	7 000	3 000	76 000
	202	13 000	10 000	8 000	2 000	33 000

2) 根据各种费用分配表，汇总本月各批产品发生的生产费用，详见表 4.21。

4.3 产品成本核算的分批法

表 4.21　　　　　　　　　　　　本 月 费 用 表　　　　　　　　　　　单位：元

项目		直接材料	燃料和动力	直接人工	制造费用	合计
批号	201		6 000	5 000	1 800	12 800
	202		7 000	7 000	3 600	17 600
	203	10 000	8 000	6 000	3 000	27 000
	204	8 000	4 000	8 000	3 800	23 800

(3) 在完工产品和在产品之间分配费用。

201 号甲产品和 204 丁产品，本月全部完工，所以发生的产品生产费用合计即为完工产品成本。

202 号乙产品，上月投产 10 台，本月完工 6 台，占全部批量的 60%，比重较大，应采用合适的方法将产品生产费用在完工产品和在产品之间进行分配。由于原材料是在生产开始时一次投入，其费用应按完工产品和在产品实际数量的比例分配；其他费用采用约当产量法进行分配，在产品完工程度为 50%。

203 号丙产品，本月投产，计划 8 月完工，本月提前完工 2 台。由于完工数量较少，为简化核算，完工产品按定额成本转出，每台定额成本为 4 000 元，其中，原材料 1 700 元，燃料及动力 900 元，工资及福利费 800 元，制造费用 600 元。

(4) 根据上述各项资料，登记各批产品成本明细账，计算各批产品成本，见表 4.22～表 4.25。

表 4.22　　　　　　　　　　　　产 品 成 本 明 细 账

产品批号：201　　　　　　购货单位：长安公司　　　　投产日期：4 月
产品名称：甲产品　　　　　批量：20 件　　　　　　　完工日期：7 月　　单位：元

摘　要	直接材料	燃料和动力	直接人工	制造费用	合计
月初在产品费用	42 000	24 000	7 000	3 000	76 000
本月生产费用		6 000	5 000	1 800	12 800
累计	42 000	30 000	12 000	4 800	88 800
完工产品总成本	42 000	30 000	12 000	4 800	88 800
完工产品单位成本	2 100	1 500	600	240	4 440

表 4.23　　　　　　　　　　　　产 品 成 本 明 细 账

产品批号：202　　　　　　购货单位：东方公司　　　　投产日期：6 月
产品名称：乙产品　　　　　批量：10 件　　　　　　　完工：6 件　　　　单位：元

摘　要	直接材料	燃料和动力	直接人工	制造费用	合　计
月初在产品费用	13 000	10 000	8 000	2 000	33 000
本月生产费用		7 000	7 000	3 600	17 600
累计	13 000	17 000	15 000	5 600	50 600

续表

摘 要	直接材料	燃料和动力	直接人工	制造费用	合 计
完工（6件）产品总成本	7 800	12 750	11 250	4 200	36 000
完工产品单位成本	1 300	2 125	1 875	700	6 000
月末在产品费用	5 200	4 250	3 750	1 400	14 600

编制会计分录：
　　借：库存商品——甲产品　　　　　　　　　　　　　　　　88 800
　　　　贷：基本生产成本——201 批次　　　　　　　　　　　　　　88 800

表 4.23 的计算如下：

$$完工产品原材料费用=\frac{13\,000}{6+4}\times 6=7\,800(元)$$

$$月末在产品原材料费用=\frac{13\,000}{6+4}\times 4=5\,200(元)$$

$$月末在产品约当产量=4\times 50\%=2(台)$$

$$完工产品燃料及动力费=\frac{17\,000}{6+2}\times 6=12\,750(元)$$

$$月末在产品燃料及动力费=\frac{17\,500}{6+2}\times 2=4\,250(元)$$

$$完工产品工资及福利费=\frac{15\,000}{6+2}\times 6=11\,250(元)$$

$$月末在产品工资及福利费=\frac{15\,000}{6+2}\times 2=3\,750(元)$$

$$完工产品制造费用=\frac{5\,600}{6+2}\times 6=4\,200(元)$$

$$月末在产品制造费用=\frac{5\,600}{6+2}\times 2=1\,400(元)$$

编制会计分录：
　　借：库存商品——乙产品　　　　　　　　　　　　　　　　36 000
　　　　贷：基本生产成本——202 批次　　　　　　　　　　　　　　36 000

表 4.24　　　　　　　　　　　产品成本明细账

产品批号：203　　　　　购货单位：佳丽公司　　　　投产日期：7 月
产品名称：丙产品　　　　批量：6 件　　　　　　　完工日期：8 月　　单位：元

摘 要	直接材料	燃料和动力	直接人工	制造费用	合计
本月生产费用	10 000	8 000	6 000	3 000	27 000
单台定额成本	1 700	900	800	600	4 000
完工（2件）产品总成本	3 400	1 800	1 600	1 200	8 000
月末在产品费用	6 600	6 200	4 400	1 800	19 000

编制会计分录：
借：库存商品——丙产品　　　　　　　　　　　　　　　　　　　8 000
　　贷：基本生产成本——203 批次　　　　　　　　　　　　　　　　　8 000

表 4.25　　　　　　　　　　　　产品成本明细账
产品批号：204　　　　　　购货单位：长安公司　　　　投产日期：7月
产品名称：丁产品　　　　　批量：5件　　　　　　　　完工日期：7月　　　单位：元

摘　　要	直接材料	燃料和动力	直接人工	制造费用	合计
本月生产费用	8 000	4 000	8 000	3 800	23 800
完工产品总成本	8 000	4 000	8 000	3 800	23 800
完工产品单位成本	1 600	800	1 600	760	4 760

编制会计分录：
借：库存商品——丁产品　　　　　　　　　　　　　　　　　　　23 800
　　贷：基本生产成本——204 批次　　　　　　　　　　　　　　　　23 800

知识链接

供给侧改革下成本核算方法的最佳选择：分批法

通俗地说，供给侧即按需定销、按销定产。这就要求企业在选择成本核算对象时要灵活机动，生产的产品、提供的服务若发生变化，成本核算对象就要适时做出变动。也就是说，作为成本核算对象的"产品批次""服务批次"不能一成不变，要根据需要适时而变。供给侧改革下个性化定制的产品批量往往比较小，生产周期一般是确定的，同一批产品一般能同时投产、同时完工，即便个别产品会提前或滞后完工，相差时间也不长，可以待批内产品全部完成时再行核算完工产品的成本。这些特点都与分批法不谋而合。

4.3.3　简化分批法
4.3.3.1　概述

在小批、单件生产的企业或车间中，有时同一月份投产的产品批数很多，而且月末未完工的批数也较多，如机械制造厂等。在这种情况下，如果把当月发生的间接计入费用全部分配给各批产品，而不论各批产品是否完工，费用分配的核算工作将非常繁重。然而，对于当月没有完工产品的各批产品来说，进行复杂的间接费用分配只是归集了月末在产品的生产成本，对其完工产品的成本计算没有多大的实际意义。因此，在投产批数繁多而且月末未完工批数较多的该类企业，可以采用一种简化的分批法。

简化的分批法又称累计间接计入费用分批法，是指企业在采用分批法的情况下，仍应按照产品批别设立产品成本明细账，但在各批产品完工之前，账内只按月登记直接计入费用（如直接材料费用）和生产工时。对除直接材料费用外的各项间接计入费用，不是按月在各批产品之间进行分配，而是先将这些费用在基本生产成本二级账中反映，按成本项目分别累计起来，等到有产品完工的月份，再将其在各批完工产品之间进行分配的方法。这种方法对于减少工作量，提高工作效率有较大的作用，故称之为简化的分批法或不分批计算在产品成本的分批法。

4.3.3.2 简化分批法的成本计算程序

1. 按照产品批别设置产品生产成本明细账和基本生产成本二级账

按产品批别设置产品生产成本明细账，并分别按成本项目设置专栏或专行，平时账内仅登记直接计入费用和生产工时；另外，还要按全部产品设立一个"基本生产成本"二级账户，归集反映企业投产的所有批次产品在生产过程中所发生的各项费用和累计生产工时。

2. 归集和分配生产费用及生产工时

根据某月初在产品成本及生产工时资料记入各批产品生产成本明细账和产品"基本生产成本二级账"。

根据本月直接材料费用分配表及生产工时记录，将各批产品耗用的直接材料费用和耗用的生产工时分别记入各批产品生产成本明细账和产品"基本生产成本二级账"。

根据各项间接计入费用（如直接人工和制造费用）的分配表或汇总表，将本月各批产品发生的各项间接计入费用，不分批别、以各批总数记入产品"基本生产成本二级账"。

根据月初在产品成本、生产工时记录与本月生产费用、生产工时记录确定本月末各项费用与生产工时累计数。

3. 计算产品成本

月末如果本月各批产品均未完工，则各项费用与生产工时累计数转至下月继续登记。如果本月有完工产品或某批全部完工或部分完工，或有几批完工，对完工产品应负担的直接材料费用，可根据产品生产成本明细账中的累计生产费用，采用适当的分配方法在完工产品和在产品之间进行分配；对完工产品应负担的间接计入费用，则需要根据"基本生产成本二级账"的累计间接计入费用数与累计工时，计算全部产品的各项累计间接计入费用分配率，并根据分配率分配各项累计间接计入费用，计算完工产品成本。公式如下：

某项累计间接费用分配率＝全部产品累计某项间接费用÷全部产品的累计工时

某批完工产品应负担的某项间接费用＝该批完工产品累计生产工时×该项累计间接费用分配率

4.3.3.3 简化分批法的特点和应用条件

简化的分批法具有以下特点：

（1）必须设立"基本生产成本二级账"。采用简化的分批法，由于不需要在产品成本明细账中登记月末在产品的间接计入费用，所以必须设立"基本生产成本二级账"，以按月提供产品制造部门全部产品的累计生产费用（包括直接计入费用和间接计入费用）和生产工时资料，在有产品完工的月份，还可以据以计算和登记全部产品的累计间接计入费用分配率。

（2）累计间接计入费用不在在产品之间分配，不分批计算月末在产品成本。每月发生的间接计入费用，不按月在各批产品之间进行分配，而是在基本生产成本二级账中累计起来，只以总数反映，即不分批次计算月末在产品成本，在有产品完工的月份，才将间接计入费用在各批完工产品之间进行分配。采用这种方法，月末未完工的批数越多，核算工作就越简化。

（3）简化了完工产品与在产品之间费用的分配。采用简化的分批法，间接计入费用在各批产品之间及完工产品与在产品之间的分配一次完成，即生产费用的横向分配和纵向分配都是利用间接计入费用累计分配率在各批产品完工时合并在一起进行的，因而大大简化了费用的分配和登记工作量。

但是，要想充分发挥简化分批法成本核算工作的优点，保证成本计算结果的正确性，必须注意和满足两个条件：①同一月份投产的产品批数较多，且月末未完工产品批数也较多。如果月末未完工产品的批数不多，大多数批号的产品仍然要分配登记各项间接计入费用，并没有减少多少核算工作，因此在这种情况下就不宜采用。②各月份间接计入费用水平相差不大。由于间接计入费用不是每月分配，而是在产品完工的月份一次累计分配，在各月间接计入费用数额相差悬殊的情况下，就会影响各批成本计算的准确性。

> **特别提示**

简化分批法与一般分批法的根本区别在于间接计入费用的分配方法不同：简化分批法采用累计分配率来分配间接计入费用，而一般分批法则采用当月分配率计算分配本月的全部间接计入费用。

4.4 产品成本核算的分步法

4.4.1 概述
4.4.1.1 分步法的定义及适用范围

分步法是以产品的生产步骤为成本计算对象，归集和分配生产费用、计算产品成本的方法。它适用于大量大批的多步骤生产类型的企业，如冶金、纺织、造纸等大量大批连续式复杂生产类型的企业，或拖拉机、轴承、汽车等大量大批的装配式复杂生产类型的企业。

资源 4.6
分步法的
知识要点

在这些企业中，由于生产过程是由若干个在技术上可以间断的生产步骤所组成，每个生产步骤除了生产出半成品（最后一步骤为产成品）外，还有一些加工中的在产品。同时，已经生产出来的半成品既可以用于下一生产步骤继续加工，也可以对外销售。为了适应这一生产特点，在进行成本核算时不仅要按照产品品种归集生产费用、计算各种产品成本，而且要按照产品的生产步骤归集生产费用、计算各步骤产品成本，以满足成本管理的需要。

4.4.1.2 分步法的特点

1. 成本计算对象是产品步骤和产品品种

采用分步法计算产品成本时，既要计算出最终产品的成本，还要归集计算出每一个生产步骤的成本,因此分步法成本计算对象是每种产品和其所经历过的各个生产步骤。在成本计算中,应按生产步骤和品种来设置明细账。往往大多数企业会按生产步骤来设立车间,在此情况下,分步计算成本也就是分车间计算成本。但是分步计算成本与分车间计算成本有时也不是完全相同的概念。例如,有的企业管理上不要求分车间计算成本,为了简化核算,可将几个车间合并成一个步骤来计算成本,成本计算的范围就超出了车间的范围;有的企业可能是一个车间的生产是由几个生产步骤所组成的,管理上又要求分步计算成本,成本计算的步骤又小于车间的范围。另外分步法并不是完全要求必须对所有的生产步骤单独设立明细账单独计算成本,基于重要性原则,管理上不要求单独计算某些生产步骤的成本,则可将其与其他生产步骤合并来共同计算成本。

2. 成本计算期与会计报告期一致

分步法适应于大量大批的多个步骤生产企业,这类企业往往都是跨月陆续完工,基本每个时点都有已完工产品和未完工产品,一般定期(每月月末)计算产品成本,所以成本计算期与会计报告期一致。

3. 生产费用要在完工产品和月末在产品之间进行分配

由于生产的连续性及成本计算期是定期按月进行,所以期末生产费用总额中既包含了完工产品的成本,又包含了在产品的成本,因此在计算产品成本时,还需要采用适当的分配方法,将汇集在各种产品、各生产步骤产品成本明细账中的生产费用,在完工产品及在产品之间分配,计算各该产品、各该生产步骤的完工产品成本与在产品成本。

4. 成本的结转

由于产品生产是分步骤进行的,上一步骤生产的半成品可能是下一步骤加工的对象。因此,为了计算各种产品的产成品成本,还需要按产品品种,把各步骤产品成本进行结转。这是分步法不同于其他成本计算方法的一个显著特点。

4.4.1.3 分步法的分类

在实际工作中,由于各个企业生产工艺过程的特点和成本管理对各步骤成本资料的要求不同(是否需要计算半成品成本),以及简化核算的要求,各生产步骤成本的计算和结转一般采用逐步结转和平行结转两种方法,分别称为逐步结转分步法和平行结转分步法。

4.4.2 逐步结转分步法

4.4.2.1 概述

逐步结转分步法又称为顺序结转分步法,是指按照产品生产步骤的先后顺序归集生产费用,逐步计算并结转各步骤半成品成本,即上一步骤的半成品成本随着半成品实物的转移而结转到下一步骤的产品成本中,直到最后步骤累计计算出产成品成本的一种成本计算方法。

逐步结转分步法具有如下特点:

(1) 成本计算对象是各生产步骤的半成品和最后步骤的产成品。

(2) 各加工步骤的半成品成本随实物转移而在各生产步骤之间顺序结转。

(3) 在产品成本按其实物所在地反映,各步骤产品生产成本明细账中的期末余额反映结存在该步骤的狭义在产品的成本。

因此，该方法的显著特点是能够提供各个步骤的半成品成本的资料，也称为计算半成品成本的分步法。它适用于大量大批连续式复杂生产的企业。这种企业不仅将最终产成品作为商品对外销售，生产步骤所产半成品也经常作为商品对外销售，例如，钢铁厂的生铁和钢锭、汽车制造厂的各种零部件、纺织厂的棉纱等。

4.4.2.2 逐步结转分步法的计算程序

在逐步结转分步法下，各步骤所耗用的上一步骤半成品的成本，要随着半成品实物的转移，从上一步骤的产品成本明细账转入下一步骤相同产品的成本明细账中，以便逐步计算各步骤的半成品成本和最后步骤的产成品成本。其成本计算的程序如下：

资源 4.7
逐步结转分步法计算的一般程序

（1）按产品品种及所经过的步骤半成品设置"基本生产成本"明细账，分成本项目归集生产费用。

（2）根据第一步骤该产品"基本生产成本"明细账或产品成本计算单归集的直接材料、直接人工、制造费用等生产费用，计算出第一步骤半成品的成本，随着半成品实物转移至第二步骤继续加工，其半成品成本也结转记入第二步骤该产品"基本生产成本"明细账中。

（3）将第一步骤转来的半成品成本加上第二步骤耗用的直接材料、直接人工、制造费用等生产费用，计算出第二步骤半成品的成本；再随着半成品实物转移，其半成品成本也结转记入第三步骤该产品"基本生产成本"明细账中。这样，按照加工顺序，逐步计算和结转半成品成本，直到最后一个步骤，就可以计算出产成品的成本。

如果半成品通过仓库收发，即半成品完工后，不为下一步骤直接领用，而要通过半成品库收发，还要单独设置"自制半成品"科目。半成品验收入库时，会计分录为借记"自制半成品"科目，贷记"基本生产成本——一车间"科目；下一步骤领用时，半成品成本按适当的计算，并编制会计分录，借记"基本生产成本——二车间"科目，贷记"自制半成品"科目。如果半成品不通过仓库收发，即半成品完工后，为下一步骤直接领用，则半成品成本就在各步骤的产品成本明细账之间直接结转，不必编制结转半成品成本的会计分录。

从上述计算程序可以看出，采用逐步结转分步法，每月月末各项生产费用（包括所耗上一步骤半成品成本）在各步骤产品成本明细账中归集以后，如果该步骤既有完工的半成品（最后步骤为产成品），又有正在加工的在产品，还应将各步骤产品成本明细账中归集的生产费用，采用适当的分配方法，在完工半成品（最后步骤为产成品）与正在加工的在产品之间进行分配，计算完工的半成品（最后步骤为产成品）和正在加工的在产品的成本，然后通过半成品的逐步结转，在最后一个步骤的产品成本明细账中，计算出完工产成品成本。上述每一步骤相当于一个单独的品种法，因此，逐步结转分步法实际上就是品种法在各个步骤多次的连续的应用。

按照结转的半成品成本在下一步骤产品成本明细账中的反映方式，逐步结转分步法可分为综合结转法和分项结转法。

4.4.2.3 逐步结转分步法：综合结转法

综合结转法是指各步骤所耗上一步骤的半成品成本不分成本项目，而是以一个综合金额记入各该步骤产品成本明细账中的"直接材料"或专设的"半成品"项目的一种成本结转方法。综合结转，可以按照半成品的实际成本结转，也可以按照半成品的计划成本结转。

1. 半成品按实际成本综合结转

采用这种方法，各步骤所耗上一步骤的半成品费用，应根据所耗半成品的实际数量乘以半成品的实际单位成本计算。因各月所产半成品的实际单位成本不同，所耗半成品实际单位成本的确定，可选择使用个别计价法、先进先出法、加权平均法等。

【例 4.3】 假定某工业企业甲产品生产过程分两个步骤，并由两个车间进行。第一车间生产半成品，完工后交半成品库收发；第二车间按所需数量从半成品库领用，所耗半成品费用按全月一次加权平均单位成本计算。两个车间的月末在产品均按定额成本计价。计算程序如下：

（1）根据各种生产费用分配表、半成品入库单和第一车间在产品定额成本资料，登记第一车间产品成本明细账，详见表 4.26。

表 4.26　　　　　　　　　　产品成本明细账

第一车间：甲半成品

摘 要	产量/件	直接材料/元	直接人工/元	制造费用/元	成本合计/元
月初在产品（定额成本）		8 000	2 100	3 000	13 100
本月费用		21 000	8 000	10 400	39 400
累计		29 000	10 100	13 400	52 500
完工转出半成品成本	40	25 000	9 100	11 400	45 500
月末在产品（定额成本）		4 000	1 000	2 000	7 000

根据第一车间半成品交库单（单中按所列交库数量和上列甲产品成本明细账中完工转出半成品成本计价）编制会计分录：

借：自制半成品——甲半成品　　　　　　　　　　　　　　45 500
　　贷：基本生产成本——甲半成品　　　　　　　　　　　45 500

（2）根据计价的半成品交库单和第二车间领用半成品的领用单，登记自制半成品明细账，详见表 4.27。

表 4.27　　　　　　　　　　自制半成品明细账

甲半成品

月份	月初余额		本月增加		合计			本月减少	
	数量/件	实际成本/元	数量/件	实际成本/元	数量/件	实际成本/元	单位成本/元	数量/件	实际成本/元
1	10	10 500	40	45 500	50	56 000	1 120	45	50 400
2	5	5 600							

4.4 产品成本核算的分步法

$$加权平均单位成本 = \frac{10\,500 + 45\,500}{10 + 40} = 1\,120(元)$$

本月减少自制半成品实际成本 = 45 × 1 120 = 50 400(元)

根据第二车间半成品领用单（单中按所列领用数量和自制半成品明细账中加权平均单位成本计价）编制会计分录：

借：基本生产成本——甲产品　　　　　　　　　　　　　50 400
　　贷：自制半成品——甲半产品　　　　　　　　　　　　　　50 400

（3）根据各种费用分配表、半成品领用单、产成品交库单，以及第二车间在产品定额成本资料，登记第二车间甲产品成本明细账，详见表 4.28。

表 4.28　　　　　　　　　　产品成本明细账

第二车间：甲产成品

摘　要	产量/件	半成品/元	直接人工/元	制造费用/元	成本合计/元
月初在产品（定额成本）		14 000	1 500	1 300	16 800
本月费用		50 400	8 000	6 000	64 400
累计		64 400	9 500	7 300	81 200
完工转出产成品成本	50	58 400	8 200	6 300	72 900
完工产品单位成本		1 168	164	126	1 458
月末在产品（定额成本）		6 000	1 300	1 000	8 300

> **特别提示**

产品成本明细账中增设了"半成品"成本项目，其中，本月半成品费用就是第二车间本月耗用第一车间半成品费用，是根据计价后的半成品领用单登记，反映出半成品成本综合转账的特点。

根据第二车间的产成品交库单所列成产品交库数量和第二车间产品成本明细账中完工转出产成品成本，编制会计分录：

借：库存商品——甲产品　　　　　　　　　　　　　　　72 900
　　贷：基本生产成本——甲产品　　　　　　　　　　　　　　72 900

如果第一车间的完工产品不通过半成品库收发，而是直接投入到下一个车间的生产，在这种情况下，半成品的成本可以在两车间的生产成本明细账之间直接结转，即第一车间完工的自制半成品直接投入第二车间的生产，可以不编制结转完工半成品的会计分录。

仍以表 4.26 为例，第一车间完工的 40 件自制半成品实际成本为 45 500 元，直接进入第二车间生产成本明细账，计算结果见表 4.29。

表 4.29 的计算结果表明本月第二车间的完工产品（即最终的完工产品）50 件，单位成本为 1 360 元，实际总成本为 68 000 元。根据计算结果及完工产品的交库单，编制结转完工产品入库的会计分录如下：

表4.29　　　　　　　　　　产品成本明细账

第二车间：甲产成品

摘　要	产量/件	半成品/元	直接人工/元	制造费用/元	成本合计/元
月初在产品（定额成本）		14 000	1 500	1 300	16 800
本月费用		45 500	8 000	6 000	59 500
累计		59 500	9 500	7 300	76 300
完工转出产成品成本	50	53 500	8 200	6 300	68 000
完工产产品单位成本		1 070	164	126	1 360
月末在产品（定额成本）		6 000	1 300	1 000	8 300

借：库存商品——甲产品　　　　　　　　　　　　　　68 000
　　贷：基本生产成本——甲产品　　　　　　　　　　　68 000

2. 半成品按计划成本综合结转

采用这种结转方法，半成品日常收发的明细核算均按计划成本计价。在半成品实际成本计算出来后，再以实际成本与计划成本对比，计算半成品成本差异额和差异率，调整领用半成品的计划成本。而半成品收发的总分类核算则按实际成本计价。

半成品按计划成本综合结转所用账表具有以下特点：

（1）自制半成品明细账不仅要反映半成品收、发和结存的数量和实际成本，而且还要反映其计划成本以及成本差异额和成本差异率。

【例4.4】　以【例4.3】资料为例，在采用半成品按计划成本综合结转法中，自制半成品明细账的格式详见表4.30。

表4.30　　　　　　　　　　自制半成品明细账

甲半成品　　　　　　　　　计划单位成本：1 110元　　　　　　　　　单位：元

	月　份		3月	4月
月初余额	数量	①	10	5
	计划成本	②	11 100	5 550
	实际成本	③	10 500	5 600.45
本月增加	数量	④	40	
	计划成本	⑤	44 400	
	实际成本	⑥	45500	
合计	数量	⑦=①+④	50	
	计划成本	⑧=②+⑤	55 500	
	实际成本	⑨=③+⑥	56 000	
	成本差异	⑩=⑨-⑧	500	
	成本差异率	⑪=⑩÷⑧×100%	0.9%	

4.4 产品成本核算的分步法

续表

	月份		3月	4月
本月减少	数量	⑫	45	
	计划成本	⑬	49 950	
	实际成本	⑭=⑬+⑬×⑪	50 399.55	

表 4.30 中指标计算公式为

$$\text{半成品成本差异率} = \frac{\text{月初结存半成品成本差异} + \text{本月收入半成品成本差异}}{\text{月初结存半成品计划成本} + \text{本月收入半成品计划成本}} \times 100\%$$

$$= \frac{(-600) + (1\,100)}{11\,100 + 44\,400} \times 100\% = 0.9\%$$

发出半成品成本差异 = 发出半成品计划成本 × 半成品成本差异率
= 49 950 × 0.9% = 449.55(元)

发出半成品实际成本 = 发出半成品计划成本 + 发出半成品成本差异
= 49 950 + 449.55 = 50 399.55(元)

(2) 在第二车间的产品成本明细账中,对于所耗上一步骤半成品,可以直接按照调整成本差异后的实际成本登记;也可以按照计划成本、成本差异和实际成本分别登记,以便分析上一步骤半成品成本差异对本步骤产品成本的影响。

第二车间产品成本明细账的格式见表 4.31。

表 4.31 产 品 成 本 明 细 账

第二车间:甲产成品

摘 要	产量/件	半成品/元			直接人工/元	制造费用/元	成本合计/元
		计划成本	成本差异	实际成本			
月初在产成(定额成本)		14 000	×	14 000	1 500	1 300	16 800
本月费用		49 950	449.55	50399.55	8 000	6 000	64 399.5
累计		63 950	449.55	64 399.55	9500	7 300	81 199.5
完工转出产成品成本	50	57 950	449.55	58 399.55	8 200	6 300	72 899.5
产成品单位成本		1 159	8.99	1 167.99	164	126	1 457.99
月末在产品(定额成本)		6 000	×	6 000	1 300	1 000	8 300

与按实际成本综合结转半成品成本方法相比较,按计划成本综合结转半成品成本方法具有以下优点:

(1) 可以简化和加速半成品核算和产品成本计算工作。按计划成本结转半成品成本,可以简化和加速半成品收发的计价和记账工作;半成品成本差异率如果不是按半成品品种,而是按类计算,更可以省去大量的计算工作;如果月初半成品存量较大,本月耗用的半成品大部分甚至全部是以前月份生产的,本月所耗半成品成本差异调整也可以根据上月半成品成本差异率计算。这样,不仅简化了计算工作,各步骤的成本计算也可以同时进行,从而加速产品成本的计算工作。

(2) 便于各步骤进行成本的考核和分析。按计划成本结转半成品成本,在各步骤的产品成本明细账中,可以分别反映所耗半成品的计划成本、成本差异和实际成本,因而在分析对各步骤产品成本的影响时,有利于分清经济责任,考核各步骤的经济效益。

3. 综合结转的成本还原

从前面举例的第二车间产品成本明细账中可以看出,采用综合结转法,最后步骤计算出的产成品成本中绝大部分费用是第二车间所耗的第一车间生产的半成品的费用,而直接人工和制造费用是第二车间发生的费用,在产品成本中所占比重很小。显然,这不是产品成本构成(即各项费用之间的比例关系)的实际情况,因而不能据以从整个企业角度考核和分析产品成本的构成和水平。因此,在管理上要求从整个企业角度考核和分析产品成本构成和耗用水平时,即从整个企业角度考核和分析生产产品所耗直接材料费用、直接人工费用和制造费用各是多少时,还应将综合结转的半成品成本进行还原。

所谓成本还原,就是从最后一个步骤起,把所耗上一步骤半成品的综合成本分解还原成直接材料、直接人工、制造费用等原始成本项目,从而求得按原始成本项目反映的产成品成本资料。成本还原的方法是:从最后一步起,把最终完工产品成本中的自制半成品项目根据上一步骤的本月完工半成品的成本构成予以还原(因为最后一步所用的自制半成品即为上一步骤的完工半成品),还原后如还有自制半成品,则再根据上一步的本月完工自制半成品的成本构成予以还原,直到把最终完工产品成本还原成直接材料、直接人工、制造费用等原始的成本项目,从而求得按原始成本项目反映的最终完工产品成本。

具体来讲,成本还原的方法有两种:

第一种方法是按各步骤耗用半成品的总成本占上一步骤完工半成品总成本的比重还原。成本还原步骤如下:

(1) 计算还原分配率。还原分配率是完工产品中所耗上步半成品费用同上步完工半成品成本之比,计算公式为

$$还原分配率 = \frac{本月完工产品所耗上一步骤半成品综合成本}{本月所产该种半成品成本合计}$$

(2) 对本半成品成本进行还原。它是以还原分配率分别乘以本月所产该种半成品的成本构成进行分解、还原,求得按原始成本项目反映的还原对象成本。其计算公式如下:

半成品各成本项目还原 = 本月所产该种半成品各成本项目金额 × 还原分配率

(3) 计算还原后产品成本。

【例 4.5】 仍以【例 4.3】资料为例,第二车间完工转出的产成品成本中所耗上一车间半成品的费用为 58 400 元,按照第一车间本月所产该种半成品 45 500 元的成本构成(即各项费用的比重)进行还原,求出按原始成本项目反映的甲产成品成本。根据上述两个车间产品明细账的有关资料,编制产成品成本还原计算表,见表 4.32。

4.4 产品成本核算的分步法

表 4.32　　　　　　　　　　**产成品成本还原计算表**

产品名称：甲产品　　　　　　　产品产量：50 件

项目		半成品	直接材料	直接人工	制造费用	合计
还原前产成品成本/元	①	58 400		8 200	6 300	72 900
本月所产半成品成本/元	②		25 000	9 100	11 400	45 500
成本还原率/%	③=①中还原对象÷②合计	1.284	1.284	1.284	1.284	1.284
成本还原	④=③×②中各栏	−58 400	32 100	11 684.4	14 615.6	0
还原后产成品成本/元	⑤=④+①		32 100	19 884.4	20 915.6	72 900
还原后产成品单位成本/元	⑥=⑤÷产量		642	397.69	418.31	1 458

表 4.32 中"还原前产成品成本"根据第二车间甲产品成本明细账中完工转出产成品填列，其中"半成品"成本项目 58 400 元是还原的对象；"本月所产半成品成本"根据第一车间甲产品成本明细账中完工转出半成品成本填列，其中各种成本项目之间的比例是还原的依据。成本还原的具体步骤如下：

(1) 计算还原分配率。利用完工产品耗用的半成品和本月完工转出的半成品成本计算得出，还原分配率＝58 400÷45 500＝1.284。

(2) 成本还原。通过计算，还原计算出第二车间产成品所耗半成品成本 58 400 中的直接材料 32 100 元、直接人工 11 684.4 元和制造费用 14 615.6 元。若计算出的分配率是个约数，制造费用应采用倒挤的方法，即 58 400－32 100－11 684.4＝14 615.6 元。还原后 3 个项目费用（直接材料、直接人工和制造费用）之和等于还原对象成本，应与产成品所耗半成品费用 58 400 元相抵消。

(3) 计算还原后的产品成本。将第一车间的"直接材料""直接人工""制造费用"与半成品综合成本还原值中的"直接材料""直接人工"和"制造费用"按项目分别相加，即为按原始成本项目还原后产成品总成本。"还原后产成品成本"与"还原前产成品成本"成本合计相同，但成本构成不一样。

> **特别提示**

如果甲产品生产步骤不是两步，而是三步，按照上述方法应先从第三步骤起，将其所耗第二步骤生产的半成品综合成本进行分解、还原，但还原后的"半成品"项目还有未还原穷尽的综合费用，即第二步骤产品消耗的第一步骤半成品的成本，因而还应再进行一次还原，如果是 4 个生产步骤，则要还原 3 次，以此类推，直至"半成品"项目的综合费用全部还原为原始的成本项目为止。

第二种方法是按照半成品各成本项目占全部成本的比重还原。按照上述成本还原方法的原理，还可以按上一步骤本月所产半成品的成本项目占其全部成本的比重，将本步骤完工产成品成本中所耗上一步骤半成品综合成本还原为原始的成本项目。其成本还原的步骤与上面相同，但成本还原率的计算公式为

$$还原分配率 = \frac{上一步骤完工半成品各成本项目金额}{上一步骤完工半成品成本合计}$$

半成品成本还原＝还原前产品成本×还原分配率

以【例4.5】资料为例，其具体计算表4.33。

表4.33　　　　　　　　　　　产成品成本还原计算表

产品名称：甲产品　　　　　　　产品产量：50件

项目			半成品	直接材料	直接人工	制造费用	合计
还原前产成品成本/元		①	58 400		8 200	6 300	72 900
本月所产该种半成品成本/元		②		25 000	9 100	11 400	45 500
成本还原	还原分配率/%	③＝②中各栏÷②合计		54.945	20	25.055	100
	还原额/元	④＝③×①中还原对象	－58 400	32 087.88	11 680	14 632.12	0
还原后的产成品成本/元		⑤＝④＋①		32 087.88	19 880	20 932.12	72 900

注　与表4.32相比，还原后的产品成本不完全一致，其根本原因在于计算还原分配率时存在小数约位。

采用上述还原方法，由于产成品成本中所耗半成品还原后的各项费用，是以本月所产该种半成品的各项费用，分别乘以相同的倍数（还原分配率）计算求得的，因而两者的各项费用之间的比例关系不变，也就是说，是将第二车间产成品中的半成品费用，按本月第一车间生产的该种半成品成本构成进行了还原。但是，实际工作中，以前月份所产的半成品成本构成与本月所产半成品的成本构成不可能完全一致，因此，在各月所产半成品的成本构成变动较大的情况下，按照上述方法进行成本还原，对还原结果的正确性就会有较大影响。如果半成品的定额成本或计划成本比较准确，为了提高还原结果的正确性，产成品所耗半成品费用可以按定额成本或计划成本的成本构成进行还原。

综上所述，采用综合结转法逐步结转半成品成本，从第二步骤产品成本明细账中，可以了解其完工转出的产成品成本中有多少是耗用上一步骤半成品费用，有多少是各步骤的加工费用，从而有利于车间的成本管理。但如果管理上要求提供按原始成本项目反映的产成品成本资料，特别是在产品种类多、产品加工步骤多的情况下，成本还原工作繁重。因而，这种方法只宜在管理上要求计算各步骤完工产品所耗半成品费用，而不要求进行成本还原的情况下采用。

4.4.2.4　逐步结转分步法：分项结转法

分项结转法是指各个步骤所耗上一步骤的半成品成本，按照"直接材料""直接人工""制造费用"等成本项目，分别记入各该步骤产品成本明细账中的相应成本项目的一种成本结转方法。采用该方法时，若各个步骤完工的半成品通过半成品库收发，在"自制半成品明细账"中登记其成本时，也要分成本项目分别登记。采用此法计算出的产成品成本能提供按原始成本项目反映的产品的成本结构，不需进行成本还原。

现举例说明这种方法的计算。

【**例4.6**】　仍用【例4.3】甲产品成本资料，分项结转法的成本计算程序如下：

（1）第一车间甲产品成本明细账，详见表4.34。

表 4.34　　　　　　　　　产品成本明细账

第一车间：甲半成品

摘 要	产量/件	直接材料/元	直接人工/元	制造费用/元	成本合计/元
月初在产品（定额成本）		8 000	2 100	3 000	13 100
本月费用		21 000	8 000	10 400	39 400
累计		29 000	10 100	13 400	52 500
完工转出半成品成本	40	25 000	9 100	11 400	45 500
月末在产品（定额成本）		4 000	1 000	2 000	7 000

（2）根据第一车间甲半成品明细账，第一车间半成品交库单和第二车间半成品领用单，登记自制半成品明细账，详见表4.35。

表 4.35　　　　　　　　　自制半成品明细账

甲半成品

月份	摘要	数量/件	实际成本/元			
			直接材料	直接人工	制造费用	成本合计
3	月初余额	10	7 000	2 000	1 500	10 500
	本月增加	40	25 000	9 100	11 400	45 500
	合计	50	32 000	11 100	12 900	56 000
	单位成本		640	222	258	1 120
	本月减少	45	28 800	9 990	11 610	50 400
4	月初余额	5	3 200	1 110	1 290	5 600

（3）根据各种生产费用分配表、第二车间半成品领用单、自制半成品明细账、第二车间产成品交库单和第二车间在产品定额成本等资料，登记第二车间甲产品成本明细账，详见表4.36。

表 4.36　　　　　　　　　产品成本明细账

第二车间：甲产成品

摘 要	产量/件	直接材料/元	直接人工/元	制造费用/元	成本合计/元
月初在产品（定额成本）		14 000	1 500	1 300	16 800
本月本步骤生产费用			8 000	6 000	14 000
本月耗用半成品费用		28 800	9 990	11 610	50 400
累计		42 800	19 490	18 910	81 200
完工转出产成品成本	50	36 800	18 190		72 900
产成品单位成本		736	363.8	358.2	1 458
月末在产品（定额成本）		6 000	1 300	1 000	8 300

由此可见，采用分项结转法逐步结转半成品成本，可以直接提供按原始成本项目反映的产成品成本资料，不需要进行成本还原。但是成本结转工作比较复杂，而且在各步骤完工产品中看不出所耗上一步骤半成品的费用和本步骤加工费用水平，不便于进行完工产品成本分析。因此，这种结转方法一般适用于管理上不要求分别提供各步骤完工产品所耗半成品费用和本步骤加工费用资料，但要求按原始成本项目反映产品成本的企业。

4.4.2.5 逐步结转分步法的优缺点

综上所述，逐步结转分步法的优点可以概括如下：

（1）逐步结转分步法的成本计算对象是企业产成品及各步骤的半成品，这就为分析和考核企业产品成本计划和各生产步骤半成品成本计划的执行情况、为正确计算半成品销售成本提供了资料。

（2）不论是综合结转还是分项结转，半成品成本都是随着半成品实物的转移而结转，各生产步骤产品成本明细账中的生产费用余额，反映着留存在各个生产步骤的在产品成本，因而还能为在产品的实物管理和生产资金管理提供资料。

（3）采用综合结转法结转半成品成本时，由于各生产步骤产品成本中包括所耗上一生产步骤半成品成本，从而能全面反映各步骤完工产品所耗上一步骤半成品费用水平和本步骤加工费用水平，有利于各步骤的成本管理。采用分项结转法结转半成品成本时，可以直接提供按原始成本项目反映的产品成本，满足企业分析和考核产品构成和水平的需要。

而其缺点是这一方法的核算工作比较复杂，核算工作的及时性也较差。如果采用综合结转法，需要进行成本还原；如果采用分项结转法，结转的核算工作量大。如果半成品按计划成本结转，还要计算和调整半成品成本差异；如果半成品按实际成本结转，各步骤则不能同时计算成本。因此，应用这一方法时，必须从实际出发，根据管理要求，权衡利弊，做到既满足管理要求，提供所需的各种资料，又能简化核算工作。

4.4.3 平行结转分步法

4.4.3.1 概述

平行结转分步法，又称为"不计算半成品成本法"，是先将各个步骤发生的生产费用中应计入产成品成本的"份额"计算出来，然后将其平行结转、汇总起来计算产成品成本的一种成本计算方法。在采用分步法计算成本的大量、大批多步骤生产中，有的产品生产过程属于装配式生产，即先对各种原材料平行地进行加工，成为各种半成品——零件或部件，然后再装配成各种产成品，如机械制造企业；有的产品生产过程虽属于连续式多步骤生产，但半成品对外销售的情况却很少，在管理上不要求计算半成品成本，只需计算最终产品成本就可以满足成本管理的要求。因而为了简化和加速成本计算工作，则可采用平行结转分步法，只计算各步骤应计入产品成本的份额，然后平行结转，汇总计算产成品的成本。

与逐步结转分步法相比，平行结转分步法主要有以下特点：

（1）不计算半成品成本，成本计算对象是各个生产步骤和产成品。各个生产步骤的生产成本明细账中仅归集了本步骤直接发生的费用，而不包括从上一步骤结转过来的自制半成品的成本，因此在上述程序中，假设材料在第一个生产步骤一次性投入的，只有第一步中才有材料费用和其他费用，而其他的步骤只归集了本步骤所直接发生的加工费用，没有包括在本步骤继续加工的上步骤转入或领用自制半成品成本。

（2）半成品成本不随实物转移而结转。采用这一方法，各步骤之间不结转半成品成本。不论半成品实物是在各生产步骤之间直接转移，还是通过半成品库收发，都不进行总分类核算，不需设置"自制半产品"账户。

（3）为了计算各生产步骤发生的费用中应计入产成品成本的份额，必须将每一生产步骤发生的费用划分为耗用于产成品部分和尚未最后制成的在产品（即广义的在产品）部分。这里的广义在产品包括：①本步骤尚未完工的在产品；②本步骤已完工转入到半成品库的自制半成品；③投入下一步继续生产的半成品；④完成全部生产过程尚未入库的产成品。各个步骤的总成本应由完工产品和广义的在产品承担。如第一步骤的成本应在完工产品和广义的在产品之间分配，因为，所有的产品生产都经历过第一步骤，经历过就要分摊，但第二个步骤的成本应当在完工成品和第二步及第二步以后的各个步骤的在产品中分配，而第一步的在产品不参与第二个步骤成本的分配，因为第一个步骤在产品没有经历过第二步骤的生产，没受益就不分配，同理适用其他步骤成本的分配。因此，采用平行结转分步法，应首先归集各个步骤的实际发生的生产费用，半成品完工时账面上不做任何处理，只需在期末把各个生产步骤的生产费用在完工产品及在产品中分配，对于每一步应分配的在产品的范围按"谁受益，谁分配"的原则加以确定，可以采用 3.3 节中完工产品和在产品之间分配费用的方法。

> **特别提示**

广义在产品范围的确定要点：为了正确分配在产品应承担的成本，要站在本步骤"往后看"，广义的在产品包括"本步骤在产"和"后续步骤在产"，但是不包括"前序步骤在产"，因为前面生产步骤的在产品还没有转到本步骤来，不可能承担本步骤的生产费用。

（4）将各步骤费用中应计入产成品成本的份额，采用平行结转、汇总计算的方法计算该种产成品的总成本和单位成本。

4.4.3.2　平行结转分步法的计算程序

（1）按产品的生产步骤和产品品种设置生产成本明细账，按成本项目归集本步骤发生的生产费用（不包括所耗用的上一步骤半成品的成本）。

（2）月末，采用适当的方法将各个步骤归集的生产费用在产成品与广义在产品之间进行分配，计算各个步骤应计入产成品成本的份额。

（3）将各个步骤应计入产成品成本的份额平行结转、加总后得到产成品总成本，除以产成品产量，即为单位成本。

4.4.3.3　平行结转分步法产品成本计算举例

【例 4.7】　某企业生产丙产品，生产分两个步骤在两个车间内进行，第一车间为第二车间提供半成品，第二车间加工为产成品。生产费用在完工产品（应计入产品份额）和在产品之间的分配采用定额比例法，其中，原材料费用按定额原材料费用比例分配，其他各项费用按定额工时比例分配。其成本核算程序如下：

资源 4.8
平行结转分步法计算的一般程序

第4章 成本核算方法

(1) 定额资料见表4.37。

表4.37　　　　　　　　　　丙产品的定额资料

车间份额	月初在产品		本月投入		本月产成品				
	定额直接材料费用/元	定额工时/时	定额直接材料费用/元	定额工时/时	单位定额		产量/件	定额直接材料费用/元	定额工时/时
					直接材料费用/元	工时/时			
第一车间份额	18 000	480	24 000	840	6 000	20	50	30 000	1 000
第二车间份额		420		620		16	50		800
合计	18 000	900	24 000	1 460	6 000	36	50	30 000	1 800

(2) 根据丙产品的定额资料、各种生产费用分配表和产成品交库单，登记第一、二车间的产品成本明细账，见表4.38和表4.39。

表4.38　　　　　　　　　　产品成本明细账

第一车间：丙产品

摘　要	产量/件	直接材料/元		定额工时/时	直接人工/元	制造费用/元	成本合计/元
		定额	实际				
月初在产品		18 000	17 760	480	8 840	12 240	38 840
本月生产费用		24 000	23 400	840	12 280	14 160	49 840
累计		42 000	41 160	1 320	21 120	26 400	88 680
费用分配率			0.98		16	20	
产成品成本中本步骤份额	50	30 000	29 400	1 000	16 000	20 000	65 400
月末在产品		12 000	11 760	320	5 120	6 400	23 280

表4.39　　　　　　　　　　产品成本明细账

第二车间：丙产品

摘　要	产成品产量/件	直接材料/元		定额工时/时	直接人工/元	制造费用/元	成本合计/元
		定额	实际				
月初在产品				420	5 200	5 800	11 000
本月生产费用				620	13 520	13 336	26 856
累计				1 040	18 720	19 136	37 856
费用分配率					18	18.4	
产成品成本中本步骤份额	50			800	14 400	14 720	29 120
月末在产品				240	4 320	4 416	8 736

以第一车间为例，对上述成本明细账中数字计算和登记方法进行说明。

1) 直接材料定额费用和定额工时，根据表4.37丙产品的定额资料计算登记。月末在产品定额数字是根据月初在产品定额数、本月投入定额和产成品定额数，采用倒挤的方法计算求得。

2) 本月生产费用，即本步骤本月为生产丙产品发生的各项生产费用，应根据各种费用分配表登记。由于原材料是在生产开始时一次投入，采用平行结转分步法在各生产步骤之间不结转半成品成本，因而，只有第一车间会有直接材料费用（定额和实际），第二车间则没有本月耗用的半成品费用。

3) 费用分配率的计算。采用定额比例法在完工产品（应计入产成品成本的份额）和在产品（广义在产品）之间分配费用，可先计算费用分配率，其中直接材料费用按直接材料定额费用比例分配；其他费用按定额工时比例分配。以第一车间为例，各项费用分配率及产成品中本步骤份额的计算如下：

直接材料费用分配率 = 41 160 ÷ 42 000 = 0.98
产成品成本中第一车间直接材料费用份额 = 30 000 × 0.98 = 29 400(元)
月末在产品直接材料费用 = 12 000 × 0.98 = 11 760(元)
或 = 41 160 - 29 400 = 11 760(元)
直接人工费用分配率 = 21 120 ÷ 1 320 = 16(元/工时)
产成品成本中第一车间直接人工费用份额 = 1 000 × 16 = 16 000(元)
月末在产品直接人工费用 = 320 × 16 = 5 120(元)
或 = 21 120 - 16 000 = 5 120(元)
制造费用的分配率 = 26 400 ÷ 1 320 = 20(元/工时)
产成品成本中第一车间制造费用份额 = 1 000 × 20 = 20 000(元)
月末在产品制造费用 = 320 × 20 = 6 400(元)
或 = 26 400 - 20 000 = 6 400(元)

(3) 将第一、二车间产品成本明细账中应计入产成品成本的份额，平行结转，汇总计入丙产品成本汇总表，详见表4.40。

表4.40　　　　　　　　　　丙产品成本汇总表

车间份额	产量/件	直接材料/元	直接人工/元	制造费用/元	成本合计/元
第一车间份额	50	29 400	16 000	20 000	65 400
第二车间份额	50		14 400	14 720	29 120
合计	50	29 400	30 400	34 720	94 520
单位成本		588	608	694.4	1 890.4

编制会计分录：
借：库存商品——丙产品　　　　　　　　　　　　　　　　　94 520
　　贷：基本生产成本——丙产品——第一车间　　　　　　　65 400
　　　　　　　　——丙产品——第二车间　　　　　　　　　29 120

【例4.8】某企业甲产品经过三个车间连续加工制成，一车间生产A半成品，直接转入二车间加工制成B半成品，B半成品直接转入三车间加工成甲产成品。其中，1件甲产品耗用1件B半成品，1件B半成品耗用1件A半成品。原材料于生产开始时一次投入，各车间月末在产品完工率均为50%。各车间生产费用在完工产品和在产品之间的分配采用约当产量法。

本月甲产品各车间产量资料见表4.41。

表4.41　　　　　　　　　　　甲产品产量记录　　　　　　　　　　　单位：件

项目	月初在产品数量	本月投产数量	本月完工数量	月末在产品数量
第一车间	20	180	160	40
第二车间	50	160	180	30
第三车间	40	180	200	20

本月甲产品各车间月初及本月费用资料见表4.42。

表4.42　　　　　　　　　　　生产费用资料　　　　　　　　　　　单位：元

项目		直接材料	直接人工	制造费用
月初在产品成本	第一车间	1 000	60	100
	第二车间		200	120
	第三车间		180	160
本月发生费用	第一车间	18 400	2 200	2 400
	第二车间		3 200	4 800
	第三车间		3 450	2 550

其具体计算如下：

（1）计算约当产量。采用约当产量法时，需将在产品的数量折合为约当产量，根据资料，月末在产品分别是第一车间有40件、第二车间30件、第三车间20件，各步骤各项目约当产量见表4.43。

表4.43　　　　　　　　　　　约当产量的计算　　　　　　　　　　　单位：件

项目	摘要	直接材料	直接人工	制造费用
一车间步骤约当产量	完工产品	200	200	200
	在产品约当产量	90 (20+30+40)	70 (20+30+40×50%)	70 (20+30+40×50%)
	合计	290	270	270
二车间步骤约当产量	完工产品		200	200
	在产品约当产量		35 (20+30×50%)	35 (20+30×50%)
	合计		235	235

4.4 产品成本核算的分步法

续表

项 目	摘 要	直接材料	直接人工	制造费用
三车间步骤 约当产量	完工产品		200	200
	在产品约当产量		10 (20×50%)	10 (20×50%)
	合计		210	210

由于材料在开始生产时一次性投入，单位在产品的材料消耗和单位完工产品的材料消耗一样，而直接人工和制造费用则需要计算在产品的约当产量。

以第一车间为例，"直接材料"项目月末在产品约当产量为 $40+30+20=90$（件）。对"直接人工"和"制造费用"而言，月末本步骤在产品的约当产量为 20 件，即 $40×50\%=20$，第二、三步在产品完整的经历了第一步，所以约当产量分别为 30 件和 20 件，在产品约当总产量为 $20+30+20=70$（件）。

第二、第三车间的计算原理与第一车间相同。但值得一提的是，由于原材料于生产开始时一次投入，且第二、三车间仅归集本步骤发生的费用，并不包括领用上步的自制半成品成本，因此在后续车间不存在"直接材料"的分配或"半产品"的分配。

（2）计算第一车间成本。第一车间是产品生产的第一步，将第一步的成本明细账月初余额和本月的费用记入第一车间的产品成本明细账，同时根据上面计算的约当产量进行分配，详见表 4.44。

表 4.44　　　　　　　　　　产 品 成 本 明 细 账

第一车间　　　　　　　　　　　　　　　　　　　　　　　　　　　　　　单位：元

摘 要	直接材料	直接人工	制造费用	合计
月初在产品成本	1 000	60	100	1 160
本月费用	18 400	2 200	2 400	23 000
合计	19 400	2 260	2 500	24 160
本月产成品的数量	200	200	200	—
月末在产品的约当产量	90	70	70	—
费用分配率	66.9	8.37	9.26	—
应计入产成品成本份额	13 380	1 674	1 852	16 906
在产品成本份额	6 020	586	648	7 254

表 4.44 中有关计算过程如下：

1）"直接材料"项目。

$$材料费用分配率=\frac{1\,000+18\,400}{200+90}=66.9(元)$$

本月本步骤应计入产成品成本的份额 $=200×66.9=13\,380$（元）

月末本步骤在产品的成本份额,采用倒挤的方法计算为:$1\,000+18\,400-13\,380=6\,020$(元)。

2)"直接人工"项目。

$$直接人工费用的分配率=\frac{60+2\,200}{200+70}=8.37(元)$$

本月本步骤应计入产成品成本份额$=200\times 8.37=1\,674$(元)

月末本步骤在产品成本份额,采用倒挤的方法计算为:$60+2\,200-1\,674=586$(元)。

3)"制造费用"项目。

$$制造费用分配率=\frac{100+2\,400}{200+70}=9.26(元)$$

本月本步骤应计入产成品成本份额$=200\times 9.26=1\,852$(元)

月末本步骤在产品成本份额,采用倒挤的方法计算为:$100+2\,400-1\,852=648$(元)。

4)通过上述计算,第一车间本月产成品成本份额总计7 254元,其中,直接材料6 020元、直接人工586元、制造费用648元。

(3)计算第二、三车间成本。在第二、三车间生产成本明细账中登记成本明细账月初余额和本月本步骤发生的费用,见表4.45和表4.46。对各步骤发生的费用合计,按成本项目采用约当产量法在本月产成品和在产品中分配,方法和第一车间的相同,不再列示计算过程。

表 4.45　　　　　　　　　　产品成本明细账

第二车间　　　　　　　　　　　　　　　　　　　　　　　　　　　　　　　单位:元

摘　要	本步骤发生		合计
	直接人工	制造费用	
月初本步在产品成本	200	120	320
本月本步发生费用	3 200	4 800	8 000
本月合计	3 400	4 920	8 320
本月产成品的数量	200	200	—
月末在产品的约当产量	35	35	—
费用分配率	14.47	20.94	—
应计入产成品成本份额	2 894	4 188	7 082
在产品成本份额	506	732	1 238

(4)计算完工产品成本。综合以上3个车间的分配结果,可计算出应计入产成品成本份额合计,即为完工产成品的总成本,并可以计算出产成品的单位成本。计算过程见表4.47。

4.4 产品成本核算的分步法

表 4.46   产品成本明细账
第三车间   单位：元

摘 要	本步骤发生		合计
	直接人工	制造费用	
月初本步在产品成本	180	160	340
本月本步发生费用	3 450	2 250	6 000
本月合计	3 630	2 710	6 340
本月产成品的数量	200	200	—
月末在产品的约当产量	10	10	—
费用分配率	17.29	12.9	—
应计入产成品成本份额	3 458	2 580	6 038
在产品成本份额	172	130	302

表 4.47   完工产品成本汇总表   单位：元
产品名称：甲产品   产量：200 件

车 间	直接材料	直接人工	制造费用	合计
第一车间	13 380	1 674	1 852	16 906
第二车间		2 894	4 188	7 082
第三车间		3 458	2 580	6 038
产成品总成本	13 380	8 026	8 620	30 026
产成品单位成本	66.9	40.13	43.1	150.13

根据表 4.47 的计算结果，编制结转完工产品入库的会计分录：

借：库存商品——甲产品　　　　　　　　　　　　　　　　30 026
　　贷：基本生产成本——甲产品——第一车间　　　　　　16 906
　　　　　　　　　　　　　　　——第二车间　　　　　　 7 082
　　　　　　　　　　　　　　　——第三车间　　　　　　 6 038

由此可见，采用平行结转分步法来计算产品成本关键就是确定每一步成本分配的在产品的范围，即该步的在产品和该步以下各个步骤的在产品。

4.4.3.4 平行结转分步法的优缺点

综上所述，平行结转分步法与逐步结转分步法相比较，具有以下优点：

（1）简化和加速成本计算工作。采用这一方法，各步骤可以同时计算产品成本，然后将应计入完工产品成本的份额平行结转汇总计入产成品成本，不必逐步结转半成品成本，从而可以简化和加速成本计算工作。

（2）不必进行成本还原或做大量工作分项结转。采用这一方法，一般是按成本项目平行结转汇总各步骤成本中应计入产成品成本的份额，因而能够直接提供按原始成本项目反映的产成品成本资料，不必像采用逐步结转分步法那样要进行成本还原或者做大量的工作进行分项结转。

但是，由于采用这一方法各步骤不计算、也不结转半成品成本，因而存在以下缺点：

（1）不利于各步骤的成本管理。不能提供各步骤半成品成本资料及各步骤所耗上一步骤半成品费用资料，因而不能全面地反映各步骤生产耗费的水平，不利于各步骤的成本管理。

（2）不能为各步骤在产品的实物管理和资金管理提供资料。由于各步骤间不结转半成品成本，使半成品实物转移与费用结转脱节，因而不能为各步骤在产品的实物管理和资金管理提供资料。

从以上对比分析中可以看出，平行结转分步法的优缺点正好与逐步结转分步法的优缺点相反。因而，平行结转分步法只宜在半成品种类较多，逐步结转半成品成本工作量较大，管理上又不要求提供各步骤半成品成本资料的情况下采用；并在采用时加强各步骤在产品收发结存的数量核算，以便为在产品的实物管理和资金管理提供资料，弥补这一方法的不足。

> **知识链接**

中美产品成本计算分步法的比较

我国的分步法体系包括逐步结转分步法和平行结转分步法，其中逐步结转分步法又分成综合逐步结转分步法和分项逐步结转分步法。美国的分步法则包括加权平均法和先进先出法两种类型，其中加权平均法与我国的分项逐步结转分步法原理是一样的，先进先出法则假设先投产的产品先完工，本期发生的生产成本与期初在产品成本分开，不混合加总在一起进行分配。本期发生的生产成本首先分配给期初在产品将其加工为完工产品，再分配给本月投产并完工的产品，最后分配给部分完工的月末在产品。先进先出法聚焦于本期生产成本的分配，能为管理者揭示前后期成本耗费水平的变化，为管理者定价等决策提供有用的信息。

［资料来源：余景选．中美产品成本计算分步法的比较．会计之友，2017（04）：27-29.］

4.5 产品成本核算的分类法

4.5.1 概述

4.5.1.1 分类法的定义及特点

产品成本计算的分类法，是按产品类别归集生产费用，先计算出各类产品的总成本，然后再按照一定方法，将归集的生产费用在同类产品中分配，计算出类内各种产品成本的一种方法。

分类法的特点是：①将产品按照类别划分为若干类；②成本计算对象是产品类别，即按照产品的类别设立产品成本明细账，归集产品的生产费用，计算各类产品成本；③选择合理的分配标准进行类内产品成本分配，计算类内各种产品的成本。

4.5.1.2 分类法的适用范围

分类法与产品的生产类型没有直接联系，可以在各种类型的生产中应用。即凡是产品的品种、规格繁多，而且可以按照一定标准划分为若干类别的企业或车间，均可采用分类法计算成本。主要适用于下列情况：

（1）同原料、同工艺生产不同规格产品的企业。如钢铁厂生产的各种型号和规格的生铁、钢材，制鞋企业生产的各种不同类别和规格的鞋子，灯泡企业生产的各种不同类别和瓦数的灯泡，食品企业生产的各种饼干和面包，房产企业不同的房产类型等。它们的生产类型虽然不同，但都可以采用分类法计算成本。

（2）生产联产品的企业。有些工业企业，特别是化工企业，在生产过程中对同一原料进行加工，可以同时生产出几种主要产品，如原油经过提炼，可以同时生产出柴油、汽油和煤油等产品，这些产品称为联产品。这些联产品所用的原料和工艺过程相同，可以归为一类，所以最适合采用分类法计算成本。

（3）生产主副产品的企业。企业在生产主产品的过程中，还会附带生产出一些非主要产品，这种附带产生的产品称作副产品。由于联产品和副产品是在同一生产过程中产生的，可以将主、副产品归为一类计算产品成本，然后将副产品成本按一定方法计价从成本中扣除，余额即为主产品成本。

（4）生产零星产品的企业。有些工业企业，除了生产主要产品以外，还可能生产一些零星产品，这些零星产品虽然内部结构、所耗原材料和工艺过程不一定完全相近，但是它们的品种、规格多，而且数量少，费用比重小。为了简化成本计算工作，这些零星产品也可以归为几类，采用分类法计算成本。还有因材料等造成等级品的也可以采用分类法。

4.5.1.3 分类法的优缺点

采用分类法计算成本是按产品类别归集和分配生产费用，从而简化了成本计算工作；在分类法下，不仅可以计算出各种产品的成本，而且还可以分类掌握产品成本的水平。但由于同类产品内各种产品的成本是按照一定的比例分配计算出来的，因而按分类法计算产品成本，计算结果有一定的假定性。

4.5.2 分类法的计算程序及应用举例

分类法计算的一般程序如下：

（1）将产品划分为若干类别。分类法下，产品的分类非常重要。分类时，以产品的结构、所用原材料和工艺过程是否相同或相近为标准。如果产品分类太少，划分过粗，类内产品太多，就会影响产品成本计算的正确性；若划分过细，类内产品数量过少，成本计算的工作量就大，失去了采用分类法的意义。

（2）计算各类产品总成本。按产品类别设立产品成本明细账（或产品成本计算单），归集产品的生产费用，选用品种法、分批法或分步法等基本成本计算方

第4章 成本核算方法

法，计算各类产品总成本，并按照一定的方法在完工产品和月末在产品之间进行分配。

> **特别提示**

分类法是品种法的延伸，即分类法是把类别作为品种，归集各类产品成本后，再按照一定的方法在类内产品之间进行分配，因此，该方法不是一种独立的产品成本计算方法。分类法可与品种法结合使用，也可与分步法、分批法结合使用。

（3）类内产品成本的分配。即选择合理的分配标准，将类内各种产品的总完工产品成本在各产品之间进行分配，计算类内各种产品的总成本和单位成本，这是分类法的关键步骤。

> **特别提示**

采用分类法进行成本计算的准确性取决于分配标准的选择。

关于分类标准的选择需把握以下要点：

要点一：选择合理的分配标准。分配标准主要有产品的技术特征（质量、重量、体积、长度）、产品的经济价值（计划成本、定额成本、售价）和原材料消耗定额3种。在选择费用的分配标准时，主要应考虑该标准与产品生产实际耗费是否有密切关系。

要点二：各成本项目可采用相同的分配标准进行分配（如分配原材料、直接人工和制造费用时均可采用产量作为分配标准），也可采用不同的分配标准进行分配（如分配原材料可选用定额消耗量或定额费用比例进行分配，直接人工、制造费用可按定额工时比例分配），目的是使分配结果更合理，成本计算更准确。

要点三：类内产品的成本分配方法主要有定额比例法、系数法。在分类法下，某类产品的总成本也可按该类内各种产品的定额比例进行分配，这种按定额比例进行分配的方法，通常称为定额比例法，主要用于类内产品之间直接人工、制造费用的分配。对于定额比较健全和稳定的企业，一般采用定额比例法。为了简化分配工作，也可以将分配标准折算成相对固定的系数，按照固定的系数分配同类产品内各种产品的成本的方法，简称系数法，主要用于类内产品之间直接材料费用的分配。

要点四：系数法的计算步骤。

1）选择标准产品。在同类产品中选择一种产量较大，生产稳定或规格折中的产品作为标准产品，并将其系数定为"1"。

2）计算其他各种产品的系数。计算公式为

其他产品的系数＝其他产品的分配标准÷标准产品的分配标准

系数一经确定，在一定时期内应保持相对稳定。系数有单项系数和综合系数之分。

单项系数是以反映产品成本某一方面的因素（原材料、直接人工、制造费用）为依据确定的系数，如直接材料成本系数、直接人工成本系数、制造费用成本系数。

$$直接材料成本系数 = \frac{某单位产品直接材料分配标准(如定额成本)}{标准产品直接材料分配标准(如定额成本)}$$

$$直接人工成本系数 = \frac{某单位产品直接人工分配标准(如定额成本)}{标准产品直接人工分配标准(如定额成本)}$$

$$制造费用成本系数 = \frac{某单位产品制造费用分配标准(如定额成本)}{标准产品制造费用分配标准(如定额成本)}$$

综合系数是以反映产品成本的全面因素（如计划单位成本、单位售价、单位定额成本）为依据确定的系数，如单位成本系数。

$$单位成本系数 = \frac{某单位产品分配标准(如定额成本、售价)}{标准产品定额成本分配标准(如定额成本、售价)}$$

3) 计算各种产品的总系数（或标准产量）。其计算公式为

各产品总系数（或标准产量）＝各产品实际产量×该产品系数

4) 计算类内产品分配率。其计算公式为

$$类内产品成本分配率 = \frac{待分配费用}{各产品总系数之和}$$

5) 计算类内各种产品的分配额。其计算公式为

各产品分配额＝各产品的总系数×类内产品成本分配率

【例 4.9】 某企业生产的 A、B、C 三种产品，所用原材料和工艺过程相似，合并为甲类产品，采用分类法计算成本。甲类产品的有关资料如下：甲类产品月末在产品按定额成本计价，6 月初及月末在产品的定额成本见表 4.48 所示，产品消耗定额见表 4.49。

表 4.48　　　　　　　　　6 月初、月末在产品成本

项　目	直接材料	直接人工	制造费用	合计
月初在产品定额成本/元	29 200	6 000	1 500	36 700
月末在产品定额成本/元	20 800	3 000	1 200	25 000

表 4.49　　　　　　　　　　产 品 消 耗 定 额

产品名称	材料消耗定额/千克	工时定额/时
A 产品	24	25
B 产品	20	11
C 产品	16	10

甲类产品 6 月份生产费用为：直接材料 303 600 元，直接人工 46 000 元，制造费用 149 700 元，合计 499 300 元。6 月份产量分别为：A 产品 200 件，B 产品 1 000 件，C 产品 400 件。企业产品成本计算过程如下：

(1) 计算甲类完工产品成本（表 4.50）。

表 4.50　　　　　　　　　　甲类产品成本计算单

202×年6月　　　　　　　　　　　　　　单位：元

月	日	摘　要	直接材料	直接人工	制造费用	合计
5	31	月末在产品定额成本	29 200	6 000	1 500	36 700
6	30	本月生产费用	303 600	46 000	149 700	499 300
6	30	合计	332 800	52 000	151 200	536 000
6	30	完工产品成本	312 000	49 000	150 000	511 000
6	30	月末在产品定额成本	20 800	3 000	1 200	25 000

（2）甲类完工产品总成本在 A、B、C 3 种产品之间进行分配。

1) 采用定额比例法计算 A、B、C 3 种产品成本，编制类内产品成本计算单（表4.51）。直接材料按定额消耗量比例分配，其他费用按定额工时比例分配。

表 4.51　　　　　　　甲类产品内各种产成品成本计算单

202×年6月

项目	产量/件	材料消耗定额/千克	材料定额消耗量/千克	工时定额/时	定额总工时/时	直接材料/元	直接人工/元	制造费用/元	成本合计/元
①	②	③	④=②×③	⑤	⑥=②×⑤	⑦=④×分配率	⑧=⑥×分配率	⑨=⑥×分配率	⑩=⑦+⑧+⑨
分配率						10	2.45	7.5	
A产品	200	24	4 800	25	5 000	48 000	12 250	37 500	97 750
B产品	1 000	20	20 000	11	11 000	200 000	26 950	82 500	309 450
C产品	400	16	6 400	10	4 000	64 000	9 800	30 000	103 800
合计			31 200		20 000	312 000	49 000	150 000	511 000

直接材料分配率 = 312 000 ÷ 31 200 = 10（元/千克）

A 产品直接材料成本 = 4 800 × 10 = 48 000（元）

B 产品直接材料成本 = 20 000 × 10 = 200 000（元）

C 产品直接材料成本 = 6 400 × 10 = 64 000（元）

直接人工和制造费用的分配与直接材料的原理一致。

2) 采用系数法计算 A、B、C 3 种完工产品成本。类内各种产品之间分配费用的标准是：直接材料费用采用系数法进行分配，系数根据材料消耗定额计算确定，以产量最大的产品为标准产品，其他费用按定额工时比例分配。

A 产品材料消耗系数 = 24 ÷ 20 = 1.2

B 产品材料消耗系数 = 1（标准产品）

C 产品材料消耗系数 = 16 ÷ 20 = 0.8

类内各种产品成本计算单,见表4.52。

表4.52　　　　　　　甲类产品内各种产成品成本计算单
202×年6月

项目	产量/件	直接材料系数	直接材料总系数	工时定额/时	定额总工时/时	直接材料/元	直接人工/元	制造费用/元	合计/元
①	②	③	④=②×③	⑤	⑥=②×⑤	⑦=④×分配率	⑧=⑥×分配率	⑨=⑥×分配率	⑩=⑦+⑧+⑨
分配率						200	2.45	7.5	
A产品	200	1.2	240	25	5 000	48 000	12 250	37 500	97 750
B产品	1 000	1	1 000	11	11 000	200 000	26 950	82 500	309 450
C产品	400	0.8	320	10	4 000	64 000	9 800	30 000	103 800
合计	—	—	1 560		20 000	312 000	49 000	150 000	511 000

直接材料分配率＝312 000÷1 560＝200(元/千克)
A产品直接材料成本＝240×200＝48 000(元)
B产品直接材料成本＝1 000×200＝200 000(元)
C产品直接材料成本＝320×200＝64 000(元)

直接人工、制造费用分配以及A、B、C 3种产品应负担的直接人工、制造费用与定额比例法计算相同,见表4.51。当然,工时也可按系数分配,如可以选C产品工时为标准,系数为1,则A产品工时系数为2.5,B产品工时系数为1.1,分配结果不变。

> **特别提示**
>
> 在产品结构、所耗原材料或工艺技术发生较大变动时,应及时修订分配系数,或另选分配标准,以保证成本计算的准确性。

4.5.3　联产品和副产品的成本计算
4.5.3.1　联产品成本的计算

联产品是利用同一种材料,经过同一个生产过程中,同时生产出几种具有同等地位、不同用途的主要产品。如炼油厂从原油中可以同时提炼出汽油、柴油和煤油等主要产品;海藻加工企业可同时生产出成品碘、甘露醇和褐藻酸钠等产品,玉米加工企业可以同时生产出精制玉米粉、精制玉米糁、玉米油、玉米快餐粉等产品。

联产品成本的计算,要注意分离点前后。"分离点"是指在联产品生产过程中,投入相同原料,经过同一生产过程,分离为各种联产品的时点。分离点之前,不可能按每种产品归集和分配费用,只能将其归为一类,按分类法的成本计算原理计算出联产品分离前的总成本（称为联合成本或共同成本），然后将联合成本用恰当的标准在各联产品之间进行分配。分离点之后，有的联产品可直接销售，有些联产品还需继续加工才可出售，这样需要按照分离后生产特点和成本管理的要求，用恰当的成本计算方法进行计算分离后的产品加工成本（称为可归属成本）。

可见，联产品成本的计算通常分为两个阶段进行：①联产品分离前发生的生产费用即联合成本，可按一个成本计算对象设置一个成本明细账进行归集，然后将其总额按一定分配方法在各联产品之间进行分配；②分离后按照各种产品分别设置明细账，归集其分离后所发生的加工成本。

> **特别提示**

联产品成本包括其所负担的联合成本和分离后的可归属成本。

联合成本的计算和前述分类法相同，关键是如何将联合成本在各种联产品之间进行分配。制造企业应当根据生产经营特点和联产品、副产品的工艺要求，选择系数分配法、实物量分配法、相对销售价格分配法（或分离点售价法）、可变现净值法等方法分配联合生产成本。

（1）系数分配法。系数分配法是将各种联产品的实际产量按规定的系数折算为标准产量（相对生产量），然后将联合成本按各联产品的标准产量（相对生产量）比例进行分配。

（2）实物量分配法。实物量分配法是将联产品的联合成本（或共同成本）以各联产品的实物量（如重量、长度或容积）为分配标准进行分配的一种方法。其计算公式为

$$联产品分配率 = \frac{联合成本}{\sum 各联产品的实物数量}$$

$$某产品应分配的联合成本 = 某联产品实物数量 \times 联产品分配率$$

【例 4.10】 某企业生产 A、B、C 3 种联产品，本月发生联合成本 300 000 元，根据产品产量进行联合成本分配，计算结果见表 4.53。

表 4.53　　　　　　　　联合产品成本计算单（实物量分配法）

产品名称	产量/千克	分配率	分配额/元
A 产品	450	300	135 000
B 产品	300	300	90 000
C 产品	250	300	75 000
合计	1 000	300	300 000

假设 A 产品和 C 产品分离后可以直接出售，B 产品需要进一步加工，发生加工费 2 000 元，则 3 种联产品成本计算如下：

A 产品成本 = 135 000 元

C 产品成本 = 75 000 元

B 产品成本＝应分配的联合成本＋分离后的可归属成本＝90 000＋2 000＝92 000(元)

(3) 可变现净值法。如果联产品尚需进一步加工后才可供出售，可采用可变现净值法进行分配。其计算公式为

$$某联产品可变现净值＝某联产品预计销售总价－加工成本$$

$$联产品分配率＝\frac{联合成本}{\sum 各联产品可变现净值}$$

$$某产品应分配的联合成本＝某联产品可变现净值 \times 联产品分配率$$

【例 4.11】 以【例 4.10】的资料为例，假设 A、B、C 3 种产品分离后均需要进一步加工方可出售，3 种产品的加工费分别为 3 000 元、2 000 元和 1 000 元，加工后 A、B、C 3 种产品的销售总价为 148 000 元、132 000 元和 101 000 元，则 3 种产品的可变现净值分别为：

A 产品的可变现净值＝148 000－3 000＝145 000(元)
B 产品的可变现净值＝132 000－2 000＝130 000(元)
C 产品的可变现净值＝101 000－1 000＝100 000(元)

采用可变现净值法分配联产品成本的计算见表 4.54。

表 4.54　　　　　　联合产品成本计算单（可变现净值法）

产品名称	可变现净值	分配率	分配额/元
A 产品	145 000	0.8	116 000
B 产品	130 000	0.8	104 000
C 产品	100 000	0.8	80 000
合计	375 000	0.8	300 000

因此，三种联产品成本分别为：

A 产品成本＝116 000＋3 000＝119 000(元)
C 产品成本＝104 000＋2 000＝106 000(元)
B 产品成本＝80 000＋1 000＝81 000(元)

(4) 分离点售价法。该方法是指联合成本按分离点时每种产品的销售总价比例来分配的一种成本分配方法。其理论依据是售价较高的联产品应该成比例地负担较高份额的联合成本，使这些联产品能够取得一致的毛利率。该方法要求每种产品在分离点时的销售价格能够可靠地计量，因此一般适合联产品分离后即可销售的情况。其计算公式为

$$联产品分配率＝\frac{联合成本}{\sum 各联产品分离点销售总价}$$

$$某联产品应分配联合成本＝某种联产品分离点的销售总价 \times 联产品分配率$$

【例 4.12】 以【例 4.10】的资料为例，根据分离点售价法进行联合成本分配，计算结果见表 4.55。

表 4.55　　　　　　　联合产品成本计算单（分离点售价法）

产品名称	产量/千克	单位售价/元	销售总价/元	分配率	分配额/元
A产品	450	80	36 000	4	144 000
B产品	300	60	18 000	4	72 000
C产品	250	84	21 000	4	84 000
合计	1 000		75 000	4	300 000

4.5.3.2　副产品成本的计算

副产品是指经过同一生产过程，使用同种原材料，在生产出主要产品的同时，附带生产出一些非主要产品，或利用生产中的废料加工而成的产品。这些非主要产品有它们特定的用途，可以部分或全部出售或自用，如原油加工过程产生的渣油、石油焦；稻米加工过程中产生的米糠、稻壳和碎米；果汁加工过程中生产的果渣等。

副产品和联产品都是利用同一原材料在同一生产过程中生产出来的，区别在于：联产品价值一般较高，副产品价值一般较小；联产品是主要产品，而副产品是由于生产主要产品而附带生产出来。副产品和联产品不是一成不变的，随着经济的发展，某些副产品由于用途扩大，而上升为联产品，反之，某些联产品由于过时被淘汰，也可能变成副产品。

> **特别提示**
>
> 一般来讲，联产品可以在同一市场销售，而副产品则要在不同的市场销售。

由于主、副产品是在同一生产过程中生产出来的，所发生的费用很难在它们之间划分，因此将主、副产品作为一类产品，并开设成本计算单，采用分类法计算出主副产品的联合成本，然后将联合成本采用适当方法在主副产品之间进行分配。由于副产品是次要产品，对企业的收入和利润都影响甚微，通常确定副产品的扣除价格从联合成本中扣除，常见的情况有以下几种：

（1）副产品的扣除成本为 0。当副产品价值极微时，假定其分配的联合成本为 0，联合成本全部由主产品负担，副产品的收入直接列入利润表的其他业务利润。

（2）副产品只负担继续加工成本。联合成本归主产品，副产品的收入列其他业务收入，副产品继续加工成本列其他业支出。

（3）副产品作价扣除。把副产品的销售价格扣除继续加工成本、销售费用、销售税金及合理利润后作为扣除价格，再从联合成本中扣除。

（4）联合成本在主、副产品间的分配。如果副产品在企业销售额中还能占据一定的比例，可以按照联产品分配的办法来分配联合成本，使副产品占少量成本，这种方法相对准确。副产品所分配的联合成本加上继续加工成本就是副产品的成本。

本 章 小 结

本章主要介绍了产品成本核算的三种基本方法和一种辅助方法。

受生产特点和成本管理要求的影响，企业产品成本计算有三种不同的计算对象，因而以产品计算对象为主要标志的产品成本计算的基本方法也有三种。以产品品种为成本计算对象的产品成本计算方法，称为品种法，主要适用于大量、大批的单步骤生产或管理上不要求分步骤计算成本的多步骤生产；以生产批别为成本计算对象的产品成本计算方法，称为分批法，主要适用于小批、单件的单步骤生产或管理上不要求分步骤计算成本的多步骤生产。以产品生产步骤为成本计算对象的产品成本计算方法，称为分步法，主要适用于大量、大批的多步骤生产。

除了产品成本计算的基本方法以外，还存在分类法、定额法等成本计算的辅助方法。分类法是按产品类别归集生产费用，先计算出各类产品的总成本，然后再按照一定方法，将归集的生产费用在同类产品中分配，计算出类内各种产品成本的一种方法。凡是产品的品种规格繁多，而且可以按照一定标准划分为若干类别的企业或车间，均可采用分类法计算成本。

练 习 题

一、单项选择题

1. 生产特点和管理要求对产品成本计算上的影响，主要表现在（　　）的确定上。

A. 成本计算对象　　　　　　　　B. 成本计算期

C. 费用归集的基础　　　　　　　D. 完工产品与在产品成本的计算方法

2. 企业的（　　）不同，其所采用的产品成本的计算方法也应该有所不同。

A. 经营规模大小　　　　　　　　B. 生产规模大小

C. 生产特点　　　　　　　　　　D. 经营特点

3. 工业企业的生产，按照其（　　）是否间断，可以分为单步骤生产和多步骤生产两种类型。

A. 工艺过程　　　　　　　　　　B. 生产过程

C. 半成品的流转　　　　　　　　D. 半成品成本的结转

4. 多步骤生产按其产品的加工方式，可以分为（　　）式生产和装配式生产两种。

A. 集中　　　　　　　　　　　　B. 分散

C. 连续加工　　　　　　　　　　D. 分工制作

5. 工业企业的生产，按照其（　　）特点，可以分为大量生产、成批生产和单件生产等3种类型。

A. 生产工艺　　　　　　　　　　B. 生产

C. 生产组织　　　　　　　　　　D. 经营

6. 在大量大批生产企业里，产品成本的计算定期进行，成本的计算期与（　　）一致。

A. 产品生产周期　　　　　　　　B. 成本计划期

C. 生产经营周期　　　　　　　　D. 会计结算期

7. 在单件小批多步骤生产条件下，如果管理上不要求分步骤计算产品成本，则采用的成本计算方法应该是（   ）。

  A. 分批法   B. 品种法

  C. 分类法   D. 定额法

8. 下列方法中，属于成本计算辅助方法的是（   ）。

  A. 品种法   B. 分批法

  C. 分步法   D. 分类法

9. 品种法适用的生产组织是（   ）。

  A. 大量大批多步骤生产   B. 大量大批单步骤生产

  C. 大量小批生产   D. 单件小批生产

10. 关于成本计算的分批法，下列说法正确的是（   ）。

  A. 没有完工产品与在产品之间费用分配问题

  B. 成本的计算期与会计报告期往往是不一致的

  C. 适用于小批、单件，管理上不要求分步骤计算成本的多步骤生产

  D. 以上说法都正确

11. 采用逐步结转分步法，在完工产品与在产品之间分配费用，是指（   ）之间分配费用。

  A. 完工产品与月末在产品

  B. 完工半成品与月末加工中在产品

  C. 完工产品与广义在产品

  D. 前几个步骤完工半成品与加工中在产品及最后步骤完工产品与加工中在产品

12. 成本还原的对象是（   ）。

  A. 完工产品

  B. 倒数第二步骤本月所产半成品成本

  C. 最后步骤完工产品成本

  D. 各步骤半成品成本

13. 产品成本计算的分类法适用于（   ）。

  A. 可以按照一定的标准分类的产品

  B. 品种、规格繁多的产品

  C. 品种、规格繁多，而且可以按照一定标准分类的产品

  D. 大量大批生产的产品

二、多项选择题

1. 采用品种法在月末计算产品成本时，如果（   ），也可以不计算在产品成本。

  A. 没有在产品

  B. 在产品数量很少，且成本数额不大

  C. 在产品数量很少，但成本数额很大

  D. 在产品数量很多，且成本数额很大

  E. 在产品数量很多，但成本数额不大

2. 采用品种法计算产品成本，需根据各种费用分配表登记（   ）等。

A. 基本生产成本明细账 B. 产品成本明细账
C. 辅助生产成本明细账 D. 制造费用明细账
E. 材料费用明细账

3. 产品成本计算的分批法适用于(　　)。

A. 单件小批生产

B. 小批单步骤生产

C. 小批量、管理上不要求分步骤计算产品成本的多步骤生产

D. 大量大批单步骤生产

E. 大量大批多步骤生产

4. 采用分批法计算产品成本，如果批内产品跨月陆续完工，(　　)。

A. 月末需要计算完工产品成本和在产品成本

B. 月末要将生产费用在完工产品和在产品之间进行分配

C. 月末不需要将生产费用在完工产品和在产品之间进行分配

D. 月末不需要计算产品成本

E. 可以在有了完工产品时先计算完工产品成本

5. 平行结转分步法的特点是(　　)。

A. 各步骤半成品成本要随着半成品实物的流转而结转

B. 各步骤半成品成本不随着半成品实物的流转而结转

C. 成本计算对象是完工产品成本份额

D. 需要计算并结转完工半成品成本

E. 不需要计算并结转完工半成品成本

6. 分步法可进一步细分为(　　)等多种方法。

A. 逐步结转分步法 B. 多步结转分步法
C. 同步结转分步法 D. 两步结转分步法
E. 平行结转分步法

7. 采用逐步结转分步法(　　)。

A. 半成品成本的结转同其实物的流转是同步进行的

B. 成本核算手续简便

C. 能够提供半成品成本资料

D. 有利于加强生产资金管理

E. 为对外销售半成品和对各车间成本指标考核提供成本资料

8. 综合结转法中半成品按计划成本结转的优点是(　　)。

A. 可以加速成本核算工作

B. 可以简化成本计算工作

C. 不需要进行成本还原

D. 有利于各生产步骤进行成本分析和考核

E. 有利于从整个企业角度进行成本的分析和考核

9. 平行结转分步法适用的情况是(　　)。

A. 半成品对外销售
B. 半成品不对外销售
C. 管理上要求提供各步骤半成品成本资料
D. 管理上不要求提供各步骤半成品成本资料
E. 半成品种类较多，逐步结转半成品成本工作量较大

10. 平行结转分步法各步骤的在产品是广义的在产品，它包括（　　）。
A. 本步骤正在加工中的在产品
B. 上步骤正在加工中的在产品
C. 完成本步骤加工已存入半成品库的半成品
D. 完成上步骤加工已存入半成品库的半成品
E. 出了本步骤半成品库在后续步骤中继续加工的半成品

11. 所谓成本还原就是将完工产品所耗用的上一步骤半成品的综合成本分解还原为原始的（　　）等项目的一种成本计算工作。
A. 直接材料　　　　　　　　B. 直接工资
C. 直接支出　　　　　　　　D. 其他直接支出
E. 制造费用

12. 可以或应该采用分类法计算成本的产品有（　　）。
A. 联产品
B. 零星产品
C. 副产品
D. 品种、规格繁多，但可按规定标准进行分类的产品

三、计算题

1. 某企业生产甲、乙两种产品，都是单步骤的大量生产，采用品种法计算产品成本。假定两种产品未单独领用原材料，也未单独消耗直接人工，两种产品共同耗用的材料按定额消耗量比例分配，直接人工和制造费用按实际工时比例分配，其他资料如下：

（1）甲产品期初无在产品；乙产品期初在产品成本为：直接材料13 200元、直接人工4 600元、制造费用1 200元。

（2）甲产品原材料的定额消耗量为2 500千克，乙产品为4 000千克，两种产品耗用原材料的实际成本为66 300元；甲产品的实际工时为16 000小时，乙产品为26 000小时；两种产品共同耗用的直接人工合计16 800元，制造费用合计6 300元。

（3）甲产品完工1 000件，无期末在产品；乙产品直接材料之外的其他费用按约当产量法在完工产品和在产品之间进行分配，本月完工2 100件，期末在产品1 500件（完工进度60%）。

求：
（1）编制各种费用的分配表。
（2）编制甲、乙两种产品的成本计算单，并计算完成产品的总成本和单位成本。

2. 某企业属单件小批多步骤生产企业,按购货单位要求小批生产甲、乙、丙 3 种产品,产品成本计算采用分批法,该企业 9 月份的有关成本计算资料如下:

(1) 各生产批别产量、费用资料。

1) 901 号甲产品 50 件,7 月份投产,本月全部完工,7、8 两月累计费用为:直接材料 4 000 元,直接人工 1 000 元,制造费用 1 200 元。本月发生费用:直接人工 400 元,制造费用 500 元。

2) 902 号乙产品 100 件,8 月份投产,本月完工 60 件,未完工 40 件,8 月份发生生产费用为:直接材料 60 000 元,直接人工 15 000 元,制造费用 13 000 元。本月发生费用:直接人工 7 000 元,制造费用 6 000 元。

3) 903 号丙产品 7 件,本月份投产,尚未完工,本月发生生产费用为:直接材料 20 000 元,工资福利费 5 600 元,制造费用 4 800 元。

(2) 其他资料。

1) 三种产品的原材料均在生产开始时一次投入。

2) 902 号乙产品本月完工产品数量在批内所占比重较大(60%),根据生产费用发生情况,其原材料费用按照完工产品和在产品的实际数量比例分配外,其他费用采用约当产量比例法在完工产品和月末在产品之间进行分配,在产品完工程度为 50%。

试求:根据上述资料,登记产品成本明细账,计算各批产品成本。

3. 某公司 B 产品经过两个车间加工生产。第一车间本月投入生产 2 600 件,完工 2 000 件,第二车间完工 1 600 件。两车间之间的半成品直接结转,两车间的月末在产品完工程度均为 50%,原材料在生产开始时一次投入。假设两车间均无月初在产品成本,完工产品和在产品之间的费用采用约当产量法分配。本月发生有关资料如下:

(1) 第一车间直接材料 520 000 元,直接工资 21 000 元,其他直接支出 4 500 元,制造费用 34 500 元。

(2) 第二车间直接工资 78 000 元,其他直接支出 16 500 元,制造费用 96 000 元。

试求:按综合结转分步法计算 B 半成品和完工产品成本。

4. 某企业甲产品生产需顺序经过两个加工步骤,第一步骤生产甲半成品,交第二步骤加工制成甲产品。该企业采用平行结转分步法计算产品成本,设有"直接材料""直接人工"和"制造费用"3 个成本项目。5 月份有关甲产品成本的资料如下:

(1) 产量资料详见表 4.56。

表 4.56　　　　　　　　　　甲 产 品 产 量 表　　　　　　　　　　单位:吨

项目	第一步骤	第二步骤	项目	第一步骤	第二步骤
月初在产品结存数量	20	20	月末在产品结存数量	40	60
本月投产或上月转入数量	240	220	月末在产品加工程度	50%	60%
本月完工产品数量	220	180			

甲产品所耗直接材料在第一步骤生产开始时一次投入。

(2) 各步骤月初在产品成本资料详见表4.57。

表4.57　　　　　　　　月初在产品成本资料表　　　　　　　　单位：元

项目	直接材料	直接人工	制造费用	合计
第一步骤	200 000	6 000	9 000	215 000
第二步骤		5 120	800	5 920

(3) 各步骤本月生产耗费资料详见表4.58。

表4.58　　　　　　　　本月生产费用表　　　　　　　　单位：元

项目	直接材料	直接人工	制造费用	合计
第一步骤	1 200 000	46 000	69 000	1 315 000
第二步骤		98 560	53 200	151 760

求：按平行结转分步法计算甲产品的总成本和单位成本。

5. 某企业生产的A、B、C3种产品，所用原材料和工艺过程相似，合并为甲类产品，采用分类法计算成本。甲类产品的有关资料如下：

甲类产品5月份生产费用为：直接材料费21 030元，直接人工费7 428元，制造费用8 240元。月初在产品成本为：直接材料费700元，直接人工费260元，制造费用580元；月末在产品成本为：直接材料费1 540元，直接人工费208元，制造费用320元。

5月份产量分别为：A产品4 000件，B产品1 500件，C产品2 400件。各种产品成本的分配方法是：原材料费用按事先确定的耗料系数比例分配；其他费用按工时比例分配。耗料系数根据产品的材料消耗定额计算确定，材料消耗定额为：A产品12千克，B产品18千克，C产品2.4千克，以甲产品为标准产品。工时定额为：A产品0.8小时，B产品1.6小时，C产品0.5小时。

求：
(1) 编制系数计算表，确定3种产品的用料系数。
(2) 编制类别成本计算单，计算类别完工产品成本。
(3) 编制产品成本计算表，计算3种产品完工产品成本。

第 5 章

变动成本法

> **教学目标**
>
> 通过本章的学习，了解变动成本法的相关概念，理解变动成本法的作用和适用对象，了解变动成本法的程序，掌握成本性态分析特别是混合成本的分解方法，熟练掌握变动成本法的具体应用。

> **重点难点**
>
> 混合成本的分解、变动成本法的应用

> **会计名言**
>
> 强本而节用，则天不能贫。
>
> ——荀况
>
> 一个公司最大的成本是没有训练过的业务员。成本控制这种事情，不需要智慧，只需要决心。
>
> ——佚名
>
> 谁在平日节衣缩食，在穷困时就容易渡过难关；谁在富足时豪华奢侈，在穷困时就会死于饥寒。
>
> ——萨迪

> **课前案例**

疫情期间春秋航空股份有限公司的成本管控

春秋航空股份有限公司是我国首个民营资本独资经营的低成本航空公司专线，也是首家由旅行社起家的低成本航空公司。疫情期间，春秋航空积极响应国家号召，率先更新退改签政策、国际国内航线免费运送防疫物资、与各地政府合作开展复工包机等。为了减小疫情带来的损失，企业内部积极采取措施降低成本费用：形成由 CFO 牵头的"战时指挥体系"，总体负责现金流和成本管控，并实行垂直化领导。疫情发生后，春秋航空运力使用率降低，企业提出以变动成本精细化和严格管控固定成本的管控模式，具体措施包括：以边际贡献为标准，低于该标准的航班尽量取消；在变动成本持续下降的情况下，抓住时机尽快恢复航班；疫情期间依情况采取措施节省成本，如取消发放食品、水、毛毯等；与驻外机组的供应商洽谈，在保证飞行员安全舒

第5章 变动成本法

适的前提下,减少非必要支出;加强节油科学管控,要求飞行部门和运行管控部门改变运行方式,由抓飞机准点改为节油模式,并根据节油数字模型计算出最经济的巡航速度、高度和航线;对机队飞行计划进行优化调配,重点运行低成本飞机;灵活安排人员轮岗、休假并充分享受国家优惠政策,减少不必要的人员固定成本;与所有供应商如飞机制造商、机场等谈判,在保障品质和信誉的基础上,争取延长账期和降低成本。

点评:成本决定生存。

疫情中,航空公司收入锐减,企业要想生存,进行成本的管控就显得尤为重要,春秋航空股份有限公司将成本分为固定成本和变动成本,根据它们的特点进行成本管控,达到了降低成本费用的目的,使企业存活下来。

5.1 变动成本法概述

20世纪30年代,变动成本法产生于美国,后随着经济的恢复,逐步在经营预测、决策、规划和控制中得到广泛应用。20世纪80年代初变动成本法传入我国,经历了消化、吸收和应用的过程,2016年财政部发布的《管理会计基本指引》,2017年发布的《管理会计应用指引第303号——变动成本法》,为变动成本法的广泛应用提供了指导作用。

管理会计采用变动成本法来计算营业利润,而财务会计采用完全成本法来计算营业利润,因此,变动成本法是和完全成本法相对应的成本计算方法。本书以相关指引为基础,分别从相关概念、作用与适用范围、应用环境、应用程序、优缺点,与完全成本法进行比较,来讲述变动成本法。

5.1.1 变动成本法的含义

变动成本法是指企业以成本性态分析为前提条件,仅将生产过程中消耗的变动生产成本作为产品成本的构成内容,而将固定生产成本和非生产成本作为期间成本,直接由当期收益予以补偿的一种成本管理方法。在理解变动成法的概念时,我们应首先理解什么是成本性态。

成本性态是指成本与业务量之间的相互依存关系。也就是某项成本或总成本与其对应的业务量之间的关系,这里的业务量通常指的是产量或销量,也可以指作业量。

5.1.2 变动成本法的应用环境

(1)企业应用变动成本法,应遵循《管理会计应用指引第300号——成本管理》中对应用环境的一般要求。

(2)企业应用变动成本法的外部环境,一般应具备以下特点:市场竞争环境激烈,需要频繁进行短期经营决策;市场相对稳定,产品差异化程度不大,利于企业进行价格等短期决策。

(3)企业应保证成本基础信息记录完整,财务会计核算基础工作完善。

(4)企业应建立较好的成本性态分析基础,具有划分固定成本与变动成本的科学标准,以及划分标准的使用流程与规范。

(5)企业能够及时、全面、准确地收集与提供有关产量、成本、利润以及成本性

资源5.1
管理会计应用指引第300号——成本管理

5.1.3 变动成本法的适用范围

变动成本法一般适用于同时具备以下特征的企业：①企业固定成本比重较大，当产品更新换代的速度较快时，分摊计入产品成本中的固定成本比重大，采用变动成本法可以正确反映产品盈利状况；②企业规模大，产品或服务的种类多，固定成本分摊存在较大困难；③企业作业保持相对稳定。

5.1.4 变动成本法的作用

变动成本法通常用于分析各种产品的盈利能力，为正确制定经营决策、科学进行成本计划、成本控制和成本评价与考核等工作提供有用信息。

会计案例

利凯工艺制品有限公司宣告业绩考核报告后，二车间负责人情绪低落。原来，他任职以来积极开展降低成本活动，严格监控成本支出，考核却没有完成责任任务，严重挫伤了工作积极性。财务负责人了解情况后，召集成本核算人员，寻找原因，看看问题到底出在哪里。根据二车间实际成本资料显示，材料消耗实行定额管理，产品耗用优质木材，单件定额6元；直接人工为生产工人工资，生产工人工资实行计件工资，每件产品支付工人工资3元；在制作过程中需用专用刻刀，每件工艺品限领1把，单价1.3元；劳保手套每生产10件工艺品领1副，单价1元；当月固定资产折旧费8 200元，当期计划产量5 000件，摊销办公费800元，保险费500元，租赁仓库费500元。车间实际组织生产时，根据当月订单组织生产2 500件，车间负责人李杰充分调动生产人员工资积极性，改善加工工艺，严把质量关，杜绝了废品，最终使材料消耗由定额的每件6元降低到每件4.5元；领用专用工具刻刀2 400把，共计3 120元。但是在业绩考核中，却没有完成任务，出现了令人困惑的结果。完全成本法下的业绩考核计算表和变动成本法下的业绩考核计算表见表5.1和表5.2。

表 5.1　　　　　　　完全成本法下的业绩考核计算表　　　　　　　单位：元

项　目	定额（5 000件）	定额（2 500件）	实际（2 500件）
直接材料	30 000		11 250
直接人工费用	15 000		7 500
刻刀费用	6 500		3 120
劳保手套	500		250
折旧	8 200		8 200
办公费	800		800
保险费	500		500
租赁厂库费	500		500
总成本	62 000	31 000	32 120

表 5.2　　　　　　　　变动成本法下的业绩考核计算表　　　　　　　　单位：元

项目	定额（5 000 件）	定额（2 500 件）	实际（2 500 件）
直接材料	30 000		11 250
直接人工费用	15 000		7 500
刻刀费用	6 500		3 120
劳保手套	500		250
总成本	52 000	26 000	22 120

本案例中，企业在对车间主任进行业绩考核时，采用的是完全成本法。从完全成本法下的业绩考核计算表可知，在完全成本法下，实际总成本 32 120 元大于定额总成本 31 000 元，考核结果是李杰并未完成任务，很显然考核结果扭曲了事实。从变动成本法下的业绩考核计算表可知，在业绩考核时若采用变动成本法，实际总成本是 22 120 元比定额总成本 26 000 元降低了 3 880 元，评价的结果是李杰很好地完成了任务，客观地反映了事实。显然本例中如果用变动成本法来考核车间主任的工作业绩更有利于调动员工的积极性，实际生活中变动成本法也可以用来对经理人员的业绩进行评价，从而在业绩考核时得以广泛应用。

企业应用变动成本法的一般步骤为：首先运用一定的技术和方法，进行成本性态分析，然后将企业的全部成本分解为固定成本和变动成本，接着进行变动成本计算，计算出产品的成本、存货成本以及销货成本，最后进行当期损益的计算，为后续进行本量利分析、短期经营方案的分析评价、编制预算、成本管理打下坚实基础。

5.2　成本性态分析

成本性态分析是指企业基于成本与业务量之间的关系，运用技术方法将业务范围内发生的成本分解为固定成本和变动成本的过程。也就是说，通过成本性态分析，可将业务范围内的全部成本最终分解为固定成本和变动成本两个部分，是基于成本与业务量之间是呈线性关系的假定的。而成本按性态可分为固定成本、变动成本和混合成本，因此在对全部成本按性态分类后，如果能用一定的技术和方法，将混合成本分解为固定成本和变动成本，那么全部成本就最终分解为固定成本和变动成本，完成了成本性态分析。

5.2.1　成本按性态分类

5.2.1.1　固定成本

固定成本是指在一定范围内，其总额不随业务量变动而增减变动，但单位成本随业务量增加而相对减少的成本。固定成本总额不因业务量的变动而变动，但单位固定成本（单位业务量负担的固定成本）会与业务量的增减呈反向变动。按直线法计提的固定资产折旧费、行政管理人员的工资、职工教育经费、办公费、不动产税、财产保险费等，均属于固定成本。

固定成本按其支出额是否可以在一定期间内改变而分为约束性固定成本和酌量性固定成本。约束性固定成本指管理者的决策无法改变其支出数额的固定成本。如对于大多数企业来讲，当其生产经营规模与质量一经确定就具有很大的约束性，企业管理者的决策不能改变其数额。

酌量性固定成本指管理者的决策可以改变其支出数额的固定成本。例如，企业管理者通常在每一会计年度开始前，就编制出酌量性固定成本年度开支预算，对于职工教育经费、广告费、技术开发费等支出做出合理决策。

【例 5.1】 某企业生产一种产品，加工设备的月折旧额为 6 000 元，此设备的最大生产能力为 3 000 件，则产量在 0~3 000 件范围内时，单位产品月折旧额见表 5.3。

表 5.3 单位产品月折旧额计算表

产量/件	月折旧额/元	单位产品月折旧额/(元/件)
500	6 000	12
1 000	6 000	6
1 500	6 000	4
2 000	6 000	3
2 500	6 000	2.4
3 000	6 000	2

从表 5.3 可以看出，在产量 0~3 000 件范围内时，月折旧额不变，单位产品月折旧额与产量间呈反向变动。

在给出固定成本的定义时，有一定范围内的限定，这里的一定范围内，指的是一定期间和一定的业务量范围，一定期间是时间范围，一定业务量是空间范围，随着时间的推移，企业的经营能力可能会从规模和质量上发生改变，如厂房扩大，行政管理人员增加，导致折旧费用、财产保险费、不动产税和行政管理人员薪金的增加；当业务量超出生产经营能力时，同样企业会扩大规模，更新设备，相应的费用也会增加，也就意味着从长期来看，所有成本都具有变动性。所以在讨论某项成本是否为固定成本时，是基于一定时期一定业务量范围这些限定条件下的。

5.2.1.2 变动成本

变动成本是指在一定范围内，其总额随业务量变动发生相应的正比例变动，而单位成本保持不变的成本。例如直接材料费、按产量计酬的工人薪金、按产量计算的固定资产折旧费、产品包装费均属于变动成本。与固定成本不同，单位变动成本保持不变，总量随业务量的变化呈正比例变动。

变动成本也可以区分为两大类，即约束性变动成本和酌量性变动成本。约束性变动成本指管理者当前决策无法改变其支出数额的变动成本。例如一旦产品的外形、重量、大小、性能等方面确定后，单位直接材料成本也就确定了。

酌量性变动成本指管理者的当前决策可以改变其支出数额的变动成本。例如按销售收入一定比例支付的销售佣金和按产量计算的工人薪金。

【例5.2】 某企业生产一种产品,每单位产品的变动成本为5元/件,最大生产能力为3 000件,则在产量范围内,变动成本计算见表5.4。

表 5.4 变 动 成 本 计 算 表

产量/件	变动成本/元	单位产品成本/(元/件)	产量/件	变动成本/元	单位产品成本/(元/件)
500	2 500	5	2 000	10 000	5
1 000	5 000	5	2 500	12 500	5
1 500	7 500	5	3 000	15 000	5

从表5.4可以看出,在产量0~3 000件范围内时,单位产品成本不变,总成本与产量间呈正比例变动。

5.2.1.3 混合成本

混合成本是指总额随业务量变动但不成正比例变动的成本。例如企业的总成本通常是一项混合成本。混合成本兼有固定与变动两种性质,可进一步将其细分为半变动成本、半固定成本和延期变动成本。

1. 半变动成本

半变动成本是指当业务量为零时成本有一个非零的基数,随着业务量的变动呈正比例变动。它与变动成本相比,有一个初始化量,类似于固定成本,当业务量增加,成本会呈正比例增加,这部分成本又像是变动成本。例如公用事业服务费、机器设备的维护费、修理费都属于这一类成本。假设企业某部门座机的通信费,每月固定500元座机费,每通话1分钟支付费用0.05元,假设本月累计通话6 000分钟,共需支付通讯费800元。

【例5.3】 某企业支付的租赁费,基数为6 000元,每生产1小时,需另外支付租金20元,每月最多运转200小时,则每月租金与生产时间的关系见表5.5。

表 5.5 成本(租金)与生产时间(小时数)的计算表

生产时间/小时	0	50	80	100	150	200
总租金(成本)/元	6 000	7 000	7 600	8 000	9 000	10 000

从表5.5可以看出,生产时间在200小时以内时,总租金(成本)有一个初始量,像一个固定成本,每使用1小时,租金多支付20元,又呈现出变动成本的特点。

2. 半固定成本

半固定成本是指总额随业务量呈阶梯式变动的成本。特点为:业务量在一定范围内,其发生额保持不变,呈现固定成本的性质,业务量一旦突破一定限度,其总额会突然跃升到一个新的高度,然后又保持不变,直到业务量再次突破到一个新的高度,这类成本称为半固定成本。企业的化验员、检验员的工资通常属于这类成本。

【例5.4】 某企业生产一种产品,需要某类专属设备,每台专属设备的最大生产量为500件,每台设备的月租金为1 000元,同时产量每增加500件,支付的租赁费就增加1 000元,则租赁费与产量将呈现阶梯式的增长。每月租赁费见表5.6。

表5.6　　　　　　　　　　　月租赁费计算表

产量/件	0	500	800	1 200	1 500	1 800
总租赁费（成本）/元	1 000	1 000	2 000	3 000	3 000	4 000

从表5.6可以看出，产量在0~500件时，月租赁费呈现固定成本的特性，当产量在0~1 800件时，月租赁费是变动的，在整个范围内呈现混合成本的特性。

3. 延期变动成本

延期变动成本是指总额在一定业务量范围内固定不变，一旦超过某一特定业务量范围，便会随着业务量的变化成比例增长的成本。例如支付给销售员的薪金采用底薪加提成的方式，当每月销售量在1 000件以内，仅支付底薪，当超出1 000件时，每多销售出一件支付30元，对于企业来讲销售人员的薪金支出就是延期变动成本。

5.2.2　混合成本的分解

混合成本的分解方法主要包括高低点法、回归分析法、账户分析法（也称会计分析法）、技术测定法（也称工业工程法）、合同确认法，通常前两种方法需要借助数学方法进行分解，后三种方法可通过直接分析认定。

5.2.2.1　高低点法

企业以过去某一会计期间的总成本和业务量资料为依据，从中选取业务量最高点和业务量最低点，将总成本进行分解，得出成本模型。计算公式为

$$单位变动成本 = \frac{最高点业务量的成本 - 最低点业务量的成本}{最高点业务量 - 最低点业务量} \quad (5.1)$$

固定成本总额 = 最高点业务量的成本 - 单位变动成本 × 最高点业务量

固定成本总额 = 最低点业务量的成本 - 单位变动成本 × 最低点业务量　　(5.2)

【例5.5】　光明公司2019年1—6月支付的维修成本与机器小时数的历史数据见表5.7。

表5.7　　　　　　　　光明公司2019年1—6月维修成本表　　　　　　　　单位：元

项目	1月	2月	3月	4月	5月	6月
机器小时数（X）	800	1 000	950	1 200	1 300	1 050
维修成本（Y）	720	910	880	1 100	1 150	985

根据表5.7可知，机器小时数相关范围为800~1 300小时，在直角坐标系中，横轴代表机器小时数，纵轴代表维修成本。机器小时数高点在5月份，1 300小时为高点业务量，对应维修成本为1 150元；机器小时数低点在1月份，800小时为低点业务量，对应维修成本为720元，运用高低点法计算出单位维修成本为

$$b = \frac{1\,150 - 720}{1\,300 - 800} = 0.86(元/小时)$$

$$a = 720 - 800 \times 0.86 = 32(元)$$

则维修成本的表达式为：$Y=32+0.86X$。

从【例 5.5】可知，在利用高低点法对混合成本进行分解时，在相关范围内，应首先找到业务量所对应的最高点和最低点，找出高点和低点所对应的成本总额，用高低点成本总额的差除以高低点业务量之差，即可得出单位变动成本，然后再用高点（或低点）的总成本减去单位变动成本与对应点业务量之积，从而确定出固定成本总额，这样最终将全部成本分成了固定成本和变动成本。从其计算过程来看，在相关业务量范围内，虽然有很多业务量及其所对应的成本，但在确定单位变动成本以及固定成本总额时，仅仅使用高低点这两个业务量及其所对应成本，因此高低点法计算较为简单，但当高点和低点和其他业务量偏离较大，缺乏代表性时，用高低点法进行混合成本的分解，其计算结果的代表性较差。

5.2.2.2 回归直线法

企业根据过去一定期间的业务量和混合成本的历史资料，应用最小二乘法原理，计算最能代表业务量与混合成本关系的回归直线，借以确定混合成本中固定成本和变动成本的方法。假设混合成本符合总成本模型，即 $Y=a+bX$，其中 a 为固定成本部分；b 为单位变动成本。计算公式为

$$b=\frac{n\sum x_i y_i - \sum x_i \sum y_i}{n \sum x_i^2 - (\sum x_i)^2} \tag{5.3}$$

$$a=\frac{\sum y_i - b\sum x_i}{n} \tag{5.4}$$

【例 5.6】 仍以光明公司在【例 5.5】中的资料为例，在直角坐标系中，说明回归直线法在混合成本分解中的应用见表 5.8。

表 5.8 回归直线法分析表

月份	x_i	y_i	$x_i y_i$	x_i^2
1	800	720	576 000	640 000
2	1 000	910	910 000	1 000 000
3	950	880	836 000	902 500
4	1 200	1 100	1 320 000	1 440 000
5	1 300	1 150	1 495 000	1 690 000
6	1 050	985	1 034 250	1 102 500
$\sum$	6 300	5 745	6 171 250	6 775 000

$$b=\frac{6\times 6\ 171\ 250 - 6\ 300 \times 5\ 745}{6 \times 6\ 775\ 000 - 6\ 300^2} = 0.87$$

$$a=\frac{5745 - 0.87 \times 6300}{6} = 44$$

则维修成本的表达式为：$Y=44+0.87X$。

从【例 5.6】的计算过程看出，回归直线法相对于高低点法只考虑高点和低点，

回归分析法考虑了所有的业务量水平及其所对应的成本,因此计算的结果较为精确,但计算过程较为复杂。

5.2.2.3 账户分析法

企业根据有关成本账户及其明细账的内容,结合其与业务量的依存关系,判断其比较接近的成本类别,将其视为该类成本,若某项账户成本账户特征接近于固定成本或变动成本,那么直接将其确定为固定成本或变动成本。例如,"生产成本——直接材料",发生额的大小在正常的产量范围内与产量间呈明显的正比例关系,就将其视为变动成本,而对于"管理费用"账户,其发生额的大小与产量间无明显关系,就将其视为固定成本。

【例5.7】 光明公司某车间某月的成本数据见表5.9。

表5.9　　　　　　　　　　成本数据表

账　户	总成本/元	账　户	总成本/元
生产成本——直接材料	120 000	制造费用——工资	6 000
生产成本——直接人工	20 000	制造费用——折旧费	30 000
制造费用——办公费	6 000	制造费用——修理费	4 000
制造费用——燃料及动力	12 000	合　计	198 000

当该车间只生产一种产品时,本月本车间全部成本都是该产品的成本。当生产多种产品时,假定制造费用各项目是分配到某种产品上的,通常认为直接材料、直接人工、燃料及动力、工资、修理费通常与产量有关,更接近于变动成本,就以变动成本处理,折旧费和办公费通常与产量无关,更接近于固定成本,就以固定成本进行处理。具体分解结果见表5.10。

表5.10　　　　　　　　　　成本分解数据表

账　户	总成本/元	固定成本/元	变动成本/元
生产成本——直接材料	120 000		120 000
生产成本——直接人工	20 000		20 000
制造费用——办公费	6 000	6 000	
制造费用——燃料及动力	12 000		12 000
制造费用——工资	6 000		6 000
制造费用——折旧费	30 000	30 000	
制造费用——修理费	4 000		4 000
合计	198 000	36 000	162 000

假设本月该车间生产某产品1 000件,要写成$Y=a+bX$形式,则
$$a=36\ 000, b=162\ 000\div 1\ 000=162$$
即 $Y=36000+162X$

从【例 5.7】的分析过程可以看出，账户分析法较为简便易行，在相关决策分析中应用广泛，但在分析时，依赖于决策者的主观判断且过程比较粗糙，也就不可避免地带有片面性和局限性，因此账户分析法通常用于特定期间总成本的分解，并且成本性态的确认通常也只限于成本性态相对比较典型的成本项目，对于不那么典型的项目，通常选用其他成本分解方法。

5.2.2.4 技术测定法

技术测定法也称工程研究法，指企业根据生产过程中各种材料和人工成本消耗量的技术测定来划分固定成本和变动成本。技术测定法适用于任何从客观立场进行观察的投入产出过程，直接材料和直接人工可以进行测定，办公室、仓库、装运等非制造成本的测定也适用。同时，技术测定法可以对现有的生产程序进行测定，也可以对所有生产活动进行详细分析，寻求最经济、最有效的程序和方法，进而确定理想的投入产出关系，因此企业在建立标准成本和制定预算时，使用技术测定法就具有科学性和先进性。

技术测定法需要进行技术测定进行分析，通常消耗较多的人力物力，它仅适用于投入成本和产出数量之间有规律性联系的成本分解，对于不能单独进行观察的联合过程以及各种间接成本，则不能使用这种方法。

5.2.2.5 合同确认法

企业在经营管理的过程中，总要订立一定的合同或协议，那么在对于混合成本的分解时，企业根据订立的经济合同或协议中关于支付费用的规定，来确认并估算哪些项目属于变动成本，哪些项目属于固定成本。通常情况下，合同确认法要配合账户分析法使用。

5.2.3 混合成本分解的结果

1. 对于总成本公式的影响

在将混合成本按照一定的方法分解为固定成本和变动成本之后，根据成本性态分析的结果，企业的总成本公式就可以表示为

总成本＝固定成本总额＋变动成本总额＝固定成本总额＋单位变动成本×业务量

(5.5)

这个公式在变动成本计算、本量利分析、正确制定经营决策和评价各部门工作业绩等方面具有不可或缺的重要作用。由于单位变动成本和固定成本总额在相关范围内具有不变性的特点，在相关范围内，变动成本着重于单位成本水平的管理和控制，固定成本着重于总额水平的管理和控制。

2. 成本形态分析的局限性

成本性态分析将所有成本都划分为固定成本与变动成本两大类，但由于相关范围的存在，成本性态分析通常具有相对性、暂时性和可转化性等特点。相对性，是指在同一时期内同一成本项目在不同企业之间可能具有不同的性态，这种相对性决定了不同企业都有着区别于其他企业的不同的成本特性；暂时性，是指就同一企业而言，同一成本项目在不同时期可能有不同的性态；可转化性，是指在同一时空条件下，某些成本项目可以在固定成本和变动成本之间实现相互转化。因此，任何企业在进行成本

性态分析时,都要从实际出发,具体问题具体分析。

将产品成本划分为固定成本和变动成本的基本条件是基于"相关范围假定",即一定的期间和一定的业务量范围内,然而,从长远看,任何一种成本不可能永久地保持不变,也不可能与业务量永久地保持线性关系,传统成本性态划分是传统管理会计目标及行为短期性的体现。此外,传统成本性态将固定成本简单地作短期的期间化处理,淹没了大量的长期性和战略性的重要信息,使企业多项活动的绩效难以真正体现。因此,就某一企业而言,应当经常进行成本性态分析,而不能将某次成本性态分析的结果作为一成不变的标准。

5.3 变动成本法与完全成本法的比较

通过成本性态分析,企业的总成本被分成了固定成本和变动成本,为企业进行变动成本计算打下基础。而在财务会计中,成本计算运用的是完全成本法,二者的不同主要体现在对于固定性制造费用处理方式的不同,并最终导致了两种方法在产品成本、存货成本、期间成本以及分期损益计算上的不同。与完全成本法相比,变动成本法由于立足于成本性态分析,能够为预测、决策、控制提供更为有效的信息,从而广泛地应用于企业的内部管理。

5.3.1 产品成本

变动成本法按照成本性态将全部成本分成固定成本和变动成本,完全成本法按成本经济用途将全部成本分为生产成本和非生产成本,就导致了两者在计算产品成本时的不同。

资源5.2
微视频:
变动成本法

在变动成本法下,产品成本包括直接材料、直接人工和变动性制造费用。在完全成本法下,产品的成本既包含直接材料、直接人工、变动性制造费用,也包含固定性制造费用。也就是说,在计算产品成本时两种成本法下均包含了直接材料、直接人工和变动性制造费用,对于完全成本法,产品成本还包含固定性制造费用,而变动成本法下产品成本不包括固定性制造费用。变动成本法和完全成本法在计算产品成本时的差异如图5.1所示。

图5.1 变动成本法和完全成本下产品成本差异

【例5.8】 光明公司生产的一种产品A,相关资料为:年产量10 000件,直接材料200 000元,直接人工400 000元,制造费用300 000元(其中变动性制造费用200 000元),用两种成本法计算单位产品的成本。

从表5.11可知,变动成本法下,产品A的单位成本为80元/件,在完全成本法下,A产品的单位成本为90元/件,原因是在完全成本法下,每单位的产品A的成本中还"吸收"了固定性制造费用10元。

表 5.11　　　　　　　　　产品 A 单位成本计算表

项目	单位成本/(元/件)	
	变动成本法	完全成本法
直接材料	20 (200 000/10 000)	20 (200 000/10 000)
直接人工	40 (400 000/10 000)	40 (400 000/10 000)
变动性制造费用	20 (200 000/10 000)	20 (200 000/10 000)
固定性制造费用		10 (100 000/10 000)
单位成本	80	90

5.3.2 存货成本和销货成本

由于产品成本构成内容的不同，在两种成本法下，计算的存货成本和销货成本也会不同。在变动成本法下，存货成本和销货成本中不包含固定性制造费用，固定性制造费用作为期间成本全额从收入中扣除；而在完全成本法下，由于产品成本中包含全部的制造费用，所以不管是期初存货还是期末存货以及销货成本中，在计算成本时都包含了固定性制造费用。

【例 5.9】 承接【例 5.8】，若光明公司当年生产的 10 000 件产品 A 中，已经销售出去 8 000 件，本年初无存货，则期末存货为 2 000 件，计算两种成本法下的销售成本和存货成本。

在变动成本法下：

$$销售成本 = 80 \times 8\,000 = 640\,000(元)$$
$$存货成本 = 80 \times 2\,000 = 160\,000(元)$$

完全成本法下：

$$销售成本 = 90 \times 8\,000 = 720\,000(元)$$
$$存货成本 = 90 \times 2\,000 = 180\,000(元)$$

通过计算发现，在两种成本法下，由于产品成本构成的内容不同，使得在两种成本法下，期初存货、期末存货和销售成本也可能不同。

5.3.3 期间成本

在变动成本法下，期间成本包含管理费用、财务费用和销售费用，也包含固定性制造费用。而在完全成本法下，期间成本包含管理费用、财务费用和销售费用，不包含固定性制造费用。变动成本法和完全成本法在计算期间成本时的成本差异如图 5.2 所示。

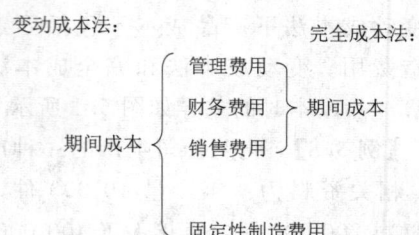

图 5.2　变动成本法和完全成本下期间成本差异

【例 5.10】 承接【例 5.9】，光明公司本年的管理费用为 80 000 元，财务费用为 20 000 元，销售费用为 60 000 元，计算两种成本法下的期间成本。

变动成本法下：期间成本＝80 000＋20 000＋60 000＋100 000＝260 000（元）

完全成本法下：期间成本＝80 000＋20 000＋60 000＝160 000（元）

从【例5.10】中可知，变动成本法下期间成本包含全部的固定性制造费用，在计算损益时，全额在当期扣除，完全成本法下期间成本仅包含管理费用、财务费用和销售费用，固定性制造费用包含在产品成本中，只有销售出去的商品所包含的固定性制造费用才会在销售成本中从当期扣除，未销售出去的存货所包含的固定性制造费用被包含在存货的成本中，也就意味着期末的存货吸收了一部分的固定性制造费用。

5.3.4 当期损益

在变动成本法下，利润的计算通常采用贡献式损益表。该表一般应包括营业收入、变动成本、边际贡献、固定成本、利润等项目。其中，变动成本包括变动生产成本和变动非生产成本两部分，固定成本包括固定生产成本和固定非生产成本两部分。贡献式损益表中损益计算包括以下两个步骤：

第一步，计算边际贡献总额：

$$\begin{aligned}边际贡献总额&=营业收入总额-变动成本总额\\&=销售单价\times 销售量-单位变动成本\times 销售量\\&=（销售单价-单位变动成本）\times 销售量\\&=单位边际贡献\times 销售量\end{aligned} \quad (5.6)$$

第二步，计算当期利润：

$$利润=边际贡献总额-固定成本总额 \quad (5.7)$$

在完全成本法下，利润的计算通常采用如下方式：

$$毛利=营业收入-营业成本 \quad (5.8)$$

$$利润=毛利-期间成本 \quad (5.9)$$

【例5.11】 光明公司在2017年、2018年、2019年生产B产品，各年的销售量都是5 000件，而产量分别为5 000件、6 000件和4 000件，每件产品的售价为120元，每件的变动性生产成本为30元，固定性制造费用总额为240 000元，销售费用、管理费用以及财务费用假定为固定性费用，每年发生额为120 000元。

根据上述资料，分别采用两种成本法计算各年的税前利润（表5.12和表5.13）。

表5.12　　　　　　　　变动成本法下的税前利润　　　　　　　　单位：元

项　目	2017年	2018年	2019年
销售收入	600 000	600 000	600 000
变动成本总额	150 000	150 000	150 000
边际贡献总额	450 000	450 000	450 000
固定成本总额	360 000	360 000	36 000
税前利润	90 000	90 000	90 000

第5章　变动成本法

表 5.13　　　　　　　　　　完全成本法下的税前利润　　　　　　　　　　单位：元

项　目	2017年	2018年	2019年
销售收入	600 000	600 000	600 000
期初存货成本	0	0	70 000
本期产品生产成本	390 000	420 000	360 000
期末存货	0	70 000	0
销售成本	390 000	350 000	430 000
毛利	210 000	250 000	170 000
期间成本	120 000	120 000	120 000
税前利润	90 000	130 000	50 000

由计算可知，在2017年，期初存货等于0，产销平衡的情况下，两种成本法下计算的税前利润相等；在2018年，同样期初存货等于0，产量大于销量，存在期末存货，变动成本法下的税前利润小于完全成本法下的税前利润；在2019年，存在期初存货的情况下，期末存货等于0，变动成本法下的税前利润大于完全成本法下的税前利润；如果把三年看成是一个经营周期，那么期初存货和期末存货都等于零，产销平衡的情况下，两种成本法下所计算的税前利润依然相等。

在变动成本法下，由于各年的销量相同，当生产条件不变时，三年的税前利润也相同，而在完全成本法下，生产条件不变，虽然各年的销量相同，但各年的税前利润依然不同，税前利润和产量间呈同方向变化。

5.3.5　变动成本法的优、缺点

变动成本法的主要优点是：一是区分固定成本与变动成本，有利于明确企业产品盈利能力和划分成本责任；二是保持利润与销售量增减相一致，促进以销定产；三是揭示了销售量、成本和利润之间的依存关系，使当期利润真正反映企业经营状况，有利于企业经营预测和决策。变动成本法的主要缺点是：一是计算的单位成本并不是完全成本，不能反映产品生产过程中发生的全部耗费；二是不能适应长期决策的需要。

本　章　小　结

变动成本法作为成本控制的一种重要方法，以成本性态分析为前提，当成本按性态进行分类，被分为固定成本、变动成本和混合成本，经过成本性态分析后，混合成本被分解，最终会将全部成本分为固定成本和变动成本两个部分。与完全成本法相比，由于二者对固定性制造费用处理方式的不同，在计算产品成本、存货成本、销货成本、期间成本以及当期损益时二者可能不同，但由于变动成本法自身的优势，使其在短期预测和决策中发挥重要作用。

练 习 题

一、单项选择题

1. 对于一个新建企业，进行混合成本分解时一般采用（　　）。
   A. 高低点法　　　　　　　　　　B. 回归直线法
   C. 合同确认法　　　　　　　　　D. 工程研究法

2. 变动成本法和完全成本的最大不同在于对于（　　）处理方式的不同。
   A. 直接材料　　　　　　　　　　B. 直接人工
   C. 变动性制造费用　　　　　　　D. 固定性制造费用

3. 通常情况下，下列属于酌量性固定成本的是（　　）。
   A. 直线法计提的折旧费　　　　　B. 照明费
   C. 房屋及设备租金　　　　　　　D. 职工教育经费

4. 通常情况下，下列属于约束性变动成本的是（　　）。
   A. 计件工资
   B. 按销售收入的一定比例计提的销售佣金
   C. 直接材料成本
   D. 以上都对

5. 下列属于半固定成本的是（　　）。
   A. 公用事业费
   B. 水电费
   C. 电话费
   D. 企业工资费用中的化验员、质检员工资

6. 下列不属于变动成本法优点的是（　　）
   A. 促进以销定产　　　　　　　　B. 利于短期经营预测与决策
   C. 利于长期决策　　　　　　　　D. 有利于划分成本责任

二、多项选择题

1. 成本按性态进行分类包括（　　）。
   A. 固定成本　　　　　　　　　　B. 变动成本
   C. 混合成本　　　　　　　　　　D. 以上都对

2. 混合成本在进行分解时，需要历史数据的方法有（　　）。
   A. 高低点法　　　　　　　　　　B. 回归直线法
   C. 技术测定法　　　　　　　　　D. 合同确认法

3. 变动成本法下，产品成本包括（　　）。
   A. 直接材料　　　　　　　　　　B. 直接人工
   C. 固定性制造费用　　　　　　　D. 变动性制造费用

4. 变动成本法下，期间成本包括（　　）。
   A. 管理费用　　　　　　　　　　B. 销售费用

C. 财务费用　　　　　　　　　　　D. 固定性制造费用

5. 完全成本法下，存货成本包括（　　）。
   A. 直接材料　　　　　　　　　　B. 直接人工
   C. 固定性制造费用　　　　　　　D. 变动性制造费用

6. 变动成本法下计算出的税前利润可能（　　）完全成本法下计算出的税前利润。
   A. 大于　　　　　　　　　　　　B. 小于
   C. 等于　　　　　　　　　　　　D. 以上都对

7. 下列属于酌量性固定成本的是（　　）。
   A. 研究开发费　　　　　　　　　B. 广告宣传费
   C. 职工培训费　　　　　　　　　D. 管理人员薪金

三、案例应用分析

阅读材料

成立于1971年的西南航空公司是由4家航空公司合并而成的，到1993年，它已经成为美国排名第7位的航空公司。拥有141架飞机，年营业额达到12亿美元，净利润接近7500万美元。1993年度的统计数字尤其给人留下深刻印象，这是因为像德尔塔航空公司（Delta Airlines）、美国航空公司（American Airlines）和联合航空公司（United Airlines）在此期间都出现大量亏损。而在西南航空公司22年的经营中，除最初两年外，年年盈利。当其他航空公司挣扎在破产线上，解雇司乘人员和机械师，关闭某些航线时，西南航空公司却在大张旗鼓地推进它的增长计划，购买更多的飞机，开辟新航线，招聘新人员。

西南航空公司是所在产业中的一家低成本经营者，它的每有效座位每英里的成本仅为6.5美分，而美国航空公司为9美分，US航空公司（US Aid）为15美分。但是或许西南航空公司最突出的成功标志是它的高效率，它因此而赢得了11次美国运输部颁发的"三重皇冠"奖——最佳正点率、最佳飞行安全记录和最少投诉次数，还没有哪家航空公司赢得过这种荣誉。

阅读上述材料，回答下列问题：

（1）西南航空公司主要采取哪些方式进行成本管控来降低成本费用？

（2）结合航空公司成本特点，说明成本性态分析在管控成本中的作用？

四、计算分析题

1. 某企业只生产一种产品，投产后第2年有关产销量、销售单价和成本资料见表5.14。

表 5.14　　　　　　　　　　　某企业成本资料表

成本项目	直接材料	直接人工	制造费用	销售费用	管理费用	财务费用
变动性	24 000	12 000	4 000	600	300	0
固定性	0	0	10 000	1 000	2 500	600
合计	24 000	12 000	14 000	1 600	2 800	600

期初存货量为 0，本期投产完工 4 000 件，本期销售量 3 000 件，期末存货量 1 000 件，销售单价为 20 元/件。

要求：分别使用变动成本法和完全成本法计算该企业当期的产品成本、期间成本、期末存货成本、本期销货成本。

2. 已知：某企业本期有关资料如下：单位直接材料成本 8 元，单位直接人工成本 7 元，单位变动性制造费用 7 元，固定性制造费用总额 3 000 元，单位变动性销售与管理费用 4 元，固定性销售与管理费用总额为 1 000 元，期初存货量为零，本期生产量 1 000 件，销售量 600 件，单位售价 40 元。

要求：分别计算变动成本法和完全成本法下的单位产品成本、期间成本和销货成本。

3. 已知：某公司只生产一种产品，第一年和第二年的产量分别是 8 000 件和 5 000 件，销售量分别是 7 000 件和 6 000 件，每件产品售价为 50 元，生产成本为每件变动生产成本 10 元，固定生产成本 80 000 元；变动性销售与管理费用为每件 5 元，固定性销售与管理费用每年 60 000 元。

要求：（1）计算两种成本法下的单位产品成本；
（2）计算两种成本法下的税前利润并分析发生差异的原因。

4. 已知：某公司按变动成本法核算的 20×× 年 1 月产品成本资料如下（该公司按先进先出法计价）：单位产品成本 50 元，本期固定性制造费用 30 000 元，期初存货数量 500 件，本期完工产品 6 000 件，本期销售产品 5 500 件，销售价格 100 元/件，固定性销售与管理费用 45000 元，已知上期产品单位固定生产成本为 5 元。

要求：（1）计算完全成本法下期末存货成本；
（2）完全成本法下的本期营业利润。

5. 小王在学校租了一个摊位，向同学出售他印刷的考研辅导书，他每个月的摊位租金是 1000 元，辅导书的销售单价是 100 元，打印机的月租金是 500 元，每套书额外的打印成本是 30 元，他请了一名同学来帮他销售，每个月给同学 200 元底薪，每售出一套书给同学 10 元提成。（假设小王使用先进先出法计算存货成本）

（1）第一个月，小王印刷了 100 套辅导书，卖出 80 套。
（2）第二个月，小王印刷了 100 套辅导书，卖出 100 套。（第一个月库存 20 套）
（3）第三个月，小王印刷了 100 套辅导书，卖出 120 套。（第二个月库存 20 套）

试计算完全成本法下和变动成本法下每个月的营业利润，并分析每月在两种成本法下营业利润产生差异的原因。

第 6 章

本量利分析

教学目标

通过本章的学习，要求学生理解本量利分析的基本假设；掌握贡献毛益以及相关指标的计算；掌握和运用本量利分析方法进行实际问题的分析。

重点难点

本量利的基本分析方法　本量利的敏感性分析方法

会计名言

管理会计不仅可以更准确地衡量出所有产品和服务的成本和利润，并具备着更准确的成本计算方法，同时还能衡量从某个单独的客户身上能否获利或者受到损失。

——美国哈佛商学院教授罗伯特·卡普兰

一件商品，成本8毛，如果标价1元，可是销售数量却是1.2元时的3倍，我在一件商品上所赚不多，但卖多了，我就有利可图。

——沃尔玛创始人山姆·沃尔顿

传统"本量利分析"方法的应用，既是传统管理会计中的一个创新点，又为今后这种方法的进一步发展创造了基本条件。

——郭道扬

课前案例

安妮的困惑

安妮喜欢自己制作色拉和果冻，她的朋友和家人也很喜欢她自制的色拉和果冻。安妮的朋友说："你应该拿这些东西来卖"。因此，安妮决定试一下。首先，她决定先生产一种产品——绿色仙人掌色拉，她找到了罐子、盖子、标签的货源，了解了许多相关食物销售的法律，并且请了当地的职业食品化学分析师分析色拉的成分及含量。安妮拜访了本地的一些食品杂货店及礼品店，有几家愿意寄售她的产品，把色拉放在现金收款机旁。其他商店则愿意陈列其产品，但要求其支付商品陈列费。她预计大约要花一天的时间来送货、检查销售及库存和拜访潜在的顾客。安妮在开始生产之前，向其家庭会计师咨询。为了开拓市场，安妮打算以每罐3.5美元低价销售，但是会计师看了安妮列示的成本之后，觉得那是亏本买卖。安妮不知道要价多少，她有什么更好的办法？会计师最初估计变动成本超过价格，安妮希望通过销售量的增加来解决，她错在哪里？

［资料来源：（美）汉森，莫温著．陈良华，杨敏译．管理会计（原书第8版）．北京：北京大学出版社，2010．］

点评：经营决策中本量利分析起到重要的作用。

6.1 本量利分析概述

6.1.1 本量利分析的定义

本量利分析是"成本—业务量—利润"（cost - volume - profit analysis，CVP分析）三者关系的分析，是指以成本性态分析和变动成本法为基础，运用数学模型和图式，对成本、利润、业务量与单价等因素之间的依存关系进行分析，发现变动的规律性，为企业进行预测、决策、计划和控制等活动提供支持的一种方法。其中，"本"是指成本，包括固定成本和变动成本；"量"是指业务量，一般指销售量；"利"一般指营业利润。

本量利分析作为现代管理会计学的重要组成部分，是在成本性态分析、变动成本法基础上发展而来的一种短期经营决策方法，其理论日臻完善，分析技术已在企业实践中得到日益广泛的应用。

知识链接

资源6.1 管理会计应用指引第400号——营运管理

本量利分析的用途

本量利分析是管理会计的基本方法之一，它在预测企业经济活动、正确进行经营决策和有效控制经济过程等方面具有广泛的用途。运用于预测中，可以进行目标利润的预测和规划；运用于决策中，可以进行生产决策、定价决策及不确定性分析；运用于控制中，可以根据本量利关系编制全面预算，进行成本控制等。例如，将本量利分析与预测技术相结合，企业可进行保本预测，确定保本销售水平，进而预测利润，编制利润计划；将本量利分析用于目标控制，可以确定实现目标利润所需控制的目标销售量、目标销售额以及目标成本水平，从而有效实施目标管理，将本量利分析与风险分析结合起来，可以分析企业的经营安全性指标，确定企业的安全状况，还可以促使企业重视经营杠杆的作用，努力降低风险。此外，企业还可以将本量利分析应用于生产经营决策，产品竞价决策以及成本控制和责任会计等领域。

本量利分析也是一种实用的管理工具。在企业的经营管理活动中，管理人员在决定生产和销售的数量时，往往以数量为起点，以利润为目标，期望能在业务量和利润之间建立起一种直接的函数关系，从而利用这个数学模型，在业务量变动时估计其对利润的影响，或者是在利润变动时计算出完成目标利润所需要达到的业务量水平。而本量利分析，就可为企业管理人员提供所需要的这种数学模型。

6.1.2 本量利分析的基本假设

1. 成本性态分析假设

必须先进行成本性态分析工作,假设企业的全部成本均能可靠的分解为变动成本和固定成本,并建立成本模型。产品成本是按变动成本法计算的,即产品成本中只包括变动成本;而所有的固定成本,包括固定制造费用,均作为期间成本处理,直接在当期的贡献毛益中扣除,期末库存产品不负担固定成本。因此,变动成本与固定成本划分将直接关系到本量利分析的准确性。

2. 相关范围及线性假设

假设在一定的时期和业务量范围内,销售单价、单位变动成本和固定成本总额保持不变,业务量是影响销售收入和总成本的唯一因素(自变量);并且假定在一定时期内,业务量总是在保持单价水平和成本消耗水平所允许的范畴内变化。因此,反映销售收入和总成本的收入函数和成本函数均为线性函数,都可以用直线来描述。尽管实际上处在市场经济中的销售单价、单位变动成本和固定成本总额不可能一成不变,但只要变动不大,假定仍然可以成立,其本量利分析对企业实践就仍具有一定的参考价值。

3. 产销平衡和品种结构稳定假设

在单一品种情况下,企业只安排一种产品生产的条件下,是以生产出来的产品总是可以实现销售,达到产销平衡为前提条件的;在生产多种产品时,假定品种结构稳定。所谓品种结构是指各产品的产销额占全部产品产销总额的比重,即在企业安排多品种生产的条件下,不仅假定产销平衡,而且在销售总量(额)发生变化时,是以产品品种结构比重不变为前提条件的。

4. 利润的假设

除特别说明外,本量利分析中的利润一般假定为不考虑投资收益和营业外收支的"营业利润",通常假设投资收益和营业外收支为零,则亦可为利润总额。

注意:在实际工作中,上述各种前提并非永远成立。因此,企业在进行本量利分析时,必须动态地把握企业的经营条件、市场与价格、生产要素、品种结构等因素的实际变动情况,结合使用风险性分析和敏感性分析等技术,并考虑现实的完全成本法,调整修正本量利分析的结构,克服本量利分析的局限性。

6.1.3 本量利分析的基本数学模型

资源 6.2
管理会计应用指引第 401号——本量利分析

1. 本量利分析的基本公式

在上述假设下,我们把成本、业务量、利润三者之间的依存关系用方程式来描述,可得本量利分析的基本公式,即

利润＝销售收入－总成本＝单价×销量－(变动成本＋固定成本)
　　＝单价×销量－(单位变动成本×销量＋固定成本)
　　＝(单价－单位变动成本)×销量－固定成本

假设 P 表示利润;TR 表示收入;TC 表示总成本;VC 表示单位变动成本;FC 表示固定成本;SP 表示单价;V 表示销量,则上述变量之间的关系可表示为

$$P = TR - TC = (SP - VC)V - FC$$

上述公式中的利润 P，在我国管理会计中，是指未扣除利息和所得税以前的"营业利润"，也就是西方财务会计中所谓的"息税前利润"（earnings before interest and tax，EBIT）。

2. 本量利分析的变形

上述公式包含了 5 个相互联系的变量，在目标利润一定的情况下，可对本量利分析的基本公式进行变形，即可得出其他变量的公式。

单价(SP) = 单位变动成本 +（利润 + 固定成本）/ 销量 = $VC + (P+FC)/V$
单位变动成本(VC) = 单价 −（利润 + 固定成本）/ 销量 = $SP - (P+FC)/V$
固定成本(FC) = （单价 − 单位变动成本）× 销量 − 利润 = $(SP-VC)V - P$
销量(V) = （利润 + 固定成本）/（单价 − 单位变动成本）= $(P+FC)/(SP-VC)$

【例 6.1】 某企业仅生产和销售一种产品，每月固定成本为 4 000 元，销售单价为 25 元，单位变动成本为 15 元，本月销售量为 5 000 件。求该企业本月的营业利润。

利润 =（单价 − 单位变动成本）× 销量 − 固定成本
=（25 − 15）× 5 000 − 4 000 = 46 000（元）

6.2 盈亏平衡分析

盈亏平衡分析（也称保本分析），是指分析、测定盈亏平衡点以及有关因素变动对盈亏平衡点的影响等，是本量利分析的核心内容。盈亏平衡分析的原理是，通过计算企业在利润为零时处于盈亏平衡的业务量，分析项目对市场需求变化的适应能力等。盈亏平衡分析包括单一产品的盈亏平衡分析和产品组合的盈亏平衡分析。

6.2.1 盈亏平衡点及其相关概念

1. 盈亏平衡点

盈亏平衡点（Break Even Point，BEP），又称盈亏临界点、保本点、损益分歧点等，是指企业的经营处于不盈不亏状态或保本状态时的销售量或销售额。也就是说，在该业务量水平上，企业的销售收入等于总成本，贡献毛益等于固定成本。可见，盈亏平衡点是企业的一项重要指标，企业的销售量只有达到了盈亏平衡点水平，才能保本；要想取得利润，企业的销售量必须大于盈亏平衡点才行。

2. 贡献毛益

贡献毛益（Contribution Margin）是本量利分析中的一个非常重要的概念，又称作"边际贡献""贡献边际""创利额"。它是指产品的销售收入超过其变动成本的金额。贡献毛益是一项很重要的管理信息，因为它是衡量产品盈利能力的重要依据。当企业进行短期经营决策分析时，一般都以备选方案能提供最大值贡献毛益为择优标准。

贡献毛益有两种表现形式：一种是绝对数量表示的，包括单位贡献毛益、贡献毛益总额两种具体形式；另一种是相对数量表示的，即贡献毛益率。

（1）单位贡献毛益。单位贡献毛益是指产品的销售单价减去它的单位变动成本后

的余额。该指标反映各该产品的盈利能力,也就是每增加一个单位产品销售可提供的毛益。其计算公式如下:

$$单位贡献毛益=销售单价-单位变动成本$$

(2) 贡献毛益总额。贡献毛益总额是指产品的销售收入减去它的变动成本总额后的余额。该指标反映它将为企业的营业利润能作多大贡献。其计算公式如下:

$$贡献毛益总额=销售收入-变动成本$$

(3) 贡献毛益率。贡献毛益率是指以单位贡献毛益除以销售单价的百分率,或以贡献毛益总额除以销售收入的百分率,两者计算结果相同。它反映每百元销售额中能提供的贡献毛益金额。其计算公式如下:

$$贡献毛益率=贡献毛益/销售收入\times100\%=单位贡献毛益/销售单价\times100\%$$

以上三个公式可以互相换算:

$$单位贡献毛益=销售单价-单位变动成本=贡献毛益/销售量$$
$$=销售单价\times贡献毛益率$$
$$贡献毛益=销售收入-变动成本=单位贡献毛益\times销售量$$
$$=销售收入\times贡献毛益率$$

根据本量利及贡献毛益的公式,贡献毛益总额与固定成本总额及利润之间的关系,可用公式列示如下:

$$利润=贡献毛益-固定成本$$
$$贡献毛益=固定成本+利润$$

上列公式说明产品提供的贡献毛益总额不是企业的营业利润,必须首先用于弥补固定成本总额,如补偿后尚有多余,才能为企业提供利润;若贡献毛益总额不够补偿固定成本总额,则为亏损。

3. 变动成本率

与贡献毛益率密切关联的指标是变动成本率。变动成本率是指变动成本总额占销售收入总额的百分比,或单位变动成本占销售单价的百分比,两者的计算结果相同。它反映每百元销售额中变动成本所占的金额。其计算公式如下:

$$变动成本率=变动成本总额/销售收入\times100\%$$
$$=单位变动成本/销售单价\times100\%$$

由于贡献毛益加上变动成本等于销售收入,即贡献毛益率加上变动成本率等于100%,故它们之间的关系,可用下列公式表示:

$$贡献毛益率+变动成本率=1$$

可见,贡献毛益率和变动成本率属于互补性质。凡变动成本率低的企业,则贡献毛益率高,创造利润能力大;反之,变动成本率高的企业,其贡献毛益率低,创造利润能力小。凡贡献毛益率低(或变动成本率高)的企业,创造利润能力小,增产不仅不会增利,甚至还会减利或造成亏损。所以,贡献毛益率或变动成本率的高低,对企业的经营决策来说,是个导向性的指标,有举足轻重的影响。

【例 6.2】 某制衣公司生产男式西服,每件销售单价为 320 元,单位变动成本为 240 元,固定成本总额为 600 000 元,该年生产经营能力为 10 000 件。求:营业利润、贡献毛益、单位贡献毛益、贡献毛益率、变动成本率；验证贡献毛益率与变动成本率的关系。

$$营业利润＝(320－240)×10\ 000－600\ 000＝200\ 000(元)$$
$$单位贡献毛益＝320－240＝80$$
$$贡献毛益总额＝80×10\ 000＝800\ 000(元)$$
$$贡献毛益率＝80÷320＝25\%$$
$$变动成本率＝240÷320＝75\%$$

贡献毛益率与变动成本率的关系为

$$贡献毛益率＋变动成本率＝25\%＋75\%＝1$$

6.2.2 单一品种盈亏平衡点分析

确定产品的盈亏平衡点不仅是保本分析的关键，也是本量利分析的核心内容，产品盈亏平衡点的确定可以按单一品种和多品种分别计算保本点的销售业务量指标。

1. 公式法

如果企业生产并销售单一产品，其盈亏平衡点有两种表现形式：一种是用实物量表现，称作"盈亏平衡点销售量"或"保本销售量"，即销售多少数量的产品才能保本；另一种是用货币金额来表现，称作"盈亏平衡点销售额"或"保本销售额"，即销售多少金额的产品才能保本。

由于：　　　　利润＝(单价－单位变动成本)×销量－固定成本

因为保本状态利润＝0，上述公式就变为

盈亏平衡点销量＝固定成本总额/(单价－单位变动成本)＝固定成本/单位贡献毛益

　　盈亏平衡点销售额＝销售单价×盈亏平衡点销量＝固定成本/贡献毛益率

【例6.3】　某制衣公司生产男式西服的销售单价为320元，单位变动成本为240元，固定成本总额为600 000元。盈亏平衡点计算如下：

$$盈亏平衡点销售量＝600\ 000÷(320－240)＝7\ 500(套)$$
或$$盈亏平衡点销售量＝600\ 000÷80＝7\ 500(套)$$
$$盈亏平衡点销售额＝320×7\ 500＝2\ 400\ 000(元)$$
或$$盈亏平衡点销售额＝600\ 000÷25\%＝2\ 400\ 000(元)$$

以上计算表明，企业只有生产并销售7 500套男式西服，其贡献毛益为600 000（＝80×7 500），才能恰好补偿固定成本，使企业保本。

2. 图示法

企业可以使用本量利关系图进行分析。利用本量利关系图，不仅可以研究有关因素对盈亏平衡点的影响，还可以清楚地看出有关因素的变动对贡献毛益及利润的影响。因此，也有人将其称为盈亏临界图。本量利关系图可以分为传统式、贡献毛益式和利量式三种图形。

(1) 传统式本量利关系图。传统式本量利关系图是最基本、最常见的本量利关系图形（图6.1），以横轴表示销售量，以纵轴表示成本或销售收入。但是该图也有其难以克服的缺点，即从该图中无法反映贡献毛益与其他因素的关系。

第6章 本量利分析

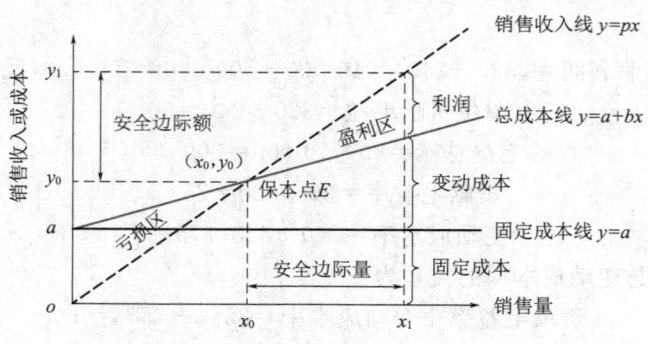

图 6.1 传统式本量利关系图

知识拓展

传统式本量利关系图规律

1. 在盈亏平衡点不变时（即固定成本、单位变动成本、销售单价不变时），如产品销售量超过盈亏平衡点一个单位的业务量，即可获得一个单位贡献毛益的盈利，销售量越大，能实现的盈利就越多；反之，销售量越小，亏损越大。这是传统式本量利关系图中的基本关系。

2. 在总成本既定的情况下，盈亏平衡点随销售单价的变动而反向变动，销售单价越高（表现在坐标图中就是销售收入线的斜率大），盈亏平衡点就越低；反之，盈亏平衡点就越高。

3. 在销售收入不变时，盈亏平衡点的高低取决于单位变动成本和固定成本总额的多寡。若单位变动成本或固定成本总额越小，则盈亏平衡点越低；反之，则盈亏平衡点越高。

4. 在销售单价、单位变动成本既定的情况下，盈亏平衡点的位置随固定成本的变动而同向变动，固定成本越大，盈亏平衡点就越高；反之，盈亏平衡点就越低。

5. 在销售单价、固定成本既定的情况下，盈亏平衡点的位置随单位变动成本的变动而同向变动，单位变动成本越高（表现在坐标图中就是总成本线的斜率大），盈亏平衡点就越高；反之，盈亏平衡点就越低。

6. 在销售量不变的情况下，盈亏平衡点越低，利润区的三角形面积就有所扩大，亏损区的三角形面积就有所缩小，能实现的利润就越多或发生的亏损越小；盈亏平衡点越高，利润区的三角形面积缩小，亏损区的三角形面积扩大，能实现的利润就越少或发生的亏损越多。

（2）贡献毛益式本量利关系图。将固定成本置于变动成本之上，能够反映贡献毛益形成过程的图形（图 6.2），以横轴表示销售量，以纵轴表示成本或销售收入。销售收入线和变动成本线都是从 0 点出发，二者均与业务量成正比例变化，两条线之间

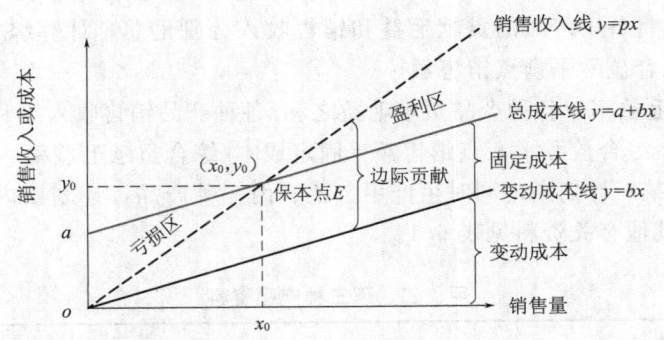

图 6.2 贡献毛益式本量利关系图

的垂直距离为贡献毛益,两条线之间的夹角为贡献毛益率,在贡献毛益与固定成本相等处所对应的业务量即总收入线与总成本线的交点为保本点。

贡献毛益式本量利关系图强调的是贡献毛益及其形成过程,它更符合盈亏平衡点分析的思路。图中显示:盈亏平衡点的贡献毛益刚好等于固定成本;超过盈亏平衡点的贡献毛益大于固定成本,亦即实现了利润;而不足盈亏平衡点的贡献毛益小于固定成本,则表明发生亏损。

(3) 利量式本量利关系图。为了更简明地反映利润和业务量的依存关系,可以省略成本因素,制作利量式本量利关系图,其特点是将纵轴上的销售收入与成本因素略去,使坐标图上仅仅反映利润与销售量之间的依存关系(图 6.3)。

利量式本量利关系图是一种简化的盈亏临界图,易于为企业管理人员所理解和接受。利量式本量利关系图除了可以用于单一产品盈亏平衡点的分析外,还可以用于多品种的分析,这是它的一个优点。另外,该图可以在既定的条件下,清晰地反映出业务量变动对利润的影响。它的不足之处是不能显示业务量变动对成本的影响。

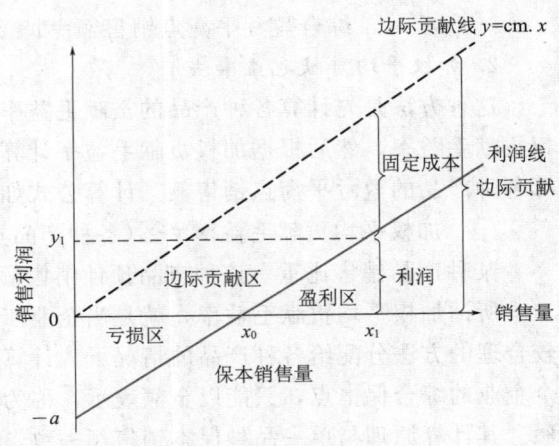

图 6.3 利量式本量利关系图

6.2.3 多品种盈亏平衡点分析

以上讨论的是单一品种的保本点确定,但实际上绝大多数企业都不可能只生产销售一种产品。当企业同时生产多种产品时,每种产品具有不同的贡献毛益和不同的计量单位,因此,企业的综合盈亏平衡点无法用实物量来计算和表示,而只能用金额表示,即计算综合盈亏平衡点销售额。有以下几种计算方法。

1. 综合贡献毛益率法

这种方法是将各中产品的贡献毛益和销售收入分别汇总,计算综合贡献毛益率,然后据此测算综合盈亏平衡点销售额。

综合贡献毛益率＝各种产品贡献毛益之和/各种产品销售收入之和×100%

综合盈亏平衡点销售额＝固定成本/综合贡献毛益率

【例 6.4】 某厂计划期内同时生产甲、乙、丙三种产品,计划期内固定成本总额为 13 650 元,其他有关资料见表 6.1。

表 6.1　　　　　　　　　　　甲、乙、丙三种产品资料

品种	销量/件 ①	单价 ②	单位变动成本 ③	销售收入 ④＝①×②	贡献毛益 ⑤＝①×(②－③)
甲	1 000	40	28	40 000	12 000
乙	3 000	10	6	30 000	12 000
丙	1 500	20	10	30 000	15 000
合计				100 000	39 000

要求:计算综合盈亏平衡点销售额。

综合贡献毛益率＝39 000÷100 000×100%＝39%

综合盈亏平衡点销售额＝13 650÷39%＝35 000(元)

2. 加权平均贡献毛益率法

这种方法是先计算各种产品的贡献毛益率,并以各产品的销售比重为权数计算加权贡献毛益率,然后根据加权贡献毛益率计算综合盈亏平衡点销售额,最后再分别计算各种产品的盈亏平衡点销售额。计算公式如下:

加权平均贡献毛益率＝∑(各种产品贡献毛益率×该产品销售比重)

某种产品销售比重＝该种产品预计销售额/(∑各种产品预计销售额)×100%

所谓加权平均贡献毛益率,就是当企业产销多种产品且固定成本总额又难以采用较合理的方法分配给各种产品的情况下,计算确定多产品综合保本点的一种方法。整个企业的综合保本点,只能以金额表示,称为综合保本销售额,或综合盈亏平衡销售额。其计算原理与单一品种保本销售额一致,计算公式为

综合保本销售额＝固定成本总额/加权平均贡献毛益率

各种产品盈亏平衡点＝该产品销售比重×综合盈亏平衡点销售额

【例 6.5】 仍以【例 6.4】资料为准,用加权贡献毛益率法计算综合盈亏平衡点销售额和各产品的盈亏平衡点销售额。

甲产品贡献毛益率＝(40－28)÷40＝30%

乙产品贡献毛益率＝(10－6)÷10＝40%

丙产品贡献毛益率＝(20－10)÷20＝50%

甲产品销售比重＝40 000÷100 000＝40%

乙产品销售比重＝30 000÷100 000＝30%

丙产品销售比重＝30 000÷100 000＝30%
加权贡献毛益率＝30%×40%＋40%×30%＋50%×30%＝39%
综合盈亏平衡点销售额＝13 650÷39%＝35 000(元)
甲产品盈亏平衡点销售额＝40%×35 000＝14 000(元)
乙产品盈亏平衡点销售额＝30%×35 000＝10 500(元)
丙产品盈亏平衡点销售额＝30%×35 000＝10 500(元)

应予注意的是，上述关于加权平均贡献毛益率法的应用，是基于企业各品种产品的销售比重（结构）可以预计，且保持不变的基础之上的。但在实际销售过程中。由于市场竞争激烈，供需状况瞬息万变，各产品的销售比重也一定会发生变化。此时，综合保本销售额即保本点也会随之变化。因为各产品的贡献毛益率不相同，当销售比重改变时，加权平均贡献毛益率也会随之改变。

> **特别提示**

上述两种方法其实质是一样的，只是它们分别适用于掌握资料详略程度的不同情况。综合贡献毛益率法可以只需要掌握或预计企业总的销售收入和贡献毛益水平，就可以计算综合盈亏平衡点销售额，而不必了解每种产品的资料，因此，比较简单。加权贡献毛益率法则需要了解各种产品的详细资料，同时它也能提供各种产品的盈亏平衡点销售额，因而，相对来说，该法更为具体更为有用。

3. 分别计算法

如果企业的固定成本能够比较合理地分配给各种产品，就可以采用分别计算法确定多品种的综合盈亏平衡点。所谓分别计算法，是指先将企业的固定成本总额按一定标准合理分配给各产品，然后按确定"单一品种盈亏平衡点"的方法分别计算确定每一品种产品的盈亏平衡点，最后汇总计算多品种产品的综合盈亏平衡点的方法。

这种方法主要适用于虽然经营多品种产品，但由于生产技术或生产工艺的缘故，各种产品的生产均采用封闭式生产方式，即可按产品品种分设车间的企业，其产品的制造费用一般为专属固定成本，企业的共同固定成本也可选择一定标准（如贡献毛益、销售额、工时等）合理分配给各种产品。

【例 6.6】 仍以【例 6.4】资料为准，假定固定成本 13 650 元中有甲产品应负担的专属固定成本 1 950 元，其余为甲、乙、丙三种产品应负担的共同成本。

要求：以各种产品贡献毛益为标准，用分算法计算各种产品的盈亏平衡点销售额和企业综合盈亏平衡点销售额。

甲产品负担的固定成本＝1 950＋[(13 650－1 950)÷39 000]×12 000＝5 550(元)
乙产品负担的固定成本＝[(13 650－1 950)÷39 000]×12 000＝3 600(元)
丙产品负担的固定成本＝[(13 650－1 950)÷39 000]×15 000＝4 500(元)
甲产品盈亏平衡点销售额＝[5 550÷(40－28)]×40＝18 500(元)
乙产品盈亏平衡点销售额＝[3 600÷(10－6)]×10＝9 000(元)
丙产品盈亏平衡点销售额＝[4 500÷(20－10)]×20＝9 000(元)

企业综合盈亏平衡点销售额＝18 500＋9 000＋9 000＝36 500(元)

但是正如前述，多产品的综合保本销售额要受到产品销售比重结构变动的影响，分别计算法也不例外。当企业的实际产品销售结构与预计的产品销售结构不一致时，即使多产品的总销售额已达到或超过企业的原预计的综合保本销售额，但也不一定能保本，原预计的保本销售额之差额分别乘以各该产品的贡献毛益率，然后加总求和。若总和为 0，说明实际正好保本，不盈不亏；若总和大于 0，说明实际已超过保本点；若总和小于 0，则说明实际还未达到保本，已发生亏损。

4. 主要产品贡献毛益率法

如果企业生产经营的多种产品中有一种是主要产品，其他产品的销售比重及提供的贡献毛益很小，或是无足轻重的副产品，为简化计算，可以按主要产品的贡献毛益率来计算综合盈亏平衡点销售额。计算公式如下：

综合盈亏平衡点销售额＝固定成本／主要产品的贡献毛益率

这种方法的依据在于主要产品必然是企业生产经营的重点，其所提供的贡献毛益应是补偿企业全部固定成本的主要来源。该法适用于主要产品比较突出或便于划分的企业。因此，应以何种标准来确定主要产品，是应用该法的关键。

5. 联合单位法

联合单位法是指在事先掌握多种产品之间，客观存在的相对稳定的产销实物量比例的基础上，将多种产品组合成单一的联合单位产品，确定每一联合单位的单价和单位变动成本，计算联合单位产品的盈亏平衡点销售量和销售额，最后再确定每种产品的盈亏平衡点销售量和销售额的方法。

如果企业生产的多种产品的实物量之间存在着较稳定的数量关系，而且产销平衡，就可以用联合单位代表按实际实物量比例构成的一组产品。表 6.1 中甲、乙、丙三种产品的销售量比为 1∶3∶1.5，一个联合单位就相当于 1 个甲产品、3 个乙产品和 1.5 个丙产品的集合。在此基础上，以联合单位和各种产品的单价以及单位变动成本来计算联合单价和联合单位变动成本，并确定联合盈亏平衡点。

【例 6.7】 以【例 6.4】资料为准，以甲产品为标准产品，用联合单位法计算综合盈亏平衡点和各种产品的盈亏平衡点。

解：联合单位的构成是：

甲∶乙∶丙＝1∶3∶1.5；联合单价＝40×1＋10×3＋20×1.5＝100

联合单位变动成本＝28×1＋6×3＋10×1.5＝61

综合盈亏平衡点销售量＝13 650÷(100－61)＝350(联合单位)

综合盈亏平衡点销售额＝350×100＝35 000(元)

甲产品盈亏平衡点销售量＝350×1＝350(件)

乙产品盈亏平衡点销售量＝350×3＝1 050(件)

丙产品盈亏平衡点销售量＝350×1.5＝525(件)

甲产品盈亏平衡点销售额＝350×40＝14 000(元)

乙产品盈亏平衡点销售额＝1 050×10＝10 500(元)

丙产品盈亏平衡点销售额＝525×20＝10 500(元)

6. 贡献毛益保本率法

这种方法是利用贡献毛益保本率来计算综合盈亏平衡点销售额和各种产品的盈亏平衡点销售额的方法。企业的贡献毛益总额，首先是用来弥补固定成本。贡献毛益总额正好等于固定成本总额，那就是保本；若它补偿固定成本后还有剩余，才能为企业创利。贡献毛益率的情况同样是如此，它实质上也包含两个部分：一部分是用来补偿固定成本的，叫作"贡献毛益保本率"；另一部分是用来创利的，可称为"贡献毛益创利率"。

(1) 贡献毛益保本率。贡献毛益保本率是固定成本总额占贡献毛益总额的比率。计算公式如下：

$$贡献毛益保本率 = 固定成本/贡献毛益总额 \times 100\%$$

贡献毛益保本率可以用来计算多种产品的盈亏平衡点销售额。计算公式如下：

$$贡献毛益保本率 = 固定成本总额/(\Sigma 各种产品的贡献毛益总额) \times 100\%$$

$$综合盈亏平衡点销售额 = 全部产品销售总额 \times 贡献毛益保本率$$

简单推导如下：

$$综合盈亏平衡点销售额 = 固定成本/贡献毛益率$$
$$= 固定成本 \times 销售收入总额/贡献毛益总额$$
$$= 销售收入总额 \times 固定成本/贡献毛益总额$$
$$= 销售收入总额 \times 贡献毛益保本率$$

$$各产品的盈亏平衡点销售额 = 各产品销售额 \times 贡献毛益保本率$$

该方法的计算结果与加权平均法相同，大家可利用例 6.5 的资料来验证，在此不再赘述。

(2) 贡献毛益创利率。贡献毛益创利率是利润总额占贡献毛益总额的比率，它与贡献毛益保本率之和等于 1。要预测计划期内各种产品按预计销售量销售将实现多少利润，则可应用贡献毛益创利率。其计算公式如下：

$$贡献毛益创利率 = 税前净利/贡献毛益 \times 100\%$$
$$贡献毛益保本率 + 贡献毛益创利率 = 1$$

$$预计全部产品实现的利润总额 = \Sigma 各种产品的贡献毛益总额 \times 贡献毛益创利率$$

$$预计各产品实现的利润 = 各种产品的贡献毛益总额 \times 贡献毛益创利率$$

【例 6.8】 以【例 6.4】中资料为准。

要求：用贡献毛益保本率法计算综合盈亏平衡点销售额、各产品盈亏平衡点销售额以及实现的利润总额。

$$贡献毛益保本率 = 13\,650 \div 39\,000 = 35\%$$
$$综合盈亏平衡点销售额 = 100\,000 \times 35\% = 35\,000(元)$$
$$甲产品盈亏平衡点销售额 = 40\,000 \times 35\% = 14\,000(元)$$
$$乙产品盈亏平衡点销售额 = 30\,000 \times 35\% = 10\,500(元)$$
$$丙产品盈亏平衡点销售额 = 30\,000 \times 35\% = 10\,500(元)$$
$$全部税前利润 = 39\,000 \times (1 - 35\%) = 25\,350(元)$$

6.2.4 有关因素变动对盈亏平衡点的影响

本量利分析的诸多因素之间存在着错综复杂的相互制约关系。在现实的经营活动中，既有单项因素的变动，也有多项因素的变动；既有确定型的因素变动，也有风险型或不确定型的多因素变动。这些变动都会对保本点和保利点带来影响。

1. 固定成本单独变动对盈亏平衡点的影响

固定成本是盈亏平衡点计算公式的分子，固定成本的变动会使盈亏平衡点呈同方向变动，即固定成本升高，盈亏平衡点也会提高，使企业经营向不利方向发展；反之，盈亏平衡点下降，对企业经营有利。

【例 6.9】 某企业甲产品应负担的固定成本 30 000 元，单价 50 元/件，单位变动成本 35 元/件。企业为提高经营能力，使固定成本增加到 33 000 元。要求：测算甲产品盈亏平衡点的变动情况。

$$原盈亏平衡点销量 = 30\,000 \div (50 - 35) = 2\,000(件)$$
$$新盈亏平衡点销量 = 33\,000 \div (50 - 35) = 2\,200(件)$$

由于固定成本提高，使得盈亏平衡点销售量从原来的 2 000 件提高到 2 200 件。

2. 单位变动成本单独变动对盈亏平衡点的影响

在其他因素不变的情况下，单位变动成本单独变动使得单位贡献毛益或贡献毛益率向相反方向变动，从而会改变盈亏平衡点计算公式的分母，单位变动成本降低，贡献毛益扩大，盈亏平衡点降低，对企业经营会产生有利影响；单位变动成本升高，贡献毛益减少，盈亏平衡点提高，对企业经营不利。因此，单位变动成本与固定成本一样，都会使盈亏平衡点向同方向变动。这说明，单位变动成本的变动对盈亏平衡点的影响与销售单价变动的影响正相反。

【例 6.10】 若【例 6.9】中的单位变动成本因原材料涨价而上升 10%，其他因素不变，对盈亏平衡点有何影响？

原盈亏平衡点销售量仍等于 2 000 件。

$$新盈亏平衡点销量 = 30\,000 \div [50 - 35 \times (1 + 10\%)] \approx 2\,609(件)$$

由于单位变动成本上升，使得盈亏平衡点上升到 2 609 件，比原盈亏平衡点销售量多 609 件。

3. 单价单独变动对盈亏平衡点的影响

单价单独变动会引起单位贡献毛益或贡献毛益率向同方向变动，因而会改变盈亏平衡点计算公式的分母。当单价上升时，贡献毛益上升，盈亏平衡点下降，使企业经营状况向好的方向发展；单价下降时，盈亏平衡点上升，对企业经营不利。

【例 6.11】 若【例 6.9】中的单价因企业采取促销措施而降低到 47 元，盈亏平衡点会受何影响？

原盈亏平衡点销售量仍等于 2 000 件。

$$新盈亏平衡点销量 = 30\,000 \div (47 - 35) = 2\,500(件)$$

由于单价下降，使得盈亏平衡点上升到 2 500 件，比原盈亏平衡点销售量多 500 件。

6.2 盈亏平衡分析

4. 产品品种结构变动对盈亏平衡点的影响

在企业生产多品种时,品种结构的变化也会影响盈亏平衡点。如前述多品种条件下盈亏平衡点的计算中,若采用加权贡献毛益率法计算,公式如下:

综合盈亏平衡点销售额＝固定成本总额/加权平均贡献毛益率

加权贡献毛益率＝（∑各种产品贡献毛益率）×该产品销售比重

由于加权平均贡献毛益率是各产品贡献毛益与销售比重的乘积之和,因此当固定成本不变时,产品品种结构变化即销售比重发生变化,将影响到加权平均贡献毛益率,进而影响到盈亏平衡点。

【例 6.12】 以【例 6.4】资料为例,若甲、乙、丙三种产品的销售比重由原来的 40%:30%:30%,改为 30%:30%:40%,其他条件不变,则盈亏平衡点为

加权平均贡献毛益率＝30%×30%＋40%×30%＋50%×40%＝41%

综合盈亏平衡点销售额＝13650÷41%≈33292.7（元）

由于品种结构发生变化,增大了贡献毛益率大的产品丙的销售比重,降低了贡献毛益率小的产品甲的比重,因而使得加权平均贡献毛益率从原来的 39%提高到 41%,综合盈亏平衡点销售额从原来的 35 000 元降低到 33 292.7 元。

6.2.5 企业经营安全程度评价指标

在激烈的市场上竞争,任何企业都十分重视自己生存的安全性,保本是企业安全生存的最低限度,评价企业经营安全程度的指标主要有:安全边际、安全边际率和保本点作业率等。

1. 安全边际

安全边际是指企业现有或预计的销售量（额）超过盈亏平衡点销售量（额）的差额,表示企业现有或预计销售量（额）与盈亏平衡点的距离。它反映了企业实际经营的安全程度。具体表现形式有以下三种。

（1）安全边际量。这是一种绝对量指标,是从业务量的角度反映企业经营的安全程度。计算公式如下:

安全边际量＝现有或预计销售量－盈亏平衡点销售量

"现有或预计销售量",可以称为"正常销售量",所谓正常销售量是指企业在正常市场和正常开工情况下的销售量,也可以用实际销售量计算。

（2）安全边际额。这也是一种绝对量指标,是从销售额的角度加以反映。计算公式如下:

安全边际额＝现有或预计销售额－盈亏平衡点销售额
　　　　＝（现有或预计销售量－盈亏平衡点销售量）×单价
　　　　＝安全边际量×单价

安全边际可以表明从现有或预计销售量（额）到保本销售量（额）之间的差距,说明企业达不到预计销售目标而又不至于亏损的范围有多大,这个范围越大,企业亏损的可能性就越小,经营的安全程度就越高。

营业利润＝安全边际量×单位贡献毛益＝安全边际额×贡献毛益率

（3）安全边际率。所谓安全边际率,是指安全边际量（额）与现有或预计销售量

(额)比率。这是一种相对量指标,是从比率的角度对企业的经营安全程度加以揭示。计算公式为

$$安全边际率 = 安全边际量/现有或预计销售量 \times 100\%$$
$$= 安全边际额/现有或预计销售额 \times 100\%$$

从盈亏平衡点分析的角度考察,盈亏平衡点业务量提供的贡献毛益只能为企业收回固定成本,不能提供利润。只有安全边际内的销售量才能给企业提供利润,因为全部固定成本已被保本点所弥补,所以安全边际内的销售额减去其自身的变动成本后即为企业的利润。换句话说,安全边际范围内的贡献毛益就是企业的盈利额。安全边际与盈亏平衡点之间还具有如下关系:

$$盈亏平衡点销售量 = 固定成本 \times 安全边际量 \div 营业利润$$
$$盈亏平衡点销售额 = 固定成本 \times 安全边际额 \div 营业利润$$

由于盈亏平衡点销售量已补偿了企业全部固定成本,因此,盈亏平衡点以上的销售量即安全边际部分只需补偿其变动成本,其差额即贡献毛益就是企业的利润。所以,安全边际与税前净利之间具有如下关系:

$$营业利润 = 安全边际量 \times 单位贡献毛益 = 安全边际额 \times 贡献毛益率$$
$$销售利润率 = 安全边际率 \times 贡献毛益率$$

因此,安全边际越大,所获利润就越高,企业经营就越安全。

以上公式为我们提供了计算利润和销售利润的新方法,并且表明安全边际和单位贡献毛益越大,利润也就越多;同样,安全边际率和贡献毛益率越大,销售利润率也就越大。

安全边际与安全边际率都是评价企业经营程度的正指标,即安全边际值(率)越大,现有或预计销售量(额)超过盈亏平衡点销售量(额)的数额越大,企业经营的安全程度越高;反之,则说明企业经营的安全程度越低。西方企业曾根据安全边际率的不同,将企业经营的安全程度进行划分,见表6.2。

表 6.2 安全性检验标准

安全边际率	10%以下	10%~20%	20%~30%	30%~40%	40%以上
安全程度	危险	值得注意	比较安全	安全	很安全

【例 6.13】 某公司对 A 产品和 B 产品进行投资生产安全程度分析,欲计算并选择一个获利范围大,即安全边际率较高的产品,以便降低企业发生亏损的风险。有关资料及计算见表6.3。

表 6.3 某公司对 A、B 产品资料

项 目	A 产品	B 产品	项 目	A 产品	B 产品
预计销售量/件	60 000	50 000	保本销售量/件	30 000	20 000
销售单价/元	40	50	安全边际量/件	30 000	30 000
单位变动成本/元	30	35	安全边际率	50%	60%
固定成本/元	300 000	300 000			

上述计算结果表时，虽然 A、B 产品的安全边际量相等，但 B 产品的安全边际率高于 A 产品，说明 B 产品的获利能力高于 A 产品，而亏损的风险则小于 A 产品，因此，应选择投产 B 产品。

2. 保本点作业率

企业经营的安全程度，不仅可以用安全边际、安全边际率等正指标来评价，也可以用逆指标——保本点作业率来反映。保本点作业率又叫"达到盈亏平衡点（保本点）的作业率"，是指盈亏平衡点销售量（额）与企业正常销售量（额）或应达到的销售量（额）的比率。故保本点作业率又称"危险率"。计算公式如下：

$$保本点作业率 = 盈亏平衡点销售量/企业正常销售量 \times 100\%$$
$$= 盈亏平衡点销售额/企业正常销售额 \times 100\%$$

该项比率表示盈亏平衡点占正常业务量的比重，比率越低，企业越安全，越有利。也就是说保本作业率表明了企业在保本状态下对生产经营能力的利用程度。

如果企业的正常生产经营能力与现有或预计销售量相当，则保本作业率与安全边际率具有如下关系：保本点作业率＋安全边际率＝1

这里的"正常销售量"是指在正常市场情况和正常开工情况下企业的销售数量。这个指标表示企业处于盈亏平衡点的状态时，其生产开工应达到正常开工的百分比，表明企业盈亏临界状态下对生产经营能力的利用程度。该指标越低，表明企业的盈利潜力越大；反之，则表明企业的盈利潜力小。它对于企业安排生产有一定的指导意义。

由于一般情况下，企业的生产经营能力是按正常销售量来规划的，所以保本点作业率还可以说明企业在保本状态下的生产经营能力的利用程度。

【例 6.14】 依【例 6.2】资料及【例 6.3】结果，以某制衣公司计算下列指标：保本点作业率；安全边际指标；验证保本点作业率与安全边际率的关系；评价某制衣公司经营安全程度；营业利润（用安全边际计算）；销售利润率。

解：

(1) 保本点作业率＝7 500÷10 000＝75％

(2) 安全边际量＝10 000－7 500＝2 500（套）

安全边际额＝320×10 000－2 400 000＝800 000（元）

安全边际率＝2500÷10 000＝25％

或　安全边际率＝800 000÷（320×10 000）＝25％

(3) 安全边际率＋保本点作业率＝25％＋75％＝1

(4) 上项计算结果表明：该制衣公司男式西服的开工率至少要达到正常销售量的 75％才能保本。若开工率超过 75％就能实现利润。相反，若开工率低于 75％就会发生亏损。由于保本点作业率为 75％，则安全边际率为 25％，说明企业经营较安全。

(5) 营业利润＝安全边际量×单位贡献毛益＝2 500×80＝200 000（元）

或：营业利润＝安全边际额×贡献毛益率＝800 000×25％＝200 000（元）

(6) 销售利润率＝利润÷销售额＝200 000÷（320×10 000）＝6.25％

或：销售利润率＝安全边际率×贡献毛益率＝25％×25％＝6.25％

6.3 目标利润分析

目标利润分析（也称保利分析）是在本量利分析方法的基础上，计算为达到目标利润所需达到的业务量、收入和成本的一种利润规划方法，该方法应反映市场的变化趋势、企业战略规划目标以及管理层需求等。目标利润分析包括单一产品的目标利润分析和产品组合的目标利润分析。单一产品的目标利润分析重在分析每个要素的重要性。产品组合的目标利润分析重在优化企业产品组合。

6.3.1 单一产品的目标利润分析

企业要实现目标利润，在假定其他因素不变时，通常应提高销售数量或销售价格，降低固定成本或单位变动成本。单一产品的目标利润分析公式如下：

实现目标利润的业务量＝（目标利润＋固定成本）÷（单价－单位变动成本）

实现目标利润的销售额＝单价×实现目标利润的业务量

或实现目标利润的销售额＝（目标利润＋固定成本）÷贡献毛益率

企业在应用该工具方法进行如何提高销售量的策略分析时，可以根据市场情况的变化对销售价格进行调整，降价通常可能促进销售量的增加，提价通常可能使销售量下降；在市场需求极为旺盛的情况下，可以通过增加固定成本支出（如广告费、租赁设备等）、扩大生产能力来扩大销售量。

【例 6.15】 假设某公司只产销一种产品，其单位销售价格为 20 元，单位变动成本为 12 元，2019 年 2 月固定成本总额为 8000 元，目标利润为 2000 元。求 2019 年 2 月实现目标利润的销售量和销售额。

实现目标利润的销售量＝（2 000＋8 000）÷（20－12）＝1 250（件）

实现目标利润的销售额＝20×1 250＝25 000（元）
　　　　　　　　　　　＝（2 000＋8 000）÷40％＝25 000（元）

该公司 2019 年 2 月的销售量必须达到 1 250 件或者销售额必须达到 25 000 元时才能实现目标利润 2 000 元。

6.3.2 产品组合的目标利润分析

产品组合的目标利润分析通常采用以下方法：在单一产品的目标利润分析基础上，依据分析结果进行优化调整，寻找最优的产品组合。基本分析公式如下：

实现目标利润的销售额＝（综合目标利润＋固定成本）÷（1－综合变动成本率）
　　　　　　　　　　　＝（综合目标利润＋固定成本）÷综合贡献毛益率

企业在应用该工具方法进行优化产品产量结构的策略分析时，在既定的生产能力基础上，可以提高具有较高贡献毛益率的产品的产量。

【例 6.16】 某公司 2019 年 2 月的固定成本为 255 000 元，生产 A、B、C 三种产品。该公司 2019 年 2 月的目标利润为 100 000 元。有关资料见表 6.4。

6.3 目标利润分析

表6.4　　　　　　　　　　某公司2019年2月有关资料

产品	销量/件	单位销售价格/元	单位变动成本/元	单位贡献毛益/元
A	10000	20	10	10
B	5000	20	12	8
C	5000	20	14	6

根据资料，计算指标如下：

各种产品销售额合计＝10 000×20＋5 000×20＋5 000×20＝400 000(元)

A产品的销售权重＝(10 000×20)/400 000＝50%

B产品的销售权重＝(5 000×20)/400 000＝25%

C产品的销售权重＝(5 000×20)/400 000＝25%

A产品的贡献毛益率＝(20－10)/20＝50%

B产品的贡献毛益率＝(20－12)/20＝40%

C产品的贡献毛益率＝(20－14)/20＝30%

综合贡献毛益率＝50%×50%＋40%×25%＋30%×25%＝42.5%

综合变动成本率＝1－42.5%＝57.5%

实现目标利润的销售额＝(100 000＋255 000)/42.5%≈835 294.12(元)

该公司2019年2月的销售额必须达到835 294.12元才能实现目标利润100 000元。

知识拓展

保本点与保利点的比较

保本分析是假定在利润为零，不盈不亏条件下的本量利分析。虽然它有助于我们简化本量利分析过程，了解企业的最低生存条件以及评价企业经营的安全程度，并且为企业的经营决策提供了一些很有用的方法，然而毕竟保本不是企业经营的目标。在市场经济中，企业经营的目标是盈利，在不断盈利中求生存、求发展。因此，很显然企业不会满足于利润为零的保本分析，而更注重在确保实现目标利润条件下的本量利分析。

将目标利润引进本量利分析模式，在以目标管理为基本特征的现代企业管理中具有重要意义。通过目标利润分析，可以首先确定为实现目标利润而应达到的目标销售量和目标销售额，从而以销定产，确定目标生产量、目标生产成本以及目标资金需要量等，为企业实施目标控制奠定了基础，从而为企业短期经营明确方向。

从有关保本点、保利点的计算公式可知：首先，两者的计算公式都是由本量利分析的基本数学模型推导而得的，只不过前者假设利润为零，后者将利润设定为目标利润或目标税后利润，因此，保本点分析和保利点分析的实质都是本量利分析；其次，不论保本分析还是保利分析，凡计算有关销售量指标时，均以单位贡献毛益为分母，凡计算有关销售额指标时，均以贡献毛益率为分母，无论单一品种还是多品种分析概

资源6.3
酒店客房业务量分析

莫能外。两者的区别主要在于：保本分析有利于企业经营者了解经营的最低要求和企业经营的安全程度，而保利分析则可以帮助企业管理者实施目标控制，明确企业的经营目标。所以保本分析和保利分析是企业加强经营管理、规划和控制经济活动、正确进行经营决策的有效工具。

6.4 敏感性分析

资源 6.4
管理会计应
用指引第 402
号——敏感
性分析

敏感性分析是指通过对影响目标实现的因素变化进行量化分析，以确定各因素变化对实现目标的影响及其敏感程度。敏感性分析可以分为单因素敏感性分析和多因素敏感性分析，它对目标利润的预测具有积极的指导意义。

影响利润的各种因素如单价、成本、销售量等在经济生活中是经常变动的，但它们对利润的影响程度并不相同，即使在它们变动方向和变动幅度完全一样时也是如此。例如，单价的升高会导致利润的增长，而成本只有降低才会使利润增长；同时当二者变动幅度相同时，利润的变动幅度也不一定一样。有些因素只要略微变化，利润就发生很大变动，我们称利润对该因素的敏感性高；有些因素虽然变动幅度较大，但利润只发生微小的变动，我们称利润对该因素的敏感性低。显然，利润对各因素的敏感性不同，人们对它们的重视程度也就有所区别。对敏感性系数高的因素，人们会给予更多的关注；对敏感性系数低的因素则不必作为分析的重点。

敏感性分析就是要计算有关因素的敏感性系数和将导致利润发生质变（利润≤0）的各因素下限临界值，以利于进行目标利润规划。

6.4.1 各因素变动影响利润变动的方向

首先必须了解每一因素单独变动时，使利润随之发生同方向变动还是反方向变动，从而有利于控制利润变动的方向，使利润朝有利于企业发展的方向变动。

根据本量利分析的基本公式"利润＝销售量×（销售单价－单位变动成本）－固定成本总额"可知，销售量与销售单价的变动将使利润发生同方向变动，即销售量或销售单价的增加都会使利润上升，给企业带来有利的影响；反之，其减少，利润就会下降。

6.4.2 有关因素下限临界值的计算

利润大于零或利润小于零，即盈利或亏损，对企业来说是两种性质不同的经营成果。因此，分析因素发生何种程度的变化将使企业由盈利转为亏损，或由亏损转为盈利，也就是分析使企业经营成果发生质变的临界值，从而控制因素变动的范围防止亏损出现，无疑是十分重要的。

1. 销售量的最小允许值

利润将随销售量的变动而同方向变动，扩大销售量，可以提高利润，利润越高越好，因此销售量的上限一般不予考虑。但是销售量的下降将使企业利润减少，可能会危及企业生存。所谓销售量的最小允许值，是指在其他因素不变的情况下，使企业利润为零的销售量变动极限值，即保本点销售量，是销售量变动的下限。若实际销售量低于此最小允许值，企业就会发生亏损。

【例 6.17】 某公司只产销一种甲产品，计划年度销量 10 000 台，每台售价 5 000 元，单位变动成本 3 000 元，全年固定成本总额 600 万元，则计划年度利润为

利润＝销量×(销售单价－单位变动成本)－固定成本总额
　　＝(5 000－3 000)×10 000－6 000 000＝14 000 000(元)

预计计划年度市场竞争异常激烈，那么销售量至少应达到多少台才不至于使企业亏损呢？

销售量的最小允许值＝6 000 000÷(5 000－3 000)＝3 000(件)

说明在计划年度销售量至少应达到或超过 3 000 件，或销售计划的 30% 以上，企业才能有盈利，否则就将亏损。

2. 销售单价的最小允许值

面对激烈的市场竞争，企业可能不得不降低原定的销售单价，销售单价的下降将导致利润的下降。所谓销售单价的最小允许值是指在其他因素不变的情况下，使企业利润为零时的销售单价的变动极限值，是销售单价变动的下限。若企业不能控制价格的下降，使销售单价低于其最小允许值，则企业将发生亏损。仍以例 6.17 资料：

销售单价的最小允许值＝(6 000 000÷10 000)＋3 000＝3 600(元)

说明甲产品计划年度的销售单价的最小允许值为 3 600 元，也就是说在其他因素不变的情况下，销售单价下降的最大幅度为 (5 000－3 600)/5 000＝28%，否则企业将出现亏损。

3. 单位变动成本的最大允许值

在市场经济中，由于物价的上涨，材料成本和人工成本的上升是客观存在的，而成本消耗水平的上升会使企业利润下降。在其他因素不变的情况下，使企业利润为零时的单位变动成本的变动极限值，即其变动的上限，就称为单位变动成本的最大允许值。仍以例 6.17 资料：

单位变动成本的最大允许值＝5 000－(6 000 000÷10 000)＝4 400(元)

说明计划年度单位变动成本一旦上升到 4 400 元，利润将为 0。如果企业不能有效地控制单位变动成本的上升趋势，使其上升幅度超过 (4 400－3 000)÷3 000＝46.67%，则企业将发生亏损。

4. 固定成本的最大允许值

固定成本下降，利润上升，会增强企业经营的安全性；而固定成本上升，利润下降，将使企业经营产品危险。因此，控制固定成本的上升范围，是确定其最大允许值的目标之一。所谓固定成本的最大允许值，就是指在其他因素不变的情况下，使企业利润为零时固定成本的变动上限值。仍以例 6.17 资料：

固定成本的最大允许值＝(5 000－3 000)×10 000＝20 000 000(元)

说明该公司的年固定成本总额只要低于 20 000 000 元，还是有盈利的。因此，该公司必须控制固定成本总额的上升，使其上升幅度不超过 (20 000 000－6 000 000)÷6 000 000＝2.33，就可能避免亏损。

6.4.3 敏感系数

销售量、单价、变动成本、固定成本这些因素的变化，都会引起利润的变化，但它们的敏感程度是不同的。有些因素只要有较小的变动也会引起利润的较大变化，这些因素称为强敏感性因素；有些因素虽有较大变化，但对利润的影响却不大，这种因素称为弱敏感性因素。测定敏感程度的指标称敏感系数，其公式是：

敏感系数＝目标值变动百分比／因素值变动百分比

确定敏感系数的目的，是使管理人员清楚地知道，在影响利润的诸因素中，其敏感的程度哪个轻哪个重，以便分清主次，及时采取必要的调整措施，确保目标利润的完成。

【例6.18】 设某企业生产一种产品，单价2元，单位变动成本1.2元，全年固定成本预计40 000元，销售量计划为100 000件，从而全年利润为40 000元。假设在原定的销售量、单价、单位变动成本和固定成本的基础上各增加20％，则各因素的敏感程度分别是：

1. 销售量的敏感系数。当销量增加20％时，销量＝120 000件

   按此销量计算：利润＝120 000×(2－1.2)－40 000＝56 000元

   原来的利润是40 000元，其变化率为：

   目标值变动百分比＝(56 000－40 000)÷40 000＝40％

   销售量的敏感系数＝40％÷20％＝2

2. 单价的敏感系数。当单价增加20％时，单价＝2×(1＋20％)＝2.4元

   按此单价计算：利润＝100 000×(2.4－1.2)－40 000＝80 000元

   目标值变动百分比＝(80 000－40 000)÷40 000＝100％

   单价的敏感系数＝100％÷20％＝5

这就是说，单价对利润的影响很大，单价变动提价是提高盈利的最佳手段。然而，降价也是企业的最大威胁。

3. 单位变动成本敏感系数。单位变动成本增加20％时，单位变动成本＝1.44元

   按此单位变动成本计算：

   利润＝100 000×(2－1.44)－40 000＝16 000元

   目标值变动百分比＝(16 000－40 000)÷40 000＝－60％

   单位变动成本的敏感系数＝－60％÷20％＝－3

4. 固定成本总额的敏感系数。当固定成本总额增加20％时

   固定成本＝40 000×(1＋20％)＝48 000元

   按此固定成本计算：利润＝100 000×(2－1.2)－48 000＝32 000元

   目标值变动百分比＝(32 000－40 000)÷40 000＝－20％

   固定成本的敏感系数＝－20％÷20％＝－1

将上述四个因素按其敏感系数绝对值排列，其顺序依次是：单价（5）、变动成本（－3）、销量（2）、固定成本（－1），影响利润最大的是单价和变动成本，然后是销售量和固定成本。

在上例中，当各个因素均降低20％时，敏感系数排列顺序仍然是：单价、变动

成本、销量、固定成本，同增加 20% 相比，其绝对值是相同的，只是正、负号改变。

以上敏感系数的排列顺序，仅是根据本例的有关数据得出的，但从以上分析中可以看出，无论是增加 20% 还是降低 20%，单价和变动成本都是最敏感的因素，是管理人员要着重抓住的两个重要环节，但也不能拘泥于敏感系数的高低，而忽视了销售量对利润的重大影响。在销路看好、生产又有保证的情况下，销售量可以大幅度增加，但单价的增幅却可能很小甚至不动；但在市场供大于求、销路欠佳、销售量大幅度下降时，就宁可降低单价，薄利多销，打开销路。

本 章 小 结

本量利分析是分析成本、业务量、利润三者的依存关系，是在变动成本法的基础上，以数量化的会计模型和图形来揭示固定成本、变动成本、销售量、销售单价、销售收入、利润等变量之间的内在规律性联系，为会计预测、决策和规划提供必要的财务信息的一种技术方法。

企业运营的一个很重要的目标就是取得利润，而利润是售价、销量、成本及销售组合等因素相互作用的结果。本量利分析就是研究这些因素在利润形成过程中的作用及其内部规律，从而能够进行有效的管理决策，如项目决策、利润规划、预算编制、经营决策的制定等。

练 习 题

一、单项选择题

1. 单位产品售价减去单位变动成本的差额称为（　　）。
   A. 单位收入　　　　　　　　B. 单位利润
   C. 单位贡献毛益　　　　　　D. 单位贡献毛益率

2. 下列关系式正确的是（　　）。
   A. 贡献毛益率＋作业率＝1　　B. 贡献毛益率＋变动成本率＝1
   C. 贡献毛益率＋安全边际率＝1　D. 变动成本率＋安全边际率＝1

3. 下列选项不受销售量变动影响的是（　　）。
   A. 营业利润　　　　　　　　B. 安全边际量
   C. 安全边际额　　　　　　　D. 单位贡献毛益

4. 某产品实际销售量为 8 000 件，单价为 30 元，单位变动成本为 12 元，固定成本总额为 36 000 元。则该产品的安全边际率为（　　）。
   A. 25%　　　　　　　　　　B. 40%
   C. 60%　　　　　　　　　　D. 75%

5. 某公司生产和销售单一产品，该产品单位贡献毛益为 2 元，2014 年销售量为 40 万件，利润为 50 万元。假设成本性态保持不变，则销售量的利润敏感系数是（　　）。

A. 20.60 B. 0.80
C. 1.25 D. 1.60

6. 盈亏临界点（保本点）的销售量（实物单位）的计算是（　　）。
A. 固定成本/贡献毛益率　　　B. 固定成本/单位产品贡献毛益
C. 固定成本/安全边际率　　　D. 固定成本/安全边际

7. 在下列指标中，可据以判定企业经营安全程度的指标是（　　）。
A. 保本量　　　　　　　　　B. 贡献毛益
C. 保本额　　　　　　　　　D. 保本作业率

8. 某企业只生产一种产品，该产品的贡献毛益率是65％，本期销售额是200 000元，营业利润是100 000元，则该产品的固定成本为（　　）。
A. 100 000元　　　　　　　B. 130 000元
C. 30 000元　　　　　　　　D. 70 000元

二、多项选择题

1. 下列各项指标中，与盈亏临界点（保本点）呈同向变化关系的有（　　）。
A. 单位售价　　　　　　　　B. 预计销量
C. 固定成本总额　　　　　　D. 单位变动成本

2. 根据单一产品的本量利分析模式，下列关于利润的计算公式中，正确的有（　　）。
A. 利润＝安全边际量×单位贡献毛益
B. 利润＝保本销售量×单位安全边际
C. 利润＝实际销售额×安全边际率
D. 利润＝安全边际额×贡献毛益率

3. 下列各项中，有可能成立的关系有（　　）。
A. 贡献毛益率大于变动成本率　　B. 贡献毛益率小于变动成本率
C. 贡献毛益率＋变动成本率＝1　　D. 贡献毛益率和变动成本率都大于零

4. 下列各式计算结果等于贡献毛益率的有（　　）。
A. 单位贡献毛益/单价　　　　B. 1－变动成本率
C. 贡献毛益/销售收入　　　　D. 固定成本/保本销售额

三、计算题

1. 假设某公司只产销一种产品，其单位销售价格为20元，单位变动成本为12元，固定成本总额为8 000元。

要求：计算变动成本率、贡献毛益率、盈亏平衡点销售量、盈亏平衡点销售额；验证贡献毛益率和变动成本率之间的关系。

2. 力帆公司只产销一种产品，2017年销售量为8 000件，单价为240元，单位成本为180元，其中单位变动成本为150元，该企业计划2018年利润比2017年增加10％。

要求：运用本量利分析原理进行规划，说明从哪些方面采取措施，才能实现目标利润（假定采取某项措施时，其他条件不变）。

3. 某企业销售甲产品，单价为 100 元/件，单位变动成本为 50 元，固定成本为 130 000 元，假定正常经营下销售量为 5 000 件。

要求：计算甲产品的贡献毛益率、盈亏平衡点销售量、盈亏平衡点销售额、保本作业率、安全边际及安全边际率。

第 7 章
短期经营决策分析

教学目标

通过对本章的学习,要求了解短期经营决策的概念;了解与决策相关的成本的概念;掌握短期经营决策的方法;掌握产品定价决策的方法;理解定价的策略。

重点难点

各类生产决策　成本加成定价法

会计名言

世界上每 100 家破产倒闭的大企业中,85% 是因为企业管理者的决策不慎造成的。

——美国兰德公司

决策是管理的心脏,管理是由一系列决策组成的,管理就是决策。

——管理学家赫伯特·西蒙

管理者的决策不是从"众口一词"中得来。好的决策,应以互相冲突的意见为基础;应从不同的观点中选择,应从不同的判断中选择。

——彼得·德鲁克

课前案例

向《孙子兵法》学经营管理决策

《火攻篇》指出:"主不能够怒而兴师,将不能够愠而致战。合于利而动,不合于利而止。怒能够复喜,愠能够复悦,亡国不能够复存,死者不能够复生。故明君慎之,良将警之,此安国全军之道也。"意思是说,国君不能凭一时之怒而兴兵打仗,将帅不能以一时之愤而与敌交战。要以是否贴合国家利益决定是否行动。恼怒、怨愤能够重新高兴,而国家亡了则不能再存在,人死了则不能再重生。

《计篇》指出:"夫未战而庙算胜者,得算多也,未战而庙算不胜者,得算少也。多算胜,少算不胜,而况于无算乎!"意思是说,凡是战前预计能够取胜的,是因为筹划周密,各种因素思考周到;反之亦然。筹划周密、思考周到就能取胜,相反就不能取胜。

点评:管理者首先是决策者,越是高层管理者,决策越占有重要的地位,无论公共管理还是企业管理,都是如此。这就要求管理者的决策慎之又慎,否则,造成的损失难以估量。

7.1 短期经营决策概述

7.1.1 决策分析的含义

决策是指人们为了实现一定的目标,运用科学的理论与方法,通过一定的计算、分析和判断,从两个或两个以上的备选方案中选出最优方案的过程。

决策分析是指为作出正确决策而对各种备选方案进行比较分析,权衡利弊,从中择优或决定取舍的整个过程。

管理的中心在经营,经营的中心在决策,决策的正确与否关系到一个企业的生存、兴衰与发展,因而决策成为企业整个经营管理工作的核心。

> **知识链接**
>
> 什 么 是 决 策
>
> "决策"一词的英语表述是 Decision Making,意思就是作出决定或选择。时至今日,对决策概念的界定不下上百种,但仍未形成统一的看法,诸多界定归纳起来,基本有以下三种理解:
>
> 一是把决策看作是一个包括提出问题、确立目标、设计和选择方案的过程。这是广义理解。
>
> 二是把决策看作是从几种备选的行动方案中作出最终抉择,是决策者的拍板定案。这是狭义的理解。
>
> 三是认为决策是对不确定条件下发生的偶发事件所做的处理决定。这类事件既无先例,又没有可遵循的规律,作出选择要冒一定的风险。也就是说,只有冒一定的风险的选择才是决策。这是对决策概念最狭义的理解。
>
> 以上对决策概念的解释是从不同的角度作出的,要科学地理解决策概念,有必要考察决策专家赫伯特·西蒙在决策理论中对决策内涵的看法。
>
> 一般理解,决策就是作出决定的意思,即对需要解决的事情作出决定。按汉语习惯,"决策"一词被理解为"决定政策",主要是对国家大政方针作出决定。但事实上,决策不仅指高层领导作出决定,也包括人们对日常问题作出决定。如某企业开发一个新产品,引进一条生产线,某人选购一种商品或选择一种职业,都带有决策性质。可见,决策活动与人类活动是密切相关的。

7.1.2 决策分析的分类

决策分析贯穿于生产经营活动的始终,可按不同标准对其进行分类。

1. 按涉及时效的长短分类

可分为短期决策和长期决策两类。

（1）短期决策。又称短期经营决策，是指一个经营年度或经营周期内能够实现其目标的决策。短期决策一般属于战术决策，主要考虑的是怎样使企业现有的资源得到最合理又充分的利用，以取得最大的经济效益，一般不涉及大量资金的投入。例如亏损产品是否停产的决策、零部件是自制还是外购的决策等。

（2）长期决策。又称长期投资决策，是指在较长时间内（超过一年）才能实现的决策。长期决策一般属于战略决策，针对需要投入大量资金的项目，涉及企业的发展方向和规模，资金回收时间长，见效慢。

2. 按决策者掌握信息的不同情况分类

根据决策者所掌握的信息或数据是确定的还是不确定的，决策可分为确定型决策、风险型决策和不确定型决策。

（1）确定型决策。确定型决策是指决策者对未来情况所掌握的信息都是肯定的数据，事先可以确知决策结果的各种决策。对确定型决策只需比较不同方案的计算结果即可以作出决策。

（2）风险型决策。风险型决策是指决策者事先可以知道决策的各种可能结果以及各种结果出现的概率的各种决策。

（3）不确定型决策。不确定型决策是指决策者所掌握的未来情况的信息并非确定的数据，事先不知道决策可能出现的结果或者虽然知道决策的可能结果但不知道各种结果出现概率的各种决策。

3. 按决策的层次分类

根据决策的层次分类，可以分为高层决策、中层决策和基层决策。

（1）高层决策。高层决策是指企业的高层管理人员所作的决策。它涉及企业发展的全局性、长远性和根本性的问题，属于战略性决策。

（2）中层决策。中层决策是指企业中级管理人员所作的决策。它是保证高层决策得以顺利实现而进行的有针对性、短期性的实施方案。

（3）基层决策。基层决策是指基层管理人员所作出的决策。它是对上一层次所作出的决策执行的具体实施，主要解决执行上级既定决策过程所遇到的问题。因此，它属于执行型决策。

4. 其他分类

除了上述的分类方法之外，经营决策还有其他的分类标准，如按照决策项目本身的从属关系可以分为独立方案决策、互斥方案决策和优化组合方案决策；按决策的范围广狭可分为微观决策和宏观决策；按相同决策出现重复程度可以分为程序性决策和非程序性决策等。

7.1.3 短期经营决策概述

1. 短期经营决策的含义

短期经营决策，是指一个经营年度或经营周期内能够实现其目标的决策。决策结果只会影响或决定企业近期（一年或一个经营周期）经营实践的方向、方法和策略，一般不涉及大量资金的投入，主要目的是使现有资源得到充分利用。

2. 短期经营决策的特征

根据短期经营决策的概念，可知其有如下两个重要的特征：

(1) 短期经营决策一般不涉及固定资产的投资问题。固定资产投资通常需要投入大量的资金，并在较长时期内有持续影响，因此不可能由当年的销售收入来补偿，而只能在未来很长时期内才得以收回。如扩建厂房、更新设备等。由于时间的界限，固定资产投资问题不属于短期经营决策的范围。

(2) 短期经营决策的决策结果对企业的影响时间较短。短期经营决策所涉及的时间一般在一年之内，因此承担的风险较小，决策失误也仅仅影响当年收益，而且可以在第二年的决策中加以纠正。然而，投资决策则关系到企业生产经营的长远规划、经营方向和经营规模，一旦决策失误将给企业带来重大损失，甚至使之濒临破产的境地。因此相对于投资决策而言，经营决策的风险要小得多。

3. 短期经营决策的程序

短期经营决策一般按以下6个步骤进行：

(1) 确定决策目标。即确定公司所要解决的具体问题。确定决策目标是决策的前提。

(2) 提出备选方案。提出备选方案主要是指针对决策目标，并为实现这个目标提出的若干可行性备选方案。然后，对各备选方案进行可行性的研究，即技术上先进，经济上合理，并能保证各项资源得到最充分、最有效的使用。

(3) 搜集有关资料。搜集有关资料主要是搜集影响备选方案可行性方面的全面资料，同时对搜集的资料要进行逻辑加工整理，揭示其本质联系。这里的资料包括定量化和定性化两个方面的资料。定量化的资料，主要是各个方案付诸实施，可能发生的成本和可能获得的收入等数据。定性化的资料，主要是计划期内的国际国内政治经济形势的变化，消费者心理、爱好、习惯以至消费水平等变化在内的非量化因素。注意定性信息与定量信息相结合，财务信息与非财务信息相结合。

(4) 分析评价方案。分析评价方案就是对各个备选方案进行对照比较，确定出其中较好的方案。具体做法，就是将各个备选方案的量化资料，分层归类，系统排列。然后，编制成比较分析表，逐一进行对照比较，并权衡其利弊得失。最后，确定出其中若干个较好的方案。

(5) 确定最优方案。确定最优方案就是根据分析结果并考虑各种变化因素，依据一定的决策模型，对各个较好的备选方案可能获得的经济效益进行实际测算，从中筛选出经济效益最大的方案，即最优方案。

(6) 检查与控制。在决策的执行过程中要及时进行信息反馈，不断对原定方案进行修正以提高决策的科学性，保证决策目标的顺利实现。

7.1.4 与短期经营决策相关的重要概念

1. 相关收入

相关收入是指与特定决策方案相联系的、能对决策产生重大影响的、在短期经营决策中必须予以充分考虑的收入，又称有关收入。如果某项收入只属于某个经营决策方案，即若有这个方案存在，就会发生这项收入，若该方案不存在，就不会发生这项收入，那么，这项收入就是相关收入。相关收入的计算，要以特定决策方案的单价和相关销售量为依据。

与相关收入相对应的概念就是无关收入。如果无论是否存在某决策方案，均会发生某项收入，那么就可以断定该项收入是无关收入。因此，在短期经营决策中，无须考虑无关收入，否则，就有可能导致决策失误。

2. 相关成本

相关成本是指与特定决策方案相联系的、能对决策产生重大影响的、在短期经营决策中必须予以充分考虑的成本。如果某项成本只属于某个经营决策方案，即若有这个方案存在，就会发生这项成本，若该方案不存在，就不会发生这项成本，那么，这项成本就是相关成本。相关成本有不同的表现形式，主要有：差量成本、机会成本、边际成本、重置成本、付现成本、可避免成本、可延缓成本、专属成本等。

（1）差量成本。差量成本通常是指两个备选方案的预期成本之间的差异数，又称差别成本或差额成本。广义的差量成本，是指决策的两个备选方案的预期成本之间的差异数。狭义的差量成本，又称增量成本，是指不同产量水平所形成的成本差别，这种差别是由于生产能力利用程度的不同而造成的。在相关范围内，由于固定成本保持不变，狭义差量成本等于相关变动成本，即单位变动成本与相关产量的乘积。

（2）机会成本。机会成本是指在经营决策时从多种可供选择的方案中选取某个最优方案而放弃次优方案而丧失的可计量价值。机会成本并非企业的实际支出，但在决策时应作为一个现实的因素加以考虑。机会成本在决策中的重要意义在于它有助于决策者全面考虑可能采取的各种方案，否则，就可能作出错误的选择。

（3）边际成本。边际成本是指成本对产量无限小变化的变动部分。但在实践中，产量无限小的变化，最小只能小到一个单位，产量的变化小到一个单位以下就没有意义了。所以，边际成本实际上就是产量增加或减少一个单位所引起的成本变动，可以通过对成本函数取业务量的一阶导数求得。

（4）重置成本。重置成本，也称现时成本，是指按照现在的市场价格重新购买目前所持有的某项资产所需支付的成本。

（5）付现成本。付现成本是指由于未来某项决策所引起的需要在目前或将来动用现金支付的成本。若企业用以旧换新的方式购买一台新设备，价值 50 000 元，旧设备作价 4 000 元，余款 46 000 元以现金支付。这时，企业的付现成本就是需要动用企业现金支付的数额 46 000 元。企业资金短缺，管理者在进行决策时，通常对付现成本的考虑重于总成本的考虑。

（6）可避免成本。可避免成本是指通过企业管理当局的某项决策可以改变其发生数额的成本。当企业采用了某特定方案，与其相联系的某项支出必然发生，不可避免，相反，如果企业拒绝接受该项方案，则与此相联系的某项支出就不会发生，成本的发生及其数额与决策行为密切相关。这样的成本就属于可避免成本。

（7）可延缓成本。对于选定的方案如果推迟执行，不至于对企业的全局产生重要影响，那么这个选定方案的相关成本就是可延缓成本。例如，为改善办公条件，原计划在本年度对办公室进行装修，但由于今年资金紧张，改为明年对办公室进行装修，那么装修的相关成本就属于可延缓成本。

（8）专属成本。专属成本指可以明确归属于某批次、某种产品或某个部门的固定成本。例如，生产某种产品，需要某种特别的机器设备，那么这些机器设备的折旧费和保险费就是这种产品的专属成本。

知识拓展

机 会 成 本

曼昆的《经济学原理》把机会成本定义为："一种东西的机会成本是为了得到这种东西所放弃的东西。"斯蒂格里茨的《经济学》则把机会成本定义为："将一种资源用于某种用途就意味着它不能用于其他用途。因此，在我们考虑将一种资源用于某种用途时，我们应该考察可供选择的次优用途。这种次优用途就是机会成本的正式度量。"两者的定义其实大同小异，不过在斯蒂格里茨的定义中突出了"次优用途"的概念，这便是机会成本的度量准则。机会成本是一个经济学理论，然而在我们的生活中，并不是所有所有的机会成本都可以用货币衡量的，或者说无法将其量化。比如去图书馆学习和玩游戏，选择去图书馆学习的机会成本可能就是玩游戏所带来的快乐，选择玩游戏的机会成本可能就是学习所带来的知识。对此我们了解到，机会成本大多不能以货币衡量，且可能并不在一个"维度"。

3. 无关成本

无关成本是指与某决策没有关联的成本，不随某决策的改变而改变，已经发生或注定要发生的成本，表现形式主要有沉没成本、不可避免成本、不可延缓成本等。

（1）沉没成本。沉没成本是指过去已经发生、无法由现在或将来的任何决策所能改变的成本。例如，某企业有一台旧的机器设备，原始价值为100 000元，累计折旧80 000元，由于技术进步，这台机器设备已经完全陈旧过时，那么这台机器设备的账面价值20 000元就属于沉没成本。

（2）不可避免成本。不可避免成本指通过企业的管理当局的某项决策不能改变其发生数额的成本。该项成本的发生与特定的决策方案无关，其发生与否并不取决于有关决策方案的取舍。在企业中生产经营条件一旦形成，不管其实际利润如何，有关费用照样发生，属于不可避免成本。例如，企业用剩余的生产能力，接受了一批特殊订货，这批特殊订货由于有特殊的工艺需求，需要添置两台机器设备，那么这两台机器的花费对这批特殊订货来讲就是可避免成本，同时也是这批特殊订货的专属成本。如果企业有剩余的生产能力，即使不接受这批特殊订货，原有的固定成本也照样发生，就是不可避免成本。

（3）不可延缓成本。不可延缓成本是相对于可延缓成本而言的，对于选定的方案需要立即执行，不能推迟，否则，将对企业的全局产生重要影响，那么，这个方案相关的成本就是不可延缓成本。如机器设备需要的大修理支出，若不及时大修，会影响企业的生产经营活动，那么大修理支出就是不可延缓成本。

第 7 章 短期经营决策分析

【例 7.1】 某公司现有一台闲置设备，可生产 A 产品，也可用于出租，若出租租金收入每年 10 000 元；若生产 A，其年收入为 25 000 元，成本费用为 10 000 元。若选择生产 A，则该设备无法进行出租，那么未来可获得的 10 000 元的租金收入可以认为是生产 A 产品的相关成本。在对这两个备选方案进行决策时，我们可认为生产 A 的相关收入为 25 000 元，相关成本为 10 000 元，可以获利 15 000 元，而出租方案可获利 10 000 元，生产 A 比出租设备多获利 5 000 元，选择生产 A 产品。

7.1.5 短期经营决策常用的方法

短期经营决策包括生产经营决策和产品定价决策。生产经营决策常用方法主要包括贡献毛益分析法、差量分析法、成本无差别点法，以上三种方法属于确定型决策分析方法，非确定条件下的生产决策（风险性决策和不确定性决策）在 7.2 小节具体分析。

1. 贡献毛益分析法

贡献毛益分析法是在成本性态分类的基础上，通过比较各备选方案贡献毛益的大小来确定最优方案的分析方法。传统会计认为，只有当收入大于完全成本才会形成贡献，而管理会计认为只要收入大于变动成本就会形成贡献。因为固定成本总额在相关范围内并不随业务量（产销量）的增减变动而变动，因此，收入减变动成本后的差额（即贡献毛益）越大，则减去不变的固定成本后的余额（即利润）也就越大。也就是说，贡献毛益的大小反映了备选方案对企业利润目标所作贡献的大小。

在使用贡献毛益分析法进行决策时，需要注意以下几点：

（1）在不存在专属成本情况下，应比较不同备选方案的贡献毛益总额。

（2）存在专属成本情况下，先计算不同备选方案的剩余贡献毛益总额（贡献毛益总额减专属成本后的余额）再比较。

（3）在决策中，不能只根据单位贡献毛益的大小来进行决策，而是应根据贡献毛益的总额进行决策。

该方法的使用条件：适合收入成本型方案的决策，尤其适用于多个方案的择优决策。如果企业有剩余的生产能力可供使用，或者可以利用过时老产品腾出来的生产能力，在有几种新产品可供选择时，一般采用贡献毛益分析法进行决策。

2. 差量分析法

企业进行不同方案的比较选择的过程，实质上是选择最大收益的过程。当两个备选方案有不同的预期收入和预期成本时，根据这两个备选方案间的差量收入和差量成本计算的差量损益进行最优方案的决策方法，叫差量分析法。

管理会计中把不同备选方案有关指标间的差额称为"差量"。这里的"差量成本"是指各备选方案预期成本之间的数量差异；"差量收入"是指各备选方案预期收入之间的数量差异；"差量损益"是指差量收入和差量成本之间的数量差异。如果差量收入大于差量成本，即差量损益为正，说明前一个方案较优；反之，如果差量收入小于差量成本，即差量损益为负，说明后一个方案较优。差量分析表的一般格式见表 7.1。

表 7.1　　　　　　　　　差 量 分 析 表

A 方案	B 方案	差　　量
A 预期收入	B 预期收入	A 预期收入－B 预期收入＝差量收入
A 预期成本	B 预期成本	A 预期成本－B 预期成本＝差量成本
		差量收入－差量成本＝差量损益

注　差量损益＞0　　A 方案为优；差量损益＜0　　B 方案为优。

采用差量分析法的关键在于进行决策分析时，只考虑那些对备选方案的预期总收入和预期总成本会发生影响的项目，至于那些不相关的因素，则一概予以剔除。它仅适用于两个方案的比较，如果有多个方案可供选择，采用差量分析法时，只能分别两两进行比较、分析，逐步筛选，选出最优方案。

3. 成本无差别点法

成本无差别点是指在该业务量上，两个不同方案的成本相等，该业务量就称为成本无差别点。通常在高于或低于该业务量时，分别适用于两个方案中的不同方案，这种通过计算成本无差别点进行决策的方法就称为成本无差别点法。

在成本按性态分类的基础上，任何方案的总成本都可用 $y=a+bx$ 来表示。成本无差别点法要求各方案的业务量单位必须相同，方案之间的相关固定成本水平与单位变动成本恰好相互矛盾，如第一个方案的相关固定成本大于第二个方案的相关固定成本，而第一个方案的单位变动成本又恰恰小于第二个方案的单位变动成本，否则无法应用该法。

设 A 方案，固定成本为 a_1，单位变动成本为 b_1；B 方案，固定成本为 a_2，单位变动成本为 b_2，且 $a_1>a_2$，$b_1<b_2$。则成本无差别点业务量 X_0 计算如下：

成本无差别点业务量是指能使两方案总成本相等的业务量，即

$$a_1+b_1X_0=a_2+b_2X_0$$

则有
$$X_0=(a_1-a_2)/(b_2-b_1)$$

结论：当业务量大于 X_0 时，则选 A 方案；

当业务量小于 X_0 时，则选 B 方案；

当业务量等于 X_0 时，则两方案成本相等，效益无差别，选择其一即可。

7.2　生　产　决　策

产品的生产是企业经营活动的重要组成部分，也是企业提高市场竞争能力的基础和重要途径。因此，生产决策是企业短期决策中最重要的决策。

所谓生产决策，就是在企业现有生产经营能力的条件下，为了争取实现尽可能好的经营成果，就下列问题所作出的合理决定：生产何种新产品、亏损产品是否该停产或转产、是否追加订货、零件是自制还是外购、半成品（联产品）是继续加工还是直接销售、特殊订单是否接受等问题。

7.2.1 生产何种新产品决策

新产品生产决策,指企业在利用现有剩余生产能力来开发新产品过程中,在两个或两个以上可供选择的新产品中选择最优产品决策。

这种决策可以按是否包括专属成本分两种情况。

1. 不涉及追加专属成本的新产品生产决策

在新产品生产决策中,如果企业利用现有生产能力生产多种产品,则一般不需要增加固定成本,也不考虑机会成本,在这种情况下,可以利用贡献毛益法进行决策,只用比较生产各产品所增加的贡献毛益的大小即可评价方案的优劣。

【例 7.2】 某企业最大生产能力为 30 000 机器小时,目前利用率只达到 80%。该企业可利用剩余生产能力开发新产品,现有甲、乙、丙三种产品可供选择,三种产品的有关资料见表 7.2。

表 7.2　　　　　　　　　三种产品的有关资料

项目	甲产品	乙产品	丙产品
单位机器工时	4	8	10
销售价格/元	100	120	180
单位变动成本/元	60	80	100

要求:企业应生产何种新产品?

解:已知该企业剩余最大生产能力(机器工时)为 30 000×(1−80%)=6 000,则三种产品贡献毛益计算如表 7.3 所示。

表 7.3　　　　　　　　　三种产品贡献毛益计算表

项目	甲产品	乙产品	丙产品
最大产量	6 000÷4=1 500	6 000÷8=750	6 000÷10=600
销售单价/元	100	120	180
单位变动成本/元	60	80	100
单位贡献毛益/元	40	40	80
贡献毛益总额/元	60 000	30 000	48 000

从表 7.3 的计算表明,尽管甲产品单位产品的获利能力没有丙产品高,但是,由于其工时消耗也低,产品生产总量多,为企业提供的贡献毛益总额最多,因此,应选择生产甲产品。

2. 涉及追加专属成本的新产品生产决策

在新产品生产的决策中需要追加专属成本时,应先计算剩余贡献毛益再进行决策分析。

【例 7.3】 依前【例 7.2】的有关资料,现将剩余的生产能力用于开发新产品。有 A、B 两种品种可以开发,这两种新品种的有关预测资料如下:单位定额机器工时,A 产品 2 小时、B 产品 1 小时;单位产品销售价格,A 产品 80 元、B 产品 60 元;单位变动成本,A 产品 30 元、B 产品 40 元;专属固定成本,A 产品 50 000 元、B 产品 15 000 元。企业应开发何种新产品?

解:由于存在专属固定成本,应先计算剩余贡献毛益,如表 7.4 所示。

表 7.4 剩余贡献毛益计算表

项目	A 品种	B 品种
最大产量	6 000÷2=3 000	6 000÷1=6 000
销售单价/元	80	60
单位变动成本/元	30	40
单位贡献毛益/元	50	20
贡献毛益总额/元	150 000	120 000
减:专属固定成本	50 000	15 000
剩余贡献毛益总额/元	100 000	105 000

计算结果表明,B 产品剩余贡献毛益总额比 A 产品剩余贡献毛益总额多,可据此判断应开发 B 产品,这样可以使企业多获利润 5000 元。

7.2.2 亏损产品是否停产决策

对于亏损产品,不能简单的停产,而应该站在管理会计成本性质分析的角度,综合考虑企业各种产品的经营状况、生产能力的利用以及有关因素的影响,作出是否停产或者继续生产的选择。

1. 剩余生产能力无法转移时,亏损产品是否停产的决策

剩余生产能力无法转移指的是当亏损产品停产以后,闲置下来的生产能力无法被用于其他方面,既不能转为生产其他产品,又不能将有关设备对外出租。在这种情况下,只要亏损产品能产生贡献毛益,就不该停产;反之,就应该停产。这是因为,继续生产能够提供正的贡献毛益的亏损产品至少可以为企业弥补一部分固定成本;如果停止生产亏损产品,不但不会减少亏损,反而会扩大亏损,导致企业的利润减少。

【例 7.4】 某企业生产 A、B、C 三种产品,C 产品是已亏损产品,假定停产 C 产品,生产能力无法转移。有关收入成本资料见表 7.5。

表 7.5 C 产品停产前相关利润 单位:万元

项目	A 产品	B 产品	C 产品	合计
销售收入	50 000	35 000	25 000	110 000
变动成本	25 000	28 000	20 000	73 000
贡献毛益	15 000	7 000	5 000	27 000
固定成本总额	12 000	4 000	7 000	23 000
营业利润	3 000	3 000	−2 000	4 000

第7章 短期经营决策分析

要求：是否应该停产C产品？

从表面看，C产品是亏损产品，如果停产，则企业可减少亏损2 000万元，即C产品停产后，该公司的利润将是6 000万元，而不是现在的4 000万元，C产品停产对公司有利。但实际情况并非如此，因为C产品之所以亏损2 000万元，是因为它负担了分摊给C产品的固定成本7 000万元。但固定成本是一种已经存在的，不可避免的成本，与产品C是否停产这一决策无关。亏损产品是否应停产也可采用差量分析法解决。C产品停产使该公司减少净利5 000万元的计算见表7.6。

表 7.6　　　　　　　　　C产品停产后相关利润　　　　　　　　单位：万元

项　目	继续生产C产品	停产C产品
销售收入	25 000	0
变动成本	20 000	0
边际贡献	5 000	0
固定成本总额	7 000	7 000
净利润	−2 000	−7 000

故C产品不应停产。

2. 剩余生产能力可以转移时，亏损产品是否停产的决策

如果亏损产品停产以后，闲置下的生产能力可以转移，如转为生产其他产品，或能将设备对外出租或销售，就必须进一步考虑继续生产亏损产品的机会成本因素（即转产产品的贡献毛益或出租的租金收入）。如果亏损产品创造的贡献毛益小于与生产能力转移有关的机会成本，就应当停产，反之，不应当停产。

【例7.5】　按【例7.4】资料，若C产品停产后，其生产设备可以对外出租，每年可获租金9 000万元，则是否应该停产C产品？

很明显，由于继续生产C产品的贡献毛益为5 000万元，小于出租设备可获得的租金9 000万元（机会成本），因而应当停产C产品转而出租设备，这样企业可多获4 000万元利润。

特别提示

亏损产品的决策时一个复杂的多因素综合考虑过程，一般要考虑注意以下几点：

1. 如果亏损产品能够提供贡献毛益额，弥补一部分固定成本，除特殊情况外，一般不停产；

2. 亏损产品能提供贡献毛益额，并不意味着亏损产品一定继续生产，如果存在更加有利可图的机会（如转产其他产品或停止亏损产品生产而腾出的固定资产出租），那么亏损产品应停产；

3. 在生产、销售条件允许的情况下，大力发展能够提供贡献毛益额的亏损产品，也会扭亏为盈，并使企业的利润大大增加；对不提供贡献毛益额的亏损产品，不能不加区别地予以停产。

7.2.3 半成品（联产品）是否进一步加工的决策

企业往往面临着半成品是直接出售还是进一步加工的决策。决策时，只需考虑进一步加工后增加的收入是否超过增加的成本，如果增加的收入大于增加的成本，则应进一步深加工；反之，应出售半成品。在此，无须考虑其加工前所发生的成本，因为加工前发生的成本，无论是变动成本还是固定成本，都属于沉没成本，是与决策无关的成本，应不予考虑。

1. 半成品是否进一步加工的决策

半成品如果继续加工后出售，无疑销售价格要高些，但却需要追加一定的成本；如果直接出售，销售价格肯定要低些，但无须追加成本。因此，半成品是否进一步加工，就是考虑是以半成品出售合算还是进一步加工出售合算。

【例 7.6】 某公司每年生产甲产品 4 000 件，单位变动成本为 7 元，单位固定成本为 5 元，销售单价为 30 元。如果把甲产品进一步加工为乙产品，销售单价可以提高到 40 元，但须追加单位变动成本 9 元，另外需发生专属固定成本 2 000 元。

要求：作出该公司甲产品是否应进一步加工为乙产品的决策。

根据上述资料，编制差量分析表，见表 7.7。

表 7.7　　　　　　　　差 量 分 析 表　　　　　　　　单位：元

项　　目	进一步加工为乙方案	直接出售甲成品	差量额
相关收入	40×4 000=160 000	30×4 000=120 000	40 000
相关成本	38 000		38 000
追加变动成本	9×4 000=36 000		
追加固定成本	2 000		
差量损益			2 000

以上表明，差异收入大于差异成本 2 000 元，因而应选择进一步加工。

2. 联产品是否进一步加工的决策

在同一生产过程中可同时生产出若干种主要产品的，称联产品。有些企业的联产品可在分离后立即出售，也可在分离后继续加工再出售。分离前的"联合成本"属于"无关成本"，不必考虑。而分离后继续加工追加的变动成本和专属固定成本是可分成本，属于相关成本。如果继续加工后所增加的收入超过可分成本，则继续加工方案较优；反之，已分离后立即出售较为有利。

【例 7.7】 某企业生产的甲产品在继续加工过程中，可分离出 A、B、C、D 四种联产品，其中 B、D 两种产品可在分离后立即出售，也可继续加工后再出售。B 产品产量 5 000 件，分离后销售单价 16 元，分配联合成本 85 000 元，加工后单位变动成本增加 14 元，无专属固定成本，销售单价 24 元；D 产品产量 10 000 件，分离后销售单价 6 元，分配联合成本 24 500 元，加工后单位变动成本增加 4 元，增加专属固定成本 9 000 元，销售单价 12 元。

要求：作出 B、D 产品是直接出售还是全部或者部分进行进一步加工的决策。

根据以上资料分别编制 B、D 产品的差量分析表，见表 7.8、表 7.9。

表 7.8　　　　　　　　　B 产 品 差 量 分 析 表　　　　　　　　　单位：元

项　目	继续加工后出售	分离后直接出售	差量额
相关收入	24×5 000=120 000	16×5 000=80 000	40 000
相关成本	14×5 000=70 000	0	70 000
差量损益			−30 000

表 7.9　　　　　　　　　D 产 品 差 量 分 析 表　　　　　　　　　单位：元

项　目	继续加工后出售	分离后直接出售	差量额
相关收入	12×10 000=120 000	6×10 000=60 000	60 000
相关成本：	49 000	0	49 000
追加变动成本	4×10 000=40 000		
专属固定成本	9 000		
差量损益			11 000

由表 7.8、7.9 知，B 产品分离后应直接出售，若进一步加工会使企业损失 30 000 元；而 D 产品继续加工后出售可使企业多获利 11 000 元，应继续加工后再出售。

7.2.4　零部件自制或外购的决策

零部件自制要有相应的设备，需要买原材料、支付工资和其他费用，外购要支付买价、运杂费。因此，在进行决策时通常不涉及相关收入，只需比较外购的成本与自制的成本。决策时可用差量成本分析法、无差别点分析法。

【例 7.8】 某企业每年需要甲零件 5 000 件，如从市场购买，每个进价包括运杂费为 35 元；若该公司目前有剩余生产能力可以生产这种零件，预计每个零件成本 40 元，其中直接材料 17 元，直接人工 7 元，变动制造费用 6 元，固定制造费用 10 元。若该企业不自制甲零件，可对外出租，每月租金 2 000 元。若该企业自制甲零件，每年需增加专属成本 20 000 元。要求：该企业所需零件应外购还是自制的决策分析。

1. 差别成本分析法

若该企业自制甲零件，则失去外购方案可获得的潜在利益（全年租金收入），潜在利益应作为自制方案的机会成本。

$$自制成本 = (17+7+6) \times 5\,000 + 2\,000 \times 12 + 20\,000 = 194\,000(元)$$

$$外购成本 = 35 \times 5\,000 = 175\,000(元)$$

$$差量损失 = 19\,000(元)$$

外购方案要比自制方案节约成本 19 000 元，采用外购有利。

2. 无差别点分析法

采用无差别点分析法，要先求出外购和自制成本相同时的零件数，即成本无差别点，再根据不同的零件需要量，合理地安排自制或外购。

【例 7.9】 仍按【例 7.8】资料，设自制成本与外购成本相同的零件数为 X。

则有 $30X + 2\,000 \times 12 + 20\,000 = 35X$

即 $X = 8\,800$（件）

当零件数大于 8 800 件时，外购成本大于自制成本，应自制该零件。

当零件数小于 8 800 件时，外购成本小于自制成本，应外购该零件。

本例中零件数为 5 000 件，外购成本小于自制成本，应外购该零件。

7.2.5 特殊订单是否接受的决策

企业有时在满足正常渠道的销售需要后，生产能力尚有富余，往往会遇到一些特殊的订货，订货出价比较低。对此类情况，要根据情况的不同进行具体的分析。

【例 7.10】 某企业生产 A 产品，年设计生产能力 1 000 件，目前产销 800 件。单价 1 000 元，单位成本 800 元，其中直接材料 300 元，直接人工 200 元，变动制造费用 100 元，固定制造费用 200 元。根据以下情况，作出是否接受追加订货决策。

(1) 接受追加订货 200 件，出价 700 元。

(2) 接受追加订货 400 件，出价 700 元。

(3) 接受追加订货 200 件，出价 700 元，剩余生产能力可出租，租金 30 000 元。

1. 只利用剩余生产能力，也不影响正常销售且剩余生产能力无法转移

根据题（1）要求，接受这项订货似乎不合算，因为对方出价 700 元低于该产品单位成本 800 元，但是这批订货可以利用剩余生产能力进行生产，不会增加固定成本。固定成本为非相关成本，在不存在机会成本的情况下，只要对方出价高于单位变动成本，即贡献毛益大于 0，则这批订货还是可以接受的。具体见表 7.10。

表 7.10 差 量 分 析 计 算 表 单位：元

差别收入	200×700=140 000	直接人工工资	200×200=40 000
差别成本	120 000	变动制造费用	200×100=20 000
直接材料	200×300=60 000	差别利润	20 000

结论：接受此项订货可使该公司增加利润 20 000 元，应该接受该追加订货。

2. 利用剩余生产能力且剩余生产能力无法转移，但会减少正常销售

根据题（2），追加订货 400 件，超出了现有生产能力 200 件。如果接受该订货，将减少正常产销量 200 件，所以存在机会成本（减少正常产销 200 件的收益）。

机会成本 $= 200 \times [1\,000 - (300 + 200 + 100)] = 80\,000$（元）

接受追加订货的相关收入：$400 \times 700 = 280\,000$（元）

接受追加订货的相关成本：$400 \times (300 + 200 + 100) + 80\,000 = 320\,000$（元）

接受追加订货的相关损益：$280\,000 - 320\,000 = -40\,000$（元）

结论：相关损益为负，不接受追加订货 400 件。

3. 利用剩余生产能力且剩余生产能力可以转移，但要追加专属成本

根据题（3），由于剩余生产能力可出租，如果接受追加订货存在机会成本。

接受追加订货的相关收入：200×700＝140 000(元)

接受追加订货的相关成本：200×(300＋200＋100)＋30 000＝150 000(元)

接受追加订货的相关损益：140 000－150 000＝－10 000(元)

结论：不应接受特殊订货，接受特殊订货的相关损益比拒绝特殊订货的相关损益少10 000元。

7.2.6 非确定条件下的生产决策

上述生产决策中的决策基本上是确定型决策，这类决策所涉及的各种备选方案的各项条件都是已知的，且一个方案只有一个明确的结果。但在生产经营决策中，涉及的每个备选方案一般都有多种可能结果，企业对此应如何进行决策方案分析评价，下面分两种情况进行分析评价。

1. 风险型生产决策

这类决策所涉及的各种备选方案的各项条件都是已知的，且一个方案有多种结果都是确定的，每种结果出现的概率都是已知的，对于这种类型生产决策一般采用概率分析法以收益（利润）最大（或边际利润最大、成本最低）为标准进行分析评价。

【例 7.11】 某公司为开拓市场，拟推出一种新产品，现有 A、B 两个品种可供选择，其售价和成本水平在计划期内不会发生变化，但预计市场销量不确定。有关资料见表7.11。要求：据以作出应生产何种新产品的决策。

表7.11　　　　　　　　　　A、B产品有关资料

产品	销售单价/元	单位变动成本/元	固定成本总额/元	预计销售水平的概率分布					
				700 件	900 件	1 000 件	1 100 件	1 300 件	1 500 件
A	40	15	32 000	—	0.1	0.1	0.3	0.3	0.2
B	60	32	32 000	0.1	0.2	0.2	0.4	0.1	—

如题，A、B两种产品的预计单位贡献毛益是确定的，分别为25元和28元，但同时存在多种销售水平。为此，应根据不同销售水平的相应概率求其期望值，然后再分别计算贡献毛益总额，以便作出决策。

A产品销量期望值＝900×0.1＋1 000×0.1＋1 100×0.3＋1 300×0.3＋1 500×0.2
　　　　　　　＝1 210(件)

B产品销量期望值＝700×0.1＋900×0.2＋1 000×0.2＋1100×0.4＋1 300×0.1
　　　　　　　＝1 020(件)

A、B产品的贡献毛益总额分别为

A：1 210×25＝30 250(元)

B：1 020×28＝28 560(元)

显然，生产A产品的预期贡献毛益总额比B产品高1 690元，应生产A产品。

2. 不确定型生产决策

不确定型决策是指决策者事先不知道决策可能出现的后果,或者虽然知道决策的可能后果但不知道出现各种后果的概率。对于这类不确定型决策问题,其选择最优方案的标准通常取决于决策者对未来所持的态度。不同的态度所选用的决策分析方法有所不同。在实践中,人们通常先把不确定性问题转化为以下两种情况处理:

(1) 如果知道决策的可能结果,但不知道出现各种结果的客观概率,可以人为地给出可能结果的主观概率,把不确定型生产决策转化为风险型生产决策,从而采用概率分析法进行分析。

(2) 选择其他标准进行分析,如小中取大法、大中取小法、大中取大法等。

1) 小中取大法。小中取大法,也称为瓦尔德决策准则,是一种悲观决策法。首先从各个方案中选出一个最小的收益值,然后再从中选出一个收益值最大的方案作为决策方案。

【例 7.12】 某企业为扩大 A 产品产量,经过调查,拟定了三种不同的产量方案,对每个方案在三种自然状态下可能形成的边际利润也做了相应估计,见表 7.12。

表 7.12　　　　　　　　　A 产品有关资料　　　　　　　　　单位:元

方案	自然状态		
	销路较好	销路一般	销路较差
2 000 件	40 000	29 000	21 500
2 500 件	49 000	28 000	18 600
3 000 件	58 500	33 600	7 000

要求:采用小中取大法为该公司作出生产数量的决策。

根据题意,首先找出各个方案的"最小收益值"(本题即"最小边际利润值")。

生产 2 000 件的最小收益值为 21 500 元;生产 2 500 件的最小收益值为 18 600 元;生产 3 000 件的最小收益值为 7 000 元。

其次,以最小收益值最大的方案为最优方案。通过比较,在三个方案中,生产 2 000 件是这些最小收益值方案中收益最大的方案,所以生产 2 000 件为最优方案。

这种做法是从最不利的情况下选择最满意的方案,所选择的是最小值中的最大值,因此称为小中取大的悲观决策方法。

2) 大中取小法。大中取小法,也称萨凡奇决策准则,是最小的最大后悔值决策法。当某种自然状态出现时,就可以很清楚地看出哪一个方案是最优方案。如果决策者当初没有选择这个方案,而是采用了其他方案,就会感到后悔。最优方案的收益值与所采用方案的收益之差就称为后悔值,即损失额。大中取小就是从各个方案的最大后悔值中选择最小值的方案作为中选方案。

【例 7.13】 仍用【例 7.12】的资料。要求:采用大中取小法进行生产数量的决策。

根据题意,首先,找出在不同自然状态下各个方案的最大收益值。

销路较好:58 500 元;销路一般:33 600 元;销路较差:21 500 元。

其次，计算在不同自然状态下各个方案的后悔值，其计算公式为：

方案的后悔值＝最大收益值－该方案的收益值

根据第一步骤的计算结果，在销路较好的情况下，最大收益值的方案为生产其 3 000 件，其最大收益值为 58 500 元，因此：

生产 2 000 件的后悔值＝58 500－40 000＝18 500（元）

生产 2 500 件的后悔值＝58 500－49 000＝9 500（元）

生产 3 000 件的后悔值＝58 500－58 500＝0（元）

同理可计算在销路一般时，生产 2 000 件、2 500 件、3 000 件的后悔值分别为 4 600 元、5 600 元、0 元；在销路较差时，生产 2 000 件、2 500 件、3 000 件的后悔值分别为 0 元、2 900 元、14 500 元。

通过比较可知，生产 2 000 件的最大后悔值为 18 500 元，生产 2 500 件的最大后悔值为 9 500 元，生产 3 000 件的最大后悔值为 14 500 元。

最后，再从各个方案的最大后悔值中，选择最小的方案作为最优方案。显然，生产 2 500 件的最大后悔值 9 500 元最小，因此，生产 2 500 件是该公司最优方案。

这种做法是从最不利的情况下选择后悔值即损失额最小的方案作为最优方案。

综上所述，无论"小中取大法"还是"大中取小法"都是决策者对不确定性决策方案持审慎、稳健态度。

3）大中取大法。大中取大法是在各种不确定决策方案中，选择最有利的市场需求情况下具有最大收益值的方案作为最优方案的决策方法。

【例 7.14】 仍用【例 7.12】的资料。要求：采用大中取大法为该公司作出生产数量的决策。

根据题意，从表 7.12 中可看出，最大收益值均集中在销路较好栏，而最大收益值中的最大值是 58 500 元，因此，生产 3 000 件的方案为最优方案。

由此可见，大中取大法的基本点是选择最有利情况下的最大收益值的方案作为最满意方案。一般而言，它是决策者对前途非常乐观并充满信心的选择标准。

4）折衷决策法。折衷决策法基于上述方法之间，它要求决策者对未来情况持一定的乐观态度，但也不能盲目乐观，而应采取一种现实主义的折衷标准。具体做法是：

首先，要求决策者根据实际情况和自己的实践经验确定一个乐观系数 α（$0 \leqslant \alpha \leqslant 1$）。$\alpha$ 的数值大小根据不同决策的对象和当时具体情况而定，它也可能是经验数据。如果 α 的数值接近于 1，说明比较乐观；如果 α 接近于 0，说明比较悲观。

其次，计算每个备选方案的预期价值。其计算公式为

预期价值＝最高收益值×α＋最低收益值×$(1-\alpha)$

最后从各个备选方案的预期价值中选择最大的作为最优方案。

【例 7.15】 仍用【例 7.12】的资料。已知该公司将乐观系数定为 0.7。

要求：用折衷决策法进行生产数量的决策。

根据题意，每种产量的预期价值计算如下：

2 000 件方案的预期价值＝40 000×0.7＋21 500×(1－0.7)＝34 450（元）

2 500件方案的预期价值=49 000×0.7+18 600×(1-0.7)=39 880(元)
3 000件方案的预期价值=58 500×0.7+7 000×(1-0.7)=43 050(元)
显然生产3 000件方案的预期价值最大，故生产3 000件方案为最优方案。

7.3 定 价 决 策

定价决策分析属于短期经营决策分析。在市场经济条件下，制定企业产品或劳务的价格是企业管理层面临的最重要和最复杂的问题之一。定价过低，企业的总收入会下降，利润会随之减少；定价过高，销售量会受到影响，总收入也会因销量的减少而下降，影响企业在市场上的竞争力。

7.3.1 定价决策的目标

定价目标是企业在对其生产或经营的产品制定价格时，有意识的要求达到的目的和标准，它是指导企业进行价格决策的主要因素。定价目标取决于企业的总体目标。不同行业的企业，同一行业的不同企业，以及同一企业在不同的时期，不同的市场条件下，都可能有不同的定价目标。

1. 以获取最大利润为定价目标

最大利润定价目标是指企业追求在一定时期内获得最高利润额的一种定价目标。利润额最大化取决于合理价格所推动的销售规模，因而追求最大利润的定价目标并不意味着企业要制定最高单价。最大利润既有长期和短期之分，又有企业全部产品和单个产品之别。有远见的企业经营者，都着眼于追求长期利润的最大化。当然并不排除在某种特定时期及情况下，对其产品制定高价以获取短期最大利润。还有一些多品种经营的企业，经常使用组合定价策略，即有些产品的价格定得比较低，有时甚至低于成本以招徕顾客，借以带动其他产品的销售，从而使企业利润最大化。

2. 以提高市场占有率为定价目标

市场占有率，也称市场份额，即把保持和提高企业的市场占有率（或市场份额）作为一定时期的定价目标。市场占有率是一个企业经营状况和企业产品在市场上竞争能力的直接反映，关系到企业的兴衰存亡。较高的市场占有率，可以保证企业产品的销路，巩固企业的市场地位，从而使企业的利润稳步增长。

3. 以适应或避免竞争为定价目标

企业对竞争者的行为都十分敏感，尤其是价格的变动状况更甚。在市场竞争日趋激烈的形势下，企业在实际定价前，都要广泛收集资料，仔细研究竞争对手产品价格情况，将本企业的产品质量与竞争者同类产品进行比较，然后在高于、低于或等于竞争者价格这三种定价策略中选择其中一种。

7.3.2 影响定价决策的主要因素

1. 成本因素

成本是影响定价的最基本的因素。从长期来看，产品价格应等于总成本加上合理的利润，否则企业无利可图，将会停止生产；从短期来看，企业应根据成本结构确定产品价格，即产品价格必须高于平均变动成本，以便掌握盈亏情况，减少经营风险。

2. 需求因素

市场需求与价格的关系可以简单地用市场需求潜力和需求价格弹性来反映。市场需求潜力是指在一定的价格水平下，市场需求可能达到的最高水平。需求价格弹性是指在其他条件不变的情况下，某种商品的需求量随其价格的升降而变动的程度，它是用需求变化率与价格变化率之比来表示的。需求价格弹性大的商品，其价格的制定和调整对市场需求影响大；需求价格弹性小的商品，其价格的制定和调整对市场需求影响小。

3. 产品的生命周期因素

产品的生命周期对于战略性定价有显著影响，而生命周期的各个阶段对定价的影响又有很大不同，所以需要不同的定价战略。在生命周期的各个阶段之间都会出现一个转折点，转折点前后的定价战略会出现剧烈差别，企业能否正确认识到这个转折点、能否及时调整定价战略，会导致完全不同的竞争结果。投入期的价格，既要补偿高成本，又要能为市场所接受；成长期和成熟期正是产品大量销售、扩大市场占有率的时期，要求稳定价格以有利于开拓市场；进入衰退期后，一般应采取降价措施，以便充分挖掘老产品的经济效益。

4. 政策法规因素

每个国家对市场物价的高低和变动都是有限制和法律规定的。同时，国家还利用生产市场、货币金融等有关手段间接调节价格。在进行国际贸易时，各国政府对价格制定的限制措施往往更多更严。因此，企业应很好地了解本国关于物价方面的政策和法规，并以其作为自己制定定价策略的依据。

5. 竞争因素

竞争因素对定价有巨大影响。小企业、弱势企业没有资本特立独行，大企业、强势企业也没有能力特立独行，所有企业都受制于整个竞争态势，他们必须考虑动态环境和竞争对手之间的力量对比，然后才能找到正确的定价战略。完全竞争的市场，企业几乎没有定价的主动权；在不完全竞争的市场中，竞争的强度主要取决于产品制作的难易和供求形势。由于竞争影响定价，企业要做好定价工作，必须充分了解竞争的情况：主要竞争对手来自何方，主要竞争对手的实力如何以及主要竞争者的定价策略如何。

6. 科学技术因素

科学发展和技术进步在生产中的推广、应用，必将导致新产品、新工艺、新材料代替老产品、老工艺、旧材料，从而形成新的产业结构、消费结构和竞争结构。如化纤工业的兴起和发展，形成对传统棉纺织工业和丝绸工业的巨大竞争压力。这种科学技术因素对销售价格的影响，必须予以考虑。

7.3.3 定价策略

企业在进行定价时，既要运用一些计算分析方法，也要讲究定价策略。企业在定价时常用的定价策略包括下面几种。

1. 新产品定价策略

(1) 撇脂定价法。撇脂定价又称"取脂定价",是指在新产品上市之初,把价格定得很高,以便在短期内获取厚利,迅速收回投资,减少经营风险。撇脂定价产品一般先从高收入阶层和早期使用型消费者导入市场,这类消费者对新产品价格不太敏感,求新、求奇的愿望很强烈。所以,新产品上市之初,必须争取时间,趁竞争者尚未进入市场,抢先用高价夺取高额利润。随着企业大批量生产的出现,成本显著下降,竞争者进入市场,产品新颖性降低。

(2) 渗透定价法。渗透定价是一种建立在低价基础上的新产品定价策略,即在新产品进入市场初期,把价格定得很低,借以打开产品销路,扩大市场占有率,谋求较长时期的市场领先地位。老产品也可采用这种定价策略来延长其生命周期。所以,渗透定价又被称为"价格先低后高策略"。渗透价格通常既低于竞争者同类产品的价格,又低于消费者的预期价格。

2. 常规产品定价策略

(1) 竞争定价策略。它是指企业根据市场竞争状况来确定产品定价的策略。这一策略中常利用随行就市定价方法和投标定价方法。随行就市定价就是按照行业的现行平均价格水平来定价,通常用在同质产品的市场竞争上,在异质产品市场,企业价格竞争压力较小,价格决策有较大的自由空间。投标定价是根据采购标书资料进行分析估计竞争对手的可能报价来定价,而不是按照企业自身产品的状况或市场制定产品价格。

(2) 差别定价策略。它是指设定两种或两种以上不反映产品成本费用的差异价格来销售产品的策略。常用的差别定价具体形式有顾客差别定价、产品形式差别定价、产品定位差别定价和销售时间差别定价等几种。

(3) 心理定价策略。它是指根据消费者的消费心理来制定产品价格的策略。不同的消费者其消费心理不同,在产品定价决策时可考虑消费者的不同消费心理来定价,这是零售商常用的方法。

1) 尾数定价法。这一方法是利用"取零弃整"的定价技巧。顾客在购买价格相对便宜的商品时往往关注产品价格的整数而忽视零数。

2) 整数定价法。这种方法运用的是"舍零取整"的定价技巧,与尾数定价法正好相反。该定价策略一般适用于高档消费品、耐用消费品或消费者不太了解其性能的产品,顾客的"一分钱,一分货"的心理使其认为整数价格产品是高质量的表现,物有所值,能刺激消费者的购买欲望。

7.3.4 定价决策的基本方法

1. 完全成本加成定价法

完全成本加成定价法,又称成本加成定价法,是以全部成本作为定价基础。在按完全成本法计算的产品成本的基础上,加上一定的目标利润来确定产品销售价格的方法。其计算公式为

$$单位销售价格 = 单位产品完全成本 + 单位目标利润额$$
$$= 单位产品完全成本 \times (1 + 成本利润率)$$

【例 7.16】 某企业生产 A 产品 10 000 件，该产品预计单位变动成本为：直接材料 6 元，直接人工 4 元，变动性制造费用 3 元；固定成本总额为 40 000 元；预计目标利润为完全成本的 10%。要求：制定该产品的单位销售价格。

根据题意，　单位完全成本 = 6 + 4 + 3 + 40 000/10 000 = 17(元)

单位销售价格 = 17×(1 + 10%) = 18.7(元)

完全成本加成定价法的优点是：产品价格能保证企业的制造成本和期间费用得到补偿后还有一定利润，产品价格水平在一定时期内较为稳定，定价方法简便易行。

完全成本加成定价法的缺点是：忽视了市场供求和竞争因素的影响，忽略了产品生命周期的变化，缺乏适应市场变化的灵活性，不利于企业参与竞争，容易掩盖企业经营中非正常费用的支出，不利于企业提高经济效益。

2. 变动成本加成定价法

变动成本加成定价法的原理与完全成本加成定价法基本相同，不同点在于不同的成本基础，其是以产品的变动成本为基础，加上一定数额的贡献毛益作为制定产品销售价格的方法。其计算公式为

单位销售价格 = 单位变动成本 + 预计单位贡献毛益
= 单位变动成本 ÷ 预计变动成本率
= 单位变动成本 ÷ (1 - 预计贡献毛益率)

【例 7.17】 某企业 A 产品单位成本 700 元，其中直接材料 200 元，直接人工 200 元，变动制造费用 60 元，固定制造费用 150 元，变动销售和管理费用 40 元，固定销售和管理费用 50 元。要求：采用变动成本加成定价法确定该产品的销售价格，假设该产品预计贡献毛益率为 50%。

根据题意，　A 产品单位变动成本 = 200 + 200 + 60 + 40 = 500(元)

单位销售价格 = 500 ÷ (1 - 50%) = 1 000(元)

本 章 小 结

企业的决策，按照决策时期的长短可分为短期决策和长期决策两类。短期决策一般按以下步骤进行：确定决策目标，提出备选方案，搜集有关资料，分析评价方案，确定最优方案，检查与控制。短期经营决策最常用的分析方法有贡献毛益分析法、差量分析法、成本无差别点法。短期经营决策主要有生产决策和定价决策两大类。

生产决策，就是在企业现有生产经营能力的条件下，为了争取实现尽可能好的经营成果，就下列问题所作出的合理决定：生产何种新产品、亏损产品是否该停产或转产、是否追加订货、零件是自制还是外购、半成品（联产品）是继续加工还是直接销售、特殊订单是否接受等问题。

定价决策，主要是研究对企业的产品或劳务如何确定价格的问题。

练　习　题

1. 某企业现将剩余的生产能力用于开发新产品。有甲、乙两种品种可以开发，这两种新品种的有关预测资料见表 7.13。

表 7.13　　　　　甲、乙两种产品销售数量、销售单价和单位变动成本表

项目	甲产品	乙产品
预期销售数量/件	900	600
预期销售单价/元	10	25
预期单位变动成本/元	7	20

要求：利用差量分析法对企业应生产何种新产品进行决策。

2. 某企业现有设备最大生产能力为 30 000 机器小时，目前利用率只达到 80%。该企业可利用剩余生产能力开发新产品，现有甲、乙、丙三种产品可供选择，三种产品的有关资料见表 7.14。

表 7.14　　　　　　　　三种产品的有关资料

项目	甲产品	乙产品	丙产品
单位产品定额工时/小时	2	3	5
单位销售价格/元	15	25	35
单位变动成本/元	5	15	20

另外，在生产丙时，需增加设备 2 000 元，假设三种产品市场销售不受限制。

要求：利用贡献毛益分析法进行决策。

3. 某汽车齿轮厂生产汽车齿轮，可用普通铣床、万能铣床或数控铣床进行加工，有关资料见表 7.15。

表 7.15　　　　普通铣床、万能铣床或数控铣床有关资料　　　　　　单位：元

项目	普通铣床	万能铣床	数控铣床
变动成本	2.4	1.2	0.6
专属成本	90	180	360

要求：利用成本无差别点分析法进行加工方案决策。

4. 某企业生产甲产品，每年需 A 零件 17 000 件，如从市场购买，每个进价 66 元。若企业目前有剩余生产能力可生产这种零件，预计每个零件成本 60 元，其中直接材料费 30 元，直接人工费 18 元，变动制造费用 10 元，固定制造费用 2 元。若该企业不自制 A 零件，也不作其他安排。要求：企业所需零件应外购还是自制。

5. 企业生产的甲产品在继续加工过程中，可分离出 A、B、C、D 四种联产品。

第 7 章 短期经营决策分析

其中 B 产品可在分离后立即出售，也可继续加工后再出售。B 产品产量 7 000 件，分离后销售单价 60 元，分配联合成本 3 000 元，加工后销售单价为 100 元，可分成本为单位变动成本 50 元，固定成本 20 000 元。要求：B 产品是直接出售还是进一步加工。

6. 某企业只生产一种产品，全年最大生产能力为 1 200 件。年初已按 100 元/件的价格接受正常订单 1 000 件，该产品的单位完全生产成本为 80 元/件（其中，单位固定生产成本为 30 元）。现有一客户要求以 70 元/件的价格追加订货。要求：用差别损益分析法为企业作出是否接受低价追加订货的决策，并说明理由。

（1）剩余能力无法转移，追加订货量为 200 件，不增加专属成本；

（2）剩余能力无法转移，追加订货量为 200 件，但因有特殊要求，企业需追加 1 000 元专属成本；

（3）同（1），但剩余能力可用于对外出租，可获租金收入 5 000 元；

（4）剩余能力无法转移，追加订货量为 300 件，因有特殊要求需追加 1 000 元专属成本。

7. 某企业最大生产能力为 40 000 机器小时，目前利用率只达到 80%。该企业可利用剩余生产能力开发新产品，现有甲、乙、丙三种产品可选择，资料见表 7.16。

表 7.16　　　　　　　　　　　　三种产品的有关资料

产品名称	甲产品	乙产品	丙产品
销售单价/元	100	60	30
单位变动成本/元	50	30	12
单位定额机时/小时	40	20	10

要求：（1）企业应生产何种新产品？

（2）如果丙产品年市场需求量是 600 件，为充分利用生产能力又将如何安排？

8. 某企业本年计划生产甲产品 2 000 台，销售单价为 200 元，单位变动成本为 140 元，现有一公司向企业发出订单，要求订货 500 台，订单报价为 170 元/台。

要求：就以下各种情况分别作出是否接受此订货的决策。

（1）如果企业的最大生产能力为 3 000 台，剩余生产能力不能转移，且追加订货不需要追加专属成本。

（2）如果企业的最大生产能力为 2 200 台，且追加订货不需要追加专属成本。

（3）如果企业的最大生产能力为 2 500 台，但追加订货需要使用某专用设备，该设备的使用成本为 2 000 元；若不接受追加订货，则该部分生产能力可以出租，可得租金 5 000 元。

（4）如果企业的最大生产能力为 2 400 台，追加订货需追加 3 000 元专属成本，若不接受追加订货，则该部分生产能力可承揽零星加工业务，预计可获贡献毛益总额为 4 000 元。

第8章

全面预算

教学目标

通过本章的学习，了解全面预算在经营管理中的意义和作用；理解全面预算的含义，掌握编制预算的各种方法和特点，明确预算体系的主要构成内容和相互关系，熟练掌握经营预算和财务预算的编制。

重点难点

经营预算和财务预算的编制原理，固定预算、弹性预算、零基预算、滚动预算各自的特点和编制要点。

会计名言

预算不是一个钱柜，而是一个洒水器：它抽上来又洒出去的水越多，国家就越繁荣。

——巴尔扎克

立刻办是奔着有预算的目标立刻办；想想看是没有预算的闭门造车。

——张瑞敏

凡事预则立，不预则废。

——《礼记·中庸》（西汉）

课前案例

××股份有限公司 2020 年度财务预算报告（节选）

××股份有限公司（以下简称"公司"）总结 2019 年经营情况，分析 2020 年经营形势，结合公司战略发展规划和经营目标，经过讨论研究，拟定 2020 年度财务预算报告，主要内容如下：

一、2020 年度经营预算

2020 年经营预算为：营业收入（不含税）17.32 亿元，预算毛利率 21.10%。

二、投资预算

2020 年投资预算为 1 181.43 万元，其中：湖北基地（母公司）405.90 万元、重庆基地 280.00 万元、佛山 495.53 万元。

第8章 全面预算

三、2020年度银行融资预算

根据公司发展业务的需要，2020年公司计划向银行申请融资授信额度总计60 200万元，不包括2020年已过会部分。主要用于补充营运资金，归还到期的银行贷款等。

（资料来源：巨潮资讯网）

点评：上市公司预算不可或缺。

编制预算是经济生活中非常重要的一环，小到一个企业，家庭，大到一个国家的政府，都要编制预算。

8.1 全面预算概述

8.1.1 全面预算的概念

通过对企业内外部环境的分析，在预测的基础上，进行决策分析确定企业生产经营的最优方案，为企业有关方面的活动提出了具体目标。但是为了保证实现预定的目标，企业还必须采用编制全面预算的办法，用数量和表格形式将它们固定下来，作为分析经济活动的依据。

所谓全面预算（或称"总预算"），就是以货币形式对企业未来一定期间的全部经营、投资、财务等与企业价值相关的各项经济活动所作的总体安排予以概括地表达，以监督、组织、控制各部门使其在企业的统一目标下，协调地管理企业的一种方法。可见，全面预算既是经营决策的继续和延伸，又是有效从事经营活动的前提，它将成为连接经营决策和经营活动的重要桥梁，使企业各部门相互配合，协调行动，共同完成企业提出的各项目标。

> **知识链接**
>
> 全面预算管理最初起源于1920年，是由美国通用汽车公司最先将其作为企业管理的一个重要组成部分。它作为企业内部管理控制的一种主要方法，曾对现代工商企业的成熟与发展起到过至关重要的作用。其发展大致经历了三个阶段。第一阶段，面向企业内部，注重提高内部效率，着眼于减少消耗和损失；第二阶段，面向市场，根据市场需求安排企业生产；第三阶段，面向顾客，以战略为导向，以满足客户需要为出发点。其功能从最初的计划、协调生产发展到现在的兼具控制、激励、评价等功能的一种综合贯彻企业战略方针的经营机制，从而处于企业内部控制系统的核心位置。
>
> 选自《经营与管理研究》2005年第2期，何瑛《全面预算管理的体系框架和主要功能》

8.1.2 全面预算的分类

1. 按经济内容分类

按经济内容分类即按企业整个经济活动在财务会计上所表现的营业活动、财务活动、投资活动进行分类。

(1) 经营预算,围绕企业日常的供应、生产和销售等生产经营活动而编制的预算。它主要包括:销售及销售费用预算、生产预算、一般管理费用预算等。由于企业的供、产、销活动是其基本的经营活动,所以,经营预算是企业的基本预算,也称营业预算。

(2) 财务预算,是指与企业资金收支、财务状况或经营成果等有关的预算,包括现金预算、预计资产负债表、预计利润表等。由于企业经营活动的结果最终要以财务成果反映出来,财务预算则不仅可以显示企业经营好坏,也可以表明预算编制过程中是否达到经营目标的要求。

(3) 专门决策预算,是指企业重大的或不经常发生的、需要根据特定决策编制的预算,包括投融资决策预算等。由于该预算主要涉及长期投资,且是不经常发生的一次性业务,故又称投资预算或专门决策预算。本章主要讨论经营预算和财务预算。

2. 按其作用期间划分

按作用期间分类即按预算应用时所能影响的时间或期间划分。

(1) 短期预算,是指编制期间在一年以内的预算。它主要包括经营预算和财务预算。由于短期预算涉及的时间较短,不确定因素较少,准确性相对较高,便于控制和执行时的使用。

(2) 长期预算,是指编制期间在一年以上的预算,它主要指资本支出预算。长期预算编制期间较长,许多不确定性因素事前很难考虑周全,故预算准确性较差。

知识链接

《管理会计应用指引第 200 号——预算管理》节选

第四条 企业进行预算管理,一般应遵循以下原则:
(一) 战略导向原则。
(二) 过程控制原则。
(三) 融合性原则。
(四) 平衡管理原则。
(五) 权变性原则。

资源 8.1 管理会计应用指引第 200 号——预算管理

8.1.3 编制全面预算的意义

任何一个企业,不管规模大小,其所拥有和能够控制的资源总是有限的,为了以较少的资源耗费取得较大的经济效益,并达到经营目标,企业的所有职能部门,必须相互配合、协调行动,即实现目标管理。而要使企业各职能部门围绕生产经营目标,相互配合、协调行动,就必须事先搞好计划工作,一般采用编制全面预算的办法,实行预算管理。

通过编制全面预算,能使企业每个职能部门的管理人员明确在预算期内应该做些什么,以及怎样去做,从而保证各部门及整个企业的工作顺利进行。例如,首先使销售部门明确,为保证企业目标利润的实现必须完成的销售目标;并使生产部门明确,应该生产多少产品,以供销售部门销售。产量既不能过多,过多势必造成积压,增加

第8章 全面预算

储备费用;也不能过少,过少会形成市场上脱销,减少企业利润。其次,使采购部门明确,应该采购、储备多少合格材料,以保证生产需要;使财务部门明确,应该筹备足够数量的货币资金,以便及时支付到期材料款、工资和其他业务费,以及偿还债务、购置固定资产等等。由此可见,全面预算是加强企业内部管理和实现经营目标的重要手段。它的作用主要表现在以下方面。

1. 明确目标以便加强控制

一个企业要生存和发展,不仅要制订符合企业决策要求、经营方针和发展方向的总体目标,而且要制订一系列相应的具体目标,指导企业内部各层次、各部门日常生产经营活动。由于全面预算是根据决策确定的最优目标的具体化和数量化,因此通过全面预算的编制,就为企业整体及各个方面确定了明确的目标和任务。这就便于在生产经营过程中,将实际结果与预算目标进行对比、分析,发现差异,及时采取措施加以控制,以保证企业未来的生产经营活动不致脱离经营决策所确定的正确轨道。

2. 综合平衡协调各职能部门的工作

在现代企业各个职能部门的经济活动之间,存在着一个局部与整体的关系。从系统论的观点来看,局部计划的最优化对全局来说不一定是最合理的,企业未来一定时期的经营目标的最终实现,要求企业内部各部门、各单位的经济活动能密切配合、相互协调、统筹兼顾、全面安排,搞好综合平衡。通过编制全面预算,可以把企业内部各部门、各单位的工作内容、要求及步骤等全部纳入"预定"轨道,落实各部门的经济责任。从而促使各职能部门围绕一个共同目标密切配合,相互协调,大大提高生产经营的效率。

3. 为评价企业业绩提供依据

为了保证一个企业的经营目标最终得以实现,必须将总体目标落实到企业内部各个部门,并对各部门、各单位所承担的经济责任进行检查。预算是企业内部各部门所应实现的具体行动目标,是企业内部各部门从事生产经营必须达到的基础水平。全面预算执行过程中,实际与预算的偏差,不仅是企业控制日常业务活动的主要依据,也是评价各部门、各单位工作成绩好坏的重要准绳。当然,这也要求预算编制必须具有实现的可能性,如果预算脱离了实际,出现的差异则不表示工作的好坏,而是说明预算编制的质量问题。

提 示

为了使全面预算能充分发挥其应有的作用,在编制企业预算时必须注意:

(1) 预算的编制应尽量吸收预算执行人员参加,从基层开始,自下而上,逐级综合。这样,全面预算才能得到广大预算执行人员的支持,提高他们执行预算的主动性和积极性,使预算收到预期的效果;

(2) 预算的标准要定得适当,既不可偏高,也不可偏低,这样,预算才能起到激励作用。如果定得偏高,广大职工经过努力仍不能达到,会使职工丧失信心;偏低,广大职工不需努力轻易就可以达到,预算也就丧失了作为奋斗目标的激励作用。

8.2 全面预算编制原理

8.2.1 全面预算的内容

预算的编制方法随企业的性质和规模的不同而不尽相同,但一个完整的全面预算应包括经营预算(或业务预算)、财务预算和专门决策预算三大部分,各预算具体应包括内容如图 8.1 所示。

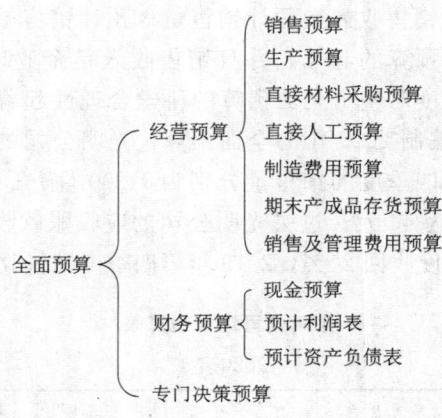

图 8.1 全面预算的构成

> **会计案例**

中航工业西航全面预算管理体系的主要内容

(一)建立多层次、职责明确的预算管理组织体系,推动组织流程再造

(二)建立全面预算制度体系,为全面预算管理有效实施提供保障

(三)建立全面的预算管理体系,形成横向到边、纵向到底的模式

(四)建立全面预算分析控制体系,实施动态监控

(五)建立预算考核评价体系,严格预算考评的严肃性和有效性(详见原文)。

[资料来源:蒲丽丽,闫聪敏. 中航工业西航全面预算管理的实践 [J]. 财务与会计,2015(10):18-20.]

8.2.2 经营预算的编制

企业要编制全面预算,一般要收集必要的数据,先完成经营预算,再完成财务预算。在编制经营预算时,应先后完成销售预算、生产预算、直接材料预算、直接人工预算、制造费用预算、销售和管理费用预算,进而才能编制财务预算,以经营预算为基础依次编制现金预算表、预计利润表、预计资产负债表。

第8章 全面预算

1. 销售预算

销售预算主要用于确定企业预算期间各种主要产品的销售量（额），并计算与销售相关联的预计现金收入。企业生产经营全面预算的编制通常要以销售预算为出发点，生产、材料采购、存货、费用等方面的预算，都要以销售预算为基础。

销售预算是根据所确定的目标利润和达到目标利润确定的销售量、单价和销售额而编制的。销售量是根据市场预测或销售合同并结合企业生产能力确定的，单价是通过价格决策确定的，销售收入则是两者之积（因为作为一个经营型的企业，一般都应实行"以销定产"，其全部生产经营活动必须同销售紧密挂钩）。即

$$预计销售收入 = 预计销售量 \times 预计销售单价 \tag{8.1}$$

由于销售预算是其他预算的起点，并且销售收入是企业现金收入的主要的来源，因此，销售预测的准确程度对整个全面预算的科学合理性起着至关重要的作用。

【例 8.1】 光明公司编制 2020 年的全面预算，光明公司的资料如下：根据销售预测，2020 年光明公司一～四季度的销售量分别为 1 200 件、1 000 件、1 500 件、1 800 件，单位产品的预计售价为 40 元。过去光明公司的应收账款收回情况为：销售的当季收回 80%，销售的下一季度收回 20%，2019 年第四季度销售收入为 64 000 元。

表 8.1　　　　　　　　　　光明公司销售预算表

（2020年）　　　　　　　　　　　　　　　　　单位：元

摘　要	一季度	二季度	三季度	四季度	全年
预计销售量/件	1 200	1 000	1 500	1 800	5 500
销售单价/元	40	40	40	40	40
预计销售收入	48 000	40 000	60 000	72 000	220 000
收到上季应收销货款	12 800	9 600	8 000	12 000	42 400
收到本季度销货款	38 400	32 000	48 000	57 600	176 000
现金收入合计	51 200	41 600	56 000	69 600	218 400

2. 生产预算

生产预算主要用于规划企业预算期内的产品生产，确定企业预算期内产品的生产数量。它是在销售预算的基础上编制的。

在确定产品生产量时，必须与销售预算中的销售量相适应，并考虑期初和期末的库存量。具体计算公式为

$$预计生产量 = 预计销售量 + 预计期末存货量 - 预计期初库存量 \tag{8.2}$$

上述公式说明，生产预算将产成品的期初、期末存货作为其必要的组成部分，进行统一的预计，目的在于避免存货过多，形成资金的积压、浪费；或存货不足，影响未来期间销售活动的正常进行，从而给企业带来不利的影响。

【例 8.2】 承接【例 8.1】的资料，光明公司 2019 年期末存货为 160 件，2020 年其他季度的期末库存量为下一个季度销售量的 10%，2021 年第一季度预计销售量为 1 000 件。

根据例 8.1 和例 8.2 已知的数据，运用预计生产量的公司，可编制 2020 年度的

生产预算,见表 8.2。

表 8.2 光明公司生产预算
(2020 年度) 单位:件

摘 要	一季度	二季度	三季度	四季度	全年
预计销售量	1 200	1 000	1 500	1 800	5 500
加:期末存货	100	150	180	100	100
减:期初存货	160	100	150	180	160
预计生产量	1140	1 050	1 530	1 720	5 440

3. 直接材料采购预算

完成生产预算后,就可以着手编制直接材料采购预算、直接人工预算以及制造费用预算。直接材料采购预算主要用于确定预算期内材料采购量,并计算与材料采购相关联的预计现金支出。它是在生产量已经确定的基础上编制的。预算期所需直接材料的采购量和采购金额可用下列公式求得

直接材料采购量 = 预计生产量 × 单位产品用量 + 预计期末存货 − 预计期初存货
(8.3)

直接材料预计采购金额 = 直接材料采购量 × 预计采购单价 (8.4)

预计采购单价一般是指该材料的平均价格,此数据可以从采购部门获取。由 8.3 式可知,直接材料预算与生产预算相同,也要根据生产需要量与预算采购量之间的关系进行编制。其目的在于,避免直接材料存货不足而影响生产;或因存货过多而形成资金的积压和浪费。为便于编制现金预算,通常要预计材料采购款的付款方式来确定各季度的现金支出,每个季度的现金支出包括偿还上期的应付账款和本期的应支付的材料采购款。

【例 8.3】 根据【例 8.2】的资料,光明公司的期末材料库存量为下一个季度生产需要量的 20%,2020 年度期末存货量为 400 千克,年初材料存货量 456 千克,应付上季材料款 2 250 元。根据例 8.2 中的数据,可编制 2020 年度的直接材料预算,见表 8.3。(材料采购款本季支付 50%,下季支付 50%。)

表 8.3 光明公司直接材料采购预算
(2020 年度)

摘 要	一季度	二季度	三季度	四季度	全年
预计生产量/件	1 140	1 050	1 530	1 720	5 440
耗料定额/(千克/件)	2	2	2	2	2
预计材料需要量	2 280	2 100	3 060	3 440	10880
加:期末材料库存量	420	612	688	400	400
减:期初材料库存量	456	420	612	688	456
预计采购量/千克	2 244	2 292	3 136	3152	10 824

续表

摘 要	一季度	二季度	三季度	四季度	全年
标准单价/(元/千克)	3	3	3	3	3
预计购料金额	6 732	6 876	9 408	9 456	32 472
应付上季材料款	2 250	3 366	3 438	4 704	
应付本季材料款	3 366	3 438	4 704	4 728	
现金支出合计	5 616	6 804	8 142	9 432	29 994

4. 直接人工预算

直接人工预算主要列示根据预算生产量进行生产所需的直接人工小时以及相应的成本。与直接材料预算相同,直接人工预算的编制也要以生产预算为基础,并在考虑工种、工资率、劳动定额、工时消耗等因素的影响的基础上编制的。根据生产预算给定的每单位产出所需要的直接人工以及生产量,就可以编制直接人工预算,其计算公式为

预计直接人工成本＝预计生产量×单位产品直接人工小时×单位工时工资率

(8.5)

其中,工资率一般是用每工时平均工资计算。由于工资需要在使用当期支付,因此,无须另外预计现金支出,可直接汇入现金预算。

【例 8.4】 根据例 8.2 的资料,光明公司按照标准成本法,每单位产品的直接人工工时消耗定额为 2 小时/件,每小时的人工成本为 5 元/小时,直接人工预算表见表 8.4:

表 8.4　　　　　　　　　　直 接 人 工 预 算

(2020 年度)

摘 要	一季度	二季度	三季度	四季度	全年
预计生产量/件	1 140	1 050	1 530	1 720	5 440
单位产品工时定额/(时/件)	2	2	2	2	2
预计需用工时总数/时	2 280	2 100	3 060	3 440	10 880
平均工资率/(元/时)	5	5	5	5	5
预计直接人工总额/元	11 400	10 500	15 300	17 200	54 400

5. 制造费用预算

制造费用预算主要用于确定企业在预计的生产量水平上所需要的制造费用预计数。它是构成生产成本预算的三要素之一。

制造费用一般是指产品实际生产过程中除直接材料、直接人工以外的其他有关费用,其中既有不受生产量影响的固定性制造费用,也有受生产量变动影响的变动性制造费用。因此,制造费用预算一般包括固定性制造费用预算和变动性制造费用预算。

固定性制造费用主要包括厂房和机器设备折旧、租金及一些车间管理费、财产税等。它们支撑企业总体的生产经营能力,一经形成,在较短期间内会保持不变。因

此，它的预算可在上年的基础上根据预期变动加以适当修正进行预计；变动性制造费用通常包括动力、维修费、间接材料、间接制造人工等。其计算的关键是确认那些可变的具体项目，并选择成本分配的基础，如机器工时、人工工时、产量等，通过计算变动制造费用分配率，并根据预计生产量即可预计变动性制造费用。计算公式为

$$预计变动制造费用＝预计业务量×变动制造费用分配率 \qquad (8.6)$$
$$预计制造费用＝预计变动制造费用＋预计固定制造费用 \qquad (8.7)$$

另外，为了给编制现金预算提供必要信息，在制造费用预算中，通常包括与制造费用相关的预计现金支出。但由于固定资产折旧作为一项固定制造费用，不涉及现金的支出，因此在编制制造费用预算，预计现金支出时，应将折旧这一项目从固定制造费用中扣除。

【例 8.5】 根据【例 8.2】的资料，光明公司按照标准成本法，变动制造费用中每单位产品的间接人工、维修费、水电费、其他材料均为 1 元/件，间接材料为 2 元/件，固定制造费用中全年维修费 4 520 元，折旧为 4 800 元，管理人员工资均为 3 200 元，保险费 280 元，财产税 800 元。编制出的制造费用预算表见表 8.5。

表 8.5　　　　　　　　　制　造　费　用　预　算

（2020 年度）　　　　　　　　　　　　　　　　　　单位：元

摘　要		一季度	二季度	三季度	四季度	全年
	预计生产量/件	1 140	1 050	1 530	1 720	5 440
变动制造费用	间接人工	1 140	1 050	1 530	1 720	5 440
	间接材料	2 280	2 100	3 060	3 440	10 880
	维修费	1 140	1 050	1 530	1 720	5 440
	水电费	1 140	1 050	1 530	1 720	5 440
	其他材料	1 140	1 050	1 530	1 720	5 440
	合计	6 840	6 300	9 180	10 320	32 640
固定制造费用	维修费	1 130	1 130	1 130	1 130	4 520
	折旧	1 200	1 200	1 200	1 200	4 800
	管理人员工资	800	800	800	800	3 200
	保险费	70	70	70	70	280
	财产税	200	200	200	200	800
	合计	3 400	3 400	3 400	3 400	13 600
制造费用合计		10 240	9 700	12 580	13 720	46 240
减：折旧		1 200	1 200	1 200	1 200	4 800
现金支出合计		9 040	8 500	11 380	12 520	41 440

注　1. 变动制造费用分配率＝32 640÷10 880＝3 元/时。
　　2. 固定制造费用分配率＝13 600÷10 880＝1.25 元/时（注：用工时分配）。

第8章 全面预算

6. 期末产成品存货预算

根据前述的直接材料、直接人工、变动和固定性制造费用的预算表，可以计算出单位产品成本，从生产预算可以得出期末产成品的数量，二者相乘可以确定期末产成品存货的成本。编制期末产成品存货预算，为编制预计利润表和预计资产负债表提供期末产成品存货以及销售成本的数据。

【例8.6】 根据【例8.2】~【例8.5】的资料，期末产成品存货预算表的基本格式见表8.6。

表8.6　　　　　　　　　期末产成品存货预算（完全成本法）

（2020年度）

项 目	单位成本 /（元/件）	生产成本 （5 440件）	期末存货 （100件）	销货成本 （5 500件）
直接材料	6	32 640	600	33 000
直接人工	10	54 400	1 000	55 000
变动性制造费用	6	32 640	600	33 000
固定性制造费用	2.5	13 600	250	13 750
单位成本合计	24.5	133 280	2 450	134 750

7. 销售与管理费用预算

销售及管理费用预算包括为了实现销售预算所需要支出的有关费用的预算，以及属于全企业的一般性行政管理费用预算（销售与管理费用预算包括预算期内将发生的除制造费用以外的其他所有费用）。其编制方法与制造费用预算的编制方法相同，一般以历史数据为依据，剔除不合理开支，并分别按变动费用、固定费用项目编制。如果各费用项目的数额比较大，销售费用与管理费用可分别编制预算。

【例8.7】 根据【例8.1】，按照以往的数据，销售人员工资、办公费和运输费属于变动成本的资料，它们和销售量的关系依次为2元/件、0.75元/件 0.25元/件，固定销售与管理费用中每季管理人员工资2 800元，广告费2 470元，保险费80元，财产税150元，编制的销售及管理费用预算表见表8.7。

表8.7　　　　　　　　　　销售及管理费用预算

（2020年度）　　　　　　　　　　　　　单位：元

	摘 要	一季度	二季度	三季度	四季度	全年
	预计销售量	1 200	1 000	1 500	1 800	5 500
变动销售及管理费用	销售人员工资	2 400	2 000	3 000	3 600	11 000
	办公费	900	750	1 125	1350	4 125
	运输费	300	250	375	450	1 375
	小计	3 600	3 000	4 500	5 400	16 500

续表

	摘　要	一季度	二季度	三季度	四季度	全年
固定销售及管理费用	管理人员工资	2 800	2 800	2 800	2 800	11 200
	广告费	2 470	2 470	2 470	2 470	9 880
	保险费	80	80	80	80	320
	财产税	150	150	150	150	600
	小计	5 500	5 500	5 500	5 500	22 000
现金支出合计		9 100	8 500	10 000	10 900	38 500

8.2.3 财务预算的编制

1. 现金预算

现金预算是上述各项业务预算以及专门决策预算中有关现金收支方面情况的汇总反映（这里的现金是指企业的库存现金和银行存款等货币资金）。编制现金预算的目的，是测算预算期间企业资金来源是否超过实际需要或发生不足，以及超过需要或发生不足的时间和数额，以便采取措施避免现金的短缺或积压。因此，现金预算是企业现金管理的重要工具，它有助于企业合理地安排和调动现金，降低资金的使用成本。

现金预算通常包括：现金收入、现金支出、现金多余或不足，以及资金的筹集与应用等四个部分。其基本关系为

$$期初现金余额＋预计现金收入＝当前可动用现金合计 \quad (8.8)$$

$$当前可动用现金合计－预计现金支出＝现金多余或不足 \quad (8.9)$$

$$现金多余或不足＋资金的筹集与运用＝期末现金余额 \quad (8.10)$$

预计的现金收入是相应期间现金的所有来源，包括现销、应收账款收回、应收票据到期兑现、票据贴现收入、出售长期性资产、收回投资等产生现金的业务。

现金支出指预算期内预计发生的现金支出，如采购材料支付货款、应交税金、应付投资者利润以及资本性支出等。所有那些不导致现金支出的管理费用如折旧等应排除在外。短期借款的利息支付不列入该项，而是在资金的筹集和运用中反映。

现金多余或不足是当前可动用现金合计数与预计现金支出合计数的差额，差额为正，说明现金多余；差额为负，表明现金不足。

资金的筹集与运用是根据预算期现金收支差额和企业有关资金管理的各项政策，确定筹集或运用资金的数额。如果现金不足，可以向银行取得借款或通过其他方式筹集资金，并预计还本付息的期限和数额。如果现金多余，除了可用于偿还借款外，还可以用于购买作为短期投资的有价证券。

【例8.8】 根据【例8.1】～【例8.7】数据资料，光明公司长期投资决策中需在2020年第一季度购买设备60 000元，期初现金余额60 000元，每季末现金少于20 000元时，需向银行借款，借款年利率10%（借款为每季季初借，归还时为每季季末偿还，利随本清，借款和还款均为10 000元的倍数），预计所得税全年16 000元，每季支付25%。编制的现金预算表见表8.8。

表 8.8　　　　　　　　　　　　　现 金 预 算

（2020 年度）　　　　　　　　　　　　　　　单位：元

摘　要		一季度	二季度	三季度	四季度	全年
期初现金余额		60 000	22 044	25 340	21 768	60 000
加：现金收入（表 8.1）		51 200	41 600	56 000	69 600	218 400
可以使用的现金合计		111 200	63 644	81 340	91 368	278 400
本期现金支出	直接材料（表 8.3）	5 616	6 804	8 142	9 432	29 994
	直接人工（表 8.4）	11 400	10 500	15 300	17 200	54 400
	制造费用（表 8.5）	9 040	8 500	11 380	12 520	41 440
	销售与管理费用（表 8.7）	9 100	8 500	10 000	10 900	38 500
	所得税	4 000	4 000	4 000	4 000	16 000
	购买设备	60 000				60 000
	现金支出合计	99 156	38 304	48 822	54 052	240 334
现金多余（或不足）		12 044	25 340	32 518	37 316	38 066
资金的借入或偿还	银行借款（期初）	10 000				10 000
	还银行借款（期末）			10 000		10 000
	支付利息			750		750
	小计					750
期末现金余额		22 044	25 340	21 768	37 316	37 316

2. 预计利润表

在上述销售预算、生产预算、销售与管理费用预算、现金预算基础上，即可编制预计利润表和预计资产负债表。预计利润是整个预算过程中的一个重要环节，它可以揭示企业预期的盈利情况，从而有助于经理人员及时调整经营策略。预计利润表编制方法与编制一般财务报表中的利润表相同，由于预计利润表揭示的是企业未来的盈利情况，因此企业管理当局可据此了解企业的发展趋势，并适时调整其经营策略。

【例 8.9】 根据【例 8.1】~【例 8.7】数据资料，光明公司编制的预计利润表见表 8.9。

表 8.9　　　　　　　　　　　　　预 计 利 润 表

（2020 年度）　　　　　　　　　　　　　　　单位：元

销售收入	220 000	减：利息费用	750
减：销售成本	134 750	税前利润	46 000
销售毛利	85 250	减：所得税	16 000
减：销售及管理费用	38 500	净利润	30 000
营业利润	46 750		

3. 预计资产负债表

预计资产负债表是综合预测企业财务状况的预算。它反映企业在预算期末最后一天概括的财务状况。它是以预算期初的资产负债表为基础，根据经营预算、资本支出预算和现金预算的有关结果，对有关项目进行调整后编制而成的。

通过分析预计资产负债表，可以为企业管理当局提供会计期末企业预期财务状况的信息，据此，有助于企业管理当局预测未来期间的经营状况，并采取适当的改进措施。预计利润表与预计资产负债表格式与一般财务报表相同。

【例8.10】 根据【例8.1】～【例8.9】数据资料，已知光明公司2020年初固定资产（设备）原值 30 000 元，已计提折旧 10 000 元，普通股 60 000 元，未分配利润 35 838 元，光明公司编制的预计资产负债表见表 8.10。

表 8.10 预计资产负债表
（2020年××月××日） 单位：元

资产			负债及所有者权益		
项目	年初	年末	项目	年初	年末
现金（见表8.8）	60 000	37 316	应付账款	2 250	4 728
应收账款（见表8.1）	12 800	14 400			
直接材料（见表8.3）	1 368	1 200			
产成品（见表8.2）	3 920	2 450	普通股	60 000	60 000
流动资产合计	78 088	55 366	未分配利润	35 838	65 838
固定资产					
设备	30 000	90 000			
减：折旧	10 000	14 800			
资产合计	98 088	130 566	负债及所有者权益	98 088	130 566

8.3 全面预算的编制方法

全面预算的内容复杂，编制全面预算需要一定的方法，常用的预算方法包括固定预算和弹性预算，零基预算与增量预算，定期预算与滚动预算，这些方法广泛用于全面预算的编制中。

8.3.1 固定预算与弹性预算

在企业生产经营的过程中，受市场因素的影响，销售量、预计售价、各类变动成本都可能发生变化，当这些因素发生变动时，预算是否发生变化，可将预算分为固定预算和弹性预算。

1. 固定预算

（1）固定预算的含义。是将预算期内的有关预算内容的自变量（开工率，产销量

第 8 章　全面预算

等业务量水平）固定在某一特定水平的基础上，然后，逐步测算出相应的固定预算值的一种预算编制方法。固定预算是一种最基本的全面预算编制方法，该方法所涉及的各项预定指标均为固定数据，故也称静态预算。前面所讨论的销售预算、生产预算、销售及管理费用预算等生产经营的全面预算，均以某一经营业务水平为基础编制的，故皆为固定预算。

（2）固定预算的基本特征。固定预算的特征包括两方面：①不考虑预算期内业务活动水平可能发生的变动，而只按照预算期内计划预定的某一特定的业务活动水平为基础确定相应的数据；②将实际结果与按预算期内计划预定的某一特定的业务活动水平所确定的预算数进行比较分析，并据以进行业绩评价、考核。

然而，如果企业的实际执行结果与预期业务活动水平相距甚远，则固定预算就难以进行预算控制。固定预算对控制的有用性仅限于当实际业务水平与预期业务活动水平大致相当时。否则，就难以为控制服务。

【例 8.11】设光明公司在预算期内预计销售 50 000 件，单位售价 50 元；单位变动成本的构成为：直接材料 14 元/件，直接人工 6 元/件，变动性制造费用 3 元/件，变动销售及管理费用 1 元/件，该年固定制造费用为 600 000 元，固定销售及管理费用为 300 000 元。但实际生产且销售产品仅为 40 000 件。若采用固定预算，则企业该年总的经营业绩见表 8.11。

表 8.11　　　　固　定　预　算　　　　单位：元

项　　目	固定预算	实际（已知）	差异
销售量/件	50 000	40 000	10 000（不利）
销售收入	2 500 000	2 000 000	500 000（不利）
减：变动成本			
直接材料	700 000	614 000	86 000（有利）
直接人工	300 000	228 000	72 000（有利）
制造费用	150 000	142 000	8 000（有利）
销售与管理费用	50 000	40 000	10 000（有利）
变动成本合计	1 200 000	1 024 000	176 000（有利）
贡献毛益	1 300 000	976 000	324 000（不利）
减：固定成本			
固定制造费用	600 000	616 000	16 000（不利）
固定销售及管理费	300 000	300 000	
固定成本合计	900 000	916 000	16 000（不利）
经营利润	400 000	60 000	340 000（不利）

表 8.11 表明，由于预算和实际销售量基础不一致，两者对比所形成的差异不能很好地说明问题。表 8.11 所列示的变动成本形成了有利差异 176 000 元，即变动成

本比预算节约了 176 000 元，究竟是由于销售量减少而减少了变动成本，还是由于成本本身节约呢？完全看不出来。又如净利润形成了 340 000 元的不利差异，这与销售量的减少是否相适应呢？更难于看出。这说明本例中固定预算在企业管理中是不能发挥其应有作用的。

2. 弹性预算

（1）弹性预算的含义。弹性预算，是指企业在分析业务量与预算项目之间数量依存关系的基础上，分别确定不同业务量及其相应预算项目所消耗资源的预算编制方法。这里的业务量是指企业销售量、产量、作业量等与预算项目相关的弹性变量。

（2）弹性预算的特征。与固定预算相比，弹性预算具有以下两个基本特征：①它按预算期某一相关范围内的可预见的多种业务活动水平确定不同的预算额，也可按实际业务活动水平调整其预算额；②待实际业务量发生后，将实际指标与实际业务量相应的预算额进行对比，使预算执行情况的评价与考核建立在更加客观可比的基础上，更好地发挥预算控制作用。因此，弹性预算与固定预算相比，它弥补了固定预算当实际业务量与计划业务量发生差异时，费用的实际数与预算数之间缺乏可比的基础这一缺陷。由于弹性预算是按照一系列业务水平编制的，应用广泛。管理人员可选用相应业务量水平的费用预算与实际支付数进行对比，事前据以严格控制费用开支，比较准确、可靠；事后分析各项费用节约或超支的原因，比较合理，有说服力。

（3）弹性预算的编制程序。①确定某一相关范围，预期在未来期间内业务活动水平将在这一相关范围内变动；②选择经营活动水平的计量标准（如产量单位、直接人工小时、机器小时等）；③根据成本与产量之间的依存关系将企业的成本分为固定成本、变动成本、混合成本三大类；④按混合成本函数 $Y=a+bX$ 将混合成本分解为固定成本和变动成本；⑤确定预算期内各业务活动水平；⑥如果企业事后在生产量水平已知情况下编制弹性预算，可按实际业务水平编制弹性预算；如果企业事先编制弹性预算，则可利用多栏式的表格分别编制对应于不同经营活动水平的预算成本。

（4）弹性预算的编制方法。①公式法下弹性预算的基本公式为

预算总额＝固定基数＋$\sum$（与业务量相关的弹性定额×预计业务量） （8.11）

应用公式法编制预算时，相关弹性定额可能仅适用于一定业务量范围内。当业务量变动超出该适用范围时，应及时修正、更新弹性定额，或改为列表法编制。

②列表法，是指企业通过列表的方式，在业务量范围内依据已划分出的若干个不同等级，分别计算并列示该预算项目与业务量相关的不同可能预算方案的方法。

【例 8.12】 设某企业各年的销售量一般在 15 000～30 000 件之间波动，单价为 50 元/件，对这一相关范围内的成本性态分析显示，该企业变动成本水平如下：

项目	单位产品变动成本（元）
直接材料	14
直接人工	6
变动性制造费用	3
销售及管理费用	1

根据上述资料，该企业的弹性预算编制见表 8.12。

第8章 全面预算

表 8.12　　　　　　　　　　　　　全 面 弹 性 预 算

项目/元	产销量/件			
	15 000	20 000	25 000	30 000
销售收入	750 000	1 000 000	1 250 000	1 500 000
直接材料	210 000	280 000	350 000	420 000
直接人工	90 000	120 000	150 000	180 000
变动性制造费用	45 000	60 000	75 000	90 000
销售及管理费	15 000	20 000	25 000	30 000
变动成本合计	360 000	480 000	600 000	720 000
贡献毛益	390 000	520 000	650 000	780 000
固定性制造费用	300 000	300 000	300 000	300 000
固定性销售及管理费	150 000	150 000	150 000	150 000
净利润	−60 000	70 000	200 000	330 000

将实际销售 20 000 件的资料与弹性预算的有关指标进行对比，见表 8.13。

表 8.13　　　　　　　　　预 算 对 比 分 析 表　　　　　　　　　单位：元

项目	固定预算	实际数	弹性预算	预算差异	成果差异	总差异
销售收入	1 250 000	1 000 000	1 000 000	−250 000	0	−250 000
减：变动成本						
直接材料	350 000	307 000	280 000	−70 000	27 000	−43 000
直接人工	150 000	114 000	120 000	−30 000	−6 000	−36 000
制造费用	75 000	71 000	60 000	−15 000	11 000	−4 000
销售管理费用	25 000	20 000	20 000	−5 000	0	−5 000
变动成本合计	600 000	512 000	480 000	−120 000	32 000	−88 000
贡献毛益	650 000	488 000	520 000	−130 000	−32 000	−162 000
减：固定成本						
制造费用	300 000	308 000	300 000	0	8 000	8 000
销售与管理费用	150 000	150 000	150 000	0	0	0
固定成本合计	450 000	458 000	450 000	0	8 000	8 000
经营利润	200 000	30 000	70 000	−130 000	−40 000	−170 000

注　预算差异＝弹性预算－固定预算；成果差异＝实际数－弹性预算；总差异＝实际数－固定预算。

从表 8.12 可以看出，由于实际销售比固定预算原定的指标少 5 000 件，与经过调整的弹性预算比较，应该减少利润 130 000 元，这 130 000 元属于预算差异（效率差异）。而实际指标与弹性预算对比，变动费用超支 32 000 元，固定成本超支仅

8 000 元，使实际经营利润比弹性预算的要求减少利润 40 000 元。这 40 000 元属于成果（耗费）差异。这两种差异的相互补充，能更好地说明实际比固定预算减少利润 170 000 元（30 000－200 000）的原因。这样评价企业的工作，就能明确区分经济责任，更好地调动职工提高经济效益的主动性和积极性。

> [知识拓展]
>
> ### 《管理会计应用指引第 203 号——弹性预算》节选
>
> 第二条　弹性预算适用于企业各项预算的编制，特别是市场、产能等存在较大不确定性，且其预算项目与业务量之间存在明显的数量依存关系的预算项目。
>
> 第七条　企业应用弹性预算工具方法，一般按照以下程序进行：确定弹性预算适用项目，识别相关的业务量并预测业务量在预算期内可能存在的不同水平和弹性幅度；分析预算项目与业务量之间的数量依存关系，确定弹性定额；构建弹性预算模型，形成预算方案；审定预算方案。

资源 8.2
管理会计应用指引第 203 号——弹性预算

8.3.2　增量预算与零基预算

1. 增量预算

预算按其编制是否可以基期水平为基础可分为增量预算和零基预算。增量预算是指以历史期实际经济活动及其预算为基础，结合预算期经济活动及相关影响因素的变动情况，通过调整历史期经济活动项目及金额形成预算的预算编制方法。它主要适用于比较稳定的企业预算的编制，前面提及的固定预算与弹性预算均是增量预算。

这种方法的基本假定是：

(1) 企业现有的每项活动都是企业不断发展所必需的。

(2) 在未来预算期内企业至少必须以现有费用水平继续存在。

(3) 现有费用已得到有效的利用。因此，这种方法在指导思想上，是以承认现实的基本合理性作为出发点，认为现实是基本合理的，无须调整改进，将来仅仅是现在的继续。因此导致该方法最大缺点在于，预算受基期束缚，不能使企业精打细算，量力而行。预算结果也不具有先进性和创造性，造成企业安于现状，不思进取。

2. 零基预算

(1) 零基预算的含义。是指企业不以历史期经济活动及其预算为基础，以零为起点，从实际需要出发分析预算期经济活动的合理性，经综合平衡，形成预算的预算编制方法。它是区别于传统增量预算而设计的一种编制费用预算的方法，它是 20 世纪 70 年代由美国福州仪器公司所创建的，目前已被西方国家广泛地用于费用预算的编制。零基预算适用于企业各项预算的编制，特别是不经常发生的预算项目或预算编制基础变化较大的预算项目。

零基预算与传统的预算编制不同之处在于：它不以现有费用水平为基础，而是如同新创办一个机构时一样，一切以零为起点，对每个项目费用开支的大小及必要性进

第8章 全面预算

行认真反复分析、权衡，并进行评定分析，据以判定其开支的合理性和优先顺序，并根据生产经营的客观需要与一定期间内资金供应的实际可能，在预算中对各个项目进行择优安排，从而提高资金的使用效益，节约费用开支。

(2) 零基预算的步骤。基本步骤是：①提出计划设想。这是各业务部门编制预算的依据。企业要根据社会的长远利益、市场需求、本企业的生产能力及资源条件，提出经营管理的总体目标。应该指出，生产或销售增长，不等于各个部门的业务量都会增加，因此，还需要具体地对各业务部门确定其业务量，并指出相应的要求和设想，以便这些基层单位在编制预算时有所遵循。

②确定基层预算单位。基层预算单位指厂部以下的工作单位，它是独立进行某方面业务活动的一个集体，各项分析工作以单位来进行，它可以是传统上的基层预算单位，可以是成本中心等。单位负责人对其全部预算费用应具有决策控制的权力；单位职责和业绩考评办法应力求明确、有效。

③进行成本——效益分析。各个编制预算的基层单位根据企业总体目标所提出的任务和要求，有效地安排自己的业务活动，以其成本或资金与业务量进行比较，或与收益比较，用来对各个资金开支方案进行分析评价；然后在权衡轻重缓急的基础上，把各个资金开支方案分成若干层次，哪些方案是可行的，哪些方案是不可行的，哪些方案是效益最大的，等等，排出先后顺序。

④分配资金，落实预算。按照上一步骤所确定的层次顺序，结合预算期可动用的资金来源分配资金，对凡是属于法律、制度、合同所规定的及本部门正常生产经营所必不可少的必保项目，需全额得到保证；对降低成本，增加盈利，改进技术及提高专业化程度有利的需要项目，可根据预算期企业财力的负担情况，酌情增减；对于诸如改善劳动环境之类的合理项目，再根据预算期企业财力的负担情况，酌情增减。这样不仅能保证各基层单位主要生产经营活动的进行，又能使那些经济效益较大的项目优先得到保证，还可以避免在资金分配上的盲目性和平均主义，使预算得到落实。

(3) 零基预算的优缺点。零基预算具有以下优点：合理、有效地进行资源分析；有助于企业内部的沟通、协调，激励各基层单位参与预算编制的积极性和主动性；目标明确，可区别方案的轻重缓急；有助于提高管理人员的投入产出意识；特别有助于产生较难辨认的服务性部门克服资金浪费的缺点。零基预算也有其不足之处，主要表现为：业绩差的经理人员可能会对零基预算产生一种抗拒的心理；工作量较大，费用较大；评级和资源分析可能具有不同程度的主观性，易于引起部门间的矛盾；易于引起人们注重短期利益而忽视企业的长期利益。

【例 8.13】 设某企业采用零基预算法编制下年度销售以及管理费用预算。首先，由作为基层预算单位的销售及管理部门的全体职工，根据下年度企业的战略目标和本部门的具体任务，多次讨论研究，反复协商一致认为计划期间需要以下一些费用项目及其预计的开支水平：房屋租金 3 000 元，差旅费 800 元，办公用品 1 700 元，广告费 5 000元，保险费 2 500 元，管理人员工资 4 000 元，培训费 3 000 元，合计 20 000 元。其次，将以上广告费和培训费根据历史资料进行成本——效益分析，其结果见表8.14。

然后，结合上述各项费用的轻重缓急，排出费用开支层次与顺序：

表 8.14 【例 8.13】表

项目	成本金额	收益金额
广告费	1 元	24
培训费	1 元	36

第一层次：房屋租金、办公用品、管理人员工资、差旅费、保险费。属于约束性固定成本，均属预算期间必不可少的费用开支，必须全额得到保证，故列为第一层次。

第二层次：培训费。属于酌量性固定成本，可根据预算期间企业财力的大小，酌量增减，与广告费相比，其成本效益较大，故列为第二层次。

第三层次：广告费。属于酌量性固定成本。可根据预算期间财力的大小，酌量增减，但与培训费相比，其成本效益较低，故列为第三层次。

最后，根据上述费用开支的层次顺序，结合计划期可动用的资金来源，分配资金、落实预算。

假定该企业，预算期间对于销售及管理费用可动用的财力资源为 18 000 元，那么根据以上排列层次和顺序，分配资金、落实预算如下：房屋租金 3 000 元，办公用品 1 700 元，差旅费 800 元，保险费 2 500 元，管理人员工资 4 000 元，合计 12 000 元。

根据全额得到保证的费用支出为 12 000 元，剩余可动用的资金为
$$18\ 000-12\ 000=6\ 000(元)$$

再按成本效益率比例，分配至培训费和广告费：
$$培训费可分配金额=6\ 000\times36/(24+36)=3\ 600(元)$$
$$广告费可分配金额=6\ 000\times24/(24+36)=2\ 400(元)$$

上述各项费用开支资金分配落实后，便可编制按零基预算编制的该企业的销售及管理费用预算。

> **知识拓展**

《管理会计应用指引第 202 号——零基预算》节选

第五条 企业应用零基预算工具方法，应明确预算管理责任部门和预算编制责任部门。预算管理责任部门负责组织各部门确定和维护各预算项目的编制标准，组织各具体预算项目的编制；预算编制责任部门具体负责本部门业务计划和预算的编制。

第六条 企业应用零基预算工具方法编制预算，一般按照明确预算编制标准、制定业务计划、编制预算草案、审定预算方案等程序进行。

第七条 企业应搜集和分析对标单位、行业等外部信息，结合内部管理需要形成企业各预算项目的编制标准，并在预算管理过程中根据实际情况不断分析评价、修订完善预算编制标准。

资源 8.3 管理会计应用指引第 202 号——零基预算

8.3.3 定期预算和滚动预算

1. 定期预算

编制预算按预算期是否连续可分为定期预算和滚动预算。所谓定期预算是指固定

以一年为期限编制预算的方法。或者说，一年一次定期进行预算编制。它的优点在于：以一年为期，与会计年度相配合，从而便于把实际数与预算数对比，有利于预算执行结果的考核与评价。但定期预算也有一定缺陷：首先，由于定期预算一般在预算年度开始前两三个月编制，那时对预算年度后期预测不够清晰，只能提出笼统的数字，从而给预算的执行带来困难和阻碍。其次，预算执行过程中，由于种种原因会使原来的预算数不能适应新的变动情况，影响预算作用的发挥。最后，固定一年期的预算，使管理人员缺乏长远打算，从而不利于企业长期稳定发展。为了克服定期预算缺陷，实践中产生了滚动预算法。

2. 滚动预算

滚动预算，是指企业根据上一期预算执行情况和新的预测结果，按既定的预算编制周期和滚动频率，对原有的预算方案进行调整和补充，逐期滚动、持续推进的预算编制方法。预算编制周期，是指每次预算编制所涵盖的时间跨度。滚动频率，是指调整和补充预算的时间间隔，一般以月度、季度、年度等为滚动频率。例如如果滚动频率是月度，凡是预算执行过1个月后，即根据前1个月的经营成果结合执行中发生的变化等新信息，对剩余11个月加以修订，并自动后续1个月，重新编制新1年的预算，从而使总预算经常保持12个月的预算期。这样逐期向后滚动，连续不断地以预算的形式规定未来的经营活动。

滚动预算的主要优点是：通过持续滚动预算编制、逐期滚动管理，实现动态反映市场、建立跨期综合平衡，从而有效指导企业营运，强化预算的决策与控制职能。若滚动频率为月度，始终保持12个月或四个季度的预算，从而保持了预算的连续性与完整性，并使企业各级管理人员和职工对于完成的和将要进行的生产经营活动心中有数，从调整中把握企业未来。但滚动预算的编制工作量较大。实际工作中，为了简化编制工作，可以按季滚动编制预算，在执行预算的季度里，再按月份具体地编制各月份的预算。

滚动预算的主要缺点是：①预算滚动的频率越高，对预算沟通的要求越高，预算编制的工作量越大；②过高的滚动频率容易增加管理层的不稳定感，导致预算执行者无所适从。

> 知识拓展

《管理会计应用指引第 201 号——滚动预算》节选

资源8.4 管理会计应用指引第201号——滚动预算

第八条　企业应研究外部环境变化，分析行业特点、战略目标和业务性质，结合企业管理基础和信息化水平，确定预算编制的周期和预算滚动的频率。

第十条　企业应以战略目标和业务计划为依据，并根据上一期预算执行情况和新的预测信息，经综合平衡和结构优化，作为下一期滚动预算的编制基础。

第十二条　企业实行中期滚动预算的，应在中期预算方案的框架内滚动编制年度预算。第一年的预算约束对应年度的预算，后续期间的预算指引后续对应年度的预算。

第十三条 短期滚动预算服务于年度预算目标的实施。企业实行短期滚动预算的，应以年度预算为基础，分解编制短期滚动预算。

本 章 小 结

本章主要介绍了全面预算体系及编制方法、预算编制的具体方法。全面预算一般包括经营预算、财务预算、专门决策预算三大部分。其中，经营预算具体包括销售预算、生产预算、直接材料预算、直接人工预算、制造费用预算、产品成本预算、销售及管理费用预算；专门决策预算具体包括资本支出预算和一次性专门业务预算；财务预算具体包括现金预算、预计利润表及预计资产负债表。对于预算编制的方法，按与业务量的关系分为固定预算和弹性预算；按编制预算的基础分为增量预算和零基预算；按编制预算期间的固定性和滚动性分为定期预算和滚动预算，每种预算的编制方法各有其特点。

练 习 题

一、单项选择题

1. 下列预算中，属于财务预算的是（　　）。
   A. 销售预算　　　　　　　　B. 生产预算
   C. 产成品成本预算　　　　　D. 现金预算

2. 企业按弹性预算方法编制费用预算，预算直接人工工时为 10 万小时，变动成本为 60 万元，固定成本为 30 万元，总成本费用为 90 万元；如果预算直接人工工时达到 12 万小时，则总成本费用为（　　）万元。
   A. 96　　　　　　　　　　　B. 108
   C. 102　　　　　　　　　　 D. 90

3. 下列关于全面预算编制方法的叙述中，不正确的是（　　）。
   A. 零基预算法的缺点是编制预算的工作量大
   B. 增量预算法不利于调动各部门达成预算目标的积极性
   C. 采用零基预算法编制费用预算时，需要考虑以往期间的费用项目和费用数额
   D. 弹性预算法编制预算的准确性，在很大程度上取决于成本性态分析的可靠性

4. 下列各项中，不受会计年度制约，预算期始终保持在一定时间跨度的预算方法是（　　）
   A. 固定预算　　　　　　　　B. 弹性预算
   C. 定期预算　　　　　　　　D. 滚动预算

5. 甲公司正在编制下一年度的生产预算，期末产成品存货按照下季度销量的 10% 安排。预计一季度和二季度的销售量分别为 150 件和 200 件，一季度的预计生产量是（　　）件。

A. 140   B. 150
C. 155   D. 165

6. 某公司预计计划年度期初应付账款余额为 200 万元，1 至 3 月份采购金额分别为 500 万元、600 万元和 800 万元，每月的采购款当月支付 70%，次月支付 30%。则预计一季度现金支出额是（　　）。

A. 2 100 万元   B. 1 900 万元
C. 1 860 万元   D. 1 600 万元

7. 下列预算中，在编制时不需以生产预算为基础的是（　　）。

A. 变动制造费用预算   B. 销售费用预算
C. 产品成本预算   D. 直接人工预算

二、多项选择题

1. 与增量预算编制方法相比，零基预算编制方法的优点有（　　）。

A. 编制工作量小
B. 可以重新审视现有业务的合理性
C. 可以避免前期不合理费用项目的干扰
D. 可以调动各部门降低费用的积极性

2. 在编制生产预算时，计算某种产品预计生产量应考虑的因素包括（　　）。

A. 预计材料采购量   B. 预计产品销售量
C. 预计期初产品存货量   D. 预计期末产品存货量

3. 下列各项预算中，以生产预算为基础编制的有（　　）。

A. 直接人工预算   B. 销售费用预算
C. 固定制造费用预算   D. 直接材料预算

4. 下列关于全面预算中的利润表预算编制的说法中，正确的有（　　）。

A. "销售收入"项目的数据，来自销售预算
B. "销货成本"项目的数据，来自生产预算
C. "销售及管理费用"项目的数据，来自销售及管理费用预算
D. "所得税费用"项目的数据，通常是根据利润表预算中的"利润"项目金额和本企业适用的法定所得税税率计算出来的

三、案例应用分析

> 阅读材料

疫情期间钢铁企业的全面预算管理

面对突发疫情，钢铁企业综合应用管理会计和相关具体工具，加强管理，挖掘自身潜力，在应对疫情中起到了积极作用。

全面预算管理是企业内部管理控制的主要方法，在日常经营管理中起着目标激励、过程控制及有效奖惩的重要作用。疫情当下，通过全面预算管理的目标预测、滚动预算、预算分析三个管理活动，实现对企业经营决策支持，促使企业快速应对疫

情，减少经营风险。

(1) 目标预测。相比去年年底制定的年度目标和预算，受疫情影响行业和市场情况已然发生重大变化，部分企业开始考虑适当调整年度目标以应对疫情冲击。企业结合行业经验、市场动态及政府对疫情判断等信息，综合考虑是否对目标进行修正，合理的预算将有助于企业进行相应的经营决策。

(2) 滚动预算。随着疫情的迅速变化，国家各项政策也迅速更新，将给企业带来长期的影响。在预算执行过程中，短周期的滚动预算编制，可帮助企业管理层明确当前企业的经营态势，更合理地进行决策和资源配置，也可帮助企业各经营单元了解当前目标，避免盲目经营、盲目生产，杜绝资源浪费。

(3) 预算分析。以预算为标尺，衡量实际运营状况。在新环境下，企业可借助信息化手段实现短周期的经营指标、财务指标的综合性分析，并通过可视化的分析工具，帮助企业各层级清晰、便捷地了解所处位置的指标完成进度，生成多维查询分析报告，实现信息透明化。

(资料来源：财政部会计司)

阅读上述材料，回答下列问题：
(1) 谈谈你对预算目标与预算编制的认识？
(2) 结合钢铁企业在疫情中的表现，谈谈你对滚动预算的认识？

四、计算题

A 公司是一家零售商，正在编制 12 月份的预算，有关资料如下：
(1) 预计的 2019 年 11 月 30 日资产负债表如下（单位：万元）：

资产	金额	负债及所有者权益	金额
现金	22	应付账款	162
应收账款	76	应付利息	11
存货	132	银行借款	120
固定资产	770	实收资本	700
		未分配利润	7
资产总计	1 000	负债及所有者权益总计	1 000

(2) 销售收入预计：2019 年 11 月 200 万元，12 月 220 万元；2020 年 1 月 230 万元。

(3) 销售收现预计：销售当月收回 60%，次月收回 38%，其余 2% 无法收回（坏账）。

(4) 采购付现预计：销售商品的 80% 在前一个月购入，销售商品的 20% 在当月购入；所购商品的进货款项，在购买的次月支付。

(5) 预计 12 月份购置固定资产需支付 60 万元；全年折旧费 216 万元；除折旧外的其他管理费用均须用现金支付，预计 12 月份为 26.5 万元；12 月末归还一年前借入的到期借款 120 万元。

(6) 预计销售成本率 75%。

(7) 预计银行借款年利率 10%，还款时支付利息。

(8) 企业最低现金余额 5 万元；预计现金余额不足 5 万元时，在每月月初从银行借入，借款金额是 1 万元的整数倍。

(9) 假设公司按月计提应计利息和坏账准备。

要求：编制 2019 年 12 月 31 日的预计资产负债表。

第 9 章 成 本 控 制

> **教学目标**

通过本章的学习，要求学生了解成本控制的含义、原则和分类；理解目标成本的制定步骤和控制方法；掌握标准成本的确定、成本差异的计算及分析；熟悉责任成本管理的内涵；掌握成本中心、利润中心和投资中心的差异和评价指标；理解内部转移价格的类型、制定方法和适用范围；熟悉作业成本法的一般程序、优点和局限性，重点掌握作业中心的内涵和作业成本的计算。

> **重点难点**

标准成本的确定；成本差异的计算及分析；责任中心的评价和控制；作业成本的计算

> **会计名言**

标准成本使传统的成本核算方法得到了具有决定性意义的改进。
——沃尔特·B·迈克法兰（Walter B. McFarland）

目标成本是为实现未来一定时期的生产经营目标所规划的企业成本水平，是企业从事生产经营活动在成本管理方面所建立的奋斗目标。
——李定安

作业是企业为提供一定量的产品或劳务所消耗的人力、技术、原材料、方法和环境等的集合体。
——詹姆斯·A·布林逊

> **课前案例**

宝钢标准成本法的应用

宝钢集团有限公司（下称宝钢）是一家钢铁生产规模较大、生产工艺较为成熟的特大型钢铁联合企业。宝钢借鉴国外大型钢铁企业的成本管控经验，并结合企业经营的实际情况，逐渐探索出了一套较为成熟的钢铁行业标准成本制度。

（一）建立细化、多层级、不同功能的成本中心。实施标准成本法的首要问题是将企业的各个部门划分为不同的成本中心，明确各中心职责，确定成本负责人。在日常生产实践中，宝钢将在生产业务流程中有产品经过的、有投入和产出的单元都划分为成本中心，在构建各级成本中心的过程中，坚持分权管理、逐级负责的理念，形成了公司层——生产厂（部）——分厂——作业区的多层级成本中心组织体系。

（二）建立科学完善、符合绩效考核的成本标准。宝钢在制定成本标准时，组织了技术、生产、工艺、财务等多方技术骨干参与其中，严格按照生产流程的操作规范，从各级成本中心及其所生产产品的实际情况出发，在反复摸索的实践当中，最终宝钢所形成的成本标准包括基本标准和价格标准两部分，基本标准主要包括原料标准、生产作业标准等；价格标准主要包括标准价格和标准费率等。在设定成本标准后，宝钢特钢将其分解至各个层级的生产单位及其生产工序，同时明确各主管领导的成本责任。

（三）构建系统的成本分析体系。宝钢构建了多层次的成本分析组织体系，包括班组成本分析、作业区成本分析、生产部门成本分析和公司成本分析。宝钢成本分析的内容包括成本标准差异、产品效益、成本水平和成本趋势分析等，能够准确找出成本标准与实际成本之间的差异、成本节约对产品的利润贡献，有效分析企业成本在同行业中的水平以及未来的发展趋势。

[参考资料：吕凯风，黄波. 宝钢标准成本法的应用 [J]. 财务与会计，2018（03）.]

点评：标准成本法是钢铁企业成本控制的一种有效手段。宝钢在应用标准成本法时，确定成本标准并对标准成本进行修正，使成本得以量化，各成本中心以标准成本进行绩效考核，从而对成本进行把控，实施激励机制，使得全员参与成本控制，增强了员工成本意识，实现了成本的控制。

9.1 成本控制概述

9.1.1 成本控制的含义和原则

1. 成本控制的含义

成本控制是成本管理的核心内容，是成本管理者根据预定的目标，对成本发生和形成过程以及影响成本的各种因素条件施加主动的影响或干预，把实际成本控制在预期目标内的成本管理活动。

从控制系统的一般特点出发，成本控制的主体是企业的成本管理机构和各级管理人员，上至厂部和最高管理当局，下至班组和一般职工。成本控制的受控对象是企业生产经营过程中的劳动耗费，即企业在供应、生产、销售过程中发生的以货币形式表现的全部费用支出。成本控制的目标是不断降低成本和提高经济效益，尽可能以最少的耗费取得最大的成果。

> 知识链接

成本控制不是成本降低

成本控制对每个企业来说，都是管理的重点之一，但成本控制与成本降低不是同一概念。传统的成本降低基本是通过成本的节省来实现，即力求在工作现场不浪费资源或改进工作方式以节约成本,片面从降低成本乃至力求避免某些费用的发生入手,强调节约和节省。然而,这只不过是"土财主式"的企业和"土财主式"的管理,他们除了盘剥员工和在原材料上大打折扣以外,没有什么过人之处。就企业而言,成本支出的根本目的不是为耗费,而是为创造比耗费更大的价值回报、获取更大的经济效益。

2. 成本控制的原则

一般而言,成本控制具有以下原则。

(1) 效益性原则。成本控制要求成本控制指标的确定、成本控制方法的选择、成本控制组织体系的建立,都要以提高经济效益为出发点。但提高经济效益,不能仅依靠绝对成本的节约,更重要的是实现相对节约。

(2) 可控制原则。为了合理反映成本控制主体应承担的责任,其成本控制对象应为其可控成本。所谓可控成本是指可以预先知道的、有办法计量的、能受控制主体所影响的成本。一般情况下,可控成本应具备以下三个条件:

1) 成本控制主体能够通过一定的途径和方法,事先了解将要发生哪些耗费。
2) 成本控制主体能够对发生的耗费进行计量。
3) 成本控制主体能够对发生的耗费有权加以限制和调整。

不同时具备这三项条件的成本则不是可控成本。

> **特别提示**
>
> 可控成本与不可控成本的划分是相对的,不是一成不变的,要依成本控制主体所处的管理层次、管理权限、控制的范围等确定。例如,企业所发生的生产设备的租赁费,对于具体使用设备的基层单位而言,是不可控的,因为它无权购进新设备来替代租用的旧设备;但就企业管理者而言,则是可控的,因为他有权决定是否购进新设备取代目前从外界租用的旧设备。

(3) 全面性原则。成本控制的全面性,体现在以下三个方面:

1) 成本控制是全过程的控制,即从产品的设计开始,在研制、制造、供销、运输、储存,一直到用户的运行、维修、保养等各个方面都包括在成本控制的范围之内,使整个产品寿命周期的成本都得到有效控制。

2) 成本控制是全方位的控制。成本控制的对象不仅包括构成产品实体的直接材料成本、直接人工成本和制造费用,而且还包括销售费用、管理费用等期间费用。同时,成本控制还必须综合考虑成本、质量和效益三者之间的关系,在保证质量、满足人们需要的前提下降低成本。

3) 成本控制是全员参与的控制。企业成本的控制主要由全体员工来完成,在建立和健全一个完善的成本管理机构、充实成本控制专职人员的同时,还应当要求全部职工都树立成本意识。企业员工应时刻保持成本控制意识,并掌握各自岗位上的成本精益管理方法,参与成本控制,形成全员控制。

(4) 例外管理原则。为了提高成本控制工作的效率,企业管理人员对控制标准以内的问题,不必事无巨细、不分大小地进行逐项控制,而应将控制的重点集中在不正常、不符合常规的例外差异上。所谓例外差异，一般有以下几种：①较大的成本差异事项；②经常出现的成本差异；③可避免原因引起的性质严重的差异事项；④影响企业决策的差异事项。成本控制人员应把工作重点放在那些不正常和不符合常规的关键性差异上，分析其产生的原因，采取有效措施加以解决。成本控制遵循例外管理原则，有利于将管理人员从烦琐的日常事务中解脱出来，集中力量抓显著、突出的问题，从而提高控制效率。

（5）分级控制原则。分级控制原则是统一领导、分级管理原则在成本控制中的具体运用。它是指成本控制应在厂长（经理）领导下实行归口分级控制。财会部门将成本控制指标分解为各项具体指标，层层分解和落实；业务部门根据业务范围对其承担的成本具体指标，实行归口分管；车间、班组、岗位各自负责其自身的成本控制指标，从而形成一个多级阶梯控制网络，确保成本控制目标的实现。

知识链接

《管理会计应用指引第 300 号——成本管理》节选

第二条　成本管理，是指企业在营运过程中实施成本预测、成本决策、成本计划、成本控制、成本核算、成本分析和成本考核等一系列管理活动的总称。

第三条　企业进行成本管理，一般应遵循以下原则：

（一）融合性原则。成本管理应以企业业务模式为基础，将成本管理嵌入业务的各领域、各层次、各环节，实现成本管理责任到人、控制到位、考核严格、目标落实。

资源 9.1
管理会计应用指引第 300 号——成本管理

（二）适应性原则。成本管理应与企业生产经营特点和目标相适应，尤其要与企业发展战略或竞争战略相适应。

（三）成本效益原则。成本管理应用相关工具方法时，应权衡其为企业带来的收益和付出的成本，避免获得的收益小于其投入的成本。

（四）重要性原则。成本管理应重点关注对成本具有重大影响的项目，对于不具有重要性的项目可以适当简化。

第四条　成本管理领域应用的管理会计工具方法，一般包括目标成本法、标准成本法、变动成本法、作业成本法等。

9.1.2　成本控制的分类

按不同的标准可以将成本控制分为不同的类型。

1. 按照控制内涵的分类

按照控制的内涵来划分，成本控制可以分为狭义成本控制和广义成本控制。

狭义成本控制也称事中控制（或日常控制），是指在成本形成过程中，按照事先制定的成本目标，对企业日常发生的各项生产经营活动耗费，采用专门的方法进行严格的监督和控制，将其控制在原来规定的标准和预算之内，如果发生差异，及时分析，找出其产生的原因，并予以纠正，以保证原定成本目标的实现。

广义成本控制则包括事中、事前和事后成本控制的全过程，它涵盖了整个供应链环节的成本管理体系，涉及采购、仓储、物流、研发、生产、销售等核心业务环节。

2. 按照控制数量形式的分类

按照控制的数量形式划分，成本控制可以分为绝对成本控制和相对成本控制。

绝对成本控制，是指将生产经营过程中发生的一切成本费用支出，控制在一个绝对金额之内。其着眼点在于节约开支，减少消耗，重在"节流"。

相对成本控制，是指结合企业产量、销售、利润以及生产经营要素的组合，来进行成本的相对控制。其着眼点在于通过扩大生产和增加利润，以相对降低成本，重在"开源"。例如，探索成本最低、利润最高的销售量，产量最高、质量最优、品种结构最合理的最低成本水平，生产经营要素最佳组合时的成本水平等，都属于相对成本控制。

3. 按照控制层次的分类

按照控制的层次划分，成本控制可以分为集中控制和分散控制。

集中控制，是指企业建立一个成本控制中心，集中对成本信息进行加工处理，对各项成本开支进行统一控制。其优点是机构简化，权力集中，控制力强；缺点是控制体制僵化，难以调动基层单位的积极性，反而影响控制效率，因而集中控制一般适用于小型企业。

分散控制，是指企业管理当局把成本控制权交给基层单位，主管成本部门只负责汇总和检查。其优点是具有灵活性，并能调动基层单位成本控制的积极性；缺点是控制权力分散，控制标准不统一，容易发生偏差。

此外，按照成本控制对象来划分，成本控制还可以分为材料成本控制、人工费用控制和制造费用控制等，这种划分有助于分析导致成本变动的因素，并且采用有针对性的有效措施消除不利因素的影响，确保成本目标的顺利实现。

9.1.3 成本控制的方法

成本控制方法是指完成成本控制任务和达到成本控制目的的手段。对于成本控制方法，是多种多样的，不同的阶段，不同的问题，所采用的方法不一样，即使同一个阶段，对于不同的控制对象，或出于不同的管理要求，其控制方法也不尽相同。因此，对于一个企业来说，具体选用什么方法，应视本单位的实际情况而定，必要时还可以自己设计出一个适合自己需要的特殊方法。一般来说，企业成本控制的常见方法有以下几种。

（1）目标成本法。目标成本法是指企业以市场为导向，以目标售价和目标利润为基础确定产品的目标成本，从产品设计阶段开始，通过各部门、各环节乃至与供应商的通力合作，共同实现目标成本的成本管理方法。

（2）标准成本法。标准成本法是一种将成本计算和成本控制相结合，以作为控制成本支出的依据，考核成本支出的方法。标准成本法可以简化存货核算的工作量，对于存货品种变动不大的企业尤为适用。

（3）定额法。定额法是以产品为成本计算对象，以定额成本为基础，加减脱离定额差异、材料成本差异和定额变动差异，从而计算出产品实际成本的一种成本计算方法和成本管理方法。

(4) 责任成本法。责任成本法是按可控原则把成本归属于不同责任中心进行成本控制的方法，其关键是计算责任中心的责任成本，它反映的是责任中心与各种成本费用间的关系。

(5) 成本效益分析法。成本效益分析法也称费用效果分析法，该方法是根据确定的生产目标，提出若干备选方案，并通过评估对比备选方案的成本及效益，选择最优方案，以优化资源配置的一种方法。

(6) 生命周期成本法。生命周期成本法是指在产品经济有效使用期间，从产品研究开发阶段开始，经过产品规划、设计、制造、售后服务等阶段，按每一阶段累计其发生的成本。按产品生命周期成本法的要求，企业应就产品生产经营过程中所消耗的能源材料和产生的废弃物进行跟踪检测，就产品的生产、销售、使用（或消耗）过程中发生的环境支出进行全过程的累计。

资源9.2 东安汽发运用全价值链成本管理推进降本增效

(7) 价值链成本分析法。价值链分析法由波特首先提出，它将基本的原材料到最终用户之间的价值链分解成与战略相关的活动，以便理解成本的性质和差异产生的原因，是确定竞争对手成本的工具。价值链分析是企业确定竞争对手成本的基本工具，也是公司进行战略定位的基础。

(8) 作业成本法。作业成本法主要从零存货、全面质量管理、成本动因、价值链以及多技能的工人等新思维、新观念出发，从成本发生的根源上对作业管理展开分析，建立最优的动态增值标准，并从财务和经营两个方面对作业业绩进行评价，不断改进作业成本效益价值链成本分析法。

本章后续内容将对目标成本法、标准成本法、责任成本法和作业成本法进行重点介绍。

> **会计案例**

疫情背景下汽车企业开展产业链协同降本

2020年，受疫情影响，我国汽车行业产业链各主体由于市场订单萎缩，产能利用率降低，导致单位生产成本大幅上升，为应对疫情的冲击，汽车企业积极采取相关降低成本措施。

通过调查发现：在加强成本管理和费用控制方面，84.59%的企业认为压缩非法定非必要的成本费用支出是主要措施；72.67%的企业通过提高研发效率、流程改造、资源整合等方式提高经营效率；70.93%的企业通过压缩固定资产投资等手段减少固定成本投入，其他措施还包括针对核心产品策划专题降本、严控成本费用、改善毛利率、供应链降本等。

在产业链协同降本方面，74.13%的企业精准向上游供应商下达采购计划，提升物资齐套率，加强保供管理，提升产业链上游协同力度；68.9%的企业协同下游经销商制定科学的销售计划，统筹销售资源投放和渠道建设，加强产业链下游协同力度；61.63%的认为应拓宽采购渠道，积极寻找替代零部件和供应商，有效管控断供风险；57.56%认为应推动产业链跨组织、跨职能协同降本和全价值链、全生命周期成本管理。

[资料来源：管理会计行业调研报告及案例（第二辑），财政部会计司，2020.6.]

案例思考：产业链协同降本有何优点？

9.2 目标成本法

资源9.3 管理会计应用指引第301号——目标成本法

资源9.4 丰田公司目标成本管理模式

9.2.1 目标成本法的概述

1. 目标成本法的概念

目标成本法，是指企业以市场为导向，以目标售价和目标利润为基础确定产品的目标成本，从产品设计阶段开始，通过各部门、各环节乃至与供应商的通力合作，共同实现目标成本的成本管理方法。

目标成本法最早是由日本以丰田为首的制造业所创立的一种成本管理方法，它要求企业以创造和提升客户价值为前提，以成本降低或成本优化为主要手段，谋求竞争中的成本优势，保证目标利润的实现。简单来讲，目标成本法就是以给定的竞争价格为基础来决定产品的成本，其基本公式是

$$目标成本 = 目标售价 - 目标利润 \tag{9.1}$$

2. 目标成本法的特点

目标成本法具有以下特点：

（1）以消费者需求和市场行为为导向。作为企业成本管理的一种新模式，目标成本法在企业产品成本管理的整个流程中，一直将市场需求作为决定性的基础并以此确定企业的产品设计、价格水平和成本目标。

（2）目标成本法是一个全过程、全方位、全人员的成本管理方法。全过程是指从提出产品方案到产品最终报废的整个流程；全方位是指目标成本管理涉及企业内部各个职能部门；而全人员则意味着在实施目标成本方法时，通过层层分解，企业的全体人员都负有保障目标成本实现的责任。

（3）目标成本法是基于未来的成本管理。目标成本并不对企业当前的成本水平有必然性的代表，其是一种基于事先预期的成本模式。

3. 目标成本法的使用范围和应用环境

目标成本法一般适用于制造业企业成本管理，也可在物流、建筑、服务等行业应用。企业应用目标成本法，要求处于比较成熟的买方市场环境，且产品的设计、性能、质量和价值等呈现出较为明显的多样化特征。

在具体应用这种方法时，需要对企业所处的经营环境进行深入分析、充分考虑企业发展规划和实际管理水平，要求企业能及时、准确取得目标成本计算所需的产品售价、成本、利润以及性能、质量、工艺、流程、技术等方面各类财务和非财务信息。

9.2.2 目标成本法应用的基本程序

目标成本法往往需经过目标成本的设定、分解、达成到再设定、再分解、再达成多重循环，以持续改进产品方案。企业应用目标成本法，一般按照确定应用对象、成

立跨部门团队、收集相关信息、计算市场容许成本、设定目标成本、分解可实现目标成本、落实目标成本责任、考核成本管理业绩以及持续改善等程序进行。

1. 确定应用对象

企业应根据目标成本法的应用目标及其应用环境和条件，综合考虑产品的产销量和盈利能力等因素，确定应用对象。一般来讲，应将拟开发的新产品作为目标成本法的应用对象，或选择那些功能与设计存在较大的弹性空间、产销量较大且处于亏损状态或盈利水平较低、对企业经营业绩具有重大影响的老产品作为目标成本法的应用对象。

2. 成立跨部门团队

企业应成立由研究开发、工程、供应、生产、营销、财务、信息等有关部门组成的跨部门团队，负责目标成本的制定、计划、分解、下达与考核，并建立相应的工作机制，有效协调有关部门之间的分工与合作。企业负责目标成本管理的跨部门团队之下，可以建立成本规划、成本设计、成本确认、成本实施等小组，各小组根据管理层授权协同合作完成相关工作。

成本规划小组由业务及财务人员组成，负责设定目标利润，制定新产品开发或老产品改进方针，考虑目标成本等。该小组的职责主要是收集相关信息、计算市场驱动产品成本等。

成本设计小组由技术及财务人员组成，负责确定产品的技术性能、规格，负责对比各种成本因素，考虑价值工程，进行设计图上成本降低或成本优化的预演等。该小组的职责主要是可实现目标成本的设定和分解等。

成本确认小组由有关部门负责人、技术及财务人员组成，负责分析设计方案或试制品评价的结果，确认目标成本，进行生产准备、设备投资等。该小组的职责主要是可实现目标成本设定与分解的评价和确认等。

成本实施小组由有关部门负责人及财务人员组成，负责确认实现成本策划的各种措施，分析成本控制中出现的差异，并提出对策，对整个生产过程进行分析、评价等。该小组的职责主要是落实目标成本责任、考核成本管理业绩等。

3. 收集相关信息

目标成本法的应用需要企业研究与开发、工程、供应、生产、营销、财务和信息等部门收集与应用对象相关的信息，这些信息一般包括：产品成本构成及料、工、费等财务和非财务信息；产品功能及其设计、生产流程与工艺等技术信息；材料的主要供应商、供求状况、市场价格及其变动趋势等信息；产品的主要消费者群体、分销方式和渠道、市场价格及其变动趋势等信息；本企业及同行业标杆企业产品盈利水平等信息；其他相关信息。

4. 计算市场容许成本

市场容许成本，是指目标售价减去目标利润之后的余额。目标售价的设定应综合考虑客户感知的产品价值、竞争产品的预期相对功能和售价，以及企业针对该产品的战略目标等因素。目标利润的设定应综合考虑利润预期、历史数据、竞争地位分析等因素。

9.2 目标成本法

市场容许成本确定的具体公式为

$$市场容许成本 = 预测销售收入 - 税金 - 目标利润 \quad (9.2)$$

$$市场容许单位成本 = 单位产品目标售价 \times (1 - 税率) - 预测单位销售量的目标利润 \quad (9.3)$$

5. 设定目标成本

企业应将容许成本与新产品设计成本或老产品当前成本进行比较，确定差异及成因，设定可实现的目标成本。企业一般采取价值工程、拆装分析、流程再造、全面质量管理、供应链全程成本管理等措施和手段，寻求消除当前成本或设计成本偏离容许成本差异的措施，使容许成本转化为可实现的目标成本，即缩短成本差距。

资源9.6
目标成本
的设定

特别提示

目标成本法的核心工作是制定企业新产品的目标成本，并不断改进产品与工序设计，从而确保新产品的成本小于或等于目标成本。

6. 分解可实现目标成本

企业应按主要功能对可实现的目标成本进行分解，确定产品所包含的每一零部件的目标成本。在分解目标成本时，应与单位和个人的岗位责任制和经济责任制结合起来，要有利于明确经济责任，有利于加强成本控制，同时也应给予相应的管理权力和经济利益，做到权责利相互结合，只有这样目标成本才能落到实处。需要指出的是，分解给各个单位和个人的目标成本必须是该单位和个人可以控制的成本，将不可控制成本分给他们是毫无意义的。不仅要自上而下地分解目标成本，而且要自下而上地提出保证措施。此外，要结合企业组织结构特点和企业工艺技术过程来分解目标成本。

在实际工作中，分解目标成本的方法包括以下几种方式。

(1) 按照企业管理组织结构进行成本分解。在实际分解的过程中，可选用的方法包括预算法、指标分解法和定额法三种。

预算法，是指依据各部门各个生产环节的需求，通过企业生产经营的需要而提出的各项支出的预算，经过综合评定后，制定成本目标，下达至各车间及部门，并以此作为目标成本的控制标准。主要适用于制造费用、采购费用及销售费用、产品研发费用等控制责任的落实。

资源9.7
常见的企业
管理组织
结构

指标分解法，是指产品的目标成本按照生产工序来进行分解，并由各车间分解到各班组，甚至分解落实到员工个人。主要适用于材料消耗、劳动工时耗费、废品损失等直接成本项目的控制责任的落实。

定额法，是指事先设定成本定额，并据此来确定目标成本的控制责任。主要适用于能制定消耗标准的各种耗费控制责任落实。该方法在本书5.2节有过详细讲解。

(2) 按照目标成本控制对象进行分解，主要包括三种分解方法。

1) 要按产品成本习性进行分解，可分解为固定目标成本、变动目标成本和半变动半固定目标成本三类。

资源9.8
常见的产品
结构

2) 按产品结构进行分解。企业按照主要功能对可实现的目标成本进行分解，确定产品所包含的每个零部件的目标成本。在分解时，首先应确定主要功能的目标成本，然后寻求实现这种功能的方法，并把主要功能和主要功能级的目标成本分配给零部件，形成零部件级目标成本。同时，企业应将零部件级目标成本转化为供应商的目标售价。

3）按产品的形成过程分解，即按照产品研发设计和试制、原材料采购、生产制造、产品销售以及售后服务等整个过程来分解目标成本。

《管理会计应用指引第 301 号——目标成本法》采用的按照产品结构进行分解。

> **特别提示**
>
> 在实际工作中，分解目标成本有很多种方式，每个分解方式都有其不同的特点和优势所在，同时也存在一些不足之处和局限性。企业在选择分解目标成本的方法时，必须结合企业的实际情况和其竞争地位来确定。

7. 落实目标成本责任

企业应将设定的可实现目标成本、功能级目标成本、零部件级目标成本和供应商目标售价进一步量化为可控的财务和非财务指标，落实到各责任中心，形成各责任中心的责任成本和成本控制标准，并辅之以相应的权限，将达成的可实现目标成本落到实处。责任成本的相关概念将在 9.4 节中进行详细介绍。

8. 考核成本管理业绩

确定目标成本并将其层层分解，落实到岗位和个人，仅仅是为每个具体岗位和个人提出了成本控制的标准和奋斗目标，目标成本最终能否实现取决于目标成本的实际执行情况。因此，企业必须经常检查各单位和个人对目标成本的执行情况。

检查可以定期进行，每旬、每月或每季检查一次，特别是对于那些占成本比重很大、经常发生波动并且控制比较困难的目标成本更要经常性地进行检查。在检查过程中，不仅要检查目标成本的实现程度，而且要检查成本核算的真实性和准确性，特别是有无任意扩大成本开支范围和标准、人为地抬高成本的现象，对于乱摊乱挤成本的行为，必须严肃处理。在检查的基础上还要进行分析，通过分析，分清主观因素和客观因素、有利因素和不利因素以及主要因素和次要因素，对比差距，揭露矛盾，充分挖掘企业内部潜力，为今后制定目标成本提供新的依据。

最后，企业依据各责任中心的责任成本和成本控制标准，按照业绩考核制度和办法，定期进行成本管理业绩的考核与评价，表扬先进，惩罚落后，贯彻多劳多得的按劳分配原则，从而调动各方面降低成本的积极性。

9. 持续改善

目标成本法作为新兴的成本管理方法，需要在工作实践中对目标成本管理不断地进行完善和改进。在确保产品或服务质量的前提下，对目标成本管理进行持续改善，并不断推进。企业应定期将产品实际成本与设定的可实现目标成本进行对比，确定其差异及其性质，分析差异的成因，提出消除各种重要不利差异的可行途径和措施，进行可实现目标成本的重新设定、再达成，推动成本管理的持续优化。

在目标成本法实施过程中，企业需要对目标成本进行跟踪评价，包括对产品或服务的财务目标和非财务性目标达成状况的跟踪评价。例如，产品市场目标售价是否已经发生变化？客户的需求配置是否得到满足？竞争对手标杆产品或服务是否已经改变？上述变化对目标成本有何影响？对目标成本进行跟踪评价之后，企业需要对产品或服务的目标成本进行持续优化，不断降低产品或服务成本，以适应竞争日趋激烈的市场环境。

9.2.3 目标成本法的优缺点

1. 目标成本法的优点

目标成本法主要具有以下优点：

（1）突出从原材料到产品出货全过程成本管理，有助于提高成本管理的效率和效果；

（2）强调产品寿命周期成本的全过程和全员管理，有助于提高客户价值和产品市场竞争力；

（3）谋求成本规划与利润规划活动的有机统一，有助于提升产品的综合竞争力。

2. 目标成本法的缺点

目标成本法的主要缺点在于，其应用不仅要求企业具有各类所需要的人才，更需要各有关部门和人员的通力合作，基础管理水平要求比较高。

9.3 标准成本法

1903年"科学管理之父"泰罗出版了《工厂管理》一书，书中提出产品的标准操作程序及时间定额，成为标准成本制度产生的基础。1911年，美国会计师查特·哈里森第一次设计出一套完整的标准成本制度，他在1918年发表一系列的文章，介绍一套分析成本差异的公式，并对账户、分类账及成本分析单叙述的十分详细，从此标准成本法就脱离实验阶段而进入实施阶段，逐渐得到完善和广泛使用，查特·哈里森被誉为"标准成本会计之父"。

9.3.1 标准成本法概述

1. 相关概念

《管理会计应用指引第302号——标准成本法》第一条指出：标准成本法，也称标准成本会计，是指企业以预先制定的标准成本为基础，通过比较标准成本与实际成本，计算和分析成本差异、揭示成本差异动因，进而实施成本控制、评价经营业绩的一种成本管理方法。

资源9.9 管理会计应用指引第302号——标准成本法

标准成本，是指在正常的生产技术水平和有效的经营管理条件下，企业经过努力应达到的产品成本水平。

成本差异，是指实际成本与相应标准成本之间的差额。当实际成本高于标准成本时，形成超支差异；当实际成本低于标准成本时，形成节约差异。

2. 适用范围和主要目标

标准成本法一般适用于产品及其生产条件相对稳定，或生产流程与工艺标准化程度较高的企业。企业应用标准成本法的主要目标，是通过标准成本与实际成本的比较,揭示与分析标准成本与实际成本之间的差异,并按照例外管理的原则,对不利差异予以纠正,以提高工作效率,不断改善产品成本。

9.3.2 标准成本的制定

企业应用标准成本法,一般按照确定应用对象、制定标准成本、实施过程控制、成本差异计算与动因分析,以及修订与改进标准成本等程序进行。

为了实现成本的精细化管理,企业应根据标准成本法的应用环境,结合内部管理要求,确定应用对象。标准成本法的成本对象可以是不同种类、不同批次或不同步骤的产品。

在制定标准成本时,企业一般应结合经验数据、行业标杆或实地测算的结果,运用统计分析、工程试验等方法,首先,就不同的成本或费用项目,分别确定消耗量标准和价格标准;产品标准成本通常由直接材料标准成本、直接人工标准成本和制造费用标准成本构成。每一成本项目的标准成本应分为用量标准(包括单位产品消耗量、单位产品人工小时等)和价格标准(包括原材料单价、小时工资率、小时制造费用分配率等)。其次,确定每一成本或费用项目的标准成本;最后,汇总不同成本项目的标准成本,确定产品的标准成本。

1. 直接材料标准成本

直接材料成本标准,是指直接用于产品生产的材料成本标准,包括标准用量和标准单价两方面。

制定直接材料的标准用量,一般由生产部门负责,会同技术、财务、信息等部门,根据产品的图纸等技术文件进行产品研究,列出所需的各种材料以及可能的替代材料,并说明这些材料的种类、质量以及库存情况;在对过去用料经验记录进行分析的基础上,采用过去用料的平均值、最高与最低值的平均数、最节省数量、实际测定数据或技术分析数据等,科学地制定标准用量。

制定直接材料的标准单价,一般由采购部门负责,会同财务、生产、信息等部门,在考虑市场环境及其变化趋势、订货价格以及最佳采购批量等因素的基础上综合确定。直接材料标准成本的计算公式如下:

$$\text{直接材料标准成本}=\text{单位产品的标准用量}\times\text{材料的标准单价} \qquad (9.4)$$

材料按计划成本核算的企业,材料的标准单价可以采用材料计划单价。

【**例 9.1**】 假定 A 产品耗用甲、乙两种材料,其直接材料标准成本见表 9.1。

表 9.1 直接材料标准成本计算表

标准	甲材料	乙材料
用量标准	15 千克/件	12 千克/件
价格标准	10 元/千克	8 元/千克
直接材料标准成本	150 元/件	96 元/件
单位产品直接材料标准成本	246 元/件	

2. 直接人工标准成本

直接人工成本标准,是指直接用于产品生产的人工成本标准,包括标准工时和标准工资率。

制定直接人工的标准工时,一般由生产部门负责,会同技术、财务、信息等部门,在对产品生产所需作业、工序、流程工时进行技术测定的基础上,考虑正常的工作间隙,并适当考虑生产条件的变化,生产工序、操作技术的改善,以及相关工作人员主观能动性的充分发挥等因素,合理确定单位产品的工时标准。

制定直接人工的标准工资率,一般由人力资源部门负责,根据企业薪酬制度等制定。直接人工标准成本的计算公式如下:

$$直接人工标准成本 = 单位产品的标准工时 \times 小时标准工资率 \quad (9.5)$$

【例9.2】 【例9.1】中A产品直接人工标准成本计算见表9.2。

表9.2 直接人工标准成本计算表

项目	标准	项目	标准
月标准总工时	12 000 小时	单位产品标准工时	5 小时/件
月标准总工资	240 000 元	直接人工标准成本	100 元/件
标准工资率	20 元/时		

3. 制造费用成本标准

制造费用成本标准应区分变动制造费用项目和固定制造费用项目分别确定。

变动制造费用,是指通常随产量变化而成正比例变化的制造费用。变动制造费用项目的标准成本和直接人工标准成本类似,也是根据标准用量和标准价格确定。变动制造费用的标准用量可以是单位产量的燃料、动力、辅助材料等标准用量,也可以是产品的直接人工标准工时,或者是单位产品的标准机器工时。标准用量的选择需考虑用量与成本的相关性,制定方法与直接材料的标准用量以及直接人工的标准工时类似。变动制造费用的标准价格可以是燃料、动力、辅助材料等标准价格,也可以是小时标准工资率等。制定方法与直接材料的价格标准以及直接人工的标准工资率类似。变动制造费用的计算公式如下:

$$\frac{变动制造费用}{项目标准成本} = \frac{变动制造费用}{项目的标准用量} \times \frac{变动制造费用}{项目的标准价格} \quad (9.6)$$

固定制造费用,是指在一定产量范围内,其费用总额不会随产量变化而变化,始终保持固定不变的制造费用。固定制造费用一般按照费用的构成项目实行总量控制;也可以根据需要,通过计算标准分配率,将固定制造费用分配至单位产品,形成固定制造费用的标准成本。

制定固定费用标准,一般由财务部门负责,会同采购、生产、技术、营销、财务、人事、信息等有关部门,依据固定制造费用的不同构成项目的特性,充分考虑产品的现有生产能力、管理部门的决策以及费用预算等,测算确定各固定制造费用构成项目的标准成本;通过汇总各固定制造费用项目的标准成本,得到固定制造费用的标准总成本；确定固定制造费用的标准分配率，标准分配率可根据产品的单位工时与预算总工时的比率确定。其中，预算总工时，是指由预算产量和单位工时标准确定的总工时。单位工时标准可以依据相关性原则在直接人工工时或者机器工时之间做出选择。固定制造费用标准成本的计算顺序及公式如下：

固定制造费用标准成本由固定制造费用项目预算确定；

$$\text{固定制造费用总成本} = \Sigma \text{固定制造费用项目标准成本} \tag{9.7}$$

$$\text{固定制造费用标准分配率} = \text{单位产品的标准工时} \div \text{预算总工时} \tag{9.8}$$

$$\text{固定制造费用标准成本} = \text{固定制造费用总成本} \times \text{固定制造费用标准分配率} \tag{9.9}$$

企业应在制定标准成本的基础上，将产品成本及其各成本或费用项目的标准用量和标准价格层层分解，落实到部门及相关责任人，形成成本控制标准。各归口管理部门（或成本中心）应根据相关成本控制标准，控制费用开支与资源消耗，监督、控制成本的形成过程，及时分析偏离标准的差异并分析其成因，并及时采取措施加以改进。在标准成本法的实施过程中，各相关部门（或成本中心）应对其所管理的项目进行跟踪分析。

【例 9.3】 【例 9.2】中 A 产品制造费用标准成本计算见表 9.3。

表 9.3　　　　　　　　　制造费用标准成本计算表

项目	标准	项目	标准
月标准总工时	15 000 小时	变动制造费用标准成本	30 元/件
标准变动制造费用总额	90 000 元	固定制造费用总成本	75 000 元
标准变动制造费用分配率	6 元/时	固定制造费用标准成本	25 元/件
单位产品工时标准	5 小时/件	单位产品制造费用标准成本	55 元/件

【例 9.4】 根据前【例 9.1】～【例 9.3】有关资料，填列 A 产品标准成本见表 9.4。

表 9.4　　　　　　　　　A 产品标准成本表

成本项目		用量标准	标准价格	单位标准成本
直接材料	甲材料	10 千克/件	15 元/千克	150 元/件
	乙材料	8 千克/件	12 元/千克	96 元/件
	小计	—	—	246 元/件
直接人工		5 小时/件	20 元/时	100 元/件
变动制造费用		5 小时/件	6 元/时	30 元/件
固定制造费用		—	—	25 元/件
单位产品标准成本				401 元/件

生产部门一般应根据标准用量、标准工时等，实时跟踪和分析各项耗用差异，从

操作人员、机器设备、原料质量、标准制定等方面寻找差异原因，采取应对措施，控制现场成本，并及时反馈给人力资源、技术、采购、财务等相关部门，共同实施事中控制。

采购部门一般应根据标准价格，按照各项目采购批次，揭示和反馈价格差异形成的原因，控制和降低总采购成本。

9.3.3 标准成本的差异分析

企业应定期将实际成本与标准成本进行比较和分析，确定差异数额及性质，揭示差异形成的动因，落实责任中心，寻求可行的改进途径和措施。成本差异的计算与分析一般按成本或费用项目进行。具体分为：直接材料成本差异，直接人工成本差异和制造费用成本差异。

1. 直接材料成本差异

直接材料成本差异，是指直接材料实际成本与标准成本之间的差额，该项差异可分解为直接材料价格差异和直接材料数量差异。

直接材料价格差异，是指在采购过程中，直接材料实际价格偏离标准价格所形成的差异；直接材料数量差异，是指在产品生产过程中，直接材料实际消耗量偏离标准消耗量所形成的差异。有关计算公式如下：

直接材料成本差异＝实际成本－标准成本

＝实际耗用量×实际单价－标准耗用量×标准单价 (9.10)

直接材料成本差异＝直接材料价格差异＋直接材料数量差异 (9.11)

直接材料价格差异＝实际耗用量×(实际单价－标准单价) (9.12)

直接材料数量差异＝(实际耗用量－标准耗用量)×标准单价 (9.13)

【例 9.5】 制造 A 产品需用甲、乙两种直接材料，标准价格分别是 15 元/千克、12 元/千克，单位产品的标准用量分别是 10 千克/件、8 千克/件；本期共生产 A 产品 1 000 件，实际耗用甲材料 9 800 千克、乙材料 8 100 千克，甲、乙两种材料的实际价格分别是 14 元/千克、13 元/千克。计算甲乙两种直接材料成本差异。

直接计算如下：

甲材料成本差异＝9 800×14－10×1000×15＝－12 800(元)

乙材料成本差异＝8 100×13－8×1000×12＝9 300(元)

也可以，用以下公式计算：

甲材料价格差异＝9 800×(14－15)＝－9 800(元)

乙材料价格差异＝8 100×(13－12)＝8 100(元)

甲材料数量差异＝(9 800－1 000×10)×15＝－3 000(元)

乙材料数量差异＝(8 100－1 000×8)×12＝1 200(元)

甲材料成本差异＝－9 800＋(－3 000)＝－12 800(元)

乙材料成本差异＝8 100＋1 200＝9 300(元)

2. 直接人工成本差异

直接人工成本差异，是指直接人工实际成本与标准成本之间的差额，该差异可分解为工资率差异和人工效率差异。

工资率差异,是指实际工资率偏离标准工资率形成的差异,按实际工时计算确定;人工效率差异,是指实际工时偏离标准工时形成的差异,按标准工资率计算确定。有关计算公式如下:

$$直接人工成本差异=实际成本-标准成本$$
$$=实际工时\times实际工资率-标准工时\times标准工资率 \quad (9.14)$$
$$直接人工成本差异=直接人工工资率差异+直接人工效率差异 \quad (9.15)$$
$$直接人工工资率差异=实际工时\times(实际工资率-标准工资率) \quad (9.16)$$
$$直接人工效率差异=(实际工时-标准工时)\times标准工资率 \quad (9.17)$$

【例9.6】 本期生产A产品1 000件,只需一个工种加工,实际耗用4 800小时,实际工资总额100 800元;标准工资率为20元/小时,单位产品的工时耗用标准为5小时。直接人工成本差异计算分析如下:

直接计算为:
$$直接人工差异=100\ 800-1000\times5\times20=800(元)$$

也可以:
$$直接人工工资率差异=4\ 800\times(100\ 800\div4\ 800-20)=4\ 800(元)$$
$$直接人工效率差异=(4\ 800-1\ 000\times5)\times20=-4\ 000(元)$$
$$直接人工差异=4\ 800+(-4\ 000)=800(元)$$

3. 制造费用成本差异

制造费用成本差异可分为变动制造费用项目的差异和固定制造费用项目成本差异。变动制造费用项目的差异,是指变动制造费用项目的实际发生额与变动制造费用项目的标准成本之间的差额,该差异可分解为变动制造费用项目的价格差异和数量差异。

变动制造费用项目的价格差异,是指燃料、动力、辅助材料等变动制造费用项目的实际价格偏离标准价格的差异;变动制造费用项目的数量差异,是指燃料、动力、辅助材料等变动制造费用项目的实际消耗量偏离标准用量的差异。变动制造费用项目成本差异的计算和分析原理与直接材料和直接人工成本差异的计算和分析相同。

固定制造费用项目成本差异,是指固定制造费用项目实际成本与标准成本之间的差额。其计算公式如下:

$$\text{固定制造费用项目成本差异}=\text{固定制造费用项目实际成本}-\text{固定制造费用项目标准成本} \quad (9.18)$$

企业应根据固定制造费用项目的性质,分析差异的形成原因,并将之追溯至相关责任中心。在成本差异的分析过程中,企业应关注各项成本差异的规模、趋势及其可控性。对于反复发生的大额差异,企业应进行重点分析与处理。企业可将生成的成本差异信息汇总,定期形成标准成本差异分析报告,并针对性地提出成本改进措施。为保证标准成本的科学性、合理性与可行性,企业应定期或不定期对标准成本进行修订与改进。

通常情况下,标准成本的修订工作由标准成本的制定机构负责。企业应至少每年对标准成本进行测试,通过编制成本差异分析表,确认是否存在因标准成本不准确而形成的成本差异。当该类差异较大时,企业应按照标准成本的制定程序,对标准成本进行调整。除定期测试外,当外部市场、组织机构、技术水平、生产工艺、产品品种等内外部环境发生较大变化时,企业也应及时对标准成本进行调整。

9.4 责任成本管理

9.4.1 责任成本管理概述

1. 责任成本管理的内涵

目标成本和标准成本的实现及作用的发挥需要借助于责任成本管理制度。责任成本管理是现代企业实施精益化管理的一个重要组成部分,它是将企业内部划分为不同的责任中心,明确责任成本,并根据各责任中心的责、权、利关系来考核其工作业绩的一种成本管理模式。

责任成本管理把"责任"和"成本"两个主题巧妙地结合起来,集预算管理、定额管理、财务管理、会计核算等办法于一体,具有很强的综合管理功能。推行责任成本管理可以进一步规范企业内部管理行为,建立符合科学预控、责任量化、纪律严明、目标明确、考核严格的基本原则的运行机制,并可以促进企业集约经营、精细化管理和稳健理财,增强企业的经济实力。

> **知识链接**

责 任 会 计

责任会计是现代管理会计的一个重要分支,是指为适应企业内部经济责任制的要求,对企业内部各责任中心的经济业务进行规划与控制,以实现业绩考核与评价的一种内部会计控制制度。

责任会计将企业划分为各种分权的责任中心,确定各责任中心拥有的权力、承担的责任以及对业绩的奖惩措施,以各级责任中心为会计主体,以责任中心可控的经济活动为对象,以责、权、利协调统一为原则,以责任中心的责任预算作为控制的依据,通过编制责任报告进行业绩考核评价,对责任中心进行控制和考核的一种会计制度。

> **特别提示**

责任成本管理与责任会计,均是以划分的责任中心为对象,但二者的侧重点略有不同。责任成本管理强调对责任中心责任成本的管理与控制,而责任会计更强调的是对责任中心业绩的考核与评价。

2. 责任成本管理的工作流程

责任成本管理是一项贯穿企业生产经营过程的成本控制工作,须由全员参加,

第9章 成本控制

资源9.10
责任成本各部门的职责

以得到全方位、全过程地实施。企业管理部应将责任成本管理机构的职责进一步细化分解，落实到各相关职能部门和责任人。以下是责任成本管理工作的具体流程：

(1) 编制责任成本分解预算。责任成本分解预算是企业全面预算按责任中心的合理分解、落实和具体化，应在企业管理层关于责任成本预算指导原则下，结合各部门实际进行方案优化后的责任成本，对预算进行分解编制。

(2) 划分责任单元，进行责任分解。按照责任成本分解预算，将各项指标分解落实到各责任部门及其责任人，并签订责任书。

(3) 过程受控与监控。按规定编制并上报责任成本报表及资料，接受企业管理层的监督。同时，对各责任部门责任成本管理情况定期进行检查、监督，定期进行成本分析和核算。

(4) 考核与奖罚。按与各责任单元和责任人签订的责任书，搞好过程考核和末次考核工作，并根据考核结果进行奖罚。

9.4.2 责任成本及内容

1. 责任成本的概念及特点

责任成本是一种以责任中心为成本计算对象的成本，它是考评各责任中心经营业绩和职责履行情况的重要依据。责任成本一般是可控成本，因为只有责任中心能够控制的成本，才能作为对其进行考核的依据。

可控成本的概念在成本控制的原则中已述及，具体到责任成本，可控成本则是针对特定责任中心来说的。一项成本，对某个责任中心来说是可控的，对另外的责任中心来说则是不可控的。例如，耗用材料的进货成本，采购部门可以控制，使用材料的生产单位则不能控制。有些成本，对于下级单位来说是不可控的，而对于上级单位来说则是可控的。例如，车间主任不能控制自己的工资（尽管它通常要计入车间成本），而他的上级则可以控制。

> **特别提示**
>
> 责任成本是按照责任者的可控程度所归集的应由责任者负担的成本，它划清了企业成本管理中的经济责任，体现了责权利一体、分级控制的思想。

企业发生的各项成本按责任归属落实到各责任中心，构成各责任中心的责任成本。因此，责任成本具有以下特点：

(1) 与特定的责任中心相联系。责任成本以责任中心为对象进行汇集，按责任中心进行控制、考核。

(2) 可预知性。各责任中心将要发生的责任成本的性质、内容可以预先加以确定，其耗费水平可以预先加以估计，从而可以预先较为合理地确定各责任中心的责任成本的构成内容及消耗标准。

(3) 可控性。各责任中心有能力控制、调节责任成本。换言之，各责任中心以该中心的可控成本为其责任成本的范围，可控性是划分责任成本、确定成本责任的基本标志。

(4) 可追溯性。企业发生的耗费与特定的原因和目的相联系，受特定管理权限的制约，因而发生的成本均可按其发生的原因及其可控性追溯到有关责任部门。责任成本可按其发生的原因及其可控性追溯到有关责任部门的特性,称为责任成本的"可追溯性"。这是责任成本的基本特征。

> **特别提示**
>
> 各责任中心发生的成本,有些是该责任中心的可控成本,有些为不可控成本。同样,责任中心的可控成本不一定发生在该责任中心。为了正确确定各责任中心的成本责任,对于发生在某责任中心之外而应由该责任中心承担责任的成本,也应追溯到该责任中心。

> **知识链接**

表 9.5   责任成本、目标成本与标准成本对比

关系	责任成本	标准成本	目标成本
区别	事后的计算、评价和考核	事先的成本计算 按产品分别制订,事后对差异进行分析时才判别责任归属	事先的成本计算 事先规定目标时就考虑责任归属,并按责任归属收集和处理实际数据
联系	不管使用目标成本还是标准成本作为控制依据,事后的评价与考核都要求核算责任成本		

资料来源:《注册会计师考试精要版教材》

2. 部门责任成本的内容

正确确定责任成本的构成内容是明确成本责任,加强责任控制,正确进行绩效考评的依据。责任中心不同,其责任成本的构成内容也有所不同。

(1) 责任成本内容确定的原则。在确定各责任中心的责任成本时,应遵循可控原则与责任归属原则。

各责任中心发生的可控成本分为两种情况:一是各责任中心直接发生的责任成本;二是发生在其他责任中心,而根据责任归属原则应该由该责任中心承担责任的成本。这种从其他责任中心追溯而来的应由本责任中心承担的责任成本,称为被追溯责任成本。如供水、供电部门未保证正常水电供应导致其他部门的停工损失及由此而产生的废品损失等,尽管这些损失发生在相关部门,但其责任应该在供水、供电部门,相关的损失应该由遭受损失的部门追溯到供水、供电部门。对于供水、供电部门而言,这就是被追溯责任成本。

> **知识链接**

常见的被追溯责任成本

本责任中心产生的废品结转到后续生产步骤而应负担的损失,包括该废品在本责任中心的生产成本及后续生产部门生产过程中追加的成本;本责任中心责任造成的其他责任中心发生的损失;未能按生产计划均衡生产致使半成品或产成品供应中断而导致后续生产部门的停工损失或产品销售的违约损失;设备使用不当而造成的各方面的损失等。

判别成本费用支出的责任归属可按以下原则：假如某责任中心通过自己的行动能有效地影响一项成本的数额，则该中心就对这项成本负责；假如某责任中心有权决定是否使用某种资产或劳务，它就应对这些资产或劳务的成本负责；某管理人员虽然不能直接决定某项成本，但是上级要求他参与有关事项，从而对该项支出施加了重要影响，则他对该成本也要承担责任。

特别提示

计算责任成本的关键是判别每一项成本费用支出的责任归属。

对于各责任中心之间相互提供材料、劳务和半成品供应的，为正确划分成本责任，应确定恰当的内部结算价格进行结算，以排除各责任中心之间成本超支或节约的相互影响，以便准确考核评价各责任中心的工作绩效。

（2）生产部门责任成本。生产部门责任成本的内容与制造成本的内容比较接近，但有些项目需要调整。这些需要调整的项目包括：①直接材料及半成品成本需要按内部结算价格等计价，以便分清不同部门之间的责任。②制造费用中固定资产的折旧费、大修理费等项目需要根据不同情况调整。

责任成本和产品成本是既有区别又有联系的两类成本概念。

区别：①核算的对象不同，前者是以责任中心为计算对象，后者以产品为计算对象；②核算的原则不同，前者的核算原则是谁负责（或控制）谁承担，后者则是谁受益谁承担；③核算的目的不同，前者是出于内部管理与控制的需要，后者则是以计量存货计价和收益为目的；④两者成本的内涵不同，产品成本只包括直接材料、直接人工和制造费用三项生产成本，而责任成本还可以包括管理费用、销售费用和财务费用等期间费用。

联系：两者都是反映在生产经营过程中所发生的耗费，因此，就某一特定时期来说，整个企业的产品总成本与整个企业的责任成本的总和相等。

知识链接

表9.6　　　　　　　　　　责任成本的计算特点

项目	责任成本计算	变动成本计算	制造成本计算
成本计算的目的	评价成本控制业绩	经营决策	确定产品存货成本和销货成本
成本计算对象	责任中心	产品	产品
成本的范围	各责任中心的可控成本	直接材料、直接人工、变动制造费用、变动销售与管理费用	直接材料、直接人工、全部制造费用
共同费用的分摊原则	可控原则：谁能控制谁负责，不仅可控的变动间接费用要分配给责任中心，可控的固定间接费用也要分配给责任中心	只分摊变动制造费用，不分摊固定制造费用	受益原则：谁受益谁承担，要分摊全部的制造费用

资料来源：《注册会计师考试精要版教材》

(3) 供应部门责任成本。供应部门的责任成本包括：材料物资的采购成本；供应部门发生的各项费用；材料物资盘盈、盘亏、毁损等；材料储存成本；因材料质量问题而造成的废品损失；因材料不合规定的型号、标准等而造成的浪费；因未按计划时间供应材料而造成生产部门的停产损失等。由于企业调整生产计划等原因造成材料报废、超时储存，以及为保证特殊需要而进行紧急订货等原因所追加的成本或增加的损失，应从供应部门责任成本的相关项目中扣除。

上述部门以外的其他职能部门，应对其在管理或业务活动过程中发生的各种费用负责。这些职能部门的责任成本包括其在执行职能时发生的各项成本与管理不当等原因导致其他部门发生的损失。

9.4.3 责任中心及其考核

1. 责任中心的概念及条件

责任中心也称责任单位，是指企业内部具有一定权力并承担相应工作责任的部门或者管理层次。责任中心具有相对独立的经营业务和财务收支活动，是一个责权利相结合的实体，能够对其可控项目承担经济责任，便于进行责任核算、业绩考核和评价。

责任中心一般应具备四个条件：
（1）承担经济责任的主体，即责任者。
（2）有确定经济责任的客观对象，即一定的经济活动和资金运动。
（3）有考核经济责任的基本依据和标准，即经济业绩。
（4）具备承担经济责任的基本条件，即拥有一定的职责及决策和执行权力。

知识链接

阿米巴经营模式

稻盛和夫指出："所谓的'阿米巴经营'就是将企业划分为一个个的小集体即阿米巴，每个阿米巴独立核算，他们以各个阿米巴的领导为核心，让其自行制定各自的计划，并依靠全体成员的智慧和努力来完成目标，每个阿米巴就像一个小商店、小企业独立经营，他们之间是买卖关系。"阿米巴经营模式就是把企业划分成一个个小集体，让每个小集体独立核算、自负盈亏，从而激活每个小集体的成本意识和经营意识，培养具备经营者意识的人才，达到人人具备经营者意识的人才目的。阿米巴经营本质上是一套量化赋权的经营管理体系，是一套与企业经营各项机能紧密相关、实现企业牵一发而动全身的经营管理制度体系。

一般来讲，按照分权管理的原则，可将企业内部单位划分为成本中心、收入中心、利润中心和投资中心四类责任中心。由于收入中心在实务中不多见，本小节重点介绍成本中心、利润中心和投资中心。

2. 成本中心及考核

成本中心，是指只对成本或费用承担经济责任并负责控制和报告成本或费用的内部责任单位。成本中心一般没有销售业务，从而没有收入来源，故只对成本负责，而无须对收入、利润及投资负责。成本中心的范围最广，一般来说，凡是企业内部有成本发生，需要对成本负责、并能实施成本控制的单位都可以成为成本中心。制造类企业上至工厂，下至车间、工段、班组，甚至个人都有可能成为成本中心。

资源 9.11
成本中心的
类型

成本中心分为标准成本中心和费用中心两大类。标准成本中心是指所生产的产品稳定而明确，并且已经知道单位产品所需要的投入量的责任中心，如制造业工厂、车间、工段或班组等。费用中心是指那些产出物不能用财务指标衡量，或者投入与产出之间没有密切关系的单位，如一般行政管理部门、研究开发部门或某些销售部门等。标准成本中心的设备和技术决策，通常由职能管理部门作出，而不是由成本中心管理人员自己来决定，因此，标准成本中心不对生产能力的利用程度等负责。

资源 9.12
成本中心的
考核指标

成本中心的考核指标依成本中心的分类不同而不同。对标准成本中心而言，主要采用既定产品质量和数量条件下的标准成本；对费用中心而言，通常使用费用预算，最常见的指标是预算成本节约额和预算成本节约率，具体公式如下：

① 预算成本节约额＝实际产量预算责任成本－实际成本

＝实际产量×预算单位责任成本－实际产量×实际单位成本

(9.19)

② $$预算成本节约率 = \frac{预算成本节约额}{实际产量预算责任成本} \times 100\%$$ (9.20)

特别提示

责任成本是成本中心考核和控制的主要内容，成本中心当期发生的所有可控成本之和就是其责任成本。

3. 利润中心及考核

利润中心除了对成本负责外，还要对收入与利润负责。利润中心往往处于企业内部较高层次，是对产品或劳务有生产经营决策权的企业内部部门（如分厂、分店、分公司等具有独立经营权的部门）。

利润中心包括自然利润中心和人为利润中心两种形式：自然利润中心是自然形成的，直接对外提供劳务或销售产品以取得收入的责任中心；人为利润中心是人为设定的，通过企业内部各责任中心之间使用内部转移价格结算半成品内部销售收入的责任中心。内部转移价格在下一小节中详细介绍。

利润中心的考核指标有边际贡献、可控边际贡献和部门边际贡献等，具体公式如下：

资源 9.13
利润中心考
核指标的适
用性分析

边际贡献＝销售收入总额－变动成本总额 (9.21)

可控边际贡献＝边际贡献－可控固定成本 (9.22)

部门边际贡献＝可控边际贡献－不可控固定成本 (9.23)

可控边际贡献也称为部门经理边际贡献，它衡量了部门经理有效运用其控制下的资源的能力，是评价利润中心管理者业绩的理想指标。部门边际贡献又称为部门税前经营利润，反映了部门为企业利润和弥补与生产能力有关的成本所做的贡献，它更多地用于评价部门业绩而不是利润中心管理者的业绩。

4. 投资中心及考核

投资中心除了对成本和利润负责之外，还要对投资及投资收益负责。投资中心不仅在产品的生产和销售上享有较大自主权，而且能够独立地运用其所掌握的资金。因此，投资中心是最高层次的责任中心，拥有最大的决策权。利润中心和投资中心的区别在于利润中心没有投资决策权。

> **特别提示**

成本中心、利润中心和投资中心事实上是企业内部三种不同层次的内部单位。尽管三者在权责范围的大小等方面存在差别，但它们都对发生在各自中心的成本负有责任。从责任成本管理角度看，它们都属于责任中心。

对投资中心的业绩进行评价时，不仅要使用利润指标，还需要计算、分析利润与投资的关系，主要有投资报酬率和剩余收益等指标，具体公式如下：

(1) $$\text{投资报酬率} = \frac{\text{息税前利润}}{\text{平均经营资产}} \times 100\% \tag{9.24}$$

其中：息税前利润是指扣减利息和所得税之前的利润。

$$\text{平均经营资产} = (\text{期初经营资产} + \text{期末经营资产})/2$$

投资报酬率过于关注投资利润率，会造成短期行为的发生，追求局部利益最大化而损害整体利益最大化目标，导致经理人员为眼前利益而牺牲长远利益。

(2) $$\text{剩余收益} = \text{息税前利润} - \text{平均经营资产} \times \text{最低投资报酬率} \tag{9.25}$$

剩余收益作为一个绝对指标，难以在不同规模的投资中心之间进行业绩比较。

【例 9.7】 甲公司是一家以软件研发为主要业务的上市公司，有关材料如下。

资料一：X 是甲公司下设的一个利润中心，2019 年 X 利润中心的营业收入为 600 万元，变动成本为 400 万元，该利润中心负责人可控的固定成本为 50 万元，由该利润中心承担的但其负责人无法控制的固定成本为 30 万元。

资料二：Y 是甲公司下设的一个投资中心，2019 年初已占用的投资额为 2 000 万元，预计每年可实现利润 300 万元，投资报酬率为 15%。2020 年年初有一个投资额为 1 000 万元的投资机会，预计每年增加利润 90 万元，假设甲公司的投资必要报酬率为 10%。

要求：

(1) 根据资料一，计算 X 利润中心的边际贡献、可控边际贡献和部门边际贡献，并指出以上哪个指标可以更好地评价 X 利润中心负责人的管理业绩；

(2) 根据资料二，①计算接受新投资机会之前的剩余收益；②计算接受新投资机会之后的剩余收益；③判断 Y 投资中心是否应该接受该投资机会，并说明理由。

解析：

(1) 边际贡献 = 600 − 400 = 200（万元）

可控边际贡献 = 600 − 400 − 50 = 150（万元）

部门边际贡献＝600－400－50－30＝120（万元）

可控边际贡献可以更好地评价 X 利润中心负责人的管理业绩。

（2） 接受新投资机会之前的剩余收益＝300－2 000×10％＝100（万元）

接受新投资机会之后的剩余收益＝390－3 000×10％＝90（万元）

接受投资机会后，剩余收益下降，所以不应该接受。

9.4.4 内部转移价格

企业内部各个责任中心在生产经营活动中既相互联系，又相互独立地开展各自的活动，各责任中心之间经常会有相互提供产品或劳务的交易活动，为了正确、客观地评价各个责任中心的经营业绩，明确经营责任，使各个责任中心的业绩考核与评价建立在客观可比的基础上，从而调动各责任中心的积极性，企业应当为各个责任中心之间交换的产品或劳务制定具有经济依据的内部转移价格。

1．内部转移价格的定义

内部转移价格是指企业内部有关责任中心之间提供产品或劳务而进行相互结算或相互转账的结算价格。

2．内部转移价格的目的

一方面，内部转移价格可以有效地防止成本转移引起的责任中心之间的责任转嫁，使每个责任中心都能作为单独的组织单位进行业绩评价。

另一方面，可以把有关责任中心的经济责任、工作绩效加以数量化，使企业最高管理者和内部各业务职能部门的经理能根据企业未来一定时期的经营目标和有关的成本、收入、利润以及资金情况，在分析比较的基础上，制定正确的经营决策，选取履行经济责任、完成责任预算、实现预定目标的最佳行动方案。例如，有关部门的生产经营是不断扩大还是适当缩小；中间产品和劳务是在企业内部购买还是向外部市场购买等。

然而，这两个目的往往会相互冲突：虽然能够满足评价部门业绩的转移价格，但是可能引导部门经理做出并非对企业最理想的决策；虽然能够正确引导部门经理转移价格，但是可能使某个部门获利水平很高而另一个部门却发生了亏损。我们很难找到理想的转移价格来兼顾业绩评价和制定决策，只能根据企业的具体情况选择基本满意的解决办法。

3．内部转移价格的类型

（1）市场价格。即按市场价格制定内部转移价格。采用这种内部转移价格的方法，能够较好地体现公平性原则，使各责任中心参与市场竞争，加强生产经营管理。按市场价格制定内部转移价格，一般适用于能够对外销售产品以及从市场上购买产品的自然利润中心，或投资中心之间相互提供产品的结算。

（2）协商价格。协商价格是以正常的市场价格为基础，并建立定期协商机制，共同确定双方都能接受的价格作为计价标准。协商价格范围的上限是市场价格，下限是单位变动成本。制定内部转移价格并非制定产品或劳务的销售价格，不一定要由市场来决定。考虑到市场价格的变动性以及形成市场价格的多种复杂因素，有时难以找到具有代表性的市价，这时可以把正常情况下的市价作参考，采用协商价格。由于该价格是买卖双方协商议定的,因而能使双方都满意。

(3) 以成本为基础的转移定价。以成本为基础的转移定价是指所有的内部交易均以某种形式的成本价格进行结算。该定价方法适用于内部转移的产品或劳务没有市价的情况。

9.5 作业成本法

随着智能化时代的到来,企业的经营环境正在发生巨大改变。生产过程复杂、制造费用在产品成本中所占比重极大,且与人工费用并无直接关系,若仍然采用传统的成本计算方法分配制造费用,就会导致成本信息扭曲,进而导致决策的失误。在这种新的形势下,作业成本法就应运而生了。20世纪30年代到50年代之间,埃里克·科勒教授开始论述作业成本核算思想,作业成法在企业中的应用始于20世纪80年代末期。

特别提示

作业成本法起源于美国,由埃里克·科勒(Eric L. Kohler)首先提出。科勒发现水力发电生产过程中,直接成本比重很低、间接成本很高,从根本上冲击了传统的按照工时比例分配间接费用的成本核算方法。后来,斯拖布斯(G. T. Staubus)对作业成本法理论做了进一步研究。20世纪末,由于计算机为主导的生产自动化、智能化程度日益提高,直接人工费用普遍减少,间接成本相对增加,明显突破了制造成本法中"直接成本比例较大"的假定,导致了作业成本法研究的全面兴起,代表者是哈佛大学的卡普兰教授(Robert S. Kaplan)。

9.5.1 作业成本法及其相关概念

1. 作业成本法的含义

作业成本法是指企业将资源费用准确分配到产品、服务等成本对象的一种成本计算方法。作业成本法以"作业消耗资源、产出消耗作业"为原则,按照资源动因将资源费用追溯或分配至各项作业,计算出作业成本,然后再根据作业动因,将作业成本追溯或分配至各成本对象,最终完成成本计算的过程。

2. 作业成本法的相关概念

(1) 作业是指企业基于特定目的重复执行的任务或活动,是连接资源和成本对象的桥梁。一项作业既可以是一项非常具体的任务或活动,也可以泛指一类任务或活动。企业可按照受益对象、层次和重要性,将作业分为以下五类,并分别设计相应的作业中心:

1) 产量级作业。指明确地为个别产品(或服务)实施的、使单个产品(或服务)受益的作业。该类作业的数量与产品(或服务)的数量成正比例变动。包括产品加工、检验等。

2) 批别级作业。指为一组(或一批)产品(或服务)实施的、使该批该组产品(或服务)受益的作业。该类作业的发生是由生产的批量数而不是单个产品(或服务)

引起的,其数量与产品(或服务)的批量数成正比变动。包括设备调试、生产准备等。

3)品种级作业。指为生产和销售某种产品(或服务)实施的、使该种产品(或服务)的每个单位都受益的作业。该类作业用于产品(或服务)的生产或销售,但独立于实际产量或批量,其数量与品种的多少成正比例变动。包括新产品设计、现有产品质量与功能改进、生产流程监控、工艺变换需要的流程设计、产品广告等。

4)顾客级作业。指为服务特定客户所实施的作业。该类作业保证企业将产品(或服务)销售给个别客户,但作业本身与产品(或服务)数量独立。包括向个别客户提供的技术支持活动、咨询活动、独特包装等。

5)设施级作业。指为提供生产产品(或服务)的基本能力而实施的作业。该类作业是开展业务的基本条件,其使所有产品(或服务)都受益,但与产量或销量无关。包括管理作业、针对企业整体的广告活动等。

(2)资源费用。是指企业在一定期间内开展经济活动所发生的各项资源耗费。资源费用既包括各种房屋及建筑物、设备、材料、商品等各种有形资源的耗费,也包括信息、知识产权、土地使用权等各种无形资源的耗费,还包括人力资源耗费以及其他各种税费支出等。企业可以按照资源与不同层次作业的关系,将资源分为如下五类:

1)产量级资源。包括为单个产品(或服务)所取得的原材料、零部件、人工、能源等。

2)批别级资源。包括用于生产准备、机器调试的人工等。

3)品种级资源。包括为生产某一种产品(或服务)所需要的专用化设备、软件或人力等。

4)顾客级资源。包括为服务特定客户所需要的专门化设备、软件和人力等。

5)设施水平资源。包括土地使用权、房屋及建筑物,以及所保持的不受产量、批别、产品、服务和客户变化影响的人力资源等。

对产量级资源费用,应直接追溯至各作业中心的产品等成本对象。对于其他级别的资源费用,应选择合理的资源动因,按照各作业中心的资源动因量比例,分配至各作业中心。企业为执行每一种作业所消耗的资源费用的总和,构成该种作业的总成本。

(3)成本动因是指诱导成本发生的原因,是成本对象与其直接关联的作业和最终关联的资源之间的中介。按其在资源流动中所处的位置和作用,成本动因可分为资源动因和作业动因。

1)资源动因是引起资源耗用的成本动因,它反映了资源耗用与作业量之间的因果关系。资源动因选择与计量为将各项资源费用归集到作业中心提供了依据。企业应识别当期发生的每一项资源消耗,分析资源耗用与作业中心作业量之间的因果关系,选择并计量资源动因。企业一般应选择那些与资源费用总额呈正比例关系变动的资源动因作为资源费用分配的依据。

2) 作业动因是引起作业耗用的成本动因,它反映了作业耗用与最终产出的因果关系,是将作业成本分配到流程、产品、分销渠道、客户等成本对象的依据。当作业中心仅包含一种作业的情况下,所选择的作业动因应该是引起该作业耗用的成本动因;当作业中心由若干个作业集合而成的情况下,企业可采用回归分析法或分析判断法,分析比较各具体作业动因与该作业中心成本之间的相关关系,选择相关性最大的作业动因,即代表性作业动因,作为作业成本分配的基础。

9.5.2 作业成本法的基本步骤

根据《管理会计应用指引第304号——作业成本法》的要求,作业成本法的应用一般包括资源识别及资源费用的确认与计量、成本对象选择、作业认定、作业中心设计、资源动因选择与计量、作业成本汇集、作业动因选择与计量、作业成本分配、作业成本信息报告等九个步骤。由于作业成本法基于"作业消耗资源、成本消耗作业"为原则,"作业"是成本计算的核心,而产品成本则是制造和传递产品所需全部作业的成本总和。成本计算的基本对象是作业,因此,成本计算的程序是:先将企业耗用的各种资源向各作业中心分配,再将各作业中心所消耗资源汇总后向各类产品分配。

资源9.14 管理会计应用指引第304号——作业成本法

1. 资源识别及资源费用的确认与计量

资源识别及资源费用的确认与计量,是指识别出由企业拥有或控制的所有资源,遵循相关会计制度的规定,合理选择会计政策,确认和计量全部资源费用,编制资源费用清单,为资源费用的追溯或分配奠定基础。资源识别及资源费用的确认与计量应由企业的财务部门负责,在基础设施管理、人力资源管理、研究与开发、采购、生产、技术、营销、服务、信息等部门的配合下完成,并编制资源费用清单。资源费用清单一般应分部门列示当期发生的所有资源费用,其内容要素一般包括发生部门、费用性质、所属类别、受益对象等。

2. 成本对象的选择

在作业成本法下,企业应将当期所有的资源费用,遵循因果关系和受益原则,根据资源动因和作业动因,分项目经由作业追溯或分配至相关的成本对象,确定成本对象的成本。

3. 作业认定

作业认定是指企业识别由间接或辅助资源执行的作业集,确认每一项作业完成的工作以及执行该作业所耗费的资源费用,并据以编制作业清单的过程。作业认定的内容主要包括对企业每项消耗资源的作业进行识别、定义和划分,确定每项作业在生产经营活动中的作用、同其他作业的区别以及每项作业与耗用资源之间的关系。

作业认定的具体方法一般包括调查表法和座谈法。调查表法,是指通过向企业全体员工发放调查表,并通过分析调查表来识别和确定作业的方法。座谈法,是指通过与企业员工的面对面交谈,来识别和确定作业的方法。企业一般应将两种方法相结合,以保证正确识别和确定员工所执行的作业。

企业对认定的作业应加以分析和归类,按顺序列出作业清单或编制出作业字典。

作业清单或作业字典一般应当包括作业名称、作业内容、作业类别、所属作业中心等内容。

4. 作业中心设计

作业中心设计是指企业将认定的所有作业按照一定的标准进行分类，形成不同的作业中心，作为资源费用的追溯或分配的对象的过程。作业中心可以是某一项具体的作业，也可以是由若干个相互联系的能够实现某种特定功能的作业的集合。

5. 资源动因选择与计量

企业应识别当期发生的每一项资源消耗，分析资源耗用与作业中心作业量之间的因果关系，选择并计量资源动因。企业一般应选择那些与资源费用总额呈正比例关系变动的资源动因作为资源费用分配的依据。

6. 作业成本汇集

作业成本归集是指企业根据资源耗用与作业之间的因果关系，将所有的资源成本直接追溯或按资源动因分配至各作业中心，计算各作业总成本的过程。作业成本汇集应遵循以下基本原则：对于为执行某种作业直接消耗的资源，应直接追溯至该作业中心；对于为执行两种或两种以上作业共同消耗的资源，应按照各种作业中心的资源动因量比例分配至各作业中心。

7. 作业动因选择与计量

作业动因需要在交易动因、持续时间动因和强度动因间进行选择。其中，交易动因，是指用执行频率或次数计量的成本动因，包括接受或发出订单数、处理收据数等；持续时间动因，是指用执行时间计量的成本动因，包括产品安装时间、检查小时等；强度动因，是指不易按照频率、次数或执行时间进行分配而需要直接衡量每次执行所需资源的成本动因，包括特别复杂产品的安装、质量检验等。企业如果每次执行所需要的资源数量相同或接近，应选择交易动因；如果每次执行所需要的时间存在显著的不同，应选择持续时间动因；如果作业的执行比较特殊或复杂，应选择强度动因。

8. 作业成本分配

作业成本分配是指企业将各作业中心的作业成本按作业动因分配至产品等成本对象，并结合直接追溯的资源费用，计算出各成本对象的总成本和单位成本的过程。作业成本分配一般按照以下两个步骤进行：

（1）分配次要作业成本至主要作业，计算主要作业的总成本和单位成本。企业应按照各主要作业耗用每一次要作业的作业动因量，将次要作业的总成本分配至各主要作业，并结合直接追溯至次要作业的资源费用，计算各主要作业的总成本和单位成本。有关计算公式如下：

$$次要作业成本分配率 = 次要作业总成本 \div 该作业动因总量 \quad (9.26)$$

$$某主要作业分配的次要作业成本 = 该主要作业耗用的次要作业动因量 \times 该次要作业成本分配率 \quad (9.27)$$

$$主要作业总成本 = 直接追溯至该作业的资源费用 + 分配至该主要作业的次要作业成之和 \quad (9.28)$$

主要作业单位成本＝主要作业总成本÷该主要作业动因总量 (9.29)

（2）分配主要作业成本至成本对象，计算各成本对象的总成本和单位成本。企业应按照各主要作业耗用每一次要作业的作业动因量，将次要作业成本分配至各主要作业，并结合直接追溯至成本对象的单位水平资源费用，计算各成本对象的总成本和单位成本。有关计算公式如下：

$$\text{某成本对象分配的主要作业成本} = \text{该成本对象耗用的主要作业成本动因量} \times \text{主要作业单位成本} \quad (9.30)$$

$$\text{某成本对象总成本} = \text{直接追溯至该成本对象的资源费用} + \text{分配至该成本对象的主要作业成本之和} \quad (9.31)$$

某成本对象单位成本＝该成本对象总成本÷该成本对象的产出量 (9.32)

9. 作业成本信息报告

作业成本信息报告的目的是通过设计、编制和报送具有特定内容和格式要求的作业成本报表，向企业内部各有关部门和人员提供其所需要的作业成本及其他相关信息。作业成本报表的内容和格式应根据企业内部管理需要确定。

9.5.3 作业成本法的应用举例

【例 9.8】 某小型企业为客户定制产品（部分零件购买，部分零件按客户需要加工），企业现有员工 20 人，按加工和装配两个中心组织生产，加工中心月生产能力 800 小时，装配中心月生产能力 1 000 小时。企业本月生产规划作业资料见表 9.7～表 9.10。

表 9.7　　　　　　　　　本月生产作业规划表

名称	数量/件	单位材料定额/元	需用工时定额/小时		完工状况
			加工	装配	
产品 A	100	46	2.5	4	完工
产品 B	10	336	50	50	完工

表 9.8　　　　　　　　　本月资源耗费计算表

资源项目	材料费	工资费	动力费	折旧费	办公费	合计
金额/元	8 000	10 000	500	3 000	2 000	23 500

表 9.9　　　　　　　　　主要参数及专属费用表

作业参数或费用	订单	计划	采购	加工	装配	搬运	厂部	合计
人员编制/人	1	1	2	5	7	1	3	20
耗电度数/千瓦时	20	60	20	500	200	100	100	1 000
折旧费/元	200	200	300	1 000	500	500	300	3 000
办公费/元	200	200	300	200	200	100	800	2 000

第9章 成本控制

表9.10　　　　　　　　　　　作业衡量参数表

作业名称	作业动因	衡量参数	产品消耗		
			产品A	产品B	其他
订单	订单份数	10	1	1	8
计划	计划次数	4	1	1	2
采购	采购次数	10	9	1	0
加工	加工小时	750	250	500	0
搬运	搬运次数	25	20	5	0
装配	装配小时	900	400	500	0
厂部	价值				

要求：用作业成本法计算产品A和产品B的总成本和单位成本。

(1) 将本月资源耗费分别计入各资源户，即材料费8 000元，工资费10 000元，动力费500元，折旧费3 000元，办公费2 000元。

(2) 将各资源户归集的价值按资源动因分配入各作业户。

解：(1) 资源费用的分配。

1) 材料费用的分配。按各产品定额耗费价值记入各产品成本户，材料费用超定额差异计入期间费用。

表9.11　　　　　　　　　　　材料费用分配表

资源项目作业户	材料费用	资源项目作业户	材料费用
生产成本—A	46×100=4 600	期间费用	8 000−4 600−3 360=40
—B	336×10=3 360	合计	8 000

2) 其他费用的分配。其中动力费按各单位耗电度数分配计算，工资费按各作业人员数分配计算，折旧费、办公费按前述表中所列专属费用计算。分配计算表见表9.12。

表9.12　　　　　　　　　　　其他费用分配表

资源项目	总耗费额/元	分配率	订单	计划	采购	加工	装配	搬运	厂部	合计
工资费	10 000	500元/人	500	500	1 000	2 500	3 500	500	1 500	10 000
动力费	500	0.5元/度	10	30	10	250	100	50	50	500
折旧费	3 000	专属	200	200	300	1 000	500	500	300	3 000
办公费	2 000	专属	200	200	300	200	200	100	800	2 000
合计	15 500		910	930	1 610	3 950	4 300	1150	2 650	15 500

(2) 将各作业汇集费用分配计入各批别产品的成本户。

1) 订单作业。　　每份订单成本＝910÷10＝91(元/份)

"生产成本——产品 A"＝91×1＝91(元)

"生产成本——产品 B"＝91×1＝91(元)

"生产成本——其他"＝91×8＝728(元)

2) 计划作业。　　每份计划成本＝930÷4＝232.5(元/次)

"生产成本——产品 A"＝232.5×1＝232.5(元)

"生产成本——产品 B"＝232.5×1＝232.5(元)

"生产成本——其他"＝232.5×2＝465(元)

3) 采购作业。　　每份采购成本＝1610÷10＝161(元/次)

"生产成本——产品 A"＝161×9＝1449(元)

"生产成本——产品 B"＝161×1＝161(元)

4) 加工作业。加工作业月生产能力为 800 小时，本月加工产品实际耗用 750 小时，剩余 50 小时是未使用资源耗用工时，应计入期间费用。

分配率＝3 950÷800＝4.937 5(元/工时)

"生产成本——产品 A"＝250×4.937 5＝1 234.38(元)

"生产成本——产品 B"＝500×4.937 5＝2 468.75(元)

期间费用＝3 950－1 234.38－2 468.75＝246.87(元)

5) 搬运作业。　　每份搬运成本＝1 150÷25＝46(元/次)

"生产成本——产品 A"＝20×46＝920(元)

"生产成本——产品 B"＝5×46＝230(元)

6) 装配作业。装配作业月生产能力为 1000 小时，本月装配产品实际耗用 900 小时，剩余 100 小时是未使用资源耗用工时，应计入期间费用

分配率＝4 300÷1 000＝4.3(元/工时)

"生产成本——产品 A"＝400×4.3＝1 720(元)

"生产成本——产品 B"＝500×4.3＝2 150(元)

期间费用＝4 300－1 720－2 150＝430(元)

7) 厂部作业。厂部作业是一项价值管理作业，应按照厂部可控费用比例在各批产品和期间费用之间进行分配。除直接材料定额费用之外，其他费用均可认为是可控费用。

A 产品成本＝91＋232.5＋1 449＋1 234.38＋920＋1 720＝5 646.88(元)

B 产品成本＝91＋232.5＋161＋2 468.75＋230＋2 150＝5 333.25(元)

其他批别产品成本＝728＋465＝1193(元)

期间费用＝40＋246.87＋430＝716.87(元)

厂部费用分配率＝2 650÷(5 646.88＋5 333.25＋1 193＋716.87)＝0.205 6

生产成本——产品 A：5 646.88×0.205 6＝1 161(元)

生产成本——产品 B：5 333.25×0.205 6＝1 096.52(元)

生产成本——产品其他：1193×0.205 6＝245.28(元)

期间费用＝2 650－1 161－1 096.52－245.28＝147.2(元)

（3）列示各批别产品及期间费用成本计算单。

根据上述计算，各批别产品的成本项目按作业列示，列示成本计算单见表9.13。

表 9.13　　　　　　　　　　其他费用分配表　　　　　　　　　　单位：元

项目	材料	订单	计划	采购	加工	搬运	装配	厂部	合计
产品A	4 600	91	232.5	1 449	1 234.38	920	1 720	1 161	11 407.88
产品B	3 360	91	232.5	161	2 468.75	230	2 150	1 096.52	9 789.77
其他批		728	465					245.28	1 438.28
期间费用	40				246.87		430	147.2	864.07
合计	8 000	910	930	1 610	3 950	1 150	4 300	2 650	23 500

（4）由于产品全部完工，因此成本计算单中列示的即为完工产品总成本。

A产品总成本＝11 407.88(元)

A产品单位成本＝11 407.88/100＝114.08(元)

B产品总成本＝9 789.77(元)

B产品单位成本＝9 789.77/10＝978.98(元)

9.5.4　作业成本法的应用评价

1. 作业成本法的适用范围

主要适用于作业类型较多且作业链较长、产品、顾客和生产过程多样化程度较高以及间接或辅助资源费用所占比重较大的企业。

通常这类企业从所处的外部条件来看，面对的客户个性化需求较高，市场竞争激烈；同时产品的需求弹性较大，价格敏感度高。从内部条件来看，企业是一个为最终满足顾客需要而设计的一系列作业的集合体，进行业务组织和管理；一般成立专题领导小组，并设立由管理、生产、技术、销售、财务、信息等部门的相关人员构成的设计小组和实施小组，由管理层授权，负责作业成本系统的开发设计与组织实施工作；能够清晰地识别作业、作业链、资源动因和成本动因，为资源费用以及作业成本的追溯或分配提供合理的依据；拥有先进的计算机及网络技术，配备完善的信息系统，能够及时、准确提供各项资源、作业、成本动因等方面的信息。

2. 作业成本法的优点

（1）作业成本法能够提供更加准确的有关产品、服务、分销渠道、客户以及作业、流程、作业链（或价值链）等方面的成本信息和其他相关信息，这些信息既有助于企业提高定价和资本性决策的正确性，又可使原来无法做出的作业与流程改进、分销渠道、顾客服务等决策成为现实，促进资源配置效率和顾客价值的创造。

（2）作业成本法使企业取得对成本习性及其动态与特征以及成本动因的更加全

面、深入的认识和理解，有助于改善和强化成本控制，提高成本控制的有效性，促进绩效管理的不断改进和完善。

（3）作业成本法能够提供全口径、多维度、更准确的财务与非财务信息，有助于企业提升其战略规划能力，推进作业基础预算，使预算更加详细和准确，提高作业、流程、作业链（价值链）管理的能力。

3. 作业成本法的缺点

作业成本法的应用过程中，部分作业的识别、划分、合并与认定，成本动因的选择以及成本动因计量方法的选择等均存在较大的主观性，操作较为复杂，开发和维护费用较高。

本 章 小 结

本章主要介绍了成本控制的内涵以及几种常见的成本控制方法。

目标成本法是以目标售价和目标利润为基础确定产品的目标成本，从产品设计阶段开始，通过各部门、各环节乃至与供应商的通力合作，共同实现目标成本的成本管理方法。

标准成本法是指企业以预先制定的标准成本为基础，通过比较标准成本与实际成本，计算和分析成本差异、揭示成本差异动因，进而实施成本控制、评价经营业绩的一种成本管理方法。

责任成本管理是将企业内部划分为不同的责任中心，明确责任成本，并根据各责任中心的责、权、利关系来考核其工作业绩的一种成本管理模式。责任中心一般包括成本中心、利润中心和投资中心三大类，内部转移价格常见的类型有市场价格、协商价格和以成本为基础的转移定价。

作业成本法以"作业消耗资源、产出消耗作业"为原则，按照资源动因将资源费用追溯或分配至各项作业，计算出作业成本，然后再根据作业动因，将作业成本追溯或分配至各成本对象，最终完成成本计算的过程。

练 习 题

一、单项选择题

1. 在企业的日常经营管理中，成本管理工作的起点是（　　）。
   A. 成本预测　　　　　　　　B. 成本核算
   C. 成本控制　　　　　　　　D. 成本分析
2. 成本按照控制的数量形式为标准可划分为（　　）。
   A. 绝对成本控制和相对成本控制　　B. 前馈成本控制和反馈成本控制
   C. 直接成本控制与间接成本控制　　D. 技术成本控制和管理成本控制
3. 根据目标成本法的定义，目标成本法在以目标售价和目标利润为基础确定产品的目标成本时，是以（　　）为导向进行分析的。

A. 成本　　　　　　　　　　B. 利润
C. 市场　　　　　　　　　　D. 售价

4. 成本管理领域中常用的管理会计工具方法有（　　）。

A. 作业成本法　　　　　　　B. 标准成本法
C. 目标成本法　　　　　　　D. 以上皆对

5. 在标准成本法中，成本总差异是成本控制的重要内容。其计算公式是（　　）。

A. 实际产量下实际成本－实际产量下标准成本
B. 实际产量下标准成本－预算产量下实际成本
C. 实际产量下实际成本－预算产量下标准成本
D. 实际产量下实际成本－标准产量下的标准成本

6. 甲公司制定成本标准时，出现下列情况时，不需要修订标准成本的是（　　）。

A. 主要原材料的价格大幅度上涨
B. 操作技术改进，单位产品的材料消耗大幅度减少
C. 市场需求增加，机器设备的利用程度大幅度提高
D. 技术研发改善了产品性能，产品售价大幅度提高

7. 甲公司是制造业企业，生产 W 产品。生产工人每月工作 22 天，每天工作 8 小时，平均月薪 6 600 元。该产品的直接加工必要时间每件 1.5 小时，正常工间休息和设备调整等非生产时间每件 0.1 小时，正常的废品率 4%，单位产品直接人工标准成本是（　　）。

A. 56.25 元　　　　　　　　B. 58.5 元
C. 62.4 元　　　　　　　　 D. 62.5 元

8. 甲公司是一家化工生产企业，生产单一产品，按正常标准成本进行成本控制。公司预计下一年度的原材料采购价格为 13 元/千克，运输费为 2 元/千克，运输过程中的正常损耗为 5%，原材料入库后的储存成本为 1 元/千克。该产品的直接材料价格标准为（　　）元。

A. 15　　　　　　　　　　　B. 15.75
C. 15.79　　　　　　　　　 D. 16.79

9. 甲公司生产销售乙产品，当月预算产量 1 200 件，材料标准用量 5 千克/件，材料标准单价 2 元/千克，当月实际产量 1 100 件，购买并耗用材料 5 050 千克。实际采购价格比标准价格低 10%。则当月直接材料成本数量差异是（　　）。

A. －900　　　　　　　　　 B. －1 100
C. －1 060　　　　　　　　 D. －1 900

10. 下列关于制定正常标准成本的表述中，正确的是（　　）。

A. 直接材料的价格标准不包括购进材料发生的检验成本
B. 直接人工标准工时包括直接加工操作必不可少的时间，不包括各种原因引起的停工工时
C. 直接人工的价格标准是指标准工资率，它可以是预定的工资率，也可以是正常的工资率

D. 固定制造费用和变动制造费用的用量标准可以相同，也可以不同。例如，以直接人工工时作为变动制造费用的用量标准，同时以机器工时作为固定制造费用的用量标准

11. 若人工效率差异为1 500元，标准工资率为5元/时，变动制造费用的标准分配率为1.5元/时，则变动制造费用的效率差异为(　　)元。
   A. 300　　　　　　　　　　　　B. 200
   C. 150　　　　　　　　　　　　D. 450

12. 适合于建立标准成本中心进行成本控制的单位是(　　)。
   A. 行政管理部门　　　　　　　　B. 医院放射科
   C. 企业研究开发部门　　　　　　D. 企业广告宣传部门

13. 下列各项中，不属于划分成本中心可控成本的条件是(　　)。
   A. 成本中心有办法弥补该成本的耗费
   B. 成本中心有办法控制并调节该成本的耗费
   C. 成本中心有办法计量该成本的耗费
   D. 成本中心有办法知道将发生什么样性质的耗费

14. 下列各项中，应作为成本中心控制和考核内容的是(　　)。
   A. 产品成本　　　　　　　　　　B. 责任成本
   C. 目标成本　　　　　　　　　　D. 直接成本

15. 某生产车间是一个标准成本中心。为了对该车间进行业绩评价，需要计算的责任成本范围是(　　)。
   A. 该车间的直接材料、直接人工和全部制造费用
   B. 该车间的直接材料、直接人工和变动制造费用
   C. 该车间的直接材料、直接人工和可控制造费用
   D. 车间的全部可控成本

16. 在下列业绩评价指标中，最适合评价利润中心部门经理的是(　　)。
   A. 部门可控边际贡献　　　　　　B. 部门税前经营利润
   C. 部门边际贡献　　　　　　　　D. 部门税后经营利润

17. 企业以协商价格作为内部转移价格时，该协商价格的下限一般是(　　)。
   A. 单位完全成本加上单位毛利　　B. 单位变动成本加上单位边际贡献
   C. 单位完全成本　　　　　　　　D. 单位变动成本

18. 作为内部转移价格的制定依据，下列各项中，能够较好地满足企业内部交易双方各自管理需要的是(　　)。
   A. 市场价格　　　　　　　　　　B. 双重价格
   C. 协商价格　　　　　　　　　　D. 成本加成价格

19. 甲企业采用作业成本法计算产品成本，每批产品生产前需要进行机器调试。在对调试作业中心进行成本分配时，最适合采用的作业成本动因的是(　　)。
   A. 产品品种　　　　　　　　　　B. 产品批次
   C. 产品数量　　　　　　　　　　D. 每批产品数量

20. 作业成本法的核算对象是（　　）。
A. 作业中心　　　　　　　　B. 作业
C. 产品　　　　　　　　　　D. 作业链

二、多项选择题

1. 目标成本法的主要优点有（　　）。
A. 突出从原材料到产品出货全过程成本管理，有助于提高成本管理的效率和效果
B. 强调产品寿命周期成本的全过程和全员管理，有助于提高客户价值和产品市场竞争力
C. 谋求成本规划与利润规划活动的有机统一，有助于提升产品的综合竞争力
D. 其应用不仅要求企业具有各类所需要的人才，更需要各有关部门和人员的通力合作，管理水平要求较高

2. 甲公司制定产品标准成本时采用现行标准成本。下列情况中，需要修订现行标准成本的有（　　）。
A. 季节原因导致材料价格上升　　B. 订单增加导致设备利用率提高
C. 采用新工艺导致生产效率提高　　D. 工资调整导致人工成本上升

3. 甲部门是一个标准成本中心，下列成本差异中，属于甲部门责任的有（　　）。
A. 操作失误造成的材料数量差异
B. 作业计划不当造成的人工效率差异
C. 生产设备闲置造成的固定制造费用闲置能量差异
D. 由于采购材料质量缺陷导致工人多用工时造成的变动制造费用效率差异

4. 某企业实施标准成本法，现正在确定"直接人工标准工时"。下列各项中，通常不属于其组成内容的是（　　）。
A. 由于设备意外故障产生的停工工时
B. 由于更换产品产生的设备调整工时
C. 由于生产作业计划安排不当产生的停工工时
D. 由于外部供电系统故障产生的停工工时

5. 下列各项原因中，属于材料价格差异形成原因的有（　　）。
A. 材料运输保险费率提高　　B. 运输过程中的损耗增加
C. 加工过程中的损耗增加　　D. 储存过程中的损耗增加

6. 下列各项中，属于可控成本应符合的条件的有（　　）。
A. 可预知　　　　　　　　　　B. 可计量
C. 可控性　　　　　　　　　　D. 可承受

7. 判别一项成本是否归属责任中心的原则有（　　）。
A. 责任中心是否使用了引起该项成本发生的资产或劳务
B. 责任中心能否通过行动有效影响该项成本的数额
C. 责任中心是否有权决定使用引起该项成本发生的资产或劳务
D. 责任中心能否参与决策并对该项成本的发生施加重大影响

8. 作为评价投资中心的业绩指标，部门投资报酬率的优点有（　　）。
A. 可用于比较不同规模部门的业绩
B. 有利于从投资周转率以及部门经营利润角度进行经营分析
C. 根据现有会计资料计算，比较方便
D. 可以使业绩评价与企业目标协调一致
9. 下列关于作业成本法的说法，正确的有（　　）。
A. 作业成本法强调采用不同层面的、众多的成本动因进行成本分配
B. 作业成本法下间接成本的分配路径是："资源→作业→产品"
C. 作业成本法的基本思想是"产品消耗作业，作业消耗资源"
D. 作业成本法的成本分配主要使用动因分配，尽可能减少追溯和不准确的分摊
10. 某企业生产经营的产品品种繁多，间接成本比重较高，成本会计人员试图推动该企业采用作业成本法计算产品成本，下列理由中适合用于说服管理层的有（　　）。
A. 使用作业成本信息有利于价值链分析
B. 通过作业管理可以提高成本控制水平
C. 使用作业成本法可提高成本分配准确性
D. 使用作业成本信息可以提高经营决策质量

三、计算题
1. 本月生产产品 400 件，使用材料 2 500 千克，材料单价为 0.55 元/千克；直接材料的单位产品标准成本为 3 元，即每件产品耗用 6 千克直接材料，每千克材料的标准价格为 0.5 元。

要求：计算直接材料成本差异以及价格差异和数量差异。

2. 本月生产产品 400 件，实际使用工时 890 小时，支付工资 4 539 元；直接人工的标准成本是 10 元/件，即每件产品标准工时为 2 小时，标准工资率为 5 元/时。

要求：计算直接人工成本差异以及效率差异和工资率差异。

3. 本月实际产量 400 件，使用工时 890 小时，实际发生变动制造费用 1 958 元，变动制造费用标准成本为 4 元/件，即每件产品标准工时为 2 小时，标准的变动制造费用分配率为 2 元/小时。

要求：计算变动制造费用成本差异以及效率差异和耗费差异。

4. 某投资中心投资额为 100 000 元，年净利润额为 18 000 元，企业为该投资中心规定的投资利润率为 15%。

要求：计算该投资中心的投资利润率和剩余收益。

5. 某利润中心本期销售收入为 7 000 万元，变动成本总额为 3 800 万元，固定成本总额 1 900 万元，其中属于中心负责人可控的固定成本为 1 300 万元，中心负责人不可控但由该中心负责的固定成本为 600 万元。

要求：计算该利润中心的可控边际贡献和部门边际贡献。

6. 已知：D 公司某投资中心 A 原投资利润率为 18%，营业资产为 500 000 元，营业利润为 100 000 元。现有一项业务，需要借入资金 200 000 元，可获利

68 000 元。

要求：

(1) 若以投资利润率作为评价和考核投资中心 A 工作成果的依据，作出 A 投资中心是否愿意投资于这项新业务的决策。

(2) 若以剩余收益作为评价和考核投资中心 A 工作成果的依据，新项目要求的最低收益率为 15%，作出 A 投资中心是否愿意投资于这个新项目的决策。

7. M 企业专门从事甲、乙两种产品的生产，有关这两种产品 2019 年 6 月的基本资料如表 9.14 所示。

表 9.14　　　　　　　甲、乙两种产品的基本资料　　　　　　　　单位：元

产品名称	产量/件	单位产品机器小时	单位产品直接材料成本	单位产品直接人工成本
甲	1 000	4	5	10
乙	4 000	4	12	4

M 企业 6 月份制造费用总额为 20 000 元，甲、乙两种产品复杂程度不一样，耗用的作业量也不一样。K 企业与制造费用相关的作业有 5 个，为此设置了 5 个作业成本库，有关作业成本的资料如 9.15 所示。

表 9.15　　　　　　　　　作 业 成 本 资 料　　　　　　　　　单位：元

作业名称	成本动因	作业成本/元	作业量		
			甲产品	乙产品	合计
设备维护	维护次数	6 000	8	2	10
订单处理	生产订单份数	4 000	70	30	100
机器调整准备	机器调整准备次数	3 600	30	10	40
机器运行	机器小时数	4 000	400	1 600	2 000
质量检验	检验次数	2 400	60	40	100
合计	—	20 000	—	—	—

要求：

(1) 采用作业成本法计算两种产品分配的制造费用。

(2) 采用传统成本计算法计算两种产品分配的制造费用（采用"机器小时数"作为制造费用分配依据）。

(3) 分别采用传统成本计算法和作业成本法计算上述两种产品的总成本和单位成本。

(4) 针对两种成本计算方法在计算甲、乙两种产品应分配的制造费用及单位成本的差异进行原因分析。

四、案例分析题

中核集团"三位一体"的成本管控体系

中国核工业集团有限公司(简称"中核集团")是经国务院批准组建、中央直接管理的国有重要骨干企业。作为国家核科技工业的主体,中核集团拥有完整的核科技工业体系和核产业链,是我国核科技工业的主体,是核能发展与核电建设的主力军,肩负着发展国民经济的重要使命。

为提高集团总部战略决策能力、强化专业公司市场经营能力、提高基层单位精益运行能力,中核集团在成本管控方面持续探索与实践,基于全产业链和全生命周期成本管控理念,搭建了"三位一体"成本管控体系,按照集团总部、专业公司、成员单位"三个层级"的管理模式,各有侧重,对企业所运用的各种成本管控工具和手段进行整合,形成合力。

在集团公司"三位一体"成本管控体系下,各层级单位广泛采用目标成本管理、标准(定额)成本管理、变动成本管理、全产业链成本管控、全生命周期成本优化、敏感性分析、边际效益分析等方法。不固化成本管控方法,各专业公司、成员单位结合实际情况,灵活运用各项成本管理方法。经过持续开展成本管控工作,中核集团成本费用占营业收入比重自2013年逐年呈下降趋势,主要核心产品成本持续下降,天然铀成本、铀浓缩成本、核电单位售电成本均呈下降趋势,2017年,天然铀的生产成本累计下降9.6%,分离功的成本累计下降16.5%,核电单位售电成本累计下降14.5%。

[资料来源:工业和信息通信业管理会计案例集(2019)之案例十四"三位一体"成本管控体系构建与实践]

根据以上案例,请分析:

(1) 中核集团成本管控成功的关键点是什么?
(2) 目标成本管理和标准成本管理的区别和联系?
(3) 成本管控的根本目的是什么?

第 10 章

绩 效 评 价

> **教学目标**

通过本章的学习,理解绩效管理的基本理念,了解杜邦分析体系的作用;掌握经济增加值的概念、基本理念和模型体现的管理内涵;掌握平衡计分卡的基本框架。

> **重点难点**

关键绩效指标　经济增加值概念以及模型体现的管理内涵　平衡计分卡基本框架

> **会计名言**

绩效管理是 20 世纪管理学最伟大的发明之一。

——现代管理学之父彼得·德鲁克

对于企业经营者来说,最有效的管理手段就是绩效管理,它是建设一个伟大组织的全部秘密。

——GE 公司原总裁杰克·韦尔奇

平衡计分卡为整个企业描述了未来的企业愿景,并建立共识。

——罗伯特·卡普兰

> **课前案例**

海尔的 OEC 管理模式

被誉为"海尔管理之剑"的 OEC 管理就是一种富有特色的绩效考核管理,其中"O"代表 Overall(全方位),"E"代表 Everyone(每人)、Everything(每件事)、Everyday(每天),"C"代表 Control(控制)、Clear(清理)。它由三个部分组成:目标系统、日清系统和有效激励机制。OEC 管理法也可以表示为:"日事日毕,日清日高"。它把企业核心目标量化到人,把绩效责任落实到每一个员工,并将考核的周期缩短到天。OEC 管理法是海尔生存的基础,是海尔对外扩张、推行统一管理的基本模式,也是海尔走向世界的资本。

海尔的目标标准体系。(1)根据企业发展方向,市场竞争需求确定合理的目标;(2)进行目标管理:将企业的大目标分解到各部门,再分解到每个员工的身上;(3)目标特征:指标具体、可以度量,将量化值编成小册子。目标分解到人:责任人、主管人、配合人、审核人等。如:冰箱有 156 道工序,545 项责任都落实到人,并规定第一道工序不出废品;(4)做到管理不漏项,事事有人管,人人都管事,并将责任人、检查人明确显示出来;(5)做到企业内所有人都十分清楚自己每天该干什么,按什么标准干,如何获得优秀标准。

海尔的日清控制体系。(1)日事日毕:当天发生的问题,当天解决;(2)日清日高:要求职工坚持每天提高1%,70天工作水平可提高一倍;(3)日清方法:自清,职能管理部门现场复审,自检、互检、专检;(4)复审中发现的问题:随时纠偏,连续发现不了问题,必须提高目标值。

海尔的有效激励体系。(1)激励原则:公平、公正、公开;(2)每天公布每人的收入,工资公开,使员工感到相对公平;(3)制定合理的计算依据,对每个岗位量化考核,使劳动与报酬直接挂钩,报酬与质量直接挂钩。

点评:绩效管理就是企业管理。OEC强调将公司的工作落实到每个人每一天的每一项工作上,并及时检查调整。OEC管理模式的精髓,就是每天的事都有人来管,做到总账不漏项、事事有人管、管事凭效果、管人凭考核。

10.1 绩效评价概述

10.1.1 绩效评价系统

绩效,亦称业绩或效绩,是指组织或个人在一定时期内投入产出的效率与效能,即可以看作是一个过程,也可以看作是该过程产生的结果。投入指的是人、财、物、时间、信息等资源;产出指的是工作任务在数量、质量及效率方面的完成情况。根据《韦伯斯特新世界词典》的解释,绩效的意思是:①指在执行的活动或已完成的活动;②重大的成就,正在进行的某种活动或者取得的成绩。

绩效通常有两层含义:一是任务执行的完整过程,类似于某一时间段内的录像;二是任务执行的结果,类似于某一时点的快照。

绩效管理,是指企业与所属单位(部门)、员工之间就绩效目标及如何实现绩效目标达成共识,并帮助和激励员工取得优异绩效,从而实现企业目标的管理过程。绩效管理的核心是绩效评价和激励管理。

资源10.1
管理会计应用指引第600号——绩效管理

1. 绩效评价的含义

绩效评价,是指企业运用系统的工具方法,对一定时期内企业营运效率与效果进行综合评判的管理活动。绩效评价是企业实施激励管理的重要依据。

2. 绩效评价系统的设计原则

绩效评价系统的设计原则对绩效评价的具体指标设计、模式选择和实施过程起到指导作用,主要有以成果为重、追求远大的绩效以及评估正确的项目三个方面。前两项原则必须成为公司的基本理念,而第三种原则则会影响评估机制以及如何让评估措施有效运作。

(1)以成果为重。企业面对竞争和变革的环境,绩效评价的指标也应当适应变革的需要而设计。任何变革,无论是战略的确定还是制度的革新,首先都应设定绩效目标，而不是在业务流程设计好后，再来决定评估措施与绩效目标。由于评估措施既难设计，又难达成共识，所以很多公司迟迟不肯把本身希望得到的结果化为具体的数字。但这其实是错误的，应该在一开始让人们有明确的目标可依循。

同时，真正的目标应该要以成果为重，而不要以达成目标的手段为重，即评估措施应该要告诉被评估的对象，他们要完成哪些事，而不是要怎么做。当然，如果要让评估措施与成果相联系，首先必须彻底了解公司的整体目标。假如组织对于预期的成果不是很肯定，就应该先停下采取具体措施的脚步加以澄清。企业再造的效果之所以会打折扣，有时候就是因为不了解（或是缺乏共识）组织想要获得什么样的成果，或是应该以什么样的策略达到这些成果。

（2）追求远大的绩效。曾经主掌通用电气公司多年的前任首席执行官杰克·韦尔奇就说过：评估多半都有一个问题，那就是你会把它设定在你可以做到的程度。远大的目标对于改善公司的业绩会造成很大的影响，这正是行为学派研究的成果。假如绩效目标定得不好，公司就等于失去了激励员工的重要工具。

公司往往会很得意地宣称，自己已经达到了去年所设定的目标。但要是这些目标都要求不高，而且很容易达到，那又有什么好得意的？远大的目标所重视的是希望做到什么，而不是可以完成什么。远大的目标会让人以创新的方式思考，寻求那些以前没有注意到的改善业绩的方法和途径，并取得成果。

当然，公司在订立积极进取的目标时，应该要对良好的表现给予奖励，即使目标没有达成也一样，因为这总好过降低标准、只奖励达到平凡目标的人。

（3）评估正确的项目。在企业的战略和变革过程中，必须明确，你所衡量的就是你所得到的，因为衡量标准驱动行为。因此，衡量标准的制定必须依据你想实现的目标。一旦选择了错误的评估项目，将可能导致行动的结果完全背离预期和规划。只有选择了正确的评估项目，才能够实现绩效评价的激励和控制目标。

为了寻求那些正确的评估项目，有些理论和实务界的人士已经构建了很多评估框架和方法，例如平衡计分卡、欧洲质量管理基金会建立的作为欧洲质量奖的审核标准的企业卓越模式等。但是，有一点需要明确的是，无论这些方法和框架的支持者声称得有多好，在评估经营绩效时，绝对没有哪一种方式是所谓"最好"的。其中的原因在于，经营绩效这个概念本身就是由许多不同的面拼凑而成，每个企业在不同的发展阶段可能侧重于不同的方面。如果不能在适当的时期、选择适当的评价指标体系，那么绩效评价将难以起到积极的作用。

（4）明确的管理责任承担结构。虽然绩效评价应当以结果为重，但这并不意味着对于过程的忽视。绩效评价体系的中心目标应当是帮助企业的业务顺利地开展，它应当能够向业务流程中各个环节的责任人表明何时必须采取纠正措施，而不仅仅是由高级经理评价所取得的成绩。在传统的职能分工组织中，没有专门的职能部门能够对一个完整的价值实现程序负责，各部门往往也是孤立地设计自己的评价体系，因而没有办法测评整个企业的价值增值程序。目前，人们关于企业业务流程的关注越来越多，为了评价流程的效率和效果，促进业务流程的顺利开展，必须设计相应的绩效评价体系，这一绩效评价体系的基础就是对于业务流程中各个关节点责任的明确。有些企业基于流程设计,创造出一个能为整个价值实现过程负责的组织——团队。从这个意义上说,绩效评价体系的设计与业务流程的设计在相互影响中发展着。

3. 绩效评价系统的构成要素

企业绩效评价系统作为企业管理控制系统的一部分,包括评价目标、评价对象、评价指标、评价标准和分析报告五方面因素。

(1) 目标。绩效评价系统的目标是指整个系统运行的指南和目的所在。作为企业战略管理的一部分,绩效评价系统的目标是为管理者制定最优战略及实施战略提供有用信息。在战略制定过程中,通过绩效评价反映各部门的优势及弱点,有利于企业制定最佳战略;在战略实施过程中,通过绩效评价反馈的信息使管理者能够及时发现问题,采取措施以确保所制定战略的顺利实现。

(2) 对象。绩效评价系统的对象是指对什么进行评价。企业绩效评价系统的评价对象包括企业业绩、部门业绩和个人业绩三个层面。业绩的三个层面之间是决定与制约的关系:个人业绩水平决定着部门的业绩水平,部门的业绩水平又决定着企业的业绩水平;反过来,企业业绩水平制约着部门的业绩水平,部门的业绩水平也制约着个人的业绩水平。与此相对应,业绩评价层次也可分为企业层面、部门层面和个人层面。对于不同的评价对象,评价的要求、内容、指标等都不相同。

(3) 指标。绩效评价系统的指标是指对评价对象的某些方面进行评价。所说的"某些方面"是指评价对象与企业战略成败密切相关的方面。指标有财务方面的,也有非财务方面的,所以业绩评价指标也分为财务评价指标和非财务评价指标。企业业绩评价系统设计中最重要的问题就是如何选择能准确反映与企业战略管理密切相关的评价指标。

(4) 标准。绩效评价标准是指判断评价对象业绩优劣的基准。评价标准的选择取决于评价的目的。企业业绩评价系统中常用的标准是:预算标准、历史最高水平标准、同行业竞争对手标准。标准的选用与评价对象密切联系,也直接影响评价的功能。

(5) 绩效评价报告。绩效评价报告是企业绩效评价系统的输出信息,也是绩效评价系统的结论性文件。绩效评价报告的文字与格式应当简洁、清楚,便于理解,应抓住关键的问题与原因以提高效率。绩效评价报告的格式与内容因不同的评价对象而不同。

以上五个要素共同组成完整的绩效评价系统,它们之间相互联系、相互影响。其中,评价目标决定了其他四个要素,这四个要素选择又影响评价目标的实现。

10.1.2 绩效评价模式

绩效评价模式按照其发展,通常可以分为财务评价模式、价值评价模式和综合评价模式。

1. 财务评价模式

财务评价模式是根据财务信息来评价企业绩效的方法。早期的财务指标仅仅表现为成本指标,进入20世纪后,随着所有权与经营权的进一步分离,财务指标的范围从单一的成本指标扩大到包括偿债性指标、收益性指标和经营性指标在内的更大范围。常见的财务评价指标包括净利润、投资报酬率、剩余收益、净资产收益率等。

财务评价指标立足于企业利润，可以反映企业的综合经营成果，容易从会计系统中获得相应的数据，操作简便，易于理解。财务评价指标也有一定的局限性：①无法反映管理者在企业的长期业绩改善方面所作的努力，财务业绩反映的是企业的短期业绩；②只注重最终的财务结果，而对达成该结果的改善过程欠考虑；③会计数据则是根据公认的会计原则产生的，受到稳健性原则的影响，可能无法公允地反映管理层的真正业绩。

2. 价值评价模式

价值评价模式是以股东财富最大化为导向，采用能够体现股东财富的市场指标，经过调整的财务指标或者根据未来现金流量得到的贴现类指标。公司的财务业绩好，未必会直接提高股东财富。因此，对上市公司而言，通常也将市场评价指标作为管理者业绩评价的重要标准。市场评价指标是根据企业在股票市场上的表现来评价管理者的业绩。常用的指标包括股票价格、股票的托宾Q值、市场增加值（MVA）、股票收益率等。现代公司的理财目标应该是股东财富最大化，股东财富的直接表现就是股票价格和收益率，以公司的股票市场表现作为业绩评价依据，可以促使管理者的目标与股东的利益相一致，适当降低代理成本。但市场评价指标也有一定的局限性，例如，股价容易被管理者的虚假信息所操纵，而且股价除了受公司本身的影响以外，还会受到宏观经济、政治环境的影响，这些因素都是管理者所无法控制的。因此，将股价变动的责任完全归咎于管理者，往往会夸大管理者的责任。

价值评价模式的另一个重要应用就是经济增加值（EVA）以及相应的市场增加值（MVA）指标。市场增加值等于市场价值与总投入资本的差额，反映了股东投资的增值程度，理论上是一个较好的指标，但是它仅适用于从公司外部评价公司的整体业绩，而无法对公司内各部门的业绩进行评价。相对而言，近年来更加受到广泛关注的财务评价指标是经济增加值（EVA）指标。

3. 综合评价模式

综合评价模式是把体现企业成功关键因素的财务指标和非财务指标组合在一起形成的绩效衡量系统，这个系统有助于企业实现战略目标，帮助企业去寻找成功的关键因素，建立综合衡量的指标，以促使企业竞争的成功、战略目标的实现，其典型代表是关键绩效指标、平衡计分卡和绩效三棱镜等。和传统的财务评价模式比较，非财务绩效指标可以避免财务业绩评价只侧重过去、比较短视的不足；非财务业绩评价更体现长远业绩，更体现外部对企业的整体评价。但非财务指标也存在不足的地方，一些关键的非财务业绩指标往往比较主观，数据的收集比较困难，评价指标数据的可靠性难以保证。

10.2 财务评价模式

以企业为主体的财务评价模式最初以考核利润为目标，后来以考核权益报酬率为目标，往往追求企业利润最大化或者股东财富最大化。这种评价模式主要用于企业所有者对企业管理者进行的绩效考核,也经常用于企业上级管理者对下级管理者的绩效考核。

10.2.1 以利润为基础的评价指标

由于利润是企业一定期间经营收入和经营成本、费用的差额,反映了当期经营活动中投入与产出对比的结果,一定程度上体现了企业经济效益的高低。主要指标包括营业利润率、成本费用利润率、投资报酬率、权益报酬率和资产报酬率等,而上市公司则经常采用每股收益、每股股利等指标。

1. 营业利润率

指企业一定时期营业利润与营业收入的比率。其计算公式为

$$营业利润率 = 营业利润/营业收入 \times 100\%$$

意义:营业利润率反映产品或服务的盈利能力,也反映企业的核心竞争能力。营业利润率越高,表明产品或服务的市场竞争力和盈利能力越强。实务中,也用销售毛利率、销售净利润率来表示企业经营业务的获利水平。其计算公式为

$$销售毛利率 = 销售毛利额/销售收入 \times 100\%$$

$$销售净利润率 = 净利润/销售收入 \times 100\%$$

2. 成本费用利润率

指企业一定时期利润总额与成本费用总额的比率。其计算公式为

$$成本费用利润率 = 利润总额/成本费用总额 \times 100\%$$

意义:成本费用利润率反映资源消耗的经济效益。成本费用利润率越高,表明企业为取得利润而付出的资源消耗越小,成本费用控制得越好,经济效益越高。

3. 投资报酬率

指企业投资项目年平均利润与项目投资总额的比率,表明企业投资的综合利用效果。其计算公式为

$$投资报酬率 = 年平均利润/项目投资总额 \times 100\%$$

意义:投资报酬率越高,表明企业的投资效益越好。

4. 权益报酬率

权益报酬率又称净资产收益率,是企业一定时期净利润与所有者权益(即平均净资产)的比率,反映企业自有资金的投资收益水平。其计算公式为

$$权益报酬率 = 净利润/平均净资产总额 \times 100\%$$

意义:一般认为,权益报酬率越高,企业自有资本获取收益的能力越强,对企业投资者、债权人利益的保证程度越高。

5. 资产报酬率

指一定时期企业利润总额与平均资产总额之间的比率。其计算公式为

$$资产报酬率 = 利润总额/平均资产总额 \times 100\%$$

意义:在市场经济条件下,企业间竞争日益激烈,企业的资产报酬率越高,说明总资产利用效果越好;反之越差。

10.2.2 杜邦财务分析体系

杜邦财务分析体系,简称杜邦体系,是利用各主要财务比率指标间的内在联

系，对企业财务状况及经济效益进行综合系统分析评价的方法。该体系是以权益报酬率为龙头，以资产报酬率和权益乘数为核心，重点揭示企业获利能力及权益乘数对权益报酬率的影响，以及各相关指标间的相互影响作用关系，为经营者提供了解决企业财务问题的思路，并为企业提供了财务指标的分解、控制途径（图10.1）。

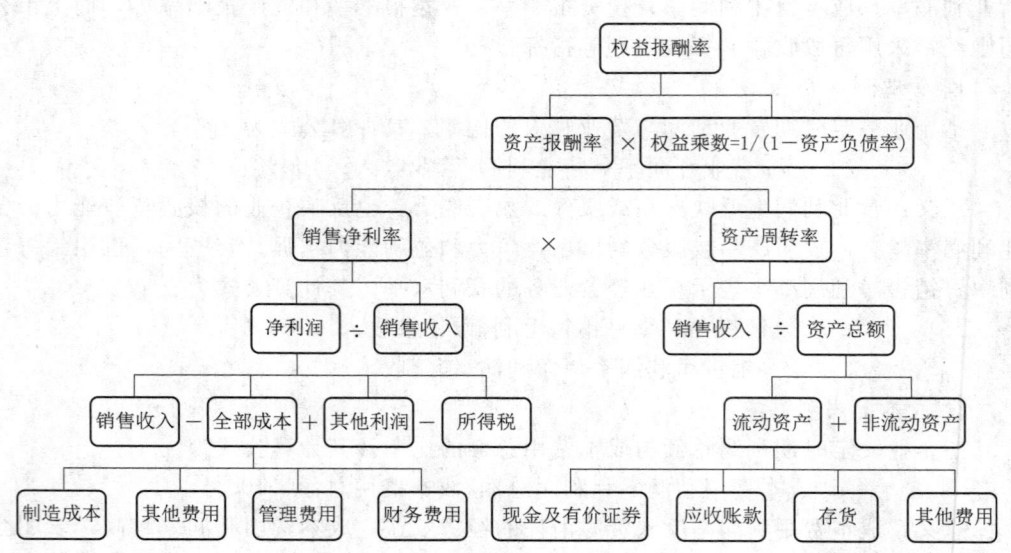

图 10.1　杜邦财务分析体系

杜邦体系的基本思路：

（1）权益报酬率取决于资产报酬率及权益乘数。企业财务管理的重要目标是实现股东财富最大化，权益报酬率正是反映了股东投入资金的获利能力以及企业筹资、投资和生产运营等各方面经营活动的效率，作为杜邦分析体系的核心，权益报酬率取决于资产报酬率和权益乘数。资产报酬率反映企业运用资产进行生产经营活动的效率高低，而权益乘数则主要反映企业的筹资情况，即企业资金来源结构。

（2）资产报酬率取决于销售净利率及资产周转率。资产报酬率具有很强的综合性，取决于销售净利率和资产周转率的高低。资产周转率反映总资产的周转速度，对资产周转率的分析需要对影响资产周转的各因素进行分析，以判断影响公司资产周转的主要问题在哪里。销售净利率反映销售收入的收益水平，增加销售收入、降低成本费用是提高企业销售利润率的根本途径，而扩大销售同时也是提高资产周转率的必要条件和途径。

（3）权益乘数表示企业的负债程度，反映公司利用财务杠杆进行经营活动的程度。资产负债率高，权益乘数就大，说明企业负债程度高，有较多的杠杆利益，但风险也高；反之，资产负债率低，权益乘数就小，说明企业负债程度低，有较少的杠杆利益，但相应所承担的风险也低。

10.3 经济增加值法

经济增加值法是指以经济增加值（economic value added，EVA）为核心，建立绩效指标体系，引导企业注重价值创造，并据此进行绩效管理的方法。经济增加值是美国思腾思特咨询公司于1982年提出并实施的一套以经济增加值理念为基础的财务管理系统、决策机制及激励报酬制度和绩效评价方法。它是基于税后营业净利润和产生这些利润所需投入的资本总成本的一种企业绩效财务评价方法。目前，世界上许多知名的跨国公司（可口可乐、宝洁、通用电气、联邦快递等）都先后采用这种方法来评价企业和企业内部各个部门的经营业绩。在我国，国资委于2009年颁布的《中央企业负责人经营业绩考核暂行办法》，将EVA作为所有央企年度经营业绩考核的基本指标之一，引导央企进一步提升发展质量。国资委在2010年对央企的第三任期的考核中加入了EVA指标，全面推行经济增加值考核。财政部也于2017年印发了《管理会计应用指引第602号——经济增加值法》，将EVA作为企业绩效管理的工具之一。

经济增加值法较少单独应用，一般与关键绩效指标法、平衡计分卡等其他方法结合使用。企业应用经济增加值法进行绩效管理的对象包括企业及其所属单位（部门）（可单独计算经济增加值）和高级管理人员。

资源10.2 管理会计应用指引第602号——经济增加值法

知识拓展

为什么经济增加值是可以用来度量企业价值创造？

企业的资本来源包括债务资本和股权资本。现行财务会计对债务资本成本与股权资本成本区别对待，前者尽管可能资本化处理但最终都作为费用处理（影响利润），后者却作为股利支付或利润分配处理（不影响利润）。由此，导致企业可以通过调整资本结构人为地"创造"利润。如果进一步从成本补偿原理分析，财务会计观念的利润只要补偿了企业生成经营的成本，并没有完全补偿资本经营的成本即资本成本，尤其是股权资本成本。这样，即便企业账面上出现巨额利润，也有可能"亏本"经营。企业非但没有创造价值，相反，还可能毁灭价值。如何借助"一双慧眼"揭开企业利润的"面纱"，从而透视企业是否创造价值呢？经济增加值（economic value added，简称EVA）观念就是这样的"一双慧眼"。

[资料来源：胡玉明. 管理会计应用指引详解与实务 [M]. 北京：经济科学出版社，2019.]

10.3.1 经济增加值的含义

经济增加值，是指税后净营业利润扣除全部投入资本的成本后的剩余收益。经济增加值及其改善值是全面评价经营者有效使用资本和为企业创造价值的重要指标。

如何借助"一双慧眼"，揭开企业利润的"面纱"，从而透视企业是否创造价值呢？经济增加值观念就是这样"一双慧眼"。尽管经济增加值观念很时髦，但是，经济增加值观念并不是什么"创新",它的起源植根于古典经济学理论之中,可以追溯到经济利润和剩余收益(residual income)的概念。经济学家 Hamilton 1777 年就提出一个企业要为股东创造价值就必须获得高于公司负债和权益资本成本的报酬。著名的经济学家 Alfred Marshall 1890 年提出了经济利润的概念,他认为真正属于企业所有者的营业或管理盈余应该是企业获得的利润扣除目前利率下资本的利息支出的余额。只有利润补偿了所有投入的资本成本,企业才能真正盈利。经济学家对经济利润的定义很明显完全不同于传统的会计利润指标。经济增加值只是对"剩余收益"加以调整后的变形。

经济增加值与剩余收益有两点不同:一是在计算经济增加值时,需要对会计数据进行一系列调整,包括税后净营业利润和资本占用;二是需要根据资本市场的机会成本计算资本成本,以实现经济增加值与资本市场的衔接。而剩余收益根据投资要求的报酬率计算,该投资报酬率可以根据管理的要求作出不同选择,带有一定主观性。

学者观点

客观地说,经济增加值并不是什么财务创新,但是,它却改变了企业管理行为。从更深层次看,经济增加值观念的流行标志着对企业的绩效评价已经逐步从利润观念转向价值观念,由此可能促使企业经营模式逐步从利润模式转向价值模式。作为一种观念,经济增加值观念引入企业并不是为了精确地计量经济增加值指标,而是通过该指标的动态观察,评价企业价值创造程度。因此,我们应该从管理视角而非会计视角认识经济增加值观念,以避免其思维误区。人们常说"评价什么,就得到什么"(You get what you measured),经济增加值观念的管理哲学就在于引导企业创造价值以及衡量企业是否创造价值,而不在于企业创造了多少价值。也许,这就是经济增加值观念的真谛。

[资料来源:胡玉明.高级管理会计[M].2 版.福建:厦门大学出版社,2005.]

经济增加值的计算公式为

经济增加值=税后净营业利润-平均资本占用×加权平均资本成本

其中,税后净营业利润衡量的是企业的经营盈利情况;平均资本占用反映的是企业持续投入的各种债务资本和股权资本;加权平均资本成本反映的是企业各种资本的平均成本率。

上述公式表明,经济增加值取决于三个变量,企业可以通过增加税后净营业利润、减少资本占用或者降低加权平均资本成本来提高经济增加值。

经济增加值是超过资本成本的那部分价值,反映股东价值的增量;企业不能单纯追求经营规模,更要注重自身价值的创造。一般来说,如果经济增加值为正,则表明公司获得的收益高于为获得此项收益而投入的资本成本,表明经营者在为企业创造价值;相反,如果经济增加值为负,则表明股东的财富在减少,经营者在损毁企业价值。

1. 会计项目调整

计算经济增加值时,需要进行相应的会计项目调整,以消除财务报表中不能准确反映企业价值创造的部分。会计调整项目的选择应遵循价值导向性、重要性、可控性、可操作性与行业可比性等原则,根据企业实际情况确定。常用的调整项目如下:

(1) 研究开发费、大型广告费等一次性支出但收益期较长的费用,应予以资本化处理,不计入当期费用。

(2) 反映付息债务成本的利息支出,不作为期间费用扣除,计算税后净营业利润时扣除所得税影响后予以加回。

(3) 营业外收入、营业外支出具有偶发性,将当期发生的营业外收支从税后净营业利润中扣除。

(4) 将当期减值损失扣除所得税影响后予以加回,并在计算资本占用时相应调整资产减值准备发生额。

(5) 递延税金不反映实际支付的税款情况,将递延所得税资产及递延所得税负债变动影响的企业所得税从税后净营业利润中扣除,相应调整资本占用。

(6) 其他非经常性损益调整项目,如股权转让收益等。

国资委发布的《经济增加值考核细则》中经济增加值的计算公式是

$$\text{经济增加值} = \text{税后净营业利润} - \text{资本成本} = \text{税后净营业利润} - \text{调整后资本} \times \text{平均资本成本率}$$

$$\text{税后净营业利润} = \text{净利润} + \left(\text{利息支出} + \text{研究开发费用调整项} - \text{非经常性收益调整项} \times 50\%\right) \times (1 - 25\%)$$

调整后资本 = 平均所有者权益 + 平均负债合计 − 平均无息流动负债 − 平均在建工程

2. 税后净营业利润

税后净营业利润等于会计上的税后净利润加上利息支出等会计调整项目后得到的税后利润。

3. 平均资本占用

平均资本占用是所有投资者投入企业经营的全部资本,包括债务资本和股权资本。其中债务资本包括融资活动产生的各类有息负债,不包括经营活动产生的无息流动负债。股权资本中包含少数股东权益。资本占用除根据经济业务实质相应调整资产减值损失、递延所得税等,还可根据管理需要调整研发支出、在建工程等项目,引导企业注重长期价值创造。

4. 加权平均资本成本

加权平均资本成本是债务资本成本和股权资本成本的加权平均,反映了投资者所要求的必要报酬率。加权平均资本成本的计算公式如下:

$$KWACC = KD \times (DC/TC) \times (1-T) + KS \times (EC/TC)$$

其中,TC 代表资本占用,EC 代表股权资本,DC 代表债务资本;T 代表所得税税率;KWACC 代表加权平均资本成本,KD 代表债务资本成本,KS 代表股权资本成本。

债务资本成本是企业实际支付给债权人的税前利率，反映的是企业在资本市场中债务融资的成本率。如果企业存在不同利率的融资来源，债务资本成本应使用加权平均值。

股权资本成本是在不同风险下，所有者对投资者要求的最低回报率。通常根据资本资产定价模型确定，计算公式为

$$K_S = R_f + \beta(R_m - R_f)$$

其中，R_f 为无风险收益率，R_m 为市场预期回报率，$R_m - R_f$ 为市场风险溢价。β 是企业股票相对于整个市场的风险指数。上市企业的 β 值，可采用回归分析法或单独使用最小二乘法等方法测算确定，也可以直接采用证券机构等提供或发布的 β 值；非上市企业的 β 值，可采用类比法，参考同类上市企业的 β 值确定。

企业级加权平均资本成本确定后，应结合行业情况、不同所属单位（部门）的特点，通过计算（能单独计算的）或指定（不能单独计算的）的方式确定所属单位（部门）的资本成本。通常情况下，企业对所属单位（部门）所投入资本即股权资本的成本率是相同的，为简化资本成本的计算，所属单位（部门）的加权平均资本成本一般与企业保持一致。

国资委发布的《经济增加值考核细则》中对资本成本率的确定：中央企业资本成本率原则上定为 5.5%；承担国家政策性任务较重且资产通用性较差的企业，资本成本率定为 4.1%；资产负债率在 75% 以上的工业企业和 80% 以上的非工业企业，资本成本率上浮 0.5 个百分点；资本成本率确定后，三年保持不变。

10.3.2 确定经济增加值的目标值

经济增加值目标值根据经济增加值基准值（简称 EVA 基准值）和期望的经济增加值改善值（简称期望的 ΔEVA）确定。

$$\text{EVA 目标值} = \text{EVA 基准值} + \text{期望的 } \Delta\text{EVA}$$

企业在确定 EVA 基准值和期望的 ΔEVA 值时，要充分考虑企业规模、发展阶段、行业特点等因素。其中，EVA 基准值可参照上年实际完成值、上年实际完成值与目标值的平均值、近几年（比如前 3 年）实际完成值的平均值等确定。期望的 ΔEVA 值，根据企业战略目标、年度生产经营计划、年度预算安排、投资者期望等因素，结合价值创造能力改善等要求综合确定。

10.3.3 经济增加值法的优缺点

优点：考虑了所有资本的成本，更真实地反映了企业的价值创造能力；实现了企业利益、经营者利益和员工利益的统一，激励经营者和所有员工为企业创造更多价值；能有效遏制企业盲目扩张规模以追求利润总量和增长率的倾向，引导企业注重长期价值创造。

缺点：一是仅对企业当期或未来 1~3 年价值创造情况的衡量和预判，无法衡量企业长远发展战略的价值创造情况；二是计算主要基于财务指标，无法对企业的营运效率与效果进行综合评价；三是不同行业、不同发展阶段、不同规模等的企业，其会计调整项和加权平均资本成本各不相同，计算比较复杂，影响指标的可比性。

10.4 关键绩效指标法

《管理会计应用指引第 601 号——关键绩效指标法》是"绩效管理"领域管理会计应用指引的工具方法指引，其是在《管理会计应用指引第 600 号——绩效管理》的基础上，详细阐述绩效管理工具方法的关键绩效指标法，是进一步的细化和深化。

资源 10.3
管理会计应用指引第 601号——关键绩效指标法

10.4.1 关键绩效指标法的含义以及应用环境

1. 关键绩效指标法的含义

关键绩效指标法，是指基于企业战略目标，通过建立关键绩效指标（key performance indicator，简称 KPI）体系，将价值创造活动与战略规划目标有效联系，并据此进行绩效管理的方法。

2. 关键绩效指标法的应用环境

（1）遵循一般要求。企业应用关键绩效指标法，应遵循《管理会计应用指引第 600 号——绩效管理》中对应用环境的一般要求。

（2）综合考虑各种要素。企业应用关键绩效指标法，应综合考虑绩效评价期间宏观经济政策、外部市场环境、内部管理需要等因素，构建指标体系。

（3）明确战略目标。企业应用关键绩效指标法，应有明确的战略目标。战略目标是确定关键绩效指标体系的基础，关键绩效指标反映战略目标，对战略目标实施效果进行衡量和监控。

（4）识别关键驱动因素。企业应清晰识别价值创造模式，按照价值创造路径识别出关键驱动因素，科学地选择和设置关键绩效指标。

10.4.2 关键绩效指标概述

1. 关键绩效指标的含义

关键绩效指标，是对企业绩效产生关键影响力的指标，是通过对企业战略目标、关键成果领域的绩效特征分析，识别和提炼出的最能有效驱动企业价值创造的指标。关键绩效指标法可单独使用，也可与经济增加值法、平衡计分卡等其他方法结合使用。关键绩效指标法的应用对象可为企业、所属单位（部门）和员工。

关键绩效指标设计的思想符合一个重要的管理原理——"二八原理"。在一个企业的价值创造过程中，存在着"20/80"的规律，即 20% 的骨干人员创造企业 80% 的价值；而且在每一位员工身上"二八原理"同样适用，即 80% 的工作任务是由 20% 的关键行为完成的。因此，通过把影响 80% 工作的 20% 的关键行为进行量化设计，变成可操作性的目标，从而提高绩效考核的效率。

2. 关键绩效指标的分类

企业的关键绩效指标一般可分为结果类和动因类两类指标。

（1）结果类指标。结果类指标是反映企业绩效的价值指标，主要包括投资回报率、净资产收益率、经济增加值、息税前利润、自由现金流等综合指标。

（2）动因类指标。动因类指标是反映企业价值关键驱动因素的指标，主要包括资本性支出、单位生产成本、产量、销量、客户满意度、员工满意度等。

3. 确定关键绩效指标遵循的原则

确定关键绩效指标须遵循 SMART 原则：

S 代表具体（Specific），指绩效考核要切中特定的工作指标，不能笼统；

M 代表可度量（Measurable），指绩效指标是数量化或者行为化的，验证这些绩效指标的数据或者信息是可以获得的；

A 代表可实现（Attainable），指绩效指标在付出努力的情况下可以实现，避免设立过高或过低的目标；

R 代表有关联性（Relevant），指绩效指标是与上级目标有明确的关联性，最终与公司目标相结合；

T 代表有时限（Time-bound），注重完成绩效指标的特定期限。

10.4.3 关键绩效指标法的应用

企业应用关键绩效指标法的应用程序：

（1）制定以关键绩效指标为核心的绩效计划；

（2）制定激励计划；

（3）执行绩效计划与激励计划；

（4）实施绩效评价与激励；

（5）编制绩效评价报告与激励管理报告。

制定绩效计划操作流程，如图 10.2 所示。

图 10.2 制定绩效计划操作流程

1. 构建指标体系

制定企业级、所属单位（部门）级、岗位（员工）级三级关键绩效指标，见表 10.1：

表 10.1 三级关键绩效指标

构成		指标依据
第一层次	企业级关键绩效指标	根据战略目标，结合价值创造模式，综合考虑企业内外部经营环境等因素设定
第二层次	所属单位（部门）级关键绩效指标	根据企业级关键绩效指标，结合所属单位（部门）关键业务流程，按照上下结合、分级编制、逐级分解的程序，在沟通反馈的基础上设定
第三层次	岗位（员工）级关键绩效指标	根据所属单位（部门）级关键绩效指标，结合员工岗位职责和关键工作价值贡献来设定

2. 选取关键绩效指标

企业关键绩效指标的选取是绩效管理很重要的环节。在选取关键绩效指标时，要注意：

（1）企业的关键绩效指标一般可分为结果类和动因类两类指标。

（2）关键绩效指标应含义明确、可度量、与战略目标高度相关。指标的数量不宜过多，每一层级的关键绩效指标一般不超过 10 个。

（3）关键绩效指标选取的方法主要有关键成果领域分析法、组织功能分解法和工作流程分解法。

3. 分配指标权重

（1）基本原则。关键绩效指标的权重分配应以企业战略目标为导向，反映被评价对象对企业价值贡献或支持的程度，以及各指标之间的重要性水平。

（2）具体原则。单项关键绩效指标权重一般设定在 5%～30%；对特别重要的指标可适当提高权重；对特别关键、影响企业整体价值的指标可设立"一票否决"制度，即如果某项关键绩效指标未完成，无论其他指标是否完成，均视为未完成绩效目标。

4. 确定绩效目标值

企业确定关键绩效指标目标值，一般参考以下标准：

（1）行业标准或参考竞争对手标准。依据国家有关部门或权威机构发布的行业标准或参考竞争对手标准，比如国务院国资委考核分配局编制并每年更新出版的《企业绩效评价标准值》。

（2）企业内部标准。参照企业内部标准，包括企业战略目标、年度生产经营计划目标、年度预算目标、历年指标水平等。

（3）企业历史经验值。如果不能按前两项方法确定的，可根据企业历史经验值确定。

5. 绩效评价计分方法和周期的选择

绩效评价计分方法可以分为定量法和定性法。定量法主要有功效系数法和综合指数法等；定性法主要有素质法和行为法等。

绩效评价周期一般可分为月度、季度、半年度、年度、任期。月度、季度绩效评价一般适用于企业基层员工和管理人员，半年度绩效评价一般适用于企业中高层管理人员，年度绩效评价适用于企业所有被评价对象，任期绩效评价主要适用于企业负责人。

6. 签订绩效责任书

绩效计划制定后，评价主体与被评价对象一般应签订绩效责任书，明确各自的权利和义务，并作为绩效评价与激励管理的依据。绩效责任书的主要内容包括绩效指标、目标值及权重、评价计分方法、特别约定事项、有效期限、签订日期等。绩效责任书一般按年度或任期签订。

10.4.4 关键绩效指标法的优缺点

优点：一是使企业业绩评价与战略目标密切相关，有利于战略目标的实现；二是通过识别的价值创造模式把握关键价值驱动因素，能够更有效地实现企业价值增值目标；三是评价指标数量相对较少，易于理解和使用，实施成本相对较低，有利于推广实施。

缺点：关键绩效指标的选取需要透彻理解企业价值创造模式和战略目标，有效识别核心业务流程和关键价值驱动因素，指标体系设计不当将导致错误的价值导向或管理缺失。

10.5 平衡计分卡

《管理会计应用指引第603号——平衡计分卡》是"绩效管理"领域管理会计应用指引的工具方法指引。

10.5.1 平衡计分卡概况

1. 平衡计分卡的发展以及含义

资源10.4 管理会计应用指引第603号——平衡计分卡

平衡计分卡（balanced score card，BSC）于20世纪90年代初由哈佛商学院的罗伯特·卡普兰和诺朗诺顿研究所所长、美国复兴全球战略集团创始人兼总裁戴维·诺顿（David Norton）所提出的一种全新的组织绩效管理方法。其是基于企业战略，从财务、客户、内部业务流程、学习与成长四个维度，将战略目标逐层分解转化为具体的、相互平衡的绩效指标体系，并据此进行绩效管理的方法。

平衡计分卡最大的贡献在于它打破了传统单一使用财务指标衡量业绩的方法，引入了非财务评价指标，在财务指标的基础上加入了未来驱动因素，即客户因素、内部经营管理过程和员工的学习成长，从四个不同的维度提供一种考察价值创造的战略方法。传统方法过分强调财务指标往往导致企业内部关系的失衡，对企业的战略实施和长期发展不利。

通过财务与非财务考核手段之间的相互补充，不仅使绩效考核的地位上升到组织的战略层面，使之成为组织战略的实施工具，同时也是在定量评价和定性评价之间、客观评价和主观评价之间、指标的前馈指导和后馈控制之间、组织的短期增长与长期增长之间、组织的各个利益相关者之间寻求"平衡"的基础上完成的绩效管理与战略实施过程。平衡计分卡将战略置于中心地位，使管理者看到了公司绩效的广度与总值。

平衡计分卡通常与战略地图等其他工具结合使用，适用于战略目标明确、管理制度比较完善、管理水平相对较高的企业，应用对象可为企业、所属单位（部门）和员工。

> **学者观点**
>
> 尽管经济增加值具有很多优点，但经济增加值毕竟是一种财务/价值指标。基于21世纪新的经营环境，无形资产的重要性凸显，企业创造价值的模式转变，正是基于财务或价值指标的企业绩效评价理念的重要缺陷。基于历史成本原则，财务或价值指标只能"讲述"企业经营活动过去的故事；基于货币计量属性，财务或价值指标只

能"讲述"企业有形资产的故事。企业的无形资产几乎难以量化,更遑论货币量化!如此一来,财务或价值指标只能"讲述"企业经营活动有形资产过去的故事。这就决定了其讲述"故事"的逻辑起点是结果导向。单独的"结果"无法展示"之所以产生如此结果"的原因,企业经理人只能"知其然,而不知其所以然"。更为重要的是,基于财务或价值指标的绩效评价理念扼杀了"自主创新"这种"前人种树,后人乘凉"的可持续发展观念,导致企业经理人只注重任期内可实现的短期绩效目标,只想"乘凉"不想"种树"。只有立足于"环境—战略—行为—过程—结果"一体化的逻辑基础,企业经理人才能真正理解和体会"结果"为什么是这样(即创造价值的动因是什么),从而才能判断企业创造价值动因的可持续性。这对于"讲述"企业经营活动过去故事的财务或价值指标可就有点勉为其难了!

于是,一种体现"环境—战略—行为—过程—结果"一体化,以战略为导向,立足财务或价值指标,又超越财务或价值指标,财务(或价值)指标与非财务(或价值)指标相融合,具有"因果关系"的战略绩效评价(strategic performance valuation)理念便应运而生,这就是平衡计分卡。

[资料来源:胡玉明. 平衡计分卡:一种战略绩效评价理念 [J]. 会计之友,2010(12):4-11.]

2. 平衡计分卡的基本框架

平衡计分卡通过将财务指标与非财务指标相结合,将企业的绩效评价同企业战略发展联系起来,通过财务、顾客、内部业务流程、学习与成长四个维度指标体系的建设来驱动战略成功。其基本框架如图10.3所示。

(1) 财务维度。财务维度以财务术语描述了战略目标的有形成果。企业常用指标有投资资本回报率、净资产收益率、经济增加值、息税前利润、自由现金流、资产负债率、总资产周转率等。

(2) 客户维度。客户维度界定了目标客户的价值主张。企业常用指标有市场份额、客户满意度、客户获得率、客户保持率、客户获利率、战略客户数量等。

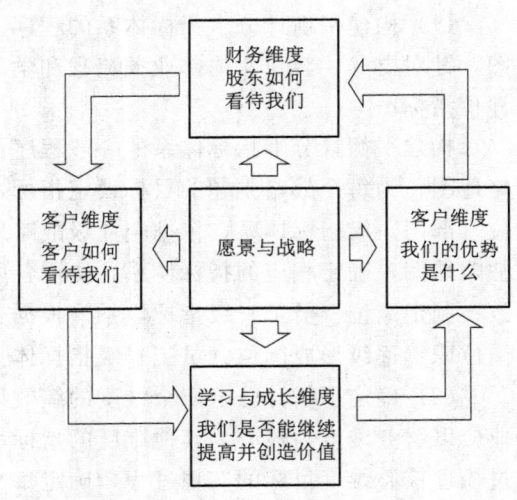

图10.3 平衡计分卡四个维度

(3) 内部业务流程维度。内部业务流程维度确定了对战略目标产生影响的关键流程。企业常用指标有交货及时率、生产负荷率、产品合格率、存货周转率、单位生产成本等。

(4) 学习与成长维度。学习与成长维度确定了对战略最重要的无形资产。企业常用指标有员工保持率、员工生产率、培训计划完成率、员工满意度等。

10.5.2　平衡计分卡的操作程序

企业应用平衡计分卡工具方法，一般按照制定战略地图、制订以平衡计分卡为核心的绩效计划、制订激励计划、制订战略性行动方案、执行绩效计划与激励计划、实施绩效评价与激励、编制绩效评价与激励管理报告等程序进行。

1. 制定战略地图

资源10.5　管理会计应用指引第101号——战略地图

企业首先应制定战略地图，即基于企业愿景与战略，将战略目标及其因果关系、价值创造路径以图示的形式直观、明确、清晰地呈现。战略地图的制定参照《管理会计应用指引第101号——战略地图》。战略地图基于战略主题构建，战略主题反映企业价值创造的关键业务流程，每个战略主题包括相互关联的1~2个目标。

2. 编制绩效计划

战略地图制定后，应以平衡计分卡为核心编制绩效计划。绩效计划是企业开展绩效评价工作的行动方案，包括构建指标体系、分配指标权重、确定绩效目标值、选择计分方法和评价周期、签订绩效责任书等一系列管理活动。制订绩效计划通常从企业级开始，层层分解到所属单位（部门），最终落实到具体岗位和员工。平衡计分卡指标体系的构建应围绕战略地图，针对财务、客户、内部业务流程和学习与成长四个维度的战略目标，确定相应的评价指标。

（1）构建平衡计分卡指标体系的程序。平衡计分卡指标体系的构建应围绕战略地图，针对财务、客户、内部业务流程和学习与成长四个维度的战略目标，确定相应的评价指标。

构建平衡计分卡指标体系的一般程序：制定企业级指标体系。根据企业层面的战略地图，为每个战略主题的目标设定指标，每个目标至少应有1个指标；制定所属单位（部门）级指标体系。依据企业级战略地图和指标体系，制定所属单位（部门）的战略地图，确定相应的指标体系，协同各所属单位（部门）的行动与战略目标保持一致；制定岗位（员工）级指标体系。根据企业、所属单位（部门）级指标体系，按照岗位职责逐级形成岗位（员工）级指标体系。

（2）确定平衡计分卡四个维度的绩效评价指标。平衡计分卡指标体系构建时，企业应以财务维度为核心，其他维度的指标都与核心维度的一个或多个指标相联系。通过梳理核心维度目标的实现过程，确定每个维度的关键驱动因素，结合战略主题，选取关键绩效指标。平衡计分卡每个维度的指标通常为4~7个，总数量一般不超过25个。

另外，企业可根据实际情况建立通用类指标库，不同层级单位和部门结合不同的战略定位、业务特点选择适合的指标体系。

（3）平衡计分卡指标的权重分配。平衡计分卡指标的权重分配应以战略目标为导向，反映被评价对象对企业战略目标贡献或支持的程度，以及各指标之间的重要性水平。企业绩效指标权重一般设定为5%~30%，对特别重要的指标可适当提高权重。对特别关键、影响企业整体价值的指标可设立"一票否决"制度，即如果某项绩效指标未完成，无论其他指标是否完成，均视为未完成绩效目标。

（4）平衡计分卡绩效目标值设置。平衡计分卡绩效目标值应根据战略地图的因果关系分别设置。首先确定战略主题的目标值，其次确定主题内的目标值，然后基于平衡计分卡评价指标与战略目标的对应关系，为每个评价指标设定目标值，通常设计3～5年的目标值。

（5）绩效评价参考标准。绩效评价计分方法和周期的选择、绩效责任书的签订、激励计划的制订，参照《管理会计应用指引第600号——绩效管理》。

3. 制订战略性行动方案

绩效计划与激励计划制订后，企业应在战略主题的基础上，制订战略性行动方案，实现短期行动计划与长期战略目标的协同。战略性行动方案的制订主要包括以下内容。

（1）选择战略性行动方案。制订每个战略主题的多个行动方案，并从中区分、排序和选择最优的战略性行动方案。

（2）提供战略性资金。建立战略性支出的预算，为战略性行动方案提供资金支持。

（3）建立责任制。明确战略性行动方案的执行责任方，定期回顾战略性行动方案的执行进程和效果。

4. 绩效计划与激励计划的执行

绩效计划与激励计划执行过程中，企业应按照纵向一致、横向协调原则，持续地推进组织协同，将协同作为一个重要的流程进行管理，使企业和员工的目标、职责与行动保持一致，创造协同效应。另外，绩效计划与激励计划执行过程中，企业应持续深入开展流程管理，及时识别存在问题的关键流程，根据需要对流程进行优化完善，必要时进行流程再造，将流程改进计划与战略目标相协同。绩效计划与激励计划的执行、实施及编制报告参照《管理会计应用指引第600号——绩效管理》。

5. 平衡计分卡的实施

平衡计分卡的实施是一项长期的管理改善工作，在实践中通常采用先试点后推广的方式，循序渐进，分步实施。

10.5.3 平衡计分卡的优缺点

优点：一是战略目标逐层分解并转化为被评价对象的绩效指标和行动方案，使整个组织行动协调一致；二是从财务、客户、内部业务流程、学习与成长四个维度确定绩效指标，使绩效评价更为全面完整；三是将学习与成长作为一个维度，注重员工的发展要求和组织资本、信息资本等无形资产的开发利用，有利于增强企业可持续发展的动力。

缺点：一是专业技术要求高，工作量比较大，操作难度也较大，需要持续地沟通和反馈，实施比较复杂，实施成本高；二是各指标权重在不同层级及各层级不同指标之间的分配比较困难，且部分非财务指标的量化工作难以落实；三是系统性强、涉及面广，需要专业人员的指导、企业全员的参与和长期持续地修正与完善，对信息系统、管理能力有较高的要求。

本章小结

绩效评价模式按照其发展，通常可以分为财务评价模式、价值评价模式和综合评价模式。

以利润为基础的评价指标，主要指标包括营业利润率、成本费用利润率、投资报酬率、权益报酬率和资产报酬率等。

价值评价模式的一个重要应用是经济增加值。经济增加值法，是指以经济增加值（EVA）为核心，建立绩效指标体系，引导企业注重价值创造，并据此进行绩效管理的方法。

综合评价模式的典型代表是关键绩效指标、平衡计分卡等。

练习题

一、单项选择题

1. 杜邦财务分析体系以（　　）为中心指标。
   A. 权益报酬率　　　　　　　　B. 销售净利率
   C. 总资产周转率　　　　　　　D. 权益乘数

2. EVA 的计算公式为（　　）。
   A. EVA＝税后净营业利润－全部成本
   B. EVA＝税后净营业收入－全部成本
   C. EVA＝税后净营业利润－资本成本
   D. EVA＝税后净营业收入－资本成本

3. 下列各项中，属于平衡计分卡内部业务流程维度的业绩评价指标有（　　）。
   A. 客户保持率　　　　　　　　B. 投资报酬
   C. 生产负荷率　　　　　　　　D. 培训计划完成率

二、多项选择题

1. 杜邦财务分析体系中，权益乘数可以表述为以下计算公式（　　）。
   A. 权益乘数＝1＋产权比率
   B. 权益乘数＝1/（1－资产负债率）
   C. 权益乘数＝资产/所有者权益
   D. 权益乘数＝所有者权益/资产

2. 甲公司用平衡计分卡进行业绩考评，需要考虑的维度有（　　）。
   A. 顾客维度　　　　　　　　　B. 股东维度
   C. 债权人维度　　　　　　　　D. 学习与成长维度

三、计算题

某公司自 2015 年引入经济增加值业绩评价指标，资料见表 10.2。

表 10.2　　　　　　　　　经济增加值业绩评价指标　　　　　　　　单位：万元

项目	年份	
	2015	2016
净利润	10 000	12 000
财务费用	(　　)	(　　)
广告费用	400	420
研发费用	300	320

其有息债务与股权资本成本资料见表 10.3。

表 10.3　　　　　　　　　有息债务与股权资本成本　　　　　　　　单位：万元

项目	2015	利率	2016	利率
短期借款	15 000	5%	15 000	5%
长期借款	10 000	10%	15 000	10%
股东资本	25 000		30 000	
该股票 β 值	1.4		1.5	

国债利率 4%，市场平均收益率 12%，企业所得税税率为 25%。

要求：(1) 分别计算 F 公司 2015 年、2016 年的经济增加值。

(2) 说明传统财务指标的局限性，经济增加值的含义及其特点。

(3) 简述平衡计分卡的理论基础及有效应用。

参 考 文 献

[1] 财政部会计司.《企业产品成本核算制度（试行）》讲解[M]. 北京：中国财政经济出版社，2014.
[2] 孙茂竹，于富生. 成本与管理会计[M]. 2版. 北京：中国人民大学出版社，2018.
[3] 楼继伟. 加快发展中国特色管理会计 促进我国经济转型升级[J]. 中国注册会计师，2014（9）.
[4] 于富生，黎来芳，张敏. 成本会计学[M]. 8版. 北京：中国人民大学出版社，2018.
[5] 吴革. 成本与管理会计[M]. 2版. 北京：中信出版社，2012.
[6] 崔国萍. 成本管理会计[M]. 4版. 北京：机械工业出版社，2017.
[7] 中国注册会计师协会. 2019年注册会计师全国统一考试辅导教材：会计[M]. 北京：中国财政经济出版社，2019.
[8] 胡玉明. 管理会计应用指引详解与实务（最新版）[M]. 北京：经济科学出版社，2019.
[9] 杨尚军. 成本会计学[M]. 北京：北京大学出版社，2011.
[10] 田淑萍，王乐生. 成本会计[M]. 北京：经济科学出版社，2017.
[11] 赵书和. 成本与管理会计[M]. 北京：机械工业出版社，2019.
[12] 何李坚. 成本会计与管理会计[M]. 北京：经济管理出版社，2019.
[13] 中国注册会计师协会. 2019年注册会计师全国统一考试辅导教材：财务成本管理[M]. 北京：中国财政经济出版社，2019.
[14] 孙茂竹，支晓强，戴璐. 管理会计学[M]. 8版. 北京：中国人民大学出版社，2018.
[15] 徐政旦，石人瑾，林宝环，等. 成本会计[M]. 上海：上海三联书店，1994.
[16] 万寿义，任月君. 成本会计[M]. 大连：东北财经大学出版社，2008.
[17] 田西杰，陈莉，申玲. 管理会计学[M]. 北京：经济科学出版社，2019.
[18] 宋小明. 成本会计史研究[M]. 上海：立信会计出版社，2014.
[19] 刘洋，曲远洋. 管理会计[M]. 上海：上海财经大学出版社，2017.
[20] 曹义皋. 中美制造费用计划分配处理差异的启示[J]. 徐州建筑职业技术学院学报，2004，4（3）：38-40.
[21] 孔德兰. 关于制造费用分配改革的探讨[J]. 广东商学院学报，2004（6）：72-75.
[22] 温素彬. 管理会计：理论·模型·案例[M]. 3版. 北京：机械工业出版社，2018.
[23] 晋晓琴. 比较法在《成本会计学》教学中的应用[J]. 华北水利水电学院学报（社科版），2011，27（1）：180-182.
[24] Raef Lawson. 中国的成本计算方法和成本管理实践研究[J]. 国际商务财会，2008（8）：5-11.
[25] 张宇扬. 借鉴西方会计思想改进企业废品损失核算[J]. 财会月刊，2009（11）：65-66.
[26] 林万祥. 成本论[M]. 北京：中国财政经济出版社，2001.
[27] 中国成本研究会. 成本管理文集[M]. 北京：中国成本研究会，1980.
[28] 王宝娟. 成本会计学[M]. 北京：中国商业出版社，1997.
[29] 张德红. 管理会计学[M]. 北京：经济科学出版社，2017.
[30] 盛继明. 工业和信息通信业管理会计案例集（2019）[M]. 北京：人民邮电出版社，2019.
[31] 蒋葳.《企业产品成本核算制度（试行）》解读[J]. 财会通讯，2014（10）：101-102.

[32] 林盼，朱妍. 经济政策的政治理念：二十世纪五十年代计件工资制的存废 [J]. 中共党史研究，2015（5）：46-55.

[33] 朱邦兴，胡林阁，徐声. 上海产业与上海职工 [M]. 上海：上海人民出版社，1984.

[34] 王雪莹，王满. 基于成本动因的春秋航空成本领先战略探究 [J]. 管理会计研究，2019（6）：44-51.

[35] 陆明，林辉. 计件工资视域下劳动者两大权益的维护——基于浙江省制造业企业调查数据的分析与思考 [J]. 山东工会论坛，2017（3）：15-19.

[36] 黄曼远. 浅析管理会计与财务会计的融合 [D]. 北京：财政部财政科学研究所，2014.

[37] 冯巧根. 成本管理与控制 [M]. 北京：中国人民大学出版社，2014.

[38] 于增彪. 管理会计 [M]. 4版. 北京：清华大学出版社，2014.

[39] 米切尔·马赫. 成本会计 [M]. 5版. 姚海鑫等译. 北京：机械工业出版社，1999.

[40] 雷 H. 加里森，埃里克 W. 诺琳，彼得 C. 布鲁尔. 管理会计（原书第16版）[M]. 王满译. 北京：机械工业出版社，2019.

[41] 谢爱萍，李亚云. 成本管理会计 [M]. 北京：人民邮电出版社，2015.

[42] 陈晓东. 目标成本法在华域汽车成本控制体系中的应用 [J]. 财务与会计，2017（6）：46-48.

[43] 胡玉明. 高级成本管理会计 [M]. 厦门：厦门大学出版社，2002.

[44] 文硕. 西方会计史（上）[M]. 北京：中国商业出版社，1987.

[45] 财政部会计司. 管理会计行业调研报告及案例（第二辑）[EB/OL]. (2020-7-24) [2020-9-17] http://kjs.mof.gov.cn/diaochayanjiu/202007/t20200724_3556026.htm.

[46] 乐艳芬. 成本会计 [M]. 上海：上海财经大学出版社，2012.

[47] 杰·白蒂. 高级成本会计学 [M]. 陈炳权译. 北京：轻工业出版社，1983.

[48] 张百堂，李广路，代方正. 企业废品损失的原因分析及其控制对策 [J]. 现代制造技术与装备，2008（1）：20-21.

[49] 杨洛新，胥兴军. 成本会计学 [M]. 武汉：武汉理工大学出版社，2000.

[50] 陈汉文. 成本管理 [M]. 北京：高等教育出版社，2008.

[51] 欧阳青，万寿义. 成本会计 [M]. 大连：东北财经大学出版社，2002.

[52] 王洪洲，王道兵. 炼化企业辅助生产成本核算探讨 [J]. 当代化工，2005（4）：289-292.